新型博士
如何构建更好的研究生教育

[美] 莱纳德·卡苏托（Leonard Cassuto）
罗伯特·韦斯巴赫（Robert Weisbuch） 著
樊智强 译

THE NEW PHD
How to Build a Better Graduate Education

清华大学出版社
北京

北京市版权局著作权合同登记号　图字：01-2023-4146

内 容 简 介

《新型博士：如何构建更好的研究生教育》全面回顾了美国开展的多项研究生教育改革历程，不仅分析了这些改革失败的原因，而且还深入探讨了如何多措并举，构建更加完善的研究生教育体系。本书指出博士生培养可以变得更加人性化，更加以研究生为中心，更具社会活力。积极有效改革博士生培养体制不仅有利于整个教育体系的发展，也有利于整个社会。

无论是研究生教育工作者、研究生导师、研究生，还是关注研究生教育的社会公众，本书都会使他们受益匪浅。

图书在版编目（CIP）数据

新型博士：如何构建更好的研究生教育 /（美）莱纳德·卡苏托（Leonard Cassuto），（美）罗伯特·韦斯巴赫（Robert Weisbuch）著；樊智强译.—北京：清华大学出版社，2024.1
书名原文：The New PhD：How to Build a Better Graduate Education
ISBN 978-7-302-65160-4

Ⅰ.①新… Ⅱ.①莱… ②罗… ③樊… Ⅲ.①研究生教育 Ⅳ.①G643

中国国家版本馆 CIP 数据核字（2024）第 011753 号

责任编辑：刘　洋
封面设计：徐　超
版式设计：张　姿
责任校对：王凤芝
责任印制：杨　艳

出版发行：清华大学出版社
　　　　　网　　　址：https://www.tup.com.cn，https://www.wqxuetang.com
　　　　　地　　　址：北京清华大学学研大厦 A 座　　　　　邮　　编：100084
　　　　　社 总 机：010-83470000　　　　　　　　　　　　邮　　购：010-62786544
　　　　　投稿与读者服务：010-62776969，c-service@tup.tsinghua.edu.cn
　　　　　质 量 反 馈：010-62772015，zhiliang@tup.tsinghua.edu.cn
印 装 者：三河市东方印刷有限公司
经　　销：全国新华书店
开　　本：170mm×240mm　　　印　张：20.75　　　字　数：400 千字
版　　次：2024 年 3 月第 1 版　　　　　　　　　　印　次：2024 年 3 月第 1 次印刷
定　　价：128.00 元

产品编号：095688-01

献给我们各自的伴侣

黛博拉·欧索夫斯基（Debra Osofsky）、

坎迪·库珀（Candy Cooper）

译者简介

樊智强，中共党员，1981 年生，浙江常山人。复旦大学助理研究员，中国翻译协会会员、上海翻译家协会会员、《上海研究生教育》编辑。2003 年本科毕业于四川外国语大学；2006 年硕士毕业于上海外国语大学。2007 年至今，任职于复旦大学研究生院（其间：2018 年 11 月至 2019 年 7 月借调于国务院学位委员会办公室、教育部学位管理与研究生教育司工作；2019 年 11 月至 12 月，参加第三十期教育部驻外储备干部培训；2021 年 9 月至 2023 年 6 月，借调于复旦大学党委组织部工作）。

已翻译出版英汉互译 100 多万字，代表性译著：《他是否还在人间——马克·吐温短篇小说选》（复旦大学出版社，2012 年）、《权力掮客：玩转华盛顿和华尔街的格林斯潘》（复旦大学出版社，2014 年）、《新型博士：如何构建更好的研究生教育》（清华大学出版社，2023 年）、《感官的魔力：一位哲学家和魔术师眼中的大自然》（北京大学出版社，即将出版）。

在《环球时报》等发表多篇英文学术文章。在《现代教育科学》《大学英语》《上海研究生教育》等期刊和北京大学"博士生培养"等微信公众号上发表多篇研究生教育论文和译文。

　　2022 年 8 月 6 日，我们非常高兴收到了复旦大学助理研究员、上海翻译家协会会员樊智强先生的电子邮件。在这封电子邮件里，樊智强先生告诉我们清华大学出版社邀请他将拙著《新型博士：如何构建更好的研究生教育》（以下简称《新型博士》）从英文翻译成中文。我们很荣幸地看到，《新型博士》不仅在美国产生了影响，而且在中国也产生了影响。

　　在随后的十个多月里，樊智强先生根据本书各章节的相关教育和文化内容，仔细梳理了一组又一组问题，多次通过电子邮件与我们沟通。最后，我们得知樊智强先生已经翻译出版了三本优秀的英译中学术译著，包括颇受好评的译著《权力掮客：玩转华盛顿和华尔街的格林斯潘》（复旦大学出版社，2014 年）。樊智强先生拥有 17 年的研究生教育工作经验，值得赞扬的是，他非常关注细节，作为一名青年翻译家，他与原著作者深入沟通和积极解决翻译过程中遇到的难点，这些都使我们确信他翻译的这本《新型博士》一定会大获成功。

　　长久以来，美国一直向世界传播文化，包括将研究型大学的模式传播到世界各地。研究型大学在美国兴起后，逐渐发展成为以教师为中心的模式，现在则风靡全球，然而，由于美国没有全面审视这个基础的假设，所以，在学生们的眼里，这是一个喜忧参半的假设。

　　在《新型博士》中，我们推荐开展以研究生为中心的研究生教育。这是主线。以研究生为中心的研究生教育似乎应该是人尽皆知的常识。为什么学生们就不能位于为他们提供教育的机构的中心？然而，在研究生教育的历史进程中，这个观点绝非普遍。要理解以研究生为中心的研究生教育的重要性，我们就应该查看其发展进程中的各种"拦路虎"，我们首先来查看享有悠久历史的研究型大学本身具有的根深蒂固的"拦路虎"。

　　研究型大学肇始于欧洲，并在 19 世纪下半叶被输入美国。然而，美国对研究型大学的欧洲模式进行了调整，我们也许可以说美国汲取了欧洲模式的精华，并按照本国具体情况构建了别具一格的研究型大学。那些欧洲大学通常是介于教会和地方政府之间的公立机构，然而，美国研究型大学是由市场主导的、以颁发学位证书为中心的主体。

美国这种以市场主导的研究型大学的模式变得越来越有影响力。具有讽刺意味的是，在最近几十年里，美国研究型大学的模式"青出于蓝而胜于蓝"，甚至还影响了欧洲研究型大学的模式的发展；一些美国式的创新做法，例如课程学分和标准化学位要求，都悉数被具有更悠久历史的各欧洲大学吸收采纳。

研究生院形成了"导师和实习生"的欧洲模式，并逐步演变成为当今的"导师和研究生"的二联体。这种以教师为中心的模式，导师（导师曾被习惯称呼为"大师"）位于中心，被学生们众星拱月般地簇拥着。（我们此处使用男性代词，因为这项事业起初几乎都是由男性导师负责开展的。）

我们不妨往前快进几个世纪，可以发现这种导学关系仍然位于研究生院工作的核心：研究生教育的所有工作都以此为核心，而博士学位则是研究生教育的重中之重。

我们到处可以看到以教师为中心的研究生教育。我们能看到对本科生的教学和学习的研究文献汗牛充栋，而对研究生教学的研究文献却凤毛麟角。因为社会普遍认为研究生教学是自然而然发生的，是不需要传授的。以这种观点来看，研究生教学活动是教授们研究的自然结果。

这样的观念也确保了研究生教育所开展的方式。当文科研究生选择阅读和研究他们导师的下一本专著后，他们的研究就会集中关注导师的研究成果。理工科和医科研究生所开展的研究是他们的导师以实验室负责人的身份从其研究安排中分拆出一部分研究课题。

这个模式也许在一段时间（尽管我们不太确定具体是哪一段时间）里能很好地服务学生，但是它在当今的时间段里必定无法满足学生们的需求。大多数研究生不是教授序列里实习的研究人员。他们的就业去向各种各样。我们早就应该停止将他们看作一种模式中培养出的人才。

然而，在美国，各高校还是继续推行期望将研究生培养成为教授的课程体系。在《新型博士》中，我们建议为研究生就业去向提供更加多种多样的模式。我们还建议研究生院应该支持研究生准备多种多样的职业，也就是说，我们应该指导研究生去面对现实，承认他们不一定非得都成为教授。因此，我们建议研究生院应该面对公众，也就是说，研究生院应该承认它与关注它的更大的社会之间是相关监管的关系。

如果某种研究生教育的课程体系承认和提供职业多样性，并鼓励研究生去拓展象牙塔之外的世界，那么这种研究生教育将是一个真正以学生为中心的研究生教育。

倘若研究生院要开展以研究生为中心的研究生教育，那么教职工和行政管理人员就需要重新考量他们与研究生的关系。他们不仅需要承认自己所关注的事务，重视研究生们所关注的事务，也需要更深入地了解这些关注事务的细枝末节。

然而，一直令我们感到震惊是，行政管理人员几乎不了解研究生们的真实关注，因此，我们邀请他们去切实了解研究生的需求。我们建议对研究生开展调研。通过询问研究生的生活情况和课堂内外的情况，我们能学到如何更好地开展教学活动。

美国已经向包括中国在内的世界各地推广了研究生教育模式，这个模式深受欧洲研究生教育模式的启发。现在，我们需要进行一些必要的改革来调整这个模式。倘若我们需要调整我们的研究生教育来适应师生所面对的事实，那么我们就有必要开展相关的改革行动。

我们在拙作中讲述了这些改革行动。毋庸置疑，有些改革行动需要进行调整才能适合中国高等教育事业的发展。然而，我们可以原汁原味地保留这些改革所承载的精神。这也是一种简单的精神，即研究生教育需要反映那些确保研究生教育发展的学生的需求和关注。

以这种精神，我们非常乐意介绍拙作的中文版。我们希望能为所有的利益相关者开启关于如何更好地提升研究生教育的对话。我们也希望读者们能够开启愉悦的阅读之旅。

莱纳德·卡苏托

罗伯特·韦斯巴赫

2023 年 6 月 28 日于美国

加快推进博士生教育高质量发展，
助力新时代研究生教育强国建设

　　2023 年初，曾在国务院学位委员会办公室、教育部学位管理与研究生教育司借调工作过的复旦大学研究生院樊智强老师多次与我联系沟通，诚挚邀请我为他刚翻译好的莱纳德·卡苏托和罗伯特·韦斯巴赫所著的《新型博士：如何构建更好的研究生教育》（ *The New PhD: How to Build a Better Graduate Education* ）作中文版推荐序。

　　收到樊智强老师发来近 30 万字的中文版译著《新型博士》和英文原著，看到熟悉的莱纳德·卡苏托教授的名字，我的思绪不由自主地回到了几年前。大约是 2017 年，在时任北京理工大学党委书记张炜教授的倡导下，在教育部前副部长、中国学位与研究生教育学会前会长赵沁平院士的关心和指导下，北京理工大学研究生教育研究中心组织有关专家学者精心遴选世界近年来研究生教育研究和实践领域有影响力的著作，首次启动翻译出版"世界研究生教育经典译丛"系列丛书，第一批共 6 部。本人有幸担任"世界研究生教育经典译丛"编委会主任，负责具体的策划组织和协调工作。2017 年 10 月，由北京理工大学研究生教育研究中心主办的"首届研究生教育学国际会议"在北京举行。来自牛津大学、斯坦福大学、华盛顿大学、北京大学、清华大学等国内外的 150 余名专家学者参加了此次会议。在此次会议的开幕式上，举行了"世界研究生教育经典译丛"首部译著发布仪式。首部译著是由首都师范大学荣利颖博士翻译的《研究生院之道》，原著就是美国福德汉姆大学莱纳德·卡苏托教授于 2015 年在哈佛大学出版社出版的 *The Graduate School Mess: What Caused it and How Can We Fix it*。

　　莱纳德·卡苏托教授在 2015 年出版的《研究生院之道》，详细介绍了美国研究生教育，特别是研究生院所面临的主要问题，具体分析了各方面的原因，并提出了相应的措施建议。当时，我读完了《研究生院之道》，感觉意犹未尽，也一直期待莱纳德·卡苏托教授能出新作。幸运的是，六年之后，2021 年，约翰·霍普金斯大学出版社出版了莱纳德·卡苏托教授和罗伯特·韦斯巴赫教授合作撰写的《新型博士》，这是《研究生院之道》延续性探索之力作。

收到樊智强老师的译著，我有幸成为此书的第一个中文版读者，并愉悦地完成了阅读。在《新型博士》中，卡苏托教授和韦斯巴赫教授从美国研究生院历史发展维度，不仅一针见血地指出了美国博士生教育存在的各种问题，而且还创新性地提出了解决问题的各种方案。本书主要有以下三个特点。

一、**系统性**：本书不仅从研究生招生录取、培养、学位、导学关系等关键环节全面分析了美国博士生教育所取得的经验和教训，而且还从美国博士生教育改革的历史、为研究生提供资助、职业多样性、公共学术等方面深入探讨了如何开展以研究生为中心的切实可行的、可持续的新型博士生教育。该书还首次系统回顾了 1990 年至 2010 年之间由卡内基基金会和梅隆基金会等主要参与者赞助的在全美国范围内开展的不计其数的改革，不仅分析了这些改革失败的原因，而且还深入探讨了未来我们如何做得更好的路径。

二、**创新性**：本书第三章专门论述"职业多样性"，第十章专门论述"公共学术"。这两章都是强调随着社会变迁，博士生教育与社会联系越来越紧密。该书建设性地提出了一系列美国博士生教育改革和创新的举措，旨在将博士生教育改变成为一项更加以研究生为中心、瞄准多种多样的职业和服务社会需求的最高层次的教育。例如，纽约城市大学研究生院多样性办公室执行主任赫尔曼·班尼特教授多措并举，不仅巧妙地整合了该校本科阶段的"人才工程学者项目"和研究生阶段的"人才工程学者项目"，而且还构建了"以学生为中心的文化"和"多样性文化、包容性文化"，从而创造了"团队效应"，有效地提升了教育多样性。

三、**实用性**：本书精彩地收集了来自全美国各研究生院有关博士生教育改革的价值、见解和实践的几十个案例。例如，美国理海大学充分考虑研究生的需求，采用了以数据为中心、以毕业情况为导向的规划来评估和改革其博士生课程体系。该校自 2013 年开始修订课程体系，将博士生就业问题整合进入课程体系，为研究生创造各种各样的实习机会，不仅改变了对研究生教育的思考方式，而且还有效地提高了研究生的就业质量。

我国研究生教育改革发展与美国一样，也面临许多新形势、新问题。2020 年，全国研究生教育会议的召开，以及《教育部 国家发展改革委 财政部关于加快新时代研究生教育改革发展的意见》（教研〔2020〕9 号）发布，标志着我国研究生教育改革发展进入一个新的时代。新时代有四大特征：其一，发展阶段从建设"研究生教育大国"转向建设"研究生教育强国"；其二，研究生教育功能使命从以"高层次人才培养"为主转向"人才培养与创新创造"并重；其三，研究生教育发展思路从"外延扩张"转向"内涵发展"；其四，研究生培养模式从"一元"转向"多元"，服务国家战略、社会需求和个人发展成为主要目标。

在当今研究生教育发展的新时代，博士生教育愈来愈成为各个研究生教育大国关注的重点。博士研究生教育是培养拔尖创新人才的活动，是支撑国家核心竞争力的基石，是引领人类文明进步的动能。《新型博士》的翻译、出版一定会给我们带来很多新的思考。

本书译者樊智强老师具有十几年的研究生教育工作经验，在《现代教育科学》《大学英语》《上海研究生教育》等期刊上发表多篇研究生教育论文和译文，在北京大学"博士生培养"微信公众号发表多篇文章，客观地说，他比较熟悉研究生教育的宏观层面和微观层面。与此同时，译者作为中国翻译协会会员、上海翻译家协会会员，已翻译出版多部学术译著，难能可贵的是，为了提升本书中文版的翻译质量，译者多次与原著作者认真沟通，增添了多处译者注，精彩地将原著的语言和思想呈现给读者。

希望樊智强老师翻译的这本《新型博士》能为加快推进我国博士生教育高质量发展、助力新时代研究生教育强国建设提供一个有用的视角。

是为序。

中国学位与研究生教育学会副会长

北京理工大学研究生教育研究中心主任

清华大学教授

王战军

2023 年 6 月 12 日于北京

且喜忘年开新面

半个月前，路遇樊智强，他请我为其新译著作序。我二话没说，立马就答应了。之所以这么爽快，是因为我赞赏他的志趣"转向"。

由于工作关系，我很早就认识了樊智强。2006 年他从上海外国语大学硕士毕业，来到复旦大学研究生院工作。小伙子热情、爱笑，见面熟。知道他是翻译专业出身，好为人师的我就会主动出主意，建议他翻译这个翻译那个。当然，三句不离本行，多半还是谈高等教育研究资料的翻译，谈比较教育研究。每次他都是笑盈盈的，连连称是。然而，我自己很明白，说起来容易做起来难，尤其是有本职业务工作在身，要想业余搞翻译更难。记得 2004 年我从日本做客座教授归来，买回来一大摞日本原版的高等教育研究书籍，再加上日本教授送我的书籍，装了书橱好几层。曾经一次又一次计划翻译出一些东西来，但是至今没有一个计划实现。繁杂的管理工作、期刊工作和学术研究、研究生培养，使得自己疲于应付，无法集中精力去实现翻译计划。有好几本书都翻译了几节，又搁下了。

大概是十年前，有一天，樊智强突然来访，送上他的新译著《他是否还在人间——马克·吐温短篇小说选》。我很是吃惊，没想到这小伙子在繁忙的工作和家务之余，居然能有这么好的译作。我本来是学中文专业的，对文学的爱好一直潜藏心中。马克·吐温是我最喜欢的作家之一。这个译本一到手，就迫不及待地读了十多页。翻译得真是很不错。记得有位翻译名家说过，翻译要"信、达、雅"。一般的文本翻译到"信""达"就可以，而文学翻译则"信""达"之外不能不"雅"。樊智强能够翻译世界文学名著出版，可见其功夫不寻常。我这好为人师的毛病又出来了，开始唠叨："把你这翻译的能耐与研究生教育管理工作结合起来，不是更好吗？"

近几年，樊智强从研究生院培养办公室转到研究生教育质量监督办公室工作。我退休后，被聘为研究生教育督导员，我们有更多的机会碰面。逮住机会，我就会像九斤老太一样，鼓动他翻译有价值的研究生教育研究的文献资料。特别是他参与《上海研究生教育》期刊的编辑工作，我作为一个老期刊编辑人，总喋喋不休地盯着他策划比较研究生教育的主题。果然他不负所望，每期都会组织相关专题稿件，自己不仅翻译有价值的外文文献，而且写了不少国际文献的述评。这次告之有研究生教育研究的译著要出版，我真是大喜过望。也就在今天，督导小组工作会议之后，听他聊起后续的翻译计划，我真切地感到，小樊同志已经完成了志趣的"转向"。

在很多人看来，翻译工作是吃力不讨好的事。在现实的学术评价中，翻译学术作品往往只能算"半个工分"。有人甚至说，翻译学术著作那是"犯傻"。从出版的经济收益来考量，翻译学术作品也是极不划算的，翻译稿费比原创稿费要低许多。提起这些，我们的樊智强只是呵呵一笑，一副满不在乎的样子。十分难得！正是因为有这样一种在翻译事业上的执着和豁达，樊智强才会有今天的成就。在 ChatGPT 迭代精进的时代，有人忧虑翻译要被人工智能所代替。依愚之见，那些高水准的、具有再创造意蕴的翻译是不可能被人工智能所替代的。我真诚地期待，樊智强能够百尺竿头更进一步，把研究生教育管理专业与翻译专业更好地结合起来，有更多具有创造性品质的翻译作品问世。

复旦大学高等教育研究所前所长

《复旦教育论坛》杂志前执行副主编

复旦大学教授

熊庆年

2023 年 6 月 12 日于复旦大学

目 录
CONTENTS

PART 第二章 开启对话的实用指南：目标和路径

PART 第三章 职业多样性：对博士生开展博雅教育

10 PART 第十章 | 公共学术的本源和要求

结 论 | 真抓实干见成效

参考文献

跋：新冠疫情之后的研究生院

致　谢

译者后记

我们为什么需要新型博士？
如何创造新型博士？

首先，我们来设想这样的场景：8 名刚刚入学的博士生围坐在院系会议室或实验室会议厅里的圆桌前。他们开始了博士生学习生涯，迫不及待地想体验未来的科研探索生活。虽然他们都知道学术就业市场低迷，但是他们中的大多数（也许是所有人）都希望能在博士毕业后顺利获得学院或大学的教师岗位。

我们不妨将时间快进几年。根据当前的统计数据，这 8 人中有 4 人（占比为50%）可能无法获得博士学位。[1] 即使有 4 人能获得博士学位，也会有两人无法获得科研工作岗位，不得不在其他领域寻找工作岗位。最终，也许有两人能找到全职教学工作，最有可能是在教学型机构中任职。虽然终身教职序列的工作岗位数量一直都在缩减，但是他们有可能会获得终身教职序列的助理教授岗位。在这 8 人当中，也许最终只有一人会在研究型大学任职，这所研究型大学与这 8 名博士生在几年前开始读研所在的那所大学属于一个类型。（原文注：我们此处提供的是 2019 年新冠疫情之前的汇总统计数据。虽然某些特定的学科，例如经济学和计算机科学，所展示的数据会截然不同，但是这个思想实验的概要广泛适用于所有学科。）

现在，我们赶紧将注意力转回到会议室的圆桌上，看看这些渴望开启读研生涯的研究生，不妨考虑一下：这 8 名博士生都是按照那一位最终能在研究型大学任职的博士生的需求来培养的。在大多数文理学院，研究生项目的课程体系都是把研究放在第一位，其主要目标是为研究生准备去申请获得那些处于学术地位金字塔顶端竞争最激烈的、最稀缺的工作岗位。

研究生普遍需要七八年时间（也许是更长的时间）才能获得博士学位，在此过程中，他们也许会为发现人们给予他们不可思议的预期而困惑，此外，有些人还会催促他们继承那些为他们提供训练的研究型大学教授的衣钵。如果他[1]是人文专业或社会科学专业的研究生，那么他的导师可能会对他提供毫无章法的指导。在他攻读研究生学位的那些岁月里，他的导师会（直截了当或含蓄地）说服他去谋求类似于他读研的那所研究型大学教授序列的工作岗位，并表示那是唯一值得努力的工作岗位，然而，他在毕业后进入学术就业市场，几乎没有机会能获得他期望得到的工作岗位。

或者，也有可能会发生其他情况。例如，他在攻读博士学位过程中会忍受各

---

① 原文为 her，本书中按中文习惯译为"他"。——译者注

种各样的沮丧，他也许是那些根本就没有毕业的 50% 的一员，他也可能会读了几年研究生之后就退学了，因为有一半这样的退出者都是在研究生学业的后期退出的——在这段时间里，这些研究生原本能做一些更有产出、更有愉悦感或更有收益的工作。考虑到这样的前景，当某些专家直截了当地表明"千万别去读博"[2]的观点时，难道还会有潜在的才能卓越的研究生项目申请者不同意这个观点？

由此可见，这个思想实验表明，文理研究生院是为研究生准备谋求现实中并不存在的工作，在培养研究生的过程中，一次又一次地告诉他们要去谋求这些教授序列的工作岗位，而不要去谋求其他领域的工作。然而，在过去的 50 多年里，大多数领域的博士项目的申请人数稳步增加。随着学术就业市场的萎缩，这些研究生所接受的训练与他们最后所获得的工作之间的差距不断扩大。有些研究生感觉自己已经成了机构化的庞氏骗局①的受害者。但并非所有的研究生都会有这种感受：一项对研究生的调查显示，大多数研究生，甚至连那些不想以后成为教授的研究生，也愿意再次读研。所以，如果我们想改进研究生教育，那么就不仅需要重新思考它所含有的非人性逻辑，而且还需要扩大它所具有的优势：有机会深入探索非常喜欢的研究领域并获得发现、有机会与专家教授紧密合作交流、还有机会能与相同研究兴趣和奉献精神的研究生合作交流。

这种现状展示了过程与目标的不一致。当前，博士生教育并没有在正常运作。它没有为研究生服务，因为它没有为他们准备如何面对日后的职业生涯中的各种现实。这种脱节给研究生带来了愤怒、痛苦和不幸福，遭到了大学之外民众们的非难。博士生教育也没有服务教职工或大学。德里克·博克（Derek Bok）将研究生院描述为"陷入了悲惨的困境，严重脱节于适合研究生们的各种职业机会"[3]，他的话其实很有道理。

我们所在的社会为此付出了高昂的代价。当我们将研究生的就业只指向一个方向时，我们不仅浪费了人力资源，而且还浪费了宝贵的人才。卡蒂娜·L. 罗杰斯（Katina L. Rogers）在她最近出版的有关人文博士的学术专著中写道："那些攻读博士学位的研究生都非常有好奇心，他们满怀激情，渴望探索自己的研究领域……想象一下，如果有用人单位邀请博士生将类似的询问、创造性和探索运用到象牙塔之外的职业生涯中，这会有什么成果？"[4]事实上，我们并不需要想象这种情况，因为现实中已有成千上万个这样令人触目惊心的案例了，只不过是没有广为宣传罢了。从数据上来看，它们构成了一种新常态。

我们撰写这部著作的目的，就是帮助行政管理者、教师和学生去解决研究生院在人文领域和科学领域中存在的各种问题。我们想帮助各类项目去协调行政管理

---

① 庞氏骗局（Ponzi Scheme）：指为骗人而虚设的企业投资，以后来投资者的钱作为快速盈利付给最初投资者以诱使更多人上当。——译者注

者、教师和学生，使他们在学术和职业上追求共同的目标。因为我们也在谈论人们的生活，所以，我们也想帮助他们协调好个人生活。我们想通过拙作抛砖引玉，促进重新思考博士学位的各项要求，从而修改博士生职业路径。在接下来的各章节里，我们将展示在美国涌现出来的各个研究生院、院系和项目中的最佳实践案例。它们涉及博士生教育的方方面面，不仅涵盖文科和理科等学科，也涵盖从招生录取到就业的各个环节。我们也讨论了如何改进硕士学位。在一份对 1990 年至 2000 年期间开展的各项失败的改革努力的问卷调查中，我们也检查了一些不太成功的实践。我们首次汇集了这些意图良好、效果却堪忧的实际案例，因为它们的缺点具有教育意义，所以也能帮助我们指明前进的道路。

在此后的各章节里，我们提供了很多建议，但它们并不是万能药。具体细节还是应该由各个学科的教师们决定。尝试修改博士生项目会引起那些对博士生信念的守护者的较大怀疑，然而，反思我们的教育实践并不是异端邪说：教师们也一直在修改他们的课程体系。改变博士生项目的前景可能会成为有争议的刺激因素，这应该能告诉我们一些关于我们所面临的教育文化的事情。学术界在社会和文化方面是保守的，因为大多数保守行为是有益的，所以我们不能假定它必须得屈服于时尚潮流。然而，即使是按照学术的标准，研究生院也是保守的，自博士生教育被引入美国的一个多世纪里，其结构几乎没有改变。我们早就应该评估我们对博士生教育的预期和管理规定了。从 2019 年底新冠疫情开始肆虐以来，在学术界开展这样的评估更是至关重要。由于研究生导师学会采用焕然一新的教学方法来替代课堂教学，这就强化了重新评估的意愿。我们希望，近期美国上下展示出一种要开展这种快速的、急剧改变的自信将进一步促进不断增长的改变来重新思考博士生教育。

我们将开始这种评估，明确一些程序，各种项目可以通过这些程序来继续检查它们自己的实践，关注并保持那些有效的做法，同时改变无效的做法。然而，我们需要知古察今，因为如果我们知道这些问题的来源，那么我们就能更好地解决这些问题。

我们如何达到当今的格局？

人们不是最近才开始纷纷抱怨博士生教育的现状。博士生教育所面对的各种问题最早可以追溯到威廉·詹姆斯（William James）①，令人惊异的是，他在 1903 年发表的文章"章鱼博士"（The Ph.D. Octopus）就在某些方面预测了我们当前所面对的各种问题。关于博士的吸引力，威廉·詹姆斯写下了这样的话语："我们

---

① 威廉·詹姆斯（William James，1842—1910）：美国哲学家和心理学家，实用主义者，机能心理学创始人。——译者注

在这些把他们的命运托付给我们的受害者面前，摇摆着 P、H、D 这三个具有魔力的字母，他们就会像飞蛾扑向电子火焰那样朝我们蜂拥而来。"[5] 一个多世纪后，（对威廉·詹姆斯具有深度研究的知名作者）路易斯·梅南德（Louis Menand）也类似地表达了对浪费人才的鄙视："成为律师需要三年时间。成为医生需要四年时间。然而，要有资格靠对大学生讲授诗歌来谋生，则需要六到九年时间，甚至需要更长的时间才行……由于博士生教育耗时长，不确定性多，导致其扭曲了研究生的生活。"[6]

威廉·詹姆斯和路易斯·梅南德等人都一致抱怨博士生教育存在各种问题，这就导致各种补救措施陷入了矛盾之中。我们认为我们知道美国博士生教育在一段时间里的意义，但是我们有时又不太确信这些意义到底是什么。难道它的目标是培养下一代的大学学者和教师？在更深的层面，博士学位是否应该同那些早期的美国开国元勋所希望的那样成为一个旨在尊重学术和科学发现的学位？在美国，此目标已与本科生教育的目标同存，在借鉴英国以教学为中心的学院模式的基础上，美国在高等教育领域里引入了博士学位，旋即就造成了两者之间的紧张局面。在过去的几个世纪里，在美国，这两种科研机构共存，但它们的目标并不完全是共生的。

一方面，学院模式的文化是（仍然是）明确以学生为中心的。另一方面，研究型大学的文化本质上是以教师为中心的。1888 年，即将担任新成立的芝加哥大学（University of Chicago）首任校长的威廉·雷尼·哈珀（William Rainey Harper）写道：在芝加哥大学，教学应该是第二位的。教学活动应该由研究人员开展，因为"只有那些作出研究成果的人才能教授他人如何做研究"。[7] 换言之，因为研究生导师可以传授发现的技巧，所以能成为最好的大学教师；然而，因为有更重要的工作要做，所以，他们不应该承担过多的教学任务。

早期的公立大学承担着教学和研究的双重使命。1862 年，当时的美国总统亚伯拉罕·林肯（Abraham Lincoln）①签署了《莫里尔法案》（*The Morrill Act*），号召建立赠地学院"从而在一些追求和职业上，促进对工业阶级的人文教育和实用教育"。[8] 在与 18 世纪之交的 20 年里，赠地学院如雨后春笋般涌现，它们也发展成为研究型大学，需要在做研究的同时为公众提供服务。这种结果就造成了一种紧张的局面——研究和服务有时是共生的，有时是脱节的——这种局面也许具有一定的创造力。

尼古拉斯·莱曼（Nicholas Lemann）指出，"根本的问题是"美国"追寻实

---

① 亚伯拉罕·林肯（Abraham Lincoln，1809—1865）：美国第十六任总统（1861—1865）、共和党人，当过律师、众议员（1847—1849），就任总统后，南北战争爆发（1861），采取革命性措施，颁布《宅地法》和《解放宣言》（1862），取得战争的胜利（1865），战后被暴徒刺杀。——译者注

现高等教育中两种不协调的理想"。[9] 我们必须认识到这样一个事实——在美国高等教育中，教学和研究这两个使命已共存了 150 多年。它们究竟应该相互竞争还是应该和谐共存？

一旦各高校发现研究生能作为廉价的临时教学人员，各高校就要求研究生在博士生教育中不定期地开展教学活动。但历史学家托马斯·本德（Thomas Bender）建议，晚些时候的博士训练本来可以前移，成为比之前更传统的纯研究："到 20 世纪 90 年代，可以考虑将（博士学位）全部设置成纯研究的学位，或设置成研究比例非常高的学位。"[10] 在很大程度上，萎缩的学术就业市场导致出现了这项运动，与此同时，也相应地提高了学位证书授予的标准。由于大学获得了越来越多的由政府提供资助的科学研究项目，研究就在科学的领域之外获得了新的声望。然而，因为美国人将民主化教育的理想看作一种培养公民的方法，所以，还是有很多美国人坚决反对纯学术的学位。

然而，这些焦虑几乎没有考虑到"第二次世界大战"后早期里出现的学术富裕的情况。在第二次世界大战后的一个世纪里，高等教育快速发展，并在 20 世纪 60 年代达到了顶峰。从 1962 年到 1970 年八年时间里，文科和理科的博士生教育迅猛发展，研究生人数每年都有两位数的增长，整体规模更是扩大了三倍。（在接下来的 45 年里，增长放缓，年均增长率位于 1% 至 2% 之间，有些年份里甚至还出现了小幅的负增长。）[11] 在同一时期，进入本科院校读书的学生人数却有了迅猛的增长，导致在人文学科和社会科学中出现了本科生注册人数的迅猛增长，越来越多的美国人呼吁大力发展与大学研究相关的医科。由于多种原因，在"第二次世界大战"之后，博士学位承诺能为博士学位获得者带来巨大的机会，从而成为一个趋之若鹜的学位。

然而，早在 20 世纪 70 年代，这座受欢迎的大厦就开始摇摇欲坠了。几乎是一夜之间，在美国，人文学科领域里的学术岗位的数量远远少于博士生的数量，处于失业或处于半失业状态的人文博士俯拾皆是。此时，美国经济增长速度放缓，美国联邦政府和州政府又削减了对高等教育的资助，这种情形整整持续了几十年，导致学术就业市场萎靡不振。这种资助的不确定性使得廉价的劳动力变得具有吸引力，而这些工作条件又导致出现了使用兼职教师和研究生作为劳动力。正如威廉·G. 鲍恩（William G. Bowen）和内尔·陆登庭（Neil Rudenstine）在 1992 年的研究中记载，文科博士生获得学位的用时飙升至远超八年，攻读博士项目研究生的辍学率已超过 50%——这份研究报告发布的数据首次被公众获悉之后，就掀起了轩然大波。[12] 20 世纪 90 年代，很多研究生寻求工会化，这项要求获得认可的运动持续了整整一代人。（如今，兼职教师工会不断出现，可以算是对这个同样条件的延迟回应。）当人们开始认真进行关于研究生项目机构改革的对话时，学生工会运动开始在同样的历史性运动中出现。这种汇合运动的结果之一是内讧：改革运动分裂为激进主义派和语用论派。[13]

在人文学科领域，虽然科研助理获得薪酬少，不受尊重，还经常流动，却仍然吸引了大量的博士生涌入；在科学领域，虽然博士后很难找到合适的教职岗位，却仍然有大量的研究生申请攻读科学领域的博士学位。建议改善博士后的命运，与号召改善人文学科里大量的助理人员的命运，有很多相似之处。由于美国联邦政府和州政府持续降低了对高等教育的资助，所以科学里的学术岗位也在不断减少。获得学位耗时还是很漫长，漫长得令人害怕，从研究生进入人文学科博士项目到顺利获得博士学位，仍然普遍需要八年多的时间。（获得社会科学的博士学位所需的时间稍微少于八年；获得科学的博士学位所需的时间则更短一些，然而，科学领域通常需要做博士后，如果把做博士后的时间计算在内，那么获得科学领域的博士学位所需的时间是最长的。）

与此同时，科学的循环获得基金的机制构建了一种结构，这种结构依靠研究生群体来承担实验室里的工作，这样才能持续不断地申请获得新基金。科研基金为教授们提供资助，使他们有钱去雇用学生进入实验室，而研究生的工作使导师能获得更多的科研基金。这种研究的迫切需要，在过去以及时至今日，仍然严重损害了博士生的学术发展和智力发展，甚至连很多以实验为基础的项目也开始要求研究生在多个实验室里轮转，与不同专业的教授交流，研究生只有在完成这些实验室轮转之后，才能加入某个实验室群体。

更普遍的情况是，在文科和理科出现了脱节；在研究型大学，有些博士被各类教学任务繁重的学院和大学聘为新任教师，所承担的工作与他们在读研期间接受的学术训练之间仍然存在这样的脱节。更糟糕的是，大多数考虑在学术界之外寻求职业发展的博士的需求，过去是、现在仍然被人所忽视；我们知道，有少数文科研究生和大多数理科研究生都考虑在学术界之外寻求职业发展。我们在拙作开头所提及的八名博士生的例子就突出了这种脱节：博士生课程体系与博士生就业去向之间几乎毫无关联。

20 世纪 90 年代，高等教育面临各种越来越艰巨的挑战。自 20 世纪 70 年代起，学术就业市场就开始了长达十多年的萎缩。20 世纪 90 年代之后，人们越来越对博士学位表现出不满的情绪，终身教授岗位经历了 20 年的短缺。科研助理取代了全职终身教授，这成为一个避风港，但在美国经济模型之下的高等教育，潜藏着结构性的困境。在美国，各州削减了对公立大学和公立学院的资助预算。[14] 公立大学和公立学院通过上涨学费来弥补财政赤字，导致学费高涨到令很多学生难以承担的水平。因为成本超过了收入，于是公众不再愿意支持年度学费增长明显超过社会整体的通货膨胀；私立学院也在挣扎。在这些经济变化之后，对大学和学院的效用的要求日益增长，给人文学科带来了新挑战，使科学教育更加依赖于提供资助的研究。

在"第二次世界大战"之后的岁月里，高等教育被普遍看作有价值的公众产品。然而，从20世纪90年代起，高等教育就逐渐被看作私人投资，这种观点一直持续至今。对于这些原因和其他种种原因，一种接近世界末日的感性认识在博士生教育中占据一席之地，至少那些拒绝戴马眼遮罩的人都带有这种感性认识。到2000年，在人文科学和社会科学，申请获得全职学术岗位的人数至少是这些岗位的供应人数的两倍。大约就是在这个时候，人们长期深信不疑的信念——即就业不足只不过是短期的市场纠正出现的现象——开始寿终正寝了。甚至连那些最乐观的教职工也难以接受这个极其不切实际的希望。

然而，人们通过好长一段时间才接受了这个认知。1989年，威廉·G.鲍恩和朱莉·安·索萨（Julie Ann Sosa）出版了《文科教师和理科教师的发展前景》（*Prospects for Faculty in the Arts & Sciences*），他们在该书中鼓励毫无根据的乐观主义，这就部分造成了人们很晚才发现自己的认知与现实严重脱节了。鲍恩是一位著名经济学家，时任财大气粗、威名远扬的安德鲁·W.梅隆基金会（Andrew W. Mellon Foundation）会长，此前，他曾担任了20年普林斯顿大学校长，在学术界呼风唤雨，一言九鼎。（研究员索萨曾是他的研究生。）鲍恩一次又一次地赢得了名声。1998年，威廉·鲍恩和德里克·博克合著出版了《河流的形状》（*Shape of the River*），为在学术界开展多样性和平权运动（affirmative action）①提出了有利的理由，创建了主要的政策来实施他的弥补方案。[15] 他还讨论了涉及高等教育的国际问题，特别是在南非，他帮助创建了JSTOR——这是一种学术期刊不可或缺的数据存储文章系统。在威廉·鲍恩逝世后，莱纳德·卡苏托写道："如果鲍恩教授是一位摇滚音乐家，那么他最大的曲目将至少装满两张专辑。"[16] 然而，虽然《文科教师和理科教师的发展前景》这本专著具有巨大的影响力，却使他败走麦城。

鲍恩和索萨认为，由于进入大学学习的本科生越来越多，所以大学会雇用越来越多的新教授。他们预测教授岗位会面临短缺，特别是在人文学科和社会科学中，研究生入学率过低，尤其难以满足那些不断申请读研的学生。然而，事实上，人文学科的博士毕业生人数是在不断减少，从1973年的4873人减少至1988年的2749人，降幅为49%，其主要原因是糟糕的学术就业市场，而正是在1988年，鲍恩和索萨出版了那本《文科教师和理科教师的发展前景》。[17] 正是这本专著的出版使鲍恩满怀信心，他不遗余力地向梅隆基金会董事会建议：不仅需要继续支持研究生项目，而且还需要加强支持的力度。虽然鲍恩和索萨小心翼翼地展示了他们的

---

① 平权运动（affirmative action）：20世纪60年代反对歧视少数族裔成员及妇女等的社会行动。——译者注

假设，但是多家媒体对这份研究进行了新闻报道，在报道中总结了他们提出的相关观点，却省略了这份报告所隐含的意义，甚至一味鼓吹有利的发现。自20世纪70年代早期开始，学术岗位就出现了短缺，而教师和研究生一直挣扎于学术岗位短缺的现实，他们中的大多数人虽然看到和听到了这些新闻报道，但是没有阅读这本厚重的专著，于是，他们就有了信心，有了更多的耐心。

这本专著很快就获得了《鲍恩报告》这个昵称，虽然此份报告被证明是有说服力的，却也被证明是错误的。尽管鲍恩聪明绝顶，但没有预测到教师的市场会经历如此快速的变化。当与鲍恩同时代的大批教授退休之后，他们中的大多数人并没有被新纳入终身教职序列的员工所替代。鲍恩和索萨在他们的展望中所依据的观点是预测不断增长的本科生入学人数会导致出现更多纳入终身教职序列的工作岗位。然而，我们却见证了学术界中出现了越来越多的助理：新一代的临时教师以全职和兼职的方式在没有纳入终身教职序列的岗位上工作。此后，在一次接受《高等教育纪事报》（*The Chronicle of Higher Education*）的采访时，鲍恩承认他们"根本没有预测到"会出现学术工作岗位转移到科研助理这样的事情。[18]教师和行政管理者，尤其是研究生，也没有预料到会出现这种情况。他们继续等待学术就业市场的复苏，未承想，他们的期望最后只是一个遥不可期的梦想。那些早已习惯了充足的学术岗位的学院和大学行政管理者，也期望有朝一日能回到那个局面——所以，他们预期能恢复到之前的资助水平，于是又不断扩大了研究生项目。

然而，我们从来就没有回到那个局面。事实上，在2008年美国经济下行的背景下，这个局面反而恶化了。（在2019年新冠疫情肆虐的情况下，这个局面可能会再度恶化。）文科研究生教育和理科研究生教育的结果是极其痛苦的：我们告诉一代又一代的博士会有机会获得教授岗位，然而，他们在毕业后从来就没有顺利获得教授岗位。这些脱节反映了很多正在形成的问题，例如不断申请延期才能获得博士学位，以及由此造成的诸多伦理困难，时至今日，依旧困扰着研究生教育。

同样的脱节导致美国博士生教育朝向不连贯的方向发展。在皮尤（Pew）基金会的资助下，2001年，克里斯·M.戈尔德（Chris M. Golde）和提默西·M.多尔（Timothy M. Dore）撰写了一份有影响力的报告，他们指出，"博士生不得不接受那些他们并不想要的训练，这些训练也没有为他们未来开展工作做好相应的准备"，这句话经常被引用，也激励着从20世纪90年代开始的各项改革，然而，这份报告的标题是"自相矛盾"（At Cross Purposes），这个标题本身就是不吉利的。[19]（如此坦率的悲观主义仍然回响在耳边。例如，克里斯·戈尔德也是由卡内基基金会资助的一部书籍的共同作者，在该部书籍中，他们对美国博士生教育的历史大唱赞歌，称其为"几乎用所有的标准来衡量……美国博士生教育都是一个成功的故事，是一个唯有在美国才会出现的典型的成功故事"。）[20]

截至 2007 年，事实上，美国的学术岗位的数量一直在逐渐增长，然而，人文学科和社会学科的研究生数量比学术岗位的数量增长得更快。例如：

> 授予的历史学博士学位数如下：1986 年为 563 个；1991 年为 663 个；1996 年为 864 个；2001 年为 1031 个，几乎是 1986 年的两倍。[21]

正是因为鲍恩和索萨的这个发现，以及教职工和行政管理人员都愿意相信他们，导致越来越多的学生涌入读研大军之中，超过了教授职业岗位的小幅增长，为后来的学术就业市场的崩溃埋下了隐患。在此后的 15 年里，即从 2001 年到 2016 年，历史学专业博士生人数仅仅增长了 21%，而所有领域的博士人数整体增长了 29%。在这 15 年里，英语专业博士生人数基本停止增长，增长率仅为 1%。[22]

以上这些数据以多种方式反映了这个故事。《鲍恩报告》展示出来的乐观主义促进了不现实的希望，鼓励越来越多的学生申报博士生项目。随着时间的流逝，人们终于发现了这份报告的错误假设，其中最大的错误假设就是没有预测到会出现科研助理，这导致人气始终陷于低谷之中。更广泛的悲观情绪很快就弥漫于人文学科之中。尽管科学中的不满情绪逐步减弱，但是大多数研究生并没有计划在学术界发展，他们的真实意愿和在读研期间所接受的学术训练（假定研究生选择学术职业）之间的差距导致不满情绪持续增长。

那种悲观主义导致了一系列问题。行政管理者和基金会官员转向研究美国博士生教育。他们同意需要获得有关美国博士生教育缺点的相关数据，并决定尝试解决所面对的各种问题。本世纪初的十年里，人们开展了暴风骤雨般的改革，试图将这种共识转化为行动。像卡内基基金会和梅隆基金会这样举足轻重的资助机构，试图开展主要的改革，却未能获得立竿见影的成效。（我们将在第一章里仔细查看这些改革。）

随之而来的改革动力并不完全源于糟糕的学术就业市场。好的学术工作岗位越来越少，现在获得博士学位所需要的时间越来越长，研究生只有拥有博士学位才能申请工作。越来越倾向于买方市场给研究生带来了压力，需要在读研期间发表科研成果。学术工作的稀缺性又导致研究生通常延期毕业，他们依靠最低的资助来生活，而这份资助聊胜于无。

获得博士学位需要越来越长的时间还导致出现了一些其他的尴尬局面。这些尴尬局面包括：在一些领域，符合教授们研究兴趣的各门课程杂乱无章，每一门课程只关注某个狭隘的研究领域，而可供研究生选择的课程也不多，但这些课程累计起来几乎就不是一个合理的课程体系。（曾几何时，各院系提供大量的课程，以致每一名研究生都能选择一些课程，导致目前出现了这种实质上是东拼西凑的课程教学。）研究生在完成课程学习之后，接受敷衍了事的授课教师培训，随后他们就进入课堂对学生授课。另一个失败之处是，在一些领域有色人种学生的人数少之又少，女生的数量也少之又少，这导致学术界在改进种族和民族的多样性上落后于几乎所有其他的社会领域（例如，军事部门、商业部门）。[23] 在随后的十年里，这些数字确实有所增长——其中增长最多的是在健康学科，增长最少的是在人文学科，然而，就整体而言，这些数字是以令人吃惊的缓慢速度在增长。这种部分的失败反过来降低了试图反映博士生教育中新美国人群的多样性的努力。对于那些想把自己看作不断推进工作的教育工作者的人来说，这种结果令人难堪。

不论不满于不断增长的近期原因和远期原因是什么，显而易见，教育工作者能一眼就看出我们在文科和理科所有领域里所隐藏的所有缺点。数学家陈繁昌（Tony Chan）在 2006 年由卡内基基金会资助的研究中写道："我们从来都不缺少需要改变什么的想法。我们必须决定我们是否想要改变。"[24]

我们现在应该做什么？

我们需要培养出拥有广阔国际视野的博士，而不是培养出只能在象牙塔里闭门造车的博士。博士从来都是与社会公众进行交流的。博士教育源于美国的学术历史，在冷战期间[①]，美国学术界的扩张使得短期内对教授的需求井喷，造成了似乎这种需求会永久持续下去的错觉。在美国高等教育历史上，接触多种多样的公众比纯粹学术复制的模型享有更悠久的历史。大部分美国私立学院和私立大学是由各种宗教组织资助设立的，试图通过学习和利用那些掌握知识的学生的良好工作来改造社会。

如此强调公共使用和实用性是深植于美国高等教育基因之中的，但也影响了美国院校早期的发展方向。[25] 在美国，人们成立各学院的目的是为了服务公众，而当它们被各大学替代之后，各大学就整合了为公众提供服务的功能和以研究为中心的功能。自 19 世纪起，美国各州开始创办州立大学，其主要准则就是公共使用性。这些由土地基金资助而设立的大学，强调像工程学和农学这样"有实用的技艺"，需要值得注意的是——所有这些公立大学，包括赠地基金资助的大学，无一例外，都提供一系列博雅学科。它们以这样的方式落实了《莫里尔法案》提出的"实用教育和博雅教育"精神。秉持这样的精神，约翰·杜威（John Dewey）[②]写道：一种

---

① 冷战（Cold War，1947—1991）：是以美国及北约组织为首的资本主义阵营和以苏联及华约组织为首的社会主义阵营之间展开的一场除正式交战以外的多领域对抗。冷战正式始于美国杜鲁门主义出台，结束于苏联解体。）——译者注

② 约翰·杜威（John Dewey，1859—1952）：美国哲学家、教育工作者、心理学家，实用主义哲学学派创立者之一，技能主义心理学先驱，实用主义教育的倡导者，主要著作有《经验和自然》《学校与社会》《心理学中的反射弧概念》等。——译者注

学科"得以重获生机……当它不再成为哲学家与问题打交道的工具，而是成为哲学家培养出来的处理男人与男人之间的（我们应该加上女人）问题的方法"。[26]

在 20 世纪初的几十年里，这种高等教育的不断扩张被证明是非常有影响力的。很多机构，不仅仅是那些赠地基金资助的机构，而且还包括现存的机构和新设立的机构，囿于《莫里尔法案》的视野，给予《莫里尔法案》凌驾于严苛的法律界限之上的特权，这就塑造了美国高等教育的现代结构。时至今日，美国大学中的智力因素和实用因素相互依赖，仍行之有效。[27]

美国高等教育向外拓展的运动还在进行中，而且应该还会继续不断发展。与其说这标志着新生，还不如说这标志着修复，道格拉斯·C. 班尼特（Douglas C. Bennett）在他那本著名的《高等教育简史》中论述"六大'创新前沿'的部分"罗列了经验学习和服务学习。举一个近期的例子，安德鲁·戴尔班科（Andrew Delbanco）①在他那本专著《学院：过去、现在与未来》（*College：What It Was, Is, and Should Be*）的结尾部分写道，一系列例子说明"增长的运动提升了公民身份的教育"。[28] 总的来说，在高等教育上，越来越多的人意识到学术学习不仅仅应该批评社会现实，而且还应该成为构成社会现实的一部分。这也有利于获得公众影响力：事实上，如果各院长、教务长和大学校长等齐心协力做好研究生项目，不断努力把知识运用到有利于大众事业的层面，就能起作用。

展望未来，我们需要争分夺秒做好具体的工作。近期，雅克·波林纳布劳（Jacques Berlinerblau）更新了杜威的建议。他强烈建议"人文主义"，告诫"人文学科最好开始服务那些不是职业人文主义者的人"。[29] 约翰·杜威和雅克·波林纳布劳之间语气上的对照是有教育意义的，他们的声明分别体现出不同的内涵：约翰·杜威提供了指导建议，而雅克·波林纳布劳则发出了警告。

当博士生教育不重视这些呼吁，就会导致严重浪费个人和社区的人力资源。考虑一下历史学专业访问学者、助理教授爱琳·巴特拉姆（Erin Bartram），她在 2015 年获得博士学位之后，就一直在寻求终身教授序列的工作岗位。2018 年，她决定放弃尝试寻求终身教职。她在博客上首次公开发表了题为"为了那种被遗忘的高尚的悲伤之情"的文章，公开表示她停止寻求终身教职，随后，这篇文章掀起了轩然大波，后又被《高等教育纪事报》转载。

巴特拉姆写道："因为我想成为历史学家，所以我攻读并获得了历史学博士学位。现在，我必须做点其他的事情。"起初，她写道，她克制她感受到的悲伤（"我不觉得自己有权利来悲伤"），随后，她释放了这种悲伤的情绪。巴特拉姆的这篇论文在可以被称为"退出文学"（quit lit）的分支——"推出去的文学"——中声名

---

① 安德鲁·戴尔班科（Andrew Delbanco）：美国哥伦比亚大学教授，美国艺术与科学院院士。——译者注

鹊起。（在此之前，关于这种文学最知名的文章是大约五年前瑞贝卡·苏曼发表的那篇悲伤的"仇恨学术论文"的文章。）[30]

显而易见，巴特拉姆愤怒不已，但悲伤使她有了满满的动力。她质疑她的学术工作的价值（"对谁有用？"），认为她的学术研究"毫无用处"。她觉得她花在学术上的时间"并没有预期的那样重要"，最后，她认为"我不知道我将做什么，也不知道我还有什么用处"。[31] 当获得博士学位的研究生不知道自己能有什么用武之地，这就表达了研究生的绝望之情。这也反映了有关研究生训练和学术文化的一些负面的信息。我们应该期望最高学术学位的拥有者不仅掌握大量的知识，而且还知道如何在学术界（例如，教学活动需要掌握知识）内外使用博士学位并发挥应有的作用。

我们并不是单独挑出巴特拉姆这一个例子，还有不计其数的其他案例。研究生和博士都是拥有很多资源的人，但我们通常没有在一定的范围内外看到他们拥有多项资源。博士生学会以复杂的方式处理信息，与不同种类的观众进行沟通。然而，因为他们没有意识到自己拥有这些技能，所以，很多博士生会不知所措。

博士生之所以会不知所措，是因为研究生教育一直教导他们只有获得教授职位才能真正满足对博士学位的长期追求。[32] 终身教职岗位是唯一的崇高职业，这个信息可以是心照不宣的，但并不总是直截了当地表达出来的。事实上，博士生的课程体系是以研究型大学教授的工作为模型的，然而，大部分博士生都不会（不愿意）去实现这样的职业目标。

如果博士生或他们的导师实现了这个目标，那么博士生会在很多方面提供价值。但我们通常没有帮助博士生去感知自身的多才多艺，如果我们这么做了，那么博士生就会意识到自己的多才多艺很有可能会带来成功和幸福。2001 年，苏珊·巴萨拉（Susan Basalla）和麦吉·德布留斯（Maggie Debelius）首次出版了《你将如何利用博士学位在学术界之外找到工作？》So What Are You Going to Do with That? Finding Careers outside Academia），她们写道："我们知道，就业市场疲软，导致你无法从事你喜爱的职业，那么这令人心碎不已。"她们也警告道："如果你认为你不能在学术界之外过得幸福，那么你有可能真的不会过得幸福。"大多数博士都没有成为教授，然而，如果我们没有告诉他们没当上教授并不是失败之举，那么这就是一个问题。比这个问题更具有讽刺意味的是，当博士们离开学术界以后，大多数博士对他们的选择感到开心。[33]

良好的研究生训练应该能开发学生的创造力，并引导他们把接受的训练运用到合适的工作岗位。我们不应该缩窄他们的视野，反而应该在智力方面和实用方面拓展他们的视野。在一个题为《应该做些什么？》的论坛上，布莱恩·克罗尔（Brian Croxall）直截了当地说："每一个博士项目应该讨论和鼓励其他方面的职业机会。我们需要改变研究生院的文化，这样研究生们才有可能意识到终身教职岗位之外的其他选择。"[34]

总而言之，教授和行政管理人员需要停止支持爱琳·巴特拉姆生动表达出来的那种绝望。它很容易成为自我实现的预言。但这并不是表示我们应该鼓励研究生放弃学术追求，博士学位是一个学术学位，我们需要把研究生在大学之外和走向社会之后所需要的这些技能整合进课程体系。我们需要确保研究生通过所接受的学术训练能更好地理解并接触到社会上各种各样的职业机会。

在过去长达 45 年的时间里，所有领域的博士在寻找学术岗位时都面临"僧多粥少"的局面，我们已经达到了引爆点。说到人文学科，希多尼·史密斯（Sidonie Smith）强调指出："成功的模型仅仅集中在一个成果里——完成周期长的专著，随后在研究型 1 类（R-1institution）（原文注：R-1，即研究型 1 类，是分类系统中的一种类型，由关注高等教育的卡内基委员会在 1970 年开发，此后经历了多次更新。研究型 1 类的大学展示了"非常活跃的研究活动"）的研究型机构获得终身教职——已经一去不复返了。它筋疲力尽，耗费精力，无法服务于学生的利益和发展前景。"[35]越来越多的项目开始启动改革。美国研究生院理事会（Council of Graduate Schools）沟通部负责人茱莉亚·肯特（Julia Kent）和研究部负责人莫林·泰瑞斯·麦卡锡（Maureen Terese McCarthy）都认为英语系通常最反对其研究生考虑在非学术领域就业，然而，两人在 2018 年的发言中表示："相比于 10 年或 20 年之前，甚至是相比于 5 年之前，这是一个崭新的时刻，虽然还有人反对更加大众化或更适用的英语学位，但其人数是大幅减少了。"[36]

在实验室科学领域，更多攻读博士学位的研究生并不想成为教授，但是项目却再次训练他们，似乎他们都会成为教授型研究人员。在大多数的实验室科学领域，不到一半的研究生预期在学术职业里工作，而最终能获得学术岗位的研究生更是少之又少。在这些领域里的教授岗位的数量也类似地忽视了为各种职业选择的准备。《科学美国人》（Scientific American）上的一篇文章指出，"美国科学教育的真正危机是：就业市场扭曲，无法"为"有能力的"青年科学家提供"职业机会"。一篇（未署名的）社论指出了一个反常的现象：我们听到了有人报道指出美国科学家和工程师面临短缺，与此同时，我们也听到了科学领域里博士生的"过度供给"。[37]美国国家科学院（National Academy of Sciences）近期发布了一份名为《面向 21 世纪的研究生 STEM① 教育报告》（Graduate STEM Education for the 21st Century）的重要报告，几位作者写道：研究生的"思维"需要"重

---

① STEM：科学（Science）、技术（Technology）、工程（Engineering）、数学（Mathematics）四门学科英文首字母的缩写。——译者注

新得到调整，从而意识到有些较好的学生将不再追求学术研究的职业，而将进入其他领域的职业，例如商业部门或政府部门"。[38] 不同的数据集提供了不同的预测，但这些数据不约而同地显示，一半多以上的 STEM 专业博士生将在学术界之外工作。

两种文化，一种博士学位

在本书中，我们集中关注研究生教育历史上出现的各种观点，特别关注从 1990 年开始的研究生教育改革行动中涌现的各种观点。这些观点大部分是关于人文学科和社会科学的，虽然我们所强调的总体上也是如此，但是并非完全一致。我们寻求科学里最好的实践信息，我们也查看某些科学家评估他们自己的事业的各类报告。[39] 在这些报告中，立即凸显出来的是科学家和学者在所谓的软学科里共同关注的程度。显而易见的是，人们越来越倾向于讨论关于科学和非科学领域里的改变，似乎它们是不同的物种，需要截然不同的关心和培育。当然，那里也有不同之处，最初的不同之处是科学领域和非科学领域里的研究生教育具有不同的经济模型。由基金支持的学术科学实验室以独特的方式教育和资助研究生。然而，研究生院仍然是研究生院，研究生教育工作者的关注与研究生的关注在学科之间是有很多交集的。由于智力的原因和实用的原因，各博士项目是在同一所大学校园里开展的，而不是在截然不同的星球上开展的。寻求真相和获得发现是所有学科的属性，尽管各学科的学习方法和发现的客体也许会有巨大的差异。在古代，哲学家都是科学家，许多罗马的诗歌展示了科学兴趣和理解。C.P. 斯诺（C. P. Snow）[①] 有句著名的（或臭名昭著的）话——"两种文化"，相对而言，两种文化的分离不是近期才出现的现象，最早能追溯到 19 世纪末。

我们将博士生教育作为一个整体，而不是将我们自己局限在人文学科和社会科学里，因为这更加实用。我们可以从各自的实践中相互学到很多东西。例如，各医科院系通常为录取的研究生举行诊断性考试，从而决定哪些研究生需要学习额外的课程。对本科为科学专业的学生的要求似乎比对人文科学专业的本科生的要求更有指令性，所以，这些早期的评估也许更合适，但非科学的院系关注那些超越了个人所在专业的学术知识，也许有更多的理由来考虑模仿采用同样的实践。当人文学科的博士学位论文的松散结构也许可以从更严格的指导和集体的交流中获益，通过为

---

① C.P. 斯诺（Charles Percy Snow，1905—1980）：英国小说家、物理学家，主要著作有系列小说《陌生人和弟兄们》、论文《两种文化与科学革命》、文学评论《特罗洛普的生平和艺术》等。——译者注

学生提供在人文学科里盛行的创造性的自我引导，微观管理的、实验室导向的科学的博士学位论文也许能从中受益。

但同样具有教益的是强调共同的挑战。我们调查了六份近期的报告，这六份报告都集中关注两个话题：准备获得非学术性的职业岗位，构建商业部门和政府部门之间新的学术关系（其中有三份报告建议为大学之外的实习活动提供更多的机会）。这些关注对于非科学领域的博士生教育改革也是至关重要的。

在这六份报告中，只有一份报告是集中关注改进博士生的教学法训练，在人文领域里是很容易找到这种关注，但对科学家来说是不太重要的。（在人文领域，主要集中关注安排研究生讲授地位低下的课程；而在科学领域，令师生们不满的是所有的教学活动地位都很低下，只有那些无法达到申请基金资助要求的研究生，或没有顺利获得基金资助的实验室研究的研究生，才不得不去开展教学活动）。

在这六份报告中，有四份报告寻求更大的、更新颖的努力，招聘来自未被充分代表的小组的研究生。我们从近期研究生教育的历史中可以看出，科学（特别是健康科学等）比人文学科在这方面更为成功。这四份报告也建议在学生就业去向报告上展示更大的透明度，收集更好的数据，并进行更全面的项目评估。这些关注也会在非科学领域里发生——我们在拙作里也会讨论这些关注。

在这六份报告中，有三份科学报告呼吁对学生在与不同类型的观众进行沟通方面开展更好的训练，这也就激发了公共学术。其中有两份报告回应了我们自己的关注，我们在拙作的不同地方深入探讨了如何构建更好的导学关系和更好地开展课程体系创新。其中有三份报告建议开展更多的跨学科研究，还有三份报告强烈呼吁重新考虑硕士项目，然而，我们也讨论了科学之外的另一种焦虑。这些报告提到了所有这些建议，正如在非科学领域，表明人们越来越意识到博士就业能比假定的更加多种多样，这些也展示了一种新精神，即社会不仅存在这些职业范围，而且还鼓励在这些职业范围里就业。

在某些领域，这些科学也是分离的。最重要的是，有五份报告呼吁提供更多的训练基金（即那些为研究生提供训练的基金），而不是研究基金（即教授们利用自己的研究基金项目来资助研究生开展相关研究的基金）。那就是为什么这三份报告也呼吁采取措施来鼓励学生进行创新。在研究生科学实验室，博士后的数量越来越多，虽然人们不愿提及这个现实存在的棘手问题，但是有三份报告表示欢迎出现越来越多的博士后，其实，我们早就应该关注这个问题了。博士后是一支临时的队伍，大致类似于文科里的授课助理，是由软资金（soft money，也就是未来前景总是不太明确的竞争性基金）支持的。他们尽可能地多发表文章，希望能有所突破，有朝一日能运作自己的实验室。尽管博士生是在获得博士学位之后才开展博士后工作的，但是博士后已是固定的岗位，有些研究人员在收集数据时，禁不住疑惑做博士后的这些岁月是否应该被统计进获得博士学位的数据里。

也许最深刻的差异是：实验科学更加侧重于强调研究，包括课程体系在内的每一件事都指向亲身实践的实验室工作。也许那就是为什么科学改革者有时感叹确实缺少对研究生提供全局的伦理的思考，更不用说对研究生进行方法论的思考。与此相反的是，人文科学改革者和社会科学改革者通常呼吁研究生运用所学知识，去解决区域性关注的问题和全球社会性关注的问题。

这种重叠以及差异，表明学术界越了解 C.P. 斯诺所提出的"两种文化"中的另一种文化，就会越有收获。在全美国的大学和学院里，试点开展了人文学科实验室，提供了一种通过模仿而有所提高的明显的可能性。这样的例子不胜枚举，有些是通过比较科学博士学位论文和人文学科博士学位论文的传统和指导文化而得出的。我们看到了各门科学里得出的一个重要意义："个人独立发展项目"（myIDP），由美国科学发展协会（American Association for the Advancement of Science，AAAS）开发的 STEM 导向的在线服务，这是一个互动的网址，允许每一名学生将兴趣和能力与职业选择进行匹配；如今，"想象博士项目"（ImaginePhD）为"个人独立发展项目"提供了补充，"想象博士项目"是一个类似的针对所有领域的博士生的网页，是由 400 多位职业顾问组成的"研究生就业联合体"（Graduate Career Consortium）倡议启动的。（我们将在下一章里详细介绍这两个项目。）

因为美国国家科学院发布的《面向 21 世纪的研究生 STEM 教育报告》主要考虑如何将推荐建议转化为行动，所以我们想单独探讨一下这份报告。我们可以推断出其力量来源于失败。之前所发布的大量的报告都被人扔在一边，被人充耳不闻，或虽然获得了表面上的同意，实际上却对此置之不理，甚至连支持此份报告的相关机构里的工作人员也对此置之不理。然而，不论其理由是什么，重新强调能做的事，就是向那些关注研究生教育的读者推荐阅读《面向 21 世纪的研究生 STEM 教育报告》。我们很乐意承认这份报告对我们工作的影响，我们将从中选择一些内容，作为我们对基金会、大学、项目、教职工和学生参加美国全国上下的行动所提供总结的建议。

简而言之，职业多样性跨越了各门学科。然而，它是焕然一新的，我们仍然需要琢磨如何做好职业多样性。而且，这项工作已经启动了，通过拙作，我们希望促进对博士生教育的创造性和潜力性进行修正。

恕我们直言，我们想开门见山地说，我们没有理由期望能看到教授岗位的数量会有所增加。事实上，特别是当《新型博士》正在出版的过程中，新冠疫情肆虐，对经济造成了伤害，教授岗位的数量似乎更有可能大幅减少。有些问题是由于政府减少了资助，从而导致高等教育和支持高等教育的社会之间的信任崩溃。我们将讨论以某些方式开始修复那种信任，开展面向公众的公共学术。在《新型博士》里，我们将从头至尾讨论我们在面对当前的现实时如何更好地生活下去。

此时此刻，职业岗位还将极有可能进一步萎缩。雅克·波林纳布劳预测，他所称的"学术悲惨指数"（即在某个特定的年度里，某个领域里的博士永远无法获得进入终身教职岗位轨道的比例），"在未来的几十年里，该指数将从 2016 年的 65%至 75% 飙升至 85% 至 90%"。对于终身教职，他认为"在最差的情况下，终身教职在 25 年里将不复存在，文科领域里的终身教职最有可能的未来是每一样都保持原状，在某种程度上会逐渐变得更加糟糕"。[40] 除非我们能成功地改变自己的命运，否则，我们就不得不同意这个观点。

案例 1　反方观点——跨越障碍

教职工队伍中出现了"永久临时工"，这导致有些评论员提出了学术工作前景的"二元论理论"，大学资本家蓄意构建这个剥削系统，而不是创造永久的工作。[1] 迈克尔·贝鲁比（Michael Bérubé）和加里·尼尔森（Cary Nelson）还有其他人都是正确的，他们要求我们不要失去对事实的看法，将各学术机构雇用博士生和研究生作为廉价劳动力。公共资助锐减，而为学院全体教职工发放福利以及其他物质和人力方面的成本却越来越高，行政管理人员对此感到非常困惑。科研助理变成金融风暴中的避风港，博士生教育的结果平淡无奇。早在1994 年，米歇尔·贝吕贝和加里·尼尔森就认为"博士生教育是准备进入教授序列工作而实习的模式"将一去不复返，因为这种模式假定这些实习生会自然而然地获得他们实习期间的工作岗位。然而，我们认为，依靠怦击这个观点，甚至靠提供支持的工会，也无法解决这个问题。（我们正是这么做的）。原则上，我们支持公开透明的做法。历史告诉我们，除了"第二次世界大战"后那段短期内对博士需求井喷的黄金时期，博士总是在学术界内外寻找工作。[2] 考虑到这一点，我们相信，博士生都是有才华的人，我们需要使他们了解每一个社会领域中的工作前景，这才是可持续的解决方案。不论封闭的经济是否是资本主义控制的经济，封闭的经济都不是好经济。

其中一部分问题是简单的人口统计情况。那些传统适龄的学生是各学院和大学招收录取目标中的最大的群体，其数量越来越少，导致各学院和大学使出浑身解数来吸引他们申请教育项目，然而，未来的几十年里，这些传统适龄的学生的数量还将不断减少。这种情况导致大学逐渐依赖那些有能力支付全额学费的富有的外国留学生。由于私立大学越来越难获得几十亿美元的资金，所以，在未来的几十年里，很多小型学院和以本科生为主的大学估计会合并或倒闭，而只有那些最富有的大学能要求进行更大规模的缩减预算。[3]学费大幅增加，明显超越了公众的容忍度，导致很难管理学生和家长们的恐慌情绪。财政资助持续增加，结果是净学费静态不动，而成本持续增长。[4]与此同时，包括知名研究型大学在内的公立大学，从州立法机构那里获得的预算越来越少。[5]

在发布这种令人沮丧的名单时，我们不希望重蹈覆辙，假定所有确定的事务或我们应该考虑职业岗位数量的缩减，是命中注定的。我们无法预计在何时能改变这些预测，所有学术界人士确实应该致力于恢复公众在广义上对从本科生层面开始的高等教育（尤其是人文学科）的公众热情，因为如果我们不能成功地吸引本科生进入文科领域专业学习，那么显而易见，就很难支持研究生在这些领域开展研究。[6]

案例注释

1. 马克·布凯（Marc Bousquet）评论道："傻瓜，那是资本主义造成的！"2009年11月19日《高等教育纪事报》博客"头脑风暴"发表了一篇"加州财政捉襟见肘"。他批评了博士职业多样性是一种逃避的手段，逃避对学术工作岗位开展有效改革。那些不负责任的行政管理人员以及他们所采取的那些愚蠢的降低成本的措施导致学术工作岗位短缺，这个问题其实能轻松地被解决："显而易见，所有负责任的观察员都明白，为那些教学工作量大的教师提供更多的终身教授序列的工作岗位，就能使目前'供大于求的'博士找到工作。这也会造成博士'供不应求'。"来自2010年4月4日，《高等教育纪事报》刊发的"人文学科研究生教育：我们应该采取什么措施？"

然而，现实是不会出现博士"供不应求"的局面，颇具讽刺意味的是，对鲍恩那个错误的展望的猛烈批评将进一步宣传这种梦幻般的想象。这是关于资本主义，因为没有其他因素能像金钱这样促成这种转变过程：初级教师每年讲授6门课程，总共能获得100 000美元的工资和津贴，然而，在一些院所里开展同样工作的兼职教师每门课程收入是3000美元，总共每年收入少于20 000美元。在这种语境下，雇用兼职教师是一种不得已而为之的选择（a forced choice）。马里兰大学总校校长陆道逵（Wallace Loh）在2010年《高等教育纪事报》举办的一次论坛上表示，"由于2008年经济大衰退，大多数大学不得不大幅削减预算"，然而，事实上，早在2008年经济大衰退之前，大多数大学就已经削减了预算，并一直持续至今。

2. 参见加里·尼尔森和米歇尔·贝吕贝的文章"研究生教育正在失去道德基础"，发表于1994年3月23日的《高等教育纪事报》。

3. 例如，参见克莱顿·克里斯坦森（Clayton Christensen）和亨利·艾林（Henry Eyring）的文章《创新型大学：全面改变高等教育的基因》（_The Innovative University: Changing the DNA of Higher Education from the Inside Out_）（John Wiley & Sons 出版社，2011 年）；克莱顿·克里斯坦森在 2017 年 5 月的"高等教育创新＋颠覆论坛"上提出了更加激进的评论，即"在美国，有 4000 所大学和学院，在未来的十年至十五年内，其中 50% 的大学和学院将破产，（引自 Abigail Hess，2017 年 11 月 15 日的新闻："哈佛商学院教授表示：一半的美国学院在未来的十年至十五年内将会破产"。一篇《福布斯》文章着重指出，自《创新型大学：全面改变高等教育的基因》这本专著出版以来，破产的机构主要是那些营利型大学和学院，甚至连信用评级机构穆迪（Moody's）也发出了严正警告，穆迪预测："少数私立学院将不复存在，越来越多的学院将破产和重组。"德里克·牛顿（Derek Newton）于 2018 年 9 月 11 日在《福布斯》上说"不，半数的学院不会破产"。然而，事实却证明，"少数的私立学院"却是 75 家私立学院。有些观察家同意，私立学院，尤其是非营利性学院，面临严重的财务压力。例如，瑞克·瑟特尔（Rick Seltzer）的文章，"清算的日子"，于 2017 年 11 月 13 日在《高等教育内参》上发表，提到四家学院关闭，另外一家学院合并进入一家大型大学，其他一些学院被迫出售土地。在非学术媒体，可见迈克尔·戴麦农（Michael Damiano）于 2019 年 1 月 29 日在《波士顿》杂志上发表的"波士顿地区的各大学院即将破产——我们都需要付出代价"。

4. 例如，参见斯科特·卡尔森（Scott Carlson）的文章"不断增加的学费打折和平直的学费收入更严厉地榨干各学院"，2014 年 7 月 2 日发表于《高等教育纪事报》；斯蒂芬·约翰逊（Steven Johnson）的文章"私立学院在学费打折创造了新纪录"，2019 年 5 月 10 日发表于《高等教育纪事报》。上面的第二篇文章援引了美国高校商务官员协会（National Association of College and University Business Officers）发布的年度《学费折扣研究》，描述了"已经持续了十多年的上升趋势"，已经达到为入学的第一年学生的平均折扣点，"2018—2019 财年预计达到 52.2%，首次超过 50%"。此外，"大多数学费和各类学费清单价格的涨幅已经被更高幅度的机构折扣所抵消"，导致这篇文章的作者提出了"学费折扣这种做法是否可持续"的疑问。

5. 格雷格·托波（Greg Toppo）的文章"今年州政府的预算稍有好转"，发表于 2019 年 1 月 21 日《高等教育内参》，援引了 2018—2019 财年有 3.7% 的整体增长，相较于 2017—2018 财年 1.6% 的增长。乔·马可士（Jon Marcus）在美国公共电视网（PBS）上报道：根据美国预算与政策优先中心（Center on Budget and Policy Priorities）的统计数据，一旦我们根据通货膨胀进行调整，在过去的十年里，州政府对高等教育的年度支持已经降低了 90 亿美元。十年之前，公立大学的学生和他们的家庭"支付大约 1/3 的大学运营成本……现在，他们支付大约 1/2 的大学运营成本"。美国各州高等教育执行官协会（State Higher Education Executive Officers Association）称"大多数美国人不知道州政府对高等教育的年度支持已经降低了几十亿美元"，见于 2019 年 2 月 26 日美国公共电视网（PBS）官网。

6. 2017 年，普渡大学首次设立了一个非常有前途的本科生行动"基石整合人文艺术项目"（the Cornerstone Integrated Liberal Arts Program），展示出提升本科人文学科的录取人数的潜力。在蒂格尔基金会（Teagle Foundation）的资助下，普渡大学期望能扩展该项目，并能被其他州立大学所采用。参见莱纳德·卡苏托的文章"对人文学科录取悲惨境况的现代经典书籍解决方案"，发表于 2019 年 11 月 10 日《高等教育纪事报》。

强调学术界之外的职业并不意味着我们将忽视良好学术岗位的稀缺性。就像我们了解的每一位教授，我们想拥有一个能为年青学者和教师提供全职的终身教职岗位渠道的机会的学术工作市场。科研助理的设置同时伤害了教师和学生的体验。

然而，事实上，学术界内外的各种机会相互支持。封闭的经济是虚弱不堪的经济，我们的博士生在很多领域也因此受到伤害。如果更多的博士生将教授岗位考虑为诸多工作机会中的一个，那么最终学术工作市场将需要回应，通过竞争获得这些研究生，就像法学院、医学院和商学院那样操作。然而，那只是未来的目标，而不是当前的现实——但是如果我们开始以"兼容并蓄"的视野开展工作，那么我们就能更好地服务我们的学生。

九大挑战

本书紧密围绕着贯穿研究生教育的九大挑战，这些挑战涉及招生、学位论文和就业等方面。根据这九大挑战，我们在各章节中罗列了相关问题，并提出相应的建议。

在过去的 25 年里，改革者一直在寻求解决这些问题的方案，这一事实就是一个重要的起始点。这些被大家关注的问题是相互关联的，米歇尔·贝吕贝通过观察，认为研究生教育面对的各种问题犹如"一件密不透风的、危机重重的外衣"。一旦你开始条分缕析，那么整个事件就开始解开谜团。[41] 就如朱莉·R.波塞尔特（Julie R. Posselt）在她近期重要的研究中所展示的，带有良好意图的招生委员会采用优先照顾那些来自有权有势的家庭的学生的程序，因此就降低了民族的、种族的和社会经济的多样性。[42] 当招生委员会贬低那些不确定是否会在学术界里发展的申请者的价值时，他们也就选择反对另一种多样性。这种倾向与职业结果出现的危机相关，这是另一个问题，我们在后面会有所涉及。

以下是贯穿研究生教育的九大挑战。

第一部分：项目元素

第一大挑战：开放研究生教育：职业多样性和公共关注。大多数学科的博士生教育是与世隔绝的，没有为研究生准备面对多种多样的公众的课程，或没有准备将他们所学的知识运用到社会之中。一半或一半以上的博士（包括那些自己并不想从事学术工作的博士，特别是各 STEM 学科的博士）最终无法获得学术岗位，然而，我们在设计各研究生项目时，就先入为主，假定研究生毕业后只能去学术界工作。虽然各种数据存在差异，但当我们将辍学率计算在内，也许在开始攻读博士学位的研究生中将有 10% 日后会在研究型大学或选择性学院里获得教职。这其中有很多理由，而最明显的理由是，各研究生项目通常缺少对所培养的研究生在获得学位之后的职业的知识。因为各项目很少开展严格的自我评估，所以它们通常不为在校研究生开展准备谋求职业等方面的培训。

第二大挑战：招生、辍学和学生支持。录取标准通常是未受审核的，也可能被证明是严重脱离实际的：例如，虽然教授们非常依赖美国研究生入学考试（GRE），但大多数教授不太看重 GRE 考试。美国博士生项目的辍学率大约是 50%，正如我们之前指出的，大约一半的博士生通常很晚才退出博士项目，甚至到了撰写博士学位论文阶段才退出。在我们所罗列的其他八大挑战中描述的许多实践中所展示的那样，这种有限的视野阻碍了种类（智力的、种族的、伦理的和社会经济的）的多样性。当前的博士生群体不仅没有代表美国群体的多样性，而且在过去的半个世纪和近期，来自少数群体的博士生的数量也仅仅增加了一点——而真正的增长（健康科学里博士生人数的增长尤其令人印象深刻）严重落后于其他社会领域取得的成果。因为多样性是一种涉及各个方面的高风险的议题，所以我们将在整本书里涉及这个议题，而不是人为地将它从各章节中剥离开来。从代表性不足的少数群体里录取更多的学生，或在男学生占多数的领域录取更多的女学生，这是一个挑战性的工作，才仅仅是一个工作开头的部分。解决种族的、伦理的、性别的公平需要重新思考项目的方方面面——这种重新思考也许首先需要使任何项目对少数群体的学生更有吸引力。

第三大挑战：获得博士学位的用时。要在文科和理科获得博士学位需要的时间越来越长。虽然计算获得各类博士学位的时间的方法不同，但是完成博士项目通常需要七年至九年。尽管获得临床科学博士学位也许需要六年至八年，但他们需要做额外几年的"博士后"，这就延缓了科学家获得教职岗位的机会。对研究生的财务支持与获得学位的用时和辍学率相关。某些机构存在的一个显而易见的问题是不充足的支持，而设计得更加实用的博士项目也许能帮助解决这个问题。研究生有时会没有经过充分考虑就去申请资助和支持，导致他们不得不开展杂乱无章的研究，但这是另一个不太明显的问题，也是我们关注的另一个主题。

　　第四大挑战：课程体系和考试。各学科，特别是人文学科所提供的各类课程通常不利于研究生和导师，也许会将课程体系转化为与培养研究生的能力丝毫没有关系、展示导师研究兴趣的杂乱无章的教学活动。负责任地限制博士生的数量，这是一件好事，然而，当我们提供的课程数量越来越少时，则会恶化这个状况。更进一步，这会限制跨学科合作和交流的机会，或在行政管理上阻碍开展跨学科合作和交流。博士项目通常承认开展多学科合作和交流的重要性，但这使它们成了完成学科使命的小小的附属物。在各个学科里，强调二级学科，会削弱学科广度，使研究生无法讲授广泛的课程，或无法与同事们合作。最终，在一些领域里的资格考试假定了一种课程体系无法实现的涵盖模式。在完成博士学位论文之前，普遍开展的考试更多的是费时费力的障碍，而不是通向博士学位论文的桥梁。

　　第五大挑战：导学关系。在研究生层面，研究生和导师之间的关系也是至关重要的，甚至是决定性的。然而，导师对研究生的指导是分散的、排外的，几乎完全聚焦在学位论文阶段。在自然科学领域，为研究生教育提供资助的基金结构支持着导师的创造力，却在无形中损害了研究生的创造力。在人文学科和社会学科，导师指导研究生的活动是个性化的，并不是协调一致的，有的导师对研究生独断专行，而有的导师对研究生放任自流。在每一个案例里，我们对很多理性的、以研究生为中心的导师表示感谢，然而，很多研究生从切身体会中获得的经验是需要建立长效机制，确保研究生导师有效地指导研究生。在研究生层面开展有技巧的指导，不应该是研究生靠运气获得的，而应该是研究生享有的权利。

　　第六大挑战：教学法。我们不仅需要关注教学，还需要重新思考教学。很多记录表明，研究生开展的教学活动从经济的角度来看简直就是灾难。他们为本科生实施教学活动，工作量大，酬金却少得可怜，这是责任的失败，是社会公正的失败，也是教学的失败，更是对研究生教学的失败。在研究生学习阶段，（通常在几乎没有接受过培训的情况下）研究生讲授导师们不愿意讲授的课程，正是由于这种需要，几乎没有人关注能培养研究生教学能力的一系列机会。

　　第七大挑战：学位论文。人文学科和社会学科的学位论文指导千奇百怪，杂乱无章。它鼓励漫无目的的研究。与此相对应的是，在自然科学领域，导师指导研究生是完全与教授自己的基金支持的项目有所关联，也许会在无形中抑制研究生的原创性研究。在这些学科中，我们没有全面思考学位论文的要义或含义，也没有充分思考其他的选择，例如颇有些意义的硕士学位。

　　第二部分：项目结果

　　第八大挑战：监督不足。博士生教育很少受到行政机构的监管，这种监管不仅应该关注学生们的利益，而且应该推广最好的实践。研究生院和研究生院院长原本应该关注学生的利益，鼓励和推广最好的实践，却经常因为缺少资源或权威而无能为力。德里克·博克说研究生院是大学里所有学院里管理最差的机构。[43] 通常，无人对此负责——因为没有人（甚至连没有获得授权的研究生院院长也普遍没有）在负责。

第九大挑战：数据和评估。 教职工普遍反感评估，这由来已久，但改变正在发生，或改革正在起作用。除此之外，你又了解多少具体情况呢？重要的是，不仅要制定合理的衡量措施，而且要衡量正确的事情——作为行政管理和教职工之间的合作关系的一部分，并从学生们那里获得反馈。在第二章里，我们建议采用一种使评估变得与被评估的对象相关的规划、执行和评估的方法，而不是使数据成为思想和创造性升华的替代物。

这九大挑战中的每一个挑战都引起了对于解决过去一个世纪或更长时间里的各种问题的尝试，然而，目前，我们发现这些结果是不均衡的、分散的，或微不足道的。在本书里，我们试图寻找一种更加统一的方案，能修补米歇尔·贝吕贝所提出的"密不透风的危机外衣"。玛丽亚·拉摩纳卡·维斯登（Maria LaMonaca Wisdom）认为，目前"最重要的、最有必要做的事情是支持我们的研究生把握好他们的学术生涯和职业生涯的主动权"。[44]

如何使用本书

我们想请读者在开始阅读本书时，将本书当作一种改变的工具。我们会解释为什么需要改变博士项目——但我们关注的重点是如何成功地改变博士项目。我们设计了"如何成功地改变博士项目"，希望能为各种各样的读者，特别是大学院系、大学的管理者和全国组织、教职员工和研究生，提供参考资料。

本书开始的部分是"解决问题之前的准备工作"。第一章调查了过去一个世纪里的改革，检查了当前的各项努力，很多努力具有希望。第一章"过去和现在"，提供了历史背景和指导性的语境。第二章"目标和路径"设计了以讨论为基础的过程，院系或项目通过这个过程，用改变的眼光来反思其当前的做法。对于群体如何解决这些议题，本书提供了一份使用者指南。

我们从"解决问题之前的准备工作"转到"解决问题"：本书的主要部分集中讨论了研究生项目的各项元素。第三章讨论了职业多样性。我们提供了相关案例，勾勒了我们在使其机构化的过程中所面临的各项挑战，随后，展示了全美国呈现出来的一些最好的实践的案例。第十章是关于公共学术的，其布局与第三章的布局类似，确实，我们把职业多样性和公共学术看成是紧密结合的。要撇开公共学术而单独讨论职业多样性，这难之又难。我们把这两个重要的实践，一个放在开头部分，另一个放在结尾部分，从而构建项目实践和要素的讨论，然而，如果读者愿意，我们建议您可以把这两章结合起来读。

第四章集中讨论了录取和辍学。我们在第四章鼓励读者们不仅要质疑各种假设，还要质疑各种假设所导致的通常被僵化的实践。第五章是关于学生支持和获得学位的用时，我们鼓励管理者在设计这些项目时思考超越这些议题的经济要素——因为学生支持不仅仅是钱的问题。就像我们在这本书里所检查的很多实践，支持与学院文化和项目文化有关，当我们考虑如何在不具有优势的团队中保留学生所面对的挑战时，就更容易看清这个事实。

我们在第六章突出了课程体系和考试，在第七章突出了导学关系，在第八章突出了教学法训练。在这些章节和其他章节里，我们描述了如何用以研究生为中心的视角来看待这些实践。第九章主要关注学位，我们在该章里也鼓励审核学位论文所要求的各项规定。在第十章里，我们追踪了博士学位获得者在毕业后集中关注公共学术的情况，这与我们之前提到的职业多样性的观点不谋而合。

如何使博士生群体在人种、种族和性别方面更具有多样性？这种多样性能丰富民族智力。我们原本想为此议题单独撰写一章，但最终决定在本书中全面讨论这个话题。由于它的重要性和复杂性——贯穿从招生到保留学生的各个环节——我们最终决定，在本书的相关章节里深入讨论招生、多项任务、导学关系、教师培训和公共学术等方方面面，直面美国的群体多样性所面临的挑战。

我们的结语不仅回顾过去，而且还展望未来。我们如何才能在文科和理科中为研究生教育深思熟虑的改变创造最好的条件？这个问题是本书的亮点，我们的回答是两方面的。

一方面，给予负责人足够的权力来开展工作。在整个美国，研究生院院长不得不在院长联席办公会议上据理力争。研究生院院长在财政预算上也受到限制，通常几乎没有影响力或权力来实行改变。当高层的领导和基层的负责人合力推进改变时，才能取得最好的效果。鉴于来自高层的领导的影响，我们建议给予研究生院院长一定的权力。

另一方面，要想顺利推进改变，我们必须看看改变的过程。我们需要看看哪些环节是行得通的，哪些环节是行不通的。过去一个世纪里的各项改革所获得的主要教训之一是需要保持参与。本书的结尾部分提供了一些院系重点关注不同环节的假设案例。我们能想象出改变会是什么样子，所以，各位读者也能想象出您眼中的改变会是什么样子。

新型博士到底新在何处？本书的新颖之处是建议将研究生的利益放在首位，将教师的利益放在第二位。所有的好教育都是这么做的。然而，在所有的学位类型中，博士学位是最个人化的学位，这就更为至关重要了。对于研究生，我们想说的话是伍迪·格思里（Woody Guthrie）①那首名为《这土地是你的土地》（*This Land is Your Land*）的歌，或者说"这生活是你的生活"。我们想对导师说："如果你将主动权交给研究生，那么你的职业生涯将同他们的职业生涯一起得到提升。"

---

① 伍迪·格思里（Woody Guthrie，1912—1967）：美国作曲家及歌手，周游全国，为农民和工人演唱，创作《工会少女》《这土地是你的土地》等歌曲 1000 余首。——译者注

1 PART

第一章

过去和现在：
最近两个时代里的改革

概览：完善研究生院

在上一个时代，博士生项目的改革空前繁荣，精彩纷呈。此后，由于对改革的投入有所减少，或有些改革草草收场，也呈现出一些一塌糊涂的失败之处。由此就提出了显而易见的问题：为何还需要回顾改革失利的时代？

最为明显的原因是从一些极具指导意义的失败中汲取经验教训。梅隆基金会前会长厄尔·刘易斯（Earl Lewis）曾召开一次会议，探讨人文学科博士生教育中存在的种种问题。刘易斯指出，他和罗伯特·韦斯巴赫在 15 年前就引领了一场变革，但时至今日，人们对人文学科博士生教育仍颇有微词。在本章中，我们以批判的眼光深入研究稍早一段时期（大约为 1990 年至 2005 年）的改革。在此后的一段时间里，从 2013 年开始，人们发起了当前的改革，我们将对此一一列举，并比较这两个阶段所进行的改革之间的巨大差异。第一个阶段有很多主题，除了培训研究生准备成为教授这个主题，最主要的主题就是拓宽研究生的职业机会。在第二个阶段的改革中，职业多样性毫无例外地成了主要焦点。然而，如今这一代改革者已经从早期的改革中汲取经验教训，通常解决那些行不通之处，所以，这两个阶段之间的差异就不那么显而易见了，这也是鼓舞人心的地方。

例如，一些更早的改革行动比较宽松，导致各院系进行无休无止的讨论，却并未真正办成一件事。在此形成鲜明对比的是，有些改革者主导了讨论，竭力居高临下地发号施令，结果就像一幅"孤零零的军官在前面大喊'大家跟我一起上！'身后却无一兵一卒跟随"的漫画。如果没有将共同治理转变为设法谋得的治理，那么全体教职工怎么会激情澎湃地参与其中？显而易见，现在看来，这一问题未能充分引起那些早期改革者的注意。

我们在回顾第一个时期的现代博士学位改革时，可以借鉴"谁人乐队"（The Who）的经典之作《不再被愚弄》（*Won't Get Fooled Again*），将其当作座右铭。如果我们要为研究生教育找到一条可持续的前行之路，那么不得不追溯我们的成功与失败。当我们综合考虑成败时，也许能够看出种种模式。当然，我们可以汲取经验教训。改革研究生院的历史令人沮丧，在此之前，这在很大的程度上是一段无法形容的往事。作为机构的看管人，我们在了解自身工作的动态方面表现不佳，这导致我们反复地犯同样的错误。

更为乐观的是，人们可以充分利用每一项失败的举措所具备的优点。这包括妥善地分析诊断（有助于弄清楚需要开展的工作），以及尽早采取一些有用的措施，纠正具体的问题。人们处理各种各样的议题，从试图及时控制获得学位的用时，到改善师范生的培训范围和复杂程度，再到推动就业去向。即使没有产生广泛的变革，多家独立的机构院所确实成功地进行了创新，应对各种难题。然而，如今，这些过去存在的难题却变得更加紧迫了。（在后面的各章节中，我们会更加详细地回顾其中一部分成功的案例。）此外，从这些改革投入中所获得的信息仍然有利于今后的改革创新。迄今为止，梅隆基金会为各项改革行动所提供的资金最为宽裕（资助额高达近 1 亿美元，令人赞叹不已）。

各项改革行动及其成果均值得我们更仔细地琢磨。许多尽心尽力而天资聪慧之人为这些改革行动付出了宝贵的努力，然而，即使我们投入了大量的心血，对其后果却没有进行足够审慎的考察。事实上，从未有人整体考察过所有这些改革行动。通过考察所有这些改革行动，我们会受益匪浅，这一代的改革者就能回避上一代人所遇到的各种困难。

在此，我们要做的工作是继往开来。我们首先开始关注一项调查，该调查的内容是改善博士学位项目及其成果时有行不通之处。为何将改革的种子播撒在硬石之上？首先对此进行全面概述看似沮丧无望，但是，在各研究生院及其各项目为改进做法和成果制定规划前，他们还是不要在常识和惯例上白费工夫为妙。

当然，教授岗位的短缺是一个主要因素，这强烈地推动了改革。然而，改革的推动力并非完全关乎就业市场。良好的学术岗位数量越来越少，而为了获得就业岗位，研究生需要用越来越长的时间来攻读博士学位。与此同时，博士生项目或多或少如往昔一样继续开展。研究生项目的各个环节，如同汇总相关问题、支配一切的恒定值，无法获得充分的建议，被缺乏理性的习惯意识所驱使，于是因循守旧地进行下去。

最后这一点值得人们慢慢探讨。在理科中，各份报告敦促在研究生使用导师的研究经费方面，赋予研究生更大的自主权，培养研究生成为教授的能力以及成为科学家的创造力。然而，虽然改革者表示需要大幅提高培训经费，（与研究经费相对的）培训经费却失去了优势。例如，根据美国国立卫生研究院（National Institutes of Health）2012 年的报告，1979 年，约有 7500 名生物医学专业的研究生依靠教授们的经费资助开展研究，而几乎同等人数的研究生领取培训基金的津贴，相同人数的研究生靠奖学金或通过授课获得资助。然而，到 2009 年，有 25 000 名研究生使用教授们的经费资助开展研究，领取培训基金津贴的人数依然是 7500 人。总计在所有为研究生提供的资助中，研究生担任助研的占比从 25% 左右增至近 50%，美国国立卫生研究院的工作小组敦促该机构为研究生提供更多的培训基金津贴。[1][2006 年，化学家安吉莉卡·史黛西（Angelica Stacy）撰文投书，表示需要对此进行大幅变革。她提出，人们应将资金直接拨给研究生，研究生也能靠此资助来自由选择导师。][2] 此处的底线是，机构院所的委员会推荐增加发放培训经费，减少发放研究经费，而这些机构院所往往会提高研究经费的占比。这充分展示了这些机构院所那种自相矛盾的官僚主义。

在这些麻烦与混乱与日俱增的岁月中，几乎每一家与文理研究生项目相关的基金会和协会都发起了改进研究生教育的倡议。在这些基金会和协会中，最显著的是安德鲁·梅隆基金会、卡内基教学促进基金会（Carnegie Fund for the Advancement of Teaching）、美国研究生院理事会、美国国家科学基金会（National Science Foundation）、美国国立卫生研究院以及美国国家科学院。

这是一批政策制定方面的重要组织，随着它们投身于改进研究生教育的历史进程，我们也应该注意到，美国各个国家级学科专业协会没有参与进来。这种脱节很可能使大规模组织的努力注定失败，很多组织在改革方面的投入相当细致周全，颇具战略智慧。然而，各家学科专业协会的缺席表明全体教职工抵制变革，也许人们会出台一些提案，但那只是长篇累牍的冗余之词，收效甚微。令改革者感到震惊的是，虽然当时各文理科专业接受了资助，但实际上却拒绝参与改革。梅隆基金会团队伤心地得出结论："总之，对于重新制定人文学科的博士生教育，从一开始便已证实比想象中的更为艰难。"[3]

到 2005 年，各项改革行动逐渐收尾。负责资助的基金会从各高校中撤出资金，大多数基金会改为向中小学教育提供资助，迄今为止还是保持这种状态。博士生教育在创新方面缺乏显著的成果，这令那些资助机构感到灰心丧气。然而，当前，有些机构消极怠工，导致工作停滞，陷入僵局，难以开展人们普遍认为需要进行的至关重要的变革。事实上，越来越多的高等院校、研究生项目以及全国范围的组织接受这些时代的各种挑战。这一次，美国历史学会（American Historical Association）、美国现代语言协会（Modern Language Association）等主要的学科组织发挥了带头引领的作用。

学术岗位短缺的糟糕局面持续恶化，这在很大程度上导致了上一代的各项改革与这一代的各项改革之间差异的出现。目前，教育工作者们采取更加开放的态度重新思考博士生教育。他们愿意从更宽广的领域考虑自己的项目和做法。即使只与十年前的改革相比，我们似乎达到了新的爆发点。

在上一个改革研究生教育的时代里，人们出台了特定的改革举措，然而，在我们列举这些具体的改革举措之前，我们先暂停一下，先探讨一下这些改革行动面临种种困难的另一个原因。

詹姆斯·格罗斯曼（James Grossman）是美国历史学会执行主任，他经常说，博士生教育的每一个利益攸关团体——全体教职工、博士生和行政管理人员——都会列举出其余两个团体难以对付的情况，把这当作一事无成的原因。换言之，每个人都认为需要改变的是别人而不是自己。这种观点一针见血，卡内基基金会委托各个领域的负责人撰文，收录于论文集《设想博士生教育的未来》（2006年），肯尼斯·普鲁维特（Kenneth Prewitt）表示，人们在此论文集中所提出的那些改革在理念上"很有胆识"，然而，"如果改革将从纸上谈兵变为实干操练，那么我们将不得不校准机构院校的习惯、预算、规则以及刺激措施，然而，那些提出改革的人胆小怕事，事实上，大部分人都对此闭口不谈"。[4]

詹姆斯·格罗斯曼和肯尼斯·普鲁维特不谋而合，在一定程度上，他们俩的观点出自这一事实——即在各个独立的院系中，研究生教育高度局部化，缺少监管，甚至几乎无人监管。他们的看法阐明了一件首要之事：如果人们没有恰当而充分地分派权限，如果全体教员没有充分了解研究生院所面临的种种现实问题，那么院校机构就无法为了应对挑战而进行革新。卡内基基金会"博士生教育创新计划"（CID）和梅隆基金会"研究生教育倡议"（GEI）等多项改革举措严重依赖院系的自我检查，但是成果甚微。梅隆基金会"研究生教育倡议"正是通过依靠各研究生院院长的大力支持，才能使研究生教育在时间安排上更为紧凑（我们在下文中进一步讨论），伍德罗·威尔逊基金会"灵活多变的博士项目"（Responsive Ph.D.）依葫芦画瓢，却产生了令人失望的相似结果。简而言之，有很多博士生项目报名参加这项改革行动或另一项改革行动，但一旦它们获得资金资助后，就万事大吉，逃之夭夭了。

我们撰写本书所依据的是假定博士生项目需要通过自身之力进行自我革新，但是，我们希望再次强调，如果自上而下、由内而外地实行这些改革举措，那么这些改革行动必定会大幅增强活力，提高成效。那些行政管理人员——获得授权的研究生院院长或与其拥有同等权力的负责人——拥有权力和资源，可以牵头进行一场更加牵动全院的改革行动。我们应该为研究生教育配置一种配得上大学所授予的最高学位的行政管理结构。

在接下来的部分中，我们记载那些令人失望的事宜，我们从中得到一套切勿为之的事项，这不仅能使国家组织或研究生院的行政管理人员获益，而且能使任何力图提升研究生项目的团体也获益。这些警告包括以下三个方面：（1）先预先创立行动目标，再讨论细节问题；（2）先开展严格的、持续的评估，再投入资金；（3）先分派责任、清楚地展示奖惩措施，再期望开展变革。如果各高校向研究生院院长赋予更大的权力，提供更多的资源，那么就能更容易地实现所期望开展的变革，我们在最后一章中将提供一个有关此类改革的案例。然而，我们袖手旁观，一直等到在管理标准方面得到基本转变后才开始重新思量博士生教育。

我们将提出每一个研究生项目都应该遵循的公开透明的流程，确保全体教职工都能参与其中，培育改革。我们在下文里所要讲述的倡议举措耗费了人们大量的精力和心血。人们在过往的岁月里辛勤工作，这一次，我们要让一切辛劳发挥作用，这是为其增光的最佳方式。

1990 年至 2006 年，美国开展的各项改革行动

每项改革行动都会面对各种各样的挑战，其中最核心的挑战是需要为重新思考和改变而凝聚人心，从而更好地集体行动。研究生院的架构包含全体教职工、院长、教务长和研究生，改革者必须决定谁能做到这一点。他们必须决定将以何种方式开展此项工作，如何避免进行无休无止的争辩，如何构建合理的战略共识，负责人如何行使合适的权力开展工作，需要采取哪些措施才能确保获得已达成共识的各项目标。所有这些行动必须附有持续的评估。我们所考察的各项重大改革行动都需要解决这些难题，现在，我们开始关注的正是这些特定的改革行动。我们应该在此强调，通过这种做法，相较于那些成功的案例，我们面临的更多的是失败的案例，但是，我们会发现那些确实取得成功的案例，也会发现有些案例如果采取了更加有效的策略，就会蓬勃发展。我们也可以诊断那些行不通的环节，查漏补缺，改进提高。

这一部分改革行动于 2006 年结束，此后的几年进入休眠状态，在某种程度上，一部分原因是那些慈善机构将资助的焦点转向公立中小学教育，另一部分原因是 2008 年的经济衰退，也许还有一部分原因是那些与改革行动最紧密相关的人感到筋疲力尽了。此后，人们重振改革，过了若干年，人们不断地付出努力，我们将在接下来的部分将对此进行总结。

1. 安德鲁·W. 梅隆基金会"研究生教育项目"

起止时间：1991 年至 2000 年

这段时期的第一场改革行动也最为出人意料，至少在财政方面如此。1991 年，安德鲁·W. 梅隆基金会"研究生教育项目"向十所研究型高校的 54 个人文学科专业（包括人类学和政治学等人文社会科学专业）提供经费，这十所高校培养了人数最多的梅隆研究生基金获奖者。梅隆基金会向那些进入博士生阶段的研究生提供经费，他们在接受梅隆基金会资助的一年中取得佳绩。对于这些院校以及另外三所未受资助的高校，人们将博士生项目的数据视为控制组。在所有人文学科的博士生项

目中，这 13 所高校共占 18%，这是相当大的数值。该项目的目标是提高研究生教育的效率，梅隆基金会择取了两个衡量效果的"关键指标"：辍学率和博士生项目的平均耗时。[5]

（1）目标：被选中的人文学科专业，将获得博士学位的耗时缩短至六年；特别是在研究生读研的最后几年里，降低辍学率；为了实现这些目标，鼓励人们在院系层面提高效率，改进做法。

（2）参与者：十所高等院校（培养了人数最多的梅隆人文学科基金获奖者）的 54 个院系，以及在这十所院校和另外三所财力雄厚的高校中，几乎数量相同的、未受资助的"对照"项目，参与方式是提供统计数据和研究生对此项调查的反馈。

（3）策略：各大学的研究生院院长发挥引领作用，各院系提交计划和为实现目标拟采取的方案。取得良好进展的研究生将获得额外的财政支持，加快完成其博士学位的攻读。梅隆基金会共计为此项目提供了约 8500 万美元的资助。

（4）结果：尽管某些院系充满热情，采取各种积极行动，但是博士学位的耗时和辍学率的下降幅度很小。这是一套非比寻常的数据集，能为未来的改革者提供有用的资料。

（5）重要出版物：罗纳德·埃伦贝格（Ronald Ehrenberg）、哈里特·朱克曼（Harriet Zuckerman）、杰弗里·格伦（Jeffrey Groen）和莎伦·布鲁克（Sharon Brucker）所著《培养学者：人文学科博士生教育》（*Educating Scholars: Doctoral Education in the Humanities*）（普林斯顿大学出版社，2010 年）

（6）经验教训：需要开展以下四方面的工作：

① 在评估中展示结果；

② 全体教员参与制订计划；

③ 增加研究生院院长的权力，或加强与教务长和院系负责人的合作，或双管齐下；

④ 扩大参与院校机构的类别。

"研究生教育项目"的目标是缩短攻读博士学位的用时，梅隆基金会主席威廉·鲍恩（William Bowen）认为教授们即将退休，而专业院校将在招生录取研究生方面展开竞争，这将导致教授岗位短缺，他的这一观点为项目目标提供了动力。（在本书的导言中，我们已经讨论了此次严重的误判。）

梅隆基金会在设立开展"研究生教育项目"之前，已经设立和开展了"梅隆人文研究奖学金项目"（The Mellon Fellowships in Humanistic Studies），使研究生为第一学年的奖学金而进行角逐。"梅隆人文研究奖学金项目"没有明确的改革目的（除非将拓宽人文学科的定义算作改革的目的，文化人类学等人文社会科学专业入选），然而，这不过是试图确保最有前途的本科生获得学术深造，继续研究生阶段的学习和研究。"梅隆人文研究奖学金项目"于 1983 年启动，为学生提供资助，跨度多个学年，在 10 年之后，改为只在第一学年向学生提供资助，该项目于 2005 年收官，梅隆基金会决定由更负盛名的博士生项目为此类学生提供资助。有趣的是，过了几年，梅隆基金会又决定，每年向 65 名学生提供为期一年的研究经费和论文经费，确保他们在毕业前按进度取得进展。梅隆基金会和美国学术团体委员会（American Council of Learned Societies）共同出资，设立了"梅隆基金会—美国学术团体委员会完成博士学位论文基金项目"，换言之，该项目更加符合我们此处所讲的改革行动，因为这为研究生完成博士学位论文提供了经费。

威廉·鲍恩和尼尔·L.鲁登斯坦（Neil L. Rudenstine）分别是梅隆基金会的一把手和二把手，他们认为出现很高的辍学率或攻读学位耗时过长的部分原因是未对研究生提供充足的资助。然而，他们也发现单纯只为研究生提高津贴并无益处，因为与一般博士生相比，获得额外津贴的研究生在完成学位论文的速度方面几乎相同，进展情况也差不多。[6]因此，梅隆研究生教育项目决定采取向院系提供有条件的资金支持（在每个机构院所，研究生院院长进行一定的监督）。为了源源不断地获得资金支持，每个院系将不得不重新思量如何设计博士生项目。虽然最终研究生将获得资助，但是只有那些按时取得进展的研究生才会获得此项资助。[7]与此同时，梅隆基金会"研究生教育项目"力争不施加过多的规定。务实的改变应该与"改善效力、降低辍学率、缩短获得学位的用时和重新设计项目相一致，为研究生提供资助，符合帮助研究生快速获得博士学位的目标"。[8]也就是说，该项目让研究生以更快的速度毕业，从而为教师工作岗位注入更多的新鲜血液，除此之外，力争减少两种类型的浪费：第一种，对于那些若干年后选择退出项目的研究生，以及那些耗费了七八年时间才得以毕业的研究生，减少他们浪费在职业生涯初期的时间。第二种，对于那些未能获得博士学位的研究生，以及那些为了毕业还需接受几年资助的研究生，从而减少院校机构在资金上的浪费，与此同时，由于政客和公众对高等教育的疑虑越来越大，所以，人们对这两种浪费的担忧也日益加深。

人们积极关注和支持开展梅隆基金会"研究生教育项目"，在某种程度上是因为身为经济学家的威廉·鲍恩是该项目的创始人，他在学术界呼风唤雨，一言九鼎，拥有犹如教父般的地位。他在担任普林斯顿大学校长的 20 年里，取得了丰功伟绩；在卸任普林斯顿大学校长之后，他负责掌管梅隆基金会，在资助人文学科方面是一位领航者，对如何使用该基金会里的充裕资金有丰富的想法。作为高等教育经济学的专家，他享有盛名，实至名归，此外，威廉·鲍恩预测教授岗位将会出现短缺，这令师生们感到振奋，在将近 20 年中，教授岗位短缺已经严重影响了他们的工作和生活。

在 10 年之间，梅隆基金会总共拿出近 8500 万美元支持"研究生教育项目"，而"人文研究基金项目"总共为学生投入了 3500 万美元，由此可见，"研究生教育项目"的资助额度是"人文研究基金项目"资助额度的两倍有余。"研究生教育项目"资助研究生的金额为 5800 万美元。过了这个正式的阶段，为了保持新的做法而又投入的金额为 2250 万美元。此外，还在经费规划和数据采集基金方面投入 400 多万美元。该项目也包含了很多数据和分析，力图确定做法与效果之间的关系，这很有帮助。

然而，该项目的一个明显的弱点是对于高等院校的择取，这些高校均是美国财力最为雄厚、最令人羡慕的院校。从哈佛大学和耶鲁大学中所得到的教训和数据有其价值，但这些经验和数据未必能在其他地方得到充分应用，或根本无法对其进行推广应用。然而，梅隆基金会所酬答的是最富甲一方的院校，在高等教育中流行的一种做法是按照领导的要求开展工作，这为梅隆基金会的做法增加了可信度。此外，梅隆基金会久负盛名，正是在它呼吁人们关注博士生层面的问题的背景下，人们才不断关注博士生教育。

但其结果却非常令人失望。值得赞扬的是，梅隆基金会"研究生教育项目"的总结报告浩繁卷帙，开诚布公地提出了相应的建议和意见。首先，在革新自身做法方面，很多项目达成一致意见，却未能将这些意见投入实际行动中。该总结报告的撰写者们表示：相较于在很深的凹槽中继续开展研究生教育，"改善效力并非迫在眉睫"。[9]

人们汇报了该项目所取得的成果，确实证明该项目所获得的成果平淡无奇。在人们展开调查的 11 年里，在启动该项目之前，攻读博士学位的平均用时为 7.27 年；在启动该项目之后，攻读博士学位的平均用时为 6.98 年，两者相差约 3.5 个月。与未受资助的对照项目相比，这个差异可以忽略不计，只不过是十多个星期的区别。此外，在受资助的项目中，辍学（这里指的是研究生读研后选择退出博士项目）的平均时间从 6.35 年降至 5.86 年，仅仅比对照组的情况稍好一点。[10] 此份报告的撰写者们引证不景气的学术就业市场，这可能是导致项目成绩糟糕的原因，但是，显而易见的是，其首要原因是那些难以对付的教职工。[11]

尽管相关数据令人失望，但粗略地从纯粹量化的角度来看，相比表明所获得的情况，梅隆基金会"研究生教育项目"所取得的成就远不止这些。梅隆基金会的研究员强调，对于项目结果采用必要的平均数算法，这掩盖了一些重要的差异，比如，在该项目所资助的十个院系中，它们提供为期八年的博士项目完成率，优化幅度超过 20%。[12] 此外，对于入选的一批研究生，受资助的院系往往会缩减其规模，平均减少两三个名额，这么做就使财政资源和教授资源更为集中。

正如一项调查所显示的，人们也对院系文化进行了诸多改良，首先明确了项目的预期。根据各院系的反馈报告，人们改进了课程规划、咨询和指导，与此同时，还增加了小组工作坊，提高了对暑期研究的资助，为博士生减少了用于授课的学期数。其目的是降低辍学率和减少攻读学位的用时这两项指标，这些创新做法也许对此没有多少效果，但是确实改善了研究生们的就读体验。

我们对梅隆基金会的成果调查数据做进一步的推测。在这些最负盛名的项目中，如果想一想由 40 名入围学生组成的样本，22 人将毕业（辍学率为 45%），12 人将获得终身教职，其中 6 人将在博士生项目的机构工作（在这 6 人当中，有 3 人所任职的提供博士生项目的机构在《美国新闻和世界报道》排名前 50 强），还有一人将获得著名院校的终身教职。那些不愿意获得科研助理岗位的研究生就没有投身学术界。恰恰相反，他们被吸引到专业人员的岗位。[13]

数据具有非比寻常的提示作用，展现的方式十分巧妙，但并未否定毫无生气的项目成果。这份报告的撰写者表示："人们对研究生教育项目的目标并没有严重的分歧。"对于不可或缺的变革，以及可能催生变革的持续不断的领导力，教员不过是缺乏热情。在某些院系，恰恰是革新项目这一理念使大家感到震惊。[14] 人们赞赏此类评论所表现出来的耐心，然而，梅隆基金会投入了 8500 万美元，却只取得了这么一点儿改进，人们也可能对此提出质疑：为什么梅隆基金会没有对此表现出愤慨之情。按照要求，人们定期向该基金会提交报告——《在进行干预的过程中，具体进展情况如何》，梅隆基金会得以了解这方面的最新动态，报告的撰写者们也对此予以称赞。不过，考虑到这些结果，某些院系要么对其活动夸大其词，要么得分为及格。[15]

考虑到这种保守主义，梅隆基金会团队勉强得出结论，相比他们最初所想的情况，对博士生教育实行改革更为艰难。[16] 人们公开承认这一点，流露出受压抑的懊悔和失望之情。梅隆基金会所付出的行动明确地表明——改革博士生教育绝非易事。

2. 美国学院和大学协会、美国研究生院理事会开展的"培养未来师资项目"

起止时间：1993 年至今

1993 年，"培养未来师资项目"（PFF）由美国学院和大学协会（the Association of American Colleges and Universities，AACU）、美国研究生院理事会赞助，起初由皮尤信托基金（the Pew Trusts）资助，后来由大西洋慈善基金会（the Atlantic Philanthropies）和美国国家科学基金会提供资金。该项目的使命是为研究生提供在授予学位的研究型大学以外的机构获得体验的机会，这些机构可以是人文学科院校、社区学院和综合性大学，也可以是州立大学分校。在各种各样的环境中，学生们观察并学习教师的职责。该项目的负责人写道："此项目的主要目的是推动博士生职业发展的扩大化"。很多博士生在其就读的高校中几乎没有授课经历，即使是那些获得授课经历的博士生"在这些授课活动中，也没有获得解决教育项目在教学、就读和塑造方面所面对的一系列严峻的智识挑战和实际难题的机会"。[17]换言之，不同于很多人后来在教学集约型院校所从事的工作，研究生很少在其隶属的机构中进行授课。该项目的负责人所提出的至关重要的建议是："博士生教育应该使研究生获得越来越独立而多样化的授课责任。"[18]

（1）目标：拓宽研究生的职业发展，从而使研究生成长为有成效的教师、积极的研究人员和优良的学术公民。着重强调教学与服务。

（2）参与者：多年来，机构院所的数量时常有变化，在项目的鼎盛期，在25所领先的研究型大学中，有44个院系参与其中，在其他类型的高等院校中，有130个伙伴院系参与其中，涵盖理科、人文学科和社会科学的11个专业。

（3）策略：研究生所在的院系派学生前往本科生所在的院系，做教员的助手。

（4）结果：在该项目的头十年里，有4000名研究生参与，然而，他们所在的院校不提供准备工作，他们所得到的授课经验微乎其微。在大多数情况下，他们从不同类型的机构院所中获悉教师的日常生活和文化。

（5）重要出版物："培养未来师资项目"发表的各份不定期论文；加夫（J. Gaff）、普鲁特－洛根（A. Pruitt-Logan）、西姆斯（L. Sims）和德内克（D. Denecke），《培养未来的人文学科与社会科学教师：变革指南》（*Preparing Future Faculty in the Humanities and Social Sciences: A Guide for Change*）（华盛顿哥伦比亚特区：美国学院和大学协会、美国研究生院理事会，2003年）；"培养未来师资"，《通向教授职位之路：提升培养未来师资的策略》（*Paths to the Professoriate: Strategies for Enriching the Preparation of Future Faculty*），唐纳德·武尔夫（Donald H. Wulff）和安·奥斯汀（Ann E. Austin）编辑，旧金山：巴斯出版社，2004年，第177至193页。

（6）经验教训：与一系列授予文学学士学位的院校建立合作伙伴是有价值的，博士生实际上需要在这些院校中得到授课经验，投入相关时间获得一定真实的价值。

"培养未来师资项目"具有坚实的基础——使那些就读于研究型大学的研究生接触供职于教授岗位的人员，在数量上，这种教授岗位的数量远超研究型大学的教授岗位数量。人们期望研究生所就读的学校能为他们提供教学与求学方面的指导，或能为他们提供教师生活与职业方面的指点，或能为他们提供经过统筹考虑的系列授课任务，或至少为他们举办工作坊以及"非正式的学生活动"。伙伴院所会"指派教员与博士生合作，邀请学生参加院系会议或教职工会议，博士生参与教师发展活动，提供由导师亲自指导授课的机会"。[19]

"培养未来师资项目"将不同种类的高校院所汇聚到一起，为了研究生今后的事业而展开合作，事实证明这是一项艰巨的任务。现实的情况是，对大多数研究生而言，他们在研究型大学接受过训练，而在授课集约型院所，资源更为稀缺，他们发现自身对于学术岗位很陌生，没有做好准备，这一项目对此作出了回应。该项目的使命是满足需求，研究生院和伙伴院所对这种需求都很清楚，鉴于此，即使在地方和地区层面，各类高等院校间也缺乏沟通，这曾经（并且依然）产生了相反的结果，这特别令人沮丧——在某种程度上，因为这不是特别令人惊讶的方面。

虽然这个不太景气的项目还在继续开展中，但是难以实现早期设立的目标。合作伙伴双方为参与院系呈现了一系列可能的活动，参与院系往往贡献出微乎其微的力量（例如，不定期的工作坊，或岗位跟班项目）。在几乎所有的情况中，实际上，研究生从未参与课堂教学。此外，合作伙伴的院所所提供的服务通常只是召开内部委员会会议，不允许公众参与其中。因此，很多授予博士学位的院所选择退出项目，因为相对于要求博士生投入的时间量，所得益处似乎并未使之合情合理。

对于梅隆基金会的"研究生教育项目"，人们的决策是只让精英高校参与其中，如果这是该倡议成效的制约因素，那么，"培养未来师资"这项倡议证明是因相反的因素而受到局限。一大批博士生项目参与其中——起初有 17 所居于领先地位的高校，接着有 25 所（有 130 个合作伙伴）高校，还有很多专业学科协会。该项目明显的优势是各高校广泛参与其中，不过，在一定程度上，其原因是该项目提出的要求不多：对于博士生所在的院所或伙伴院所提出的要求甚少；的确，该项目负责人强调低成本。然而，只有少数最具威望的院系参与其中。

"培养未来师资项目"是极好的理念设计，时至今日，仍在一些研究生项目中开展，但通常是以受到削弱的形式进行。然而，在一项关键领域，这一倡议达不到标准，也就阻碍了梅隆基金会的"研究生教育项目"，梅隆基金会的报告撰写者后来将此认定为未能"清楚而反复地定义干预的目标，使执行机制成为不可分割的一部分"。[20] 尽管如此，2002 年，他们调查了那些顺利谋到学术岗位的项目参与者，该调查显示：人们对该项目持积极的看法，多数人认为参与该项目有利于他们谋求职业岗位，使他们得以在新的岗位中能顺利开展课堂教学活动，甚至使他们能尽快胜任工作并能帮助新入职的同事顺利开展教学活动。[21]

也许，授予博士的高校与一系列其他种类的高等院校今后的合作来说，更加重要、最具野心的参与院校——有意思的是，这些院校具有最高的声誉——的确提供了有用的模式。在印第安纳大学（Indiana University），在教授的指导下，每年有 20 名学生在一两个学期中授课，每学期讲授两门课程。在华盛顿大学（University of Washington），9 名学生与系里的导师或伙伴密切合作，他们获得课程设计和讲授方面的奖学金，或尝试实现教学创新，可用作备选方案。杜克大学（Duke University）生物学系提供授课证书，涵盖关于授课与求学议题的课程、在教师指导下开展教学活动以及教师指导。在第三章中，我们将详细介绍这些行动。

回顾过去，我们也许会说，虽然"培养未来师资项目"对参与院校提出了很少的要求，但是该项目的负责人一清二楚：他们开辟了一个崭新的领域。该项目延伸了对于教学和职业化的特别关注，实际上认为博士学位不单单要求在研讨室、图书馆或实验室花些工夫。也许，对于享有更多优势的研究生而言，未来能成为教师的意义重大，曾经如此，且现在依然这样，提醒他们在授予其学位的院所之外会享有更广阔的学术天地，这是该项目最重要的效果，这么说并不纡尊降贵。在第八章，我们会引证其他项目中研究生开展教学活动的案例，虽然其中有些院校并没有正式参与该倡议，但是它们宣传了该倡议的价值观。

3. 华盛顿大学研究生院开展的"重新展望博士项目"

起止时间： 1999 年至 2002 年

如果"培养未来师资项目"力图拓宽对于教学机会的意识，那么，华盛顿大学的做法远远超过这一点，就一系列成果而言，它对博士生教育进行考量，不仅囊括各类高等院校的教员职位，而且还涵盖中小学、政府机构、非营利性机构以及产业界的岗位。

该项目的负责人是乔迪·尼奎斯特（Jody Nyquist）、贝蒂娜·伍德福德（Bettina Woodford）和戴安娜·罗杰斯（Diane Rogers），她们写道："该项目的前提是：博士生教育不归任何一个教育层级、院所类别、社会拥护者或学术支持者所有"。相反，"博士生教育培养了分析技巧，使其养成解决问题的习惯，对于学术界内外的各类用人单位而言，在雇用博士时，这具有十分重要的意义"。[22]

（1）目标：让研究生做好日后在各种各样的社会部门，包括那些高等教育以外的部门，承担各种角色，从事各项事业的准备。

（2）参与者：来自各行各业，如学术界、商业、公共教育、非营利性机构和政府部门。

（3）策略：通过对博士开展研究、采访所有的利益攸关方、将教员和一系列可能的雇主召集到一起，以及收集富有创造力的做法，动员各方提出博士生教育的新理念。

（4）结果：设立了国际网站；提供了大量的参考书目；汇编了300种最有前途的做法；召开由各个领域的负责人出席的全美工作会议，并在会后持续开展线上讨论。

（5）重要出版物：乔迪·尼奎斯特、奥斯汀（A. Austin）、斯普瑞格（J. Sprague）和乌尔夫（D. Wulff），《培养研究生担任授课教师：为期四年的纵向研究》（载于2004年，乌尔夫和奥斯汀，《通向教授职位之路》，第46至73页，2001年报告）；乔迪·尼奎斯特和贝蒂娜·伍德福德，《我们需要关注博士的那些方面？》（2000年）；尼奎斯特，《博士：21世纪各种各样的变革》，《变革34》（Change 34），第六期（2002年）：第12页至第20页。

（6）经验教训：将博士生、导师以及雇主召集到一起，开展各方面的讨论，这种做法是有价值的。各机构院所意识到，博士除了谋求教授序列的工作岗位，还能在各种各样的职业领域谋求工作岗位。

"重新展望博士项目"是由华盛顿大学研究生院这一家单位开展的，所以，该项目主要依靠内部报告等出版物来记录博士生的态度以及在校内宣传创新的做法。该项目于2000年在华盛顿大学举办了一次重大会议并专门设立了项目网站，在随后的几年里，该项目网站继续宣传最有前途的做法。

首先，该项目的负责人为博士学位提出了目标，即"满足社会的需要"，这无疑是托马斯·杰斐逊[①]的政治原则。他们力图"对博士生教育的全貌进行全方位的扫描"，记录人们所关注的事务（例如，在一所城镇的学院中，工薪阶层的博士生往往是年龄较大的在职的非全日制学生，他们是学院的学生主体，然而，新来的教授往往不理解他们，或不尊重他们，这使院长感到担忧），以及记录富有创造力的做法。[23]

对于和学位有关联的一系列利益攸关方，覆盖面最为广泛：博士生和教员，当然，还有来自各类高校院所、中小学、政府部门、出资机构、基金会和非营利组织、学科协会、认证机构的负责人，甚至还有学院的董事会成员，为了实现这一不同的议程，该倡议的负责人和他们洽谈。后来，该倡议使他们之间开展对话。

这项倡议由某一所大学独立承担，任何校外机构对此不承担义务，这一系列利益攸关方使之在方法上具有某种胆识，事实根据是这种对目的的表述："为了捍卫活力，包括存在的理由，博士必须去了解变革，必须接受和拥抱变革"。[24]该项目报告罗列了"三种无处不在的谜团"：研究型大学只对那些已确定研究课题的博士生负责，研究生的表现应"遵照其导师的传统"；唯一值得研究生投入时间精力的工作是传统研究；教授们知道研究生的最佳职业选择是什么。[25]"培养未来师资项

---

① 托马斯·杰斐逊（Thomas Jefferson，1743—1826）：美国第三任总统（1801—1809），《独立宣言》主要起草人，民主共和党创建者。——译者注

目"着重强调一系列学术方向的职业，然而，他们对该理念进行了调整，以远超前者的力度突出强调谋求非学术方向的职业。这等同于要求大学管理层改变研究生院文化。

在接下来的几年中，华盛顿大学成为博士生项目创新方面的"领头雁"，其中一些扩大了职业远景的项目得以继续开展。在后续的章节中，我们将叙述这几个项目。不过，研究生院领导人员的变动往往会抑制人们的行动，导致各大学将全国性的工作转给伍德罗·威尔逊基金会"灵活多变的博士项目"（本章后面会有所描述）——不过，在此之前，在 2000 年，一次前所未有的会议引起了全美国的关注，导致伍德罗·威尔逊基金会与华盛顿大学负责人携手合作。[26]

在 2000 年全美研究生大会中，"重新展望博士项目"的负责人召集了各个领域的代表——博士生教育的生产商和"消费者"——思考每个领域能为博士生教育作出哪些贡献。此外，他们设立了极具抱负的网站，"汇聚了各种各样能起到改造作用的观点和策略"，形成了有关博士生教育的著作相关参考书目，描述了 300 种做法（其中一些做法比其他做法更有前途），建立了 500 个外部合作伙伴的链接。此次会议是独一无二的。对于当前教育模式中的某些做法，来自学术界之外的与会者提出了批评，不过，一些议题为那些做法提供了信息，他们也参与其中。虽然他们带着批判的眼光，不过总体上还是友善的，最终，学术界人士得到了批评意见和提案，这些批评和提案非常富有创见，出人意料地具有战略意义。

相比在教师休息室进行的大部分会话，这种对话在开放性、趣味性和集中度方面都远超前者，然而，不幸的是，在此后的 20 年里，人们并没有开展这种对话。这种对话对独立的院所机构，甚至对重新调整后的国家倡议，依然是很有潜力的模式。"重新展望博士教育项目"鼓励其他项目创造改革，一位研究生在该倡议的报告中留下了这段令人鼓舞的话语："虽然学术环境依然十分保守，但是我们的社会并不保守，那些做好充分准备的人应该拥有丰富的经历，与不同领域的人士进行很多互动交流。然而，我们仍然没有实现这个目标，现实情况还是与以往一样。人们的需求还是很迫切。"[27]

在 2000 年全美研究生大会过后，伍德罗·威尔逊国家学者基金会与华盛顿大学团队密切配合，该基金会负责人也参与其中，针对重新展望博士生教育团队的新发现而采取行动。在美国西雅图市，虽然确实进行了变革，但变革的幅度不大，通过伍德罗·威尔逊基金会，这项行动推广至 20 多所高校，鼓励卡内基教学促进基金会再次启动一项重大行动。对很多改革者来说，华盛顿大学项目主管乔迪·尼奎斯特就是所有博士生项目改革行动的托马斯·爱迪生（Thomas Edison），她和同事们不断创新、率先采取行动，将"博士学位不仅在学术界很重要，而且在全社会也很重要"这一洞见投入实践中。

4. 伍德罗·威尔逊全国学者基金会开展"人文学科在行动项目"

起止时间： 1999 年至 2006 年

对于人文学科专业学术岗位短缺，伍德罗·威尔逊全国学者基金会作出回应，早早地发起一项倡议行动，使博士毕业生对于非教授职位的事业树立意识。通过以下两种途径，该基金会力图将这些学科的影响力扩展到社会领域：第一种途径是为博士生提供暑期津贴，用于寻找学术界以外的工作；第二种途径是在学术界以外的非营利性机构以及向研究生开放的产业中，为研究生谋求全职工作提供赞助。

（1）目标：鼓励人文学科的博士毕业生不仅谋求教授序列的工作岗位，也积极在其他领域寻求获得更广阔的就业机会。

（2）参与者：16 家研究生院面向学术博士后开放，200 名博士生获得暑期津贴，20 名职业方向博士后研究人员和 30 名学术方向博士后研究人员，30 家公司和非营利性机构。

（3）策略：提供暑期实习课津贴；与就业办和校友会合作，积极开展学术方向博士后与非学术方向博士后的试点项目。

（4）结果：根据 2013 年美国历史学会开展的跟进研究，那些谋求学术职业的博士生的满意度最高，那些拥有学术界以外的经历的研究生的满意度也非常高。

（5）重要出版物：罗伯特·韦斯巴赫，《人文学科及其社会公众》（2006 年），美国学术团体理事会第 61 期不定期论文。

（6）经验教训：甚至连那些谋求学术职业的文科生也意识到在非学术领域开展实习具有价值；人们意识到人文学者在非营利性机构、政府部门、媒体和其他公司中也能获得各种各样的机会；人们还意识到研究生对提供公共产品服务具有浓厚的兴趣。人们意识到，需要克服各种困难才能获得营利性机构人力资源部门的支持，以及需要邀请首席执行官或其他高管人员参与其中。

"人文学科在行动项目"以两个项目为中心：一个项目面向在读博士生，另一个项目面向博士毕业生。在读博士生可以申请少量的暑期津贴以及高达 2000 美元的实习课补助，有助于补贴其在学术界以外开展实习，但预先提醒他们需要自行寻找这种实习机会。在为期四年的过程中，人们授予了 100 项奖学金，获得了富有成效的成果，很有前途。例如，一名来自得克萨斯大学（University of Texas）文化人类学专业的研究生，其所供职的养育院对十几岁的罪犯女童开放，使她们在孩童时期遭到了骚扰，这名研究生采用了自传式写作、舞蹈、讲故事和绘画等形式改善女孩们的自我形象。一名来自得克萨斯大学英语专业的研究生，在美国国家航空航天局（National Aeronautics and Space Administration，NASA）的工作是为宇航员写传记。还有一名来自斯坦福大学艺术史专业的研究生，在旧金山的自助图形库中发现了拉丁美洲艺术珍藏品，并举办了一场展览。[28]

2014 年，美国历史学会启动了"历史学家职业多样化"这一倡议，研究人员找到几名数年前获得暑期津贴的历史学系研究生。事实上，大多数研究生逐渐走上教授系列的岗位，这令人感到惊讶，然而，他们一致将自己所取得的一部分成就归因于暑期在学术领域以外的经历。他们反馈表示，从某个方面来说，规划、解释、在截止时间之前完工等要求锻炼培养了自己的各项技能，而这些技能是无法在博士生项目里获得的。

相应的博士后行动以博士新生为目标，该倡议将基调定位在营利的范畴和非营利性的范畴，在 A.T. 科尔尼咨询公司（A. T. Kearney）、《华尔街日报》、威瑞森电信（Verizon）和美国国家公园管理局（National Park Service）等机构设立了超过 30 个工作岗位。这一项目持续进行了两年，动用了校友办公室的人际网络，为各高校提供了可复制的模式——也许难度并没有那么大。该基金会也和几所研究型大学展开合作，为学术方向博士后发放津贴，该基金会的主管认为有必要表明这样的观点——支持研究生寻求向学术方向以外的职业发展反而会成为他们谋求教授序列的职业路径的动力。在两年的过程中，该基金会每年为各项博士后津贴拿出 10 000 美元，而各参与此项目的高校提供 2000 美元资助和相应的补贴。[29]

"灵活多变的博士项目"是该项目的后续项目，不过规模比前者有所扩大，后来由于伍德罗·威尔逊基金会缺乏内部资源，所以这两个项目都受到了掣肘。第二次世界大战之后，很多非营利性机构自称"基金会"，即便它们当时依靠外部资助。伍德罗·威尔逊基金会本身并不是慈善机构，所获得的赞助从未超过 500 万美元。该基金会所批准的项目由各大财力雄厚的基金会提供赞助，或者就自身的奖学金项目向这些基金会提出方案。伍德罗·威尔逊基金会自设立以来，就得到了福特基金会、卡内基基金会和梅隆基金会的资助。在 21 世纪初，人们开展"人文学科在行动项目"，这些慈善团体（以及其他慈善机构）并未准备好认可博士生去谋取非教授序列的工作岗位，更别提为他们提供资助了。因此，伍德罗·威尔逊基金会动用非常有限的资金，雇主及高校也提供了配套的资金，与此同时，伍德罗·威尔逊基金会还寻求获得外界的资助，然而，最终这未能成为现实。从这个方面来看，"人文学科在行动项目"的理念超前于它所在的时代了。

5. 得克萨斯大学开展的"智力创业项目"

起止时间：1997 年至 2003 年（作为本科生层次的项目延续至今）

1997 年，时任得克萨斯大学奥斯汀分校（University of Texas at Austin）研究生院副院长理查德·谢维茨（Richard Cherwitz），克服重重困难，启动了这个针对特定高校的项目。该项目不仅涉及人文学科专业的研究生，而且还涉及艺术和理科的所有研究生，力争"探寻如何运用专业知识，在学术专业和社区中产生内涵丰富而恒久不断的效果——成为该项目所说的'市民学者'"。[30]

（1）目标：培植市民学者，处理社区里的各类难题。

（2）参与者：得克萨斯大学奥斯汀分校研究生院和一系列社区团体。

（3）结果：学生积极参与，但该项目因研究生院的行政变动而终止。该项目继续在本科生层面进行。

（4）重要出版物：理查德·谢维茨和夏洛特·苏利文（Charlotte Sullivan），"智力创业：一种研究生教育理念"，载于《变革34》，第 6 期（2002 年 11 至 12 月）：第 23 页至 27 页。

（5）经验教训：如何在实现社会使命的行动中招收研究生（包括那些属于弱势群体的研究生），在博士生项目中开展小组学习就提供了切实可行的事实依据；要想推动机构文化的变革，那么必须获得更高层的行政管理人员的理解与认同。

得克萨斯大学奥斯汀分校的"独立创业项目"开设几门跨学科、有学分的选修课，还提供在咨询、伦理、沟通与技术等领域的实习机会。项目领导也和社区机构共事，构建能为学生提供有关投资组合建议的"协同小组"，成立能提供咨询服务的机构。人们鼓励学生"通过想象自身可能性的范畴，形成对于学术和职业事宜的理念"——对教育的所有权负责，学会以跨学科的方式思考，也要学会以跨学术界的方式思考，在协同工作中获取经验。[31] 结果，一名机械工程学专业的博士生与历史学家合作，研发讲故事的技巧，增加科学知识。一名戏剧专业的博士生研究戏剧对于社区发展的作用，为当地的艺术孵化基地设计了一份商业企划书。一名生物学系的博士生在进行专业研究的同时，为了向广大受众讲解其领域更专业的内容而研发手段。"9·11"恐怖袭击后，一名政治专业的博士生搭建了由政治科学家组成的在线网络，采用政治理论来解决现实生活中的人们关心的问题。

在七年的时间里，共有来自 90 个项目的逾 3000 名学生参与了"独立创业项目"。然而，该校研究生院负责人发生变动后，该项目就变得可有可无了，最终，不得不从研究生层面撤出，转而成为本科生层次的项目。如今，该项目继续进行，以广为人知的方式发挥作用。我们认为，"独立创业项目"为研究生教育提供了非常有用的模式，值得在研究生层面再次获得新生，值得人们为之斥资。该项目至少适合当今时代的需要，和项目创立时相比，在适应需求方面不相上下。

6. 伍德罗·威尔逊全国学者基金会开展的"灵活多变的博士项目"

起止时间：2001 年至 2006 年

鉴于伍德罗·威尔逊基金会此前开展了"人文学科在行动"项目，后来，伍德罗·威尔逊基金会参与华盛顿大学"重新展望博士项目"，就顺理成章了，在 2000年美国西雅图市举行的研究生教育大会之后，伍德罗·威尔逊基金会就逐渐接管负责此项目。其权限范围包括社会科学和实验室科学以及人文学科。起初，伍德罗·威尔逊基金会邀请了 14 所高校来参与开展"灵活多变的博士项目"，不久后，又成功延揽了 6 所高校参与此项目，该基金会充分考虑各参与高校的地理位置和所拥有的资源，寻求公立大学和私立大学的通力合作。[32]

（1）目标：生源多样性、跨学科奖学金、教学法培训、人文学科和理科所有专业的职业选择、参与社区工作。

（2）参与者：20 所由各院长领衔的研究生院。

（3）结果：以富有创造力的方式资助项目。在一定程度上，增强了研究生院的职权，在局部改进了工作（包括安排一些职业发展中心关注研究生，这些职业发展中心过去只服务本科生）。联系校友，邀请他们协助为研究生创造更多的实习机会。在招收和保留那些来自代表性不足群体的研究生等方面多投入一些富有创造力的行动。召开各层次的研究生大会。总之，该项目在初期开展了一些显著的行动，使博士生为职业的多样性做好充分准备。

（4）重要出版物：罗伯特·韦斯巴赫，《构建灵活多变的博士项目》，乌尔夫和奥斯汀，《通向教授职位之路》，第 217 至 235 页;《灵活多变的博士项目：美国博士生教育中的各种创新》，手册和 CD 光盘（新泽西州普林斯顿市：伍德罗·威尔逊，2005 年);《多样性和博士：美国博士生教育中拓展种族与民族的工作总结》（新泽西州普林斯顿市：伍德罗·威尔逊，2005 年），可在伍德罗·威尔逊全国学者基金会网站获取该手册。

（5）经验教训：不同机构对创新的热情不一，区别很大；那些在排行榜上不断提升名次、但还没有攀升到排行榜顶部区域的机构最愿意进行研究生教育的变革，该项目建议在以下方面深入开展工作：更全面统筹各种目标和各项行动，赋予研究生院院长更大的职权，切实推动负责人不愿意或无法解决的种族和民族相关的问题。

"灵活多变的博士项目"是由各研究生院院长联合组织开展的。伍德罗·威尔逊基金会注意到研究生院十分艰难地求生，并注意到在某些大学"担任研究生院院长是研究室的次要职责"，甚至有些高校并没有设置研究生院院长一职。该基金会承认研究生教育的特点是"去中心化的结构，只能控制部分环节"，但也表示这些去中心化的结构"导致研究生教育陷入一盘散沙的局面，很难开展定期评估"。[33]于是，伍德罗·威尔逊基金会力求在理论与实践方面为各研究生院院长提供支持，通过他们采取行动，正如梅隆基金会"研究生教育项目"所采取的举措，在博士学位的生产者和消费者之间建立联系，在所有的举措当中，其中一个举措就是鼓励他们按照华盛顿大学"重新展望博士项目"这个样板开启对话。[34]

伍德罗·威尔逊全国学者基金会强调采取持续的行动，并表示虽然大量的报告带来了非常具体的成果，但是总体上这些报告的价值不高。该基金会运用皮尤信托基金会和大西洋慈善基金会的基金，在以下四大领域为参与其中的高校培育了实际的项目。

第一大领域是"新范例"。"一些之前的研究不太认同奖学金给研究生所带来的作用，甚至反对研究生去申请奖学金，新范例由此演化而来"，并提出了疑问：什么才是能鼓励真正富有探索精神的研究生奖学金？[35] 在杜克大学，为了让博士生获得另一领域中同类的硕士文凭，设立了允许博士生不需要支付额外的费用就能增加选课的项目，布朗大学（Brown University）当前所开展的一个项目就是以此为样本的。在亚利桑那州立大学，另一个研究生项目为尝试跨学科研究的研究生提供专项基金。[36] 这项倡议也鼓励各高校申请美国国家科学基金会"研究生教育、研究与教学一体化项目"（NSF Integrative Graduate Education, Research, and Teaching），部分原因是该项目强调跨学科。

第二大领域是"新实践"，关注两个方面：一方面，使教学法"真正发挥培养博士生教学能力的作用"；另一方面，扩大服务的范围，包括为研究生提供更多地参与社区服务以及学术界以外的职业机会。（我们将在第十章里深入讨论此行动。）霍华德大学（Howard University）和杜克大学均授予教学方面的证书，鼓励人们在教学理念和教学策略上加大投入，霍华德大学还鼓励人们更深入地研究学习过程。得克萨斯大学的"智力创业项目"和亚利桑那州立大学的"准备未来的专业人士"这两项行动旨在拓展服务、设立更多元的职业目标。耶鲁大学搭建了网络数据库，把在校研究生和学术界以外的校友联系起来；宾夕法尼亚大学（University of Pennsylvania）和华盛顿大学圣路易斯分校的就业指导中心开展创新性活动，为博士生提供非学术方向的职业咨询和联系信息。科罗拉多大学博尔德分校（University of Colorado Boulder）人文学科中心向研究生提供实习机会，使他们能有机会将所掌握的各项技能应用于非学术的场景。加利福尼亚大学欧文分校整合了授课和拓展服务这两大主题，推出了"触手可及的人文学科项目"（Humanities Out There, HOT），促进与公立中小学的合作交流。威斯康星大学"小学到大学一条龙培养项目"（K-through-Infinity）推荐 STEM 专业的研究生到中小学开展教学活动。

第三大领域是"新生源"，旨在为博士生项目招收更多有色人种的学生。最终，该项目形成了《多样性和博士》这份报告，包含可以使用的数据信息和一套研究生扩招的建议。（提出了三条最具启发性的建议：第一条建议，鼓励各专业学科更多地参与社会活动；第二条建议，在向学生提供奖学金时不再考虑种族与学生需求的因素，因为每一项都要求投入资金；第三条建议，成立资助"联盟"，从而更好地协调工作。）但具体到各个高校的落实情况，结果却令人失望。密歇根大学（University of Michigan）加强了暑期项目，该项目为优秀学者提供为期八周的培训，深入介绍研究生教育工作的方方面面。华盛顿大学、耶鲁大学和威斯康星大学联合成立了同行指导小组和支持小组。然而，这些项目都缺乏真正富有新意的观点。

第四大领域是"新合作伙伴关系"，延续了"华盛顿大学重新展望研究生教育项目"的主题，"在设立并维护博士生课程及要求的机构与所有录用研究生的单位之间，寻求至关重要而持续不断的关系"。[37] 虽然那些参与伍德罗·威尔逊全国学者基金会"灵活多变的博士项目"的研究生院院长确实采取了不同的方式增强了与学术界以外的机构的合作交流，然而，自"华盛顿大学重新展望博士生教育"所开展的对话，却从未真正地在后来的伍德罗·威尔逊全国学者基金会"灵活多变的博士项目"中得以继续开展。

即使该倡议着重强调具体的行动，"灵活多变的博士教育"倡议的手册和光盘中（仍可从伍德罗·威尔逊全国学者基金会处获取，还可获取《多样性和博士》报告），图文并茂，形象地介绍了相关行动，如果威尔逊基金会不加以任何鼓励，那么人们到底能根据这些参与其中的研究生院所提出的倡议来落实多少具体的政策建议还是不得而知了，因为这项倡议原本的目标就是那些采取积极措施推进工作的院长。然而，显而易见，院长们相互学习，能够对普遍共性的理念加以改造，使这些理念能适应他们特定的处境。

有些院长以金钱为中心来设计项目——例如，为了在以学生为中心的方式上有所创新，杜克大学和华盛顿大学推出更大力度的财政刺激措施，而对于就业去向，其他几名院长向即将就读的研究生以及教员提供清楚的数据信息。每个博士生项目或研究生院均缺乏关于研究生就读体验和结果的信息（完成学位的用时、毕业率），院长们对这种情况的严重程度做出响应，在此方面，他们令梅隆基金会倡议的负责人感到震惊。不过，人们没有机会使最初的倡议也具备这一特点，或宣传所取得的成就。罗伯特·韦斯巴赫和厄尔·刘易斯率领伍德罗·威尔逊基金会开展工作，回望过去，罗伯特·韦斯巴赫认为，通过出版来加强宣传工作，这么做本来可能很有帮助。然而，由于内部缺乏资金，慈善团体也对此缺乏兴趣，导致进一步削弱了"灵活多变的博士项目"的影响力。此后不久，伍德罗·威尔逊基金会改航易道，将注意力集中于中小学教师培训，因此，这些研究生院院长展现出他们能够达成的成就，虽参差不齐，或从未得到人们的关注，但令人难忘，而人们的关注本来可能使其他机构对此留意。

7. 卡内基教学促进基金会开展的"卡内基博士生教育创新计划项目"

起止时间：2002 年至 2006 年

总体的趋势是，人们逐渐不再资助高等教育，最终导致另一项重大行动难以开展，不过，这为我们探讨博士生教育留下了一座不可多得的资料宝库。卡内基教学促进基金会另辟蹊径，采取了与"灵活多变的博士项目"相反的航向，越过研究生院，直接与各个院系的教授合作。他们的宗旨是"尊重专业学科"，或更确切地说，"提高各学科以及各学科所在的院系的影响力"。[38] 乔治·沃克尔（George Walker）是"卡内基博士生教育创新计划项目"的领航人，他很有天分，不过，他也强调恰当地修改激励体系，这更多的是一项自上而下的行动，负责人纵观全局，思考如何有机地整合各个环节，再付诸行动。[39] 然而，人们并没有提到研究生院院长应该拥有哪些职权以及需要开展哪些工作。[40]

"卡内基博士生教育创新计划项目"涉及 6 个不同专业——化学、英语、历史学、数学、神经科学和教育学的 50 个院系；首先，要求它们反思项目目标，随后，在学生攻读学位的进程中，考虑当前的"课程体系、做法和评估"是否能强有力地为研究生攻读学位、顺利获得就业而添砖加瓦。[41]

（1）目标：明智地管理各学科专业。

（2）策略：通过领导团队，向每个院系提出目标和效果等基本问题，委托出版包含 16 篇文章的合集，以此来启动会话。

（3）参与者：来自 44 所高校 84 个院系和研究生项目，涉及六个专业：化学、教育学、英语、历史学、数学和神经科学。

（4）结果：一般。在项目各项要求和新增设的项目体验中有一些变化，不过，各院系主要遵循惯常的互动和做法。该项目确实产生了两本佳作（见下文）。

（5）经验教训：教师参与必须形成有组织的计划的讨论，人们需要对这些计划进行重大的评估。

（6）重要出版物：乔治·沃克尔，"卡内基博士生教育创新计划项目"，发表在乌尔夫和奥斯汀所著《通向教授职位之路》，第 236 页至 249 页；克里斯·沃尔德和沃克尔编辑，《展望未来的博士生教育：培养学科管家》（*Envisioning the Future of Doctoral Education: Preparing Stewards of the Disciplines*）（旧金山：巴斯出版社，2006

年）；沃克尔及其他人，《学者养成：重思21世纪的博士生教育》(*The Formation of Scholars: Rethinking Doctoral Education for the Twenty-First Century*)（旧金山：乔西·巴斯出版社，2008年）

　　学科管家的概念是"卡内基博士生教育创新计划项目"明确提出的唯一的一个假设。管家是一种理念，"不仅包含一套知识与技能，而且还包含一套原则"，学科管家"有能力产生新知识，能够以批判的眼光评估这些新知识；保存最重要的观点和发现"，"理解知识如何改变我们所生活的世界，参与并负责任地向他人传播知识的转化性工作"。[42] 不过，也许它向教师所传递了令人感到荣幸的信息就是：一切由教师负责，教师必须是开明的、遵循道德的代理人。

　　卡内基基金会为学科管家设定了三套具有巧妙措辞的问题：

　　（1）博士生项目的目标为何？培养学生成为管家的含义是什么？人们希望项目取得怎样的成果？

　　（2）博士生项目各项元素的理论基础和教育目的是什么？人们应该对哪些项目加以确认并保留？人们能改变哪些元素，使其有用处？或能消除哪些元素？

　　（3）你们如何知道这些情况？在回答那些问题时，哪些事实依据起到帮助作用？人们可以收集哪些事实依据，从而确定变革是否能为人们所希望的结果发挥效用？[43]

　　人们认为，对于讨论加以强调，会吸引教员去做研究人员非常乐意做的事——也就是说，以实际行动代替无穷无尽的辩论。然而，这些问题鼓励学科管家们质疑这种倾向背后的假设。那些卡内基报告的撰写者强调，他们反对采用"避免冲突"这一做法，因为"避免冲突"会导致研究生项目的行政管理人员为了保持院系中的和平而持续不断地维持现状。

　　有些院系，例如大卫·达姆罗施（David Damrosch）领导下的哥伦比亚大学英语系，在人们的敦促下采取了相关行动，这么做很有帮助：首先，哥伦比亚大学英语系调查了相关学生，"这为变革提供了大量的统计信息和细致周全而富有创意的观点，其中很多观点被整合进我们最终的改革方案里面"。[44] 内布拉斯加大学（University of Nebraska）数学系采用卡内基基金会所提供的问题，形成一份文档，"真正地反映了我们所信奉的内容"，这是"在一页纸正反两面所做的陈述；描述了三种可能的职业路径；罗列了八项目标"。[45] 在研究生分流退出时的评估工作也会使用该文档。在堪萨斯大学（University of Kansas），师生们认为，传统的综合考试似乎就是拖长了完成学位的时间的"各种数据混合集"。师生们用专业作品集代替综合考试，学生们从第一学期就开始汇编专业作品集。这种作品集应当包括简历、研究论文、所发表的文章、15页至20页介绍学生专业领域理论基础的文章，以及相关的研究议题、教学资料、博士学位论文简介，所有这些材料都需要研究生在完成课程后的一学期内提交。

不过，这些细致周全的做法是例外之事。5 年后的结果证实了怀疑论者的观点：那些做法为数不多，不太具有创新性。一家名为"要塞"（*The Keep*）的网站收集了那些怀疑论者的各种观点，"要塞"这个名字颇具讽刺意味，不过，该网站已经停用好几年了。乔治·沃克尔认为能用 PART 来代表项目的目标。PART 是目标明确（purposeful）、便于评估（assessable）、深思熟虑（reflective）、公开透明（transparent）这四个英文单词的首字母缩略词。接着，他得出结论："如果在教师态度和习惯方面不进行深刻的变革，那么我们就无法实现这些目标"[46]，卡内基基金会没有采取强有力的措施来实现这种变革。

显而易见，"卡内基博士生教育创新计划项目"没有激起人们的热情，缺乏紧迫意识，我们在此所讲的诸多倡议都具有这一特点。如果对于应当着手处理的情况，人们达成广泛共识，这种共识不会延伸至"哪些情况"或是否应当尽快处理。对于大部分即将实行的改革和面对的要做的事，大多数人都选择维持原状。

那种现状在两个层面上站不住脚。在第一个层面，那种现状并非可持续。研究生教育在很多方面都遭遇困境，必须加以改变才能应对这些威胁。在第二个层面，同样重要的是，传统意义上所理解的研究生教育并没有充分服务好其最重要的组分——研究生。这些事实令人感到不适，也再次让我们直面各种难题：谁能实现变革？怎样实现变革？甚至在对需要改革的目标已达成强烈共识的情况下，怎样实现变革？然而，不论正确的杠杆是什么——我们认为存在一些杠杆，对于继续前行时所采取的行动，卡内基基金会所提出的三组基本的问题被证明是非常有用的。

8. 美国国家科学基金会开展的"为中小学教育授课的学者项目"

起止时间表： 1999 年至 2011 年

该项目为 STEM 专业的研究生（和高年级本科生）提供资助，确保他们能"掌握各项额外的技能，从而帮助他们在 21 世纪拥有广阔的职业生涯"。通过与中小学师生、其他研究生和教员的互动，研究生可以提升沟通能力、教学能力、合作能力和团队建设技能，同时能丰富中小学理工科学习和指导的内涵。[47] 各机构院所能得到为期三至五年的津贴，可能会续签合约，这将使受资助的阶段长达八年。

该项目很受欢迎，向机构院所提供逾 300 项津贴，涉及数千名学生，可是，却在没有预先通知的情况下于 2011 年戛然而止。美国物理联合会（American Institute of Physics）称赞这一项目"为潜在的采纳者提供了模式"，但是，该联合会表示，根据评估，该项目在改进学生的研究技巧方面所获得的成绩参差不齐。更中肯地讲，"该项目的设计限制了参与者的能力，无法在中小学授课中获得足够的深刻体会，从而影响学生掌握知识"。[48] 然而，咨询公司 Abt Associates 进行了项目评估，逾 90% 的受访教师表示，该项目对学生掌握知识以及提升对科学和数学的兴趣具有积极的作用。同时，评估者指出，榜样对中小学学生有无形的影响。逾 80% 的教师表示，如今他们更有可能采用实践教学，2/3 的教师表示他们对这种教学更有信心。

在该项目停止资助中小学教育之后，在最初的 188 个受资助的项目中，有 19 个项目继续进行。在人们看来，1 ∶ 10 的比率令人感到悲观，或者，我们可能抱着更乐观的态度看待这些事务：此后，有 35 个项目接受资助，一般具有扩大的活动范围，为中小学教师而设的线上资源，为毕业研究生开展的证书项目。[49]

对于未能使项目继续进行的大学，大部分大学称其原因为缺乏资金，更具暗示性地说，缺乏不可分割的永续计划。此外，显而易见，相比于那些受资助时间更长的院所，那些只获得为期三年津贴的大学更不可能继续开展项目。其他几个项目也不再继续开展，因为主要的教授或行政管理人员离职了，此处，我们知道要获资助人作出真正的承诺，这一点很重要。我们认为，此处的重要教训是如果在资助期结束后拿不出能使项目持续进行的企划书，那么任何倡议都不应该再次获得资助。

同时，该项目对研究生在教学工作量上的要求为何，在备课工作量上的要求为何？对此疑问，获奖人的承诺参差不齐。如"培养未来师资项目"一样，鉴于该项目的新奇性和困难度，特别是博士生准则和期望方面的困难度，人们对此表示可以理解。不过，此处的教训是：不论是科学、数学和工程学，还是任何学科，如果想要获得成功，都必须作出全心全意、充满激情的承诺。

（1）目标：通过让中小学教师与高校学生建立合作伙伴关系，改善中小学教育，让理工科的高年级本科生和研究生加入中小学文教事业。

（2）策略：高年级本科生和研究生与中小学教师在教室中合作开展教学活动，建立大学与中小学之间的合作伙伴关系。

（3）参与者：来自 188 所高校的数千名研究生，数千名中小学教师以及数万名中小学学生。

（4）结果：评估参差不齐，有些评估意见相左，有些评估"缺乏说服力"，也有些评估意见颇具影响力。在美国国家科学基金会的资助到期后，仅有 19 个项目继续在参与的大学中进行，不过，仍然有 35 个项目与中小学及中小学学生保持着某种联系。

多样性工作

关于多样性工作，我们想说的是：人们开展了各项行动来招收一批博士生中代表人数不足的群体。乔奈拉·巴特勒（Johnnella Butler）博士曾担任斯贝尔曼学院（Spelman College）院长，目前担任该学院女性研究教授一职，她曾组织汇编这方面的工作，并在研究过程中加以展示。她的汇编很有帮助，我们对此进行了更新。

首先，我们的看法是：我们所探讨的大部分多样性工作重点关注招收学生和为学生提供财政支持。尽管这些方面很重要，但是它们也只不过是研究生院工作的一部分。在这些倡议中，只有少数项目着手应对研究生院文化这个重要的问题——那就是，博士生项目中有色人种的研究生和女研究生的读研生活。还没有一个项目披露录取做法或辍学中所反映的问题（我们会在第四章中考虑这些问题）。在拙作中，我们讨论的问题是教师、各项目和研究生院需要做哪些工作，才能帮助那些来自少数群体的博士生获得成功？我们在此简要总结了近期和当前所开展的针对增进一批博士生中的种族、民族和性别多样性的工作。

- 福特基金会资助"读博士奖学金、博士学位论文奖学金和博士后奖学金"多样性项目（Ford Foundation Diversity Predoctoral, Dissertation, and Postdoctoral Fellowships）（1966 年至今）：当前，福特金会每年为 60 名博士生提供资助，在他们攻读研究生学位的最后三年里，每年向他们提供每人 2.4 万美元的资助；为 36 名博士生提供为期一年的博士学位论文奖学金，每人的津贴为 2.7 万美元；每年为伙伴院所的 20 名博士生提供为期三年的 4.5 万美元博士后奖学金。美国国家科学院、工程院和医学院负责管理这些奖学金，在大多数人文学科和理科的专业中，获奖者是为学院之多样性作出贡献的学生，或在其研究中，为学院之多样性添砖加瓦。获奖者出席年会，加入历届受奖者和其他人的联系人数据库。[50]

- 盖茨千禧年学者项目（Gates Millennium Scholars）（1999 年至今）。这主要是在本科生层面提供资助的项目，受助人是少数群体代表，由"联合黑人学院基金"负责管理。盖茨基金会也继续资助那些攻读计算机科学、教育学、工程学、图书馆科学、数学、科学和公共卫生等学位的研究生。每年有 1000 名学生入选，该项目共提供 16 亿美元的资助。有 37.5% 的学生继续攻读研究生学位。津贴各不相同，为那些未能满足的需求提供资助，为学生缓解靠兼职赚钱或背负债务的压力。[51]

- 美国南方地区教育委员会博士生学者项目（Southern Regional Education Board Doctoral Scholars Program）（1993 年至今；其前身是"教员多样性契约"）。这一项目源于美国国家和机构院所的合作伙伴关系，为来自少数群体的研究生提供资金，美国政府在头三年提供资金，机构院所在最后两年出资，同时，在五年中提供学费减免。学生可获得额外的资助用于差旅和研究。该项目对人文学科和理科的学生开放，但优先考虑理工科专业的学生（对此预留至少一半的赞助资金）。[52]

- 阿尔弗雷德·斯隆基金会少数群体博士生项目（Alfred P. Sloan Foundation Minority Ph.D. Program）（1995 年至今）：在 9 所高校的各个理工科专业中，斯隆基金会向有色人种的学生提供指导。[53]

- 梅隆基金会麦斯本科生奖学金项目（Mellon Mays Undergraduate Fellows）和社会科学研究理事会（Social Science Research Council）——梅隆基金会麦斯研究生倡议（1988 年至今）：该项目整合了本科生项目和研究生项目，大学和学院中缺乏来自少数群体的教员，该倡议设法使其恢复平衡。梅隆基金会向名列前茅的人文学科生和理科生授予奖学金（尽管目前只向人文学科和人文社会科学开放）。这些本科生结束大学二年级的学习后，开始公布在校的专业，该倡议就在这些本科生中进行选拔。首先，这个本科生奖学金项目向 8 所高等院校的学生提供津贴，此后，扩展到 48 所学校和 3 个联合体，其中一个联合体由黑人历来就读的高校以及 3 所南非高校组成。

如果有研究生在大学毕业后的 39 个月里报考博士生项目，那么他们就有资格获得攻读博士之前的研究津贴。起初，梅隆基金会也给予论文、差旅和研究津贴，如今，取而代之的是一系列研讨会和会议，这些会议的主题如"未来的教授职位""职业发展"以及"论文写作静修会"。2019 年，逾 5000 名本科生获得奖学金，逾 800 人已经获得博士学位，逾 700 人正在攻读博士生项目。[54]

人们会问，为什么只有入选此项目的本科生才有资格获得研究生院的资助开展研究生阶段的学习？不过，这一方法贯穿始终，将现实问题纳入考量：在一群博士生中实现真正的多样性要求在研究生申请流程开始前很久便发现高才生和他们的兴趣。

- 罗纳尔多·麦克奈尔学士后成就项目（Ronald E. McNair Post-Baccalaureate Achievement Program）（1986 年至今）：该项目已开展了多年，由美国教育部（US Department of Education）负责管理，根据申请人的情况进行差额筛选，向各高校院所发放津贴（28 家机构，至今有逾 100 个项目）。各类资助平均为每个机构发放约 20 万美元，为 20 至 30 名来自弱势群体的学生提供财政支持和学术指导。2/3 的受资助者是来自低收入家庭的第一代人，其余都来自少数群体。这一项目实行分权制度，主管人员在各所大学招收学生，负责指导他们。[55]

- 美国国家科学基金会高阶项目（National Science Foundation ADVANCE）——理工科学术职业两性平等的机构变革（Organizational Change for Gender Equity in STEM Academic Professions）（2001 年至今）：旨在增加学术科学和工程学职业中女性的人数，使劳动力更加多样性。因为该项目以改善教员性别平等为焦点，这不是面向博士生的特定项目，但是，我们将该项目放在这里，因为这和学术职业有关，必定有益于博士生。该项目提供总额超过 2.7 亿美元的津贴，授予逾 177 所大学和学院、13 家专业协会以及非营利性机构，"应对理工科学术文化和机构结构中的方方面面，可能会对女性教员和学术管理人员产生不同的影响"。该项目主要为"政策与实践"和"组织文化和环境"这两类相关的项目提供津贴。近几年，该项目扩大了关注的范围，不仅重视女性，而且还重视少数族群和社区学院以及面向少数群体开放的机构。该项目不直接向学生发放津贴，而是拨给本科生或研究生层面的机构，最高津贴达 300 万美元。[56]

- 美国国家科学基金会研究生教育和教授职位联盟（NSF Alliance for Graduate Education and the Professoriate）（1998 年至今）：该联盟不直接与学生打交道，而是负责协调机构之间的相关事宜。2005 年，该联盟力争将相关项目连接起来，比如"美国国家科学基金会本科生研究项目"和"斯隆恩基金会少数群体博士生项目"，促进为 STEM 学科的研究生提供帮助的机构之间的合作。[57]

- 美国研究生院理事会促进包容性研究生社区创新奖（Council of Graduate Schools Award for Innovation in Promoting an Inclusive Graduate Community）——如今，以教育考试服务中心奖（Education Testing Service Award）而著称，曾以彼得森奖（Peterson's Award）（1994 年至今）为人们所熟知：在研究生学位项目中，从录取到毕业，该奖项认可人们投入有前途的行动，并高度重视提升学生群体多样化方面的成绩。[58]

- 其他项目：在全球范围，目前，斯伦贝谢基金会（the Schlumberger Foundation）每年向新人颁发 155 项"培养未来优秀教师奖"（Faculty for the Future Award），资助来自发展中国家的妇女在世界各地攻读理工科专业的博士学位。斯伦贝谢基金会不再支持一些项目，例如曾为科学、工程学和商务专业的少数群体和女学生提供资助的"通用电气基金会未来教员项目"（GE Foundation Faculty for the Future Program）。作为潜在的模式，其他两个项目也许具有特殊的吸引力：第一个项目为"通过学校转型增加少数群体的机会项目"（Minority Opportunities through School Transformation），第二个项目为"美国国家科学基金会研究生教育和研究培训一体化项目"（NSF Program on Integrative Graduate Education and Research Training）。1994 年至 2002 年，美国社会学协会（American Sociology Association）负责管理"通过学校转型增加少数群体的机会项目"，向 11 个院系提供资助，使本科层面和研究生层面的有色人种的学生得以参与更具包容性的课程，接受更理想的研究培训，增进对他们的指导，解决研究环境的问题，负责输送生源的招收工作。结果，在目标院系中，超过半数的社会学课程对于多样性予以一定考虑，来自少数群体的社会学系学生几乎翻了一番，达到了 33%，来自少数群体的教员从 22% 增至近 30%。[59] 最后，"美国国家科学基金会研究生教育和研究培训一体化项目"将其对于两方面的兴趣合而为一：增加理工科和社会科学领域少数群体的参与度，采用跨学科教育和培训的新模式。从 1997 年至 2012 年，该项目共向 100 家机构院所授予 215 项嘉奖。有一些项目获得了赞助，招收一批更加多元化的博士生，"美国国家科学基金会研究生教育和研究培训一体化项目"对此也起到辅助作用。[60]

新时代的研究生教育改革：2011 年至今

2008 年，伍德罗·威尔逊基金会改变航向，主要培养中小学教师，追根溯源，主要有以下三大原因：第一，也许伍德罗·威尔逊基金会意识到中小学教育更容易遭受 2008 年金融危机的冲击；第二，伍德罗·威尔逊基金会天真地认为所有的高等院校都具有雄厚的财力，各高校应当使用本校的基金开展倡议；第三，伍德罗·威尔逊基金会开展的各种倡议行动所取得的成果有限。以上这三大因素促使各基金会寻求能使其资助取得更大的成效。一些主要的赞助方，例如大西洋慈善基金会和皮尤信托基金，彻底放弃资助高等教育。其他常设的机构，如美国高等教育协会（Ameircan Association of Higher Education）和基础教育委员会（Council for Basic Education），也退出了历史舞台。毋庸置疑，2008 年的经济衰退和缓慢复苏进一步阻碍人们采取改革行动——即使当时判定更加有必要采取行动，本来就稀缺的学术就业机会更是骤减。于是，研究生教育改革按下了暂停键。那些致力于提升博士生就读体验和学业成果的研究生教育工作者需要巧妙地提出建议，从而避免 2019 年爆发的新冠疫情再次使研究生教育改革遭到中断。

初期的一系列改革普遍缺乏变化，这也显露出我们在整本书中所关注的基础性挑战：虽然我们殚精竭虑，为博士生教育付出了巨大努力，却收效甚微。全球范围内的各项事业，例如抗击贫困和不平等，治疗疾病和改善卫生条件，还有很多其他事业，也在竞相获得人们的关注，要进行博士生教育改革也许是铺张浪费的奢侈之事，特别是考虑到那些最负盛名的高校都享有雄厚的财力，要进行博士生教育改革更是奢望之举。然而，正如我们所见，有些高校声名显赫，富可敌国，它们更愿意保持现状，不愿意进行改革。

教授职位的就业市场未能随着经济的恢复而得以恢复。近年来，这种不断深化的需求驱动了一系列新的改革举措出现。我们现在持续不断地投入的各项行动，就受益于那些因 2008 年经济衰退而陷于暂停阶段的教育改革，因为它们或多或少地借鉴了此前未能成功的经验。我们以下所讲的每个项目都由学科组织带队，而这些学科组织在上一代人进行改革时拒绝参与其中，这也许是最为重要的一点，也是令人感到乐观的源泉。

另一项改变更加令人感到担忧：仅有梅隆基金会这一家慈善机构资助三项以人文学科为主导的行动。其他曾经对研究生教育感兴趣的重要慈善机构，比如福特基金会和卡内基集团（卡内基集团与组织了本章先前所讲的倡议的卡内基教学促进基金会互不相关），这些慈善机构依然选择袖手旁观。[61] 同样使人发愁的是，我们缺乏全国层面的新倡议来增加一批在种族和民族方面更为多样性的博士生。我们还需要不断努力，确保博士生教育能对社会福祉产生重大的影响。

不过，从积极的方面来看，所有专业的教员越来越认可这一点：人们需要从本质上重新审视博士生教育和文理研究生院。虽然改革面临的阻力依然很大，然而，随着那些通过个人的经历更能理解当前改革所面临的种种困难的更年轻的一代加入这场辩论，改革的阻力在减小。越来越多的教授不得不面临教授岗位稀缺的现实。在一场"物竞天择，适者生存"的达尔文主义的竞争中，他们可能是幸存者，或换一种说法，他们相当于学术界的1%，不过，大部分人意识到，这些教授是特例，而非普遍现象。我们都知道，要想改变教授们的态度，必须改变学术界以外的人们对博士毕业生的看法，将他们看成掌握各项灵活的技能、能在各个领域发挥作用的博士，然而，我们必须先改变学术界内部的师生对博士的看法，然后再慢慢改变术界以外的人们对博士毕业生的看法。这种转变也许不会一帆风顺，不过正在进行。我们坚信这种改变将继续扩大。

1. 美国学术团体理事会"公共学者项目"

起止时间：2011 年至今

"公共学者项目"（Public Fellows Program）由梅隆基金会提供资助，由美国学术团体理事会负责管理，每年安排 22 名刚毕业的人文学科和人文社会科学专业的博士到精心挑选的政府部门和非营利性机构工作，以雇员身份享受为期两年的学者津贴。

（1）目标：通过展示人文学科高等研究的广泛应用，从而扩大美国博士生教育的能及范围。

（2）参与者：美国学术团体理事会、梅隆基金会、各类政府部门和办事处，以及非营利性机构。

（3）策略：安排刚毕业的人文学科的博士和人文社会科学专业的博士到合作机构开展为期两年的工作。

（4）结果：成功吸引各公立机构积极参与此项目，大幅拓宽了入选研究生的就业去向。

（5）重要出版物：除了美国学术团体理事会网站发布的资料，无其他相关出版物。

（6）经验教训：如今，教员和博士生越来越接受职业多样性，特别是愿意在具有强烈社会理想的非营利性机构供职（相比在营利机构的工作机会）；人文学科博士毕业生能将所学到的各项技能应用于一系列领域，虽然有些领域所获得的社会关注度并不高。

美国学术团体理事会"公共学者项目"面向那些"下定决心在课堂之外贡献能力和精力"的博士。[62] 美国学术团体理事会为创造这些机会而进行拓展工作，并汇总发布相关信息。那些可能成为学者的博士在主办机构中申请特定的职位，梅隆基金会在起初两年为他们提供薪水，使他们能平稳过渡到非学术领域。[63] 这些获得资助的博士所担任的职位有（纽约公寓博物馆）沟通经理、（奥杜邦学会）沟通项目分析师、（立法机关全国性会议）立法研究专家、（美国律师协会法制倡议）项目分析师、（匹兹堡卡内基博物馆的奈克萨斯）高级项目经理、（国际公共广播电台）听众开发高级经理、（中央公园保护协会）战略拓展经理、（美国民权联盟）政策研究主任等。[64]

约翰·保罗·克里斯蒂（John Paul Christy）是美国学术团体理事会公共项目的主管，他说第一批获得资助的博士中有近 85% 的博士在新的职业领域中供职，而其他人则返回高校寻求学术终身教职。[65]

该项目具有一个主要优势，这个优势同时也可能是劣势。有些参与该项目的雇主来自非营利性机构，缓和了很多教授和博士不愿意到公司就职的情绪，使他们以饱满的热情参与该项目。这一结果也印证了较早以前由伍德罗·威尔逊基金会赞助的"人文学科在行动"暑期奖学金项目，绝大多数博士生申请在非营利性机构实习，只有少数人选择在公司工作。

人们也预计人文主义者通常是追求进步的理想主义者。不过，在非营利性的美国公共广播系统（Public Broadcasting System）工作与在定期雇用博士的营利性历史频道（History Channel）工作真的存在巨大的差异吗？该项目将营利性机构排除在外，比如历史频道，难道我们不是越俎代庖，替博士毕业生做决定吗？第一印象十分重要，这种一开始就将营利性机构排除在外的做法会减少毕业生的机会。这种做法也忽视了见多识广的文科毕业生在商业领域发挥的作用。在第十章"公共学术"中，我们将深入思考这些问题。

2. 美国历史学会开展的"历史学家职业多样性项目"

起止时间： 2013 年至今

"历史学家职业多样性项目"（Career Diversity for Historians）是多方面、分阶段开展的项目，首先，由美国历史学会确定历史学家必须掌握的学术界以内和以外的各项技能。其次，美国历史学会将梅隆基金会所提供的丰厚基金分发至四家试点机构的历史学系，由它们执行开展它们认为合适的各项目标或者其中一部分目标。在美国历史学会召集的会议上，展示了这些"改革先行者"的报告，为第二批额度较小的基金提供相关信息，从而更好地资助新一批院系来实施改革。该项目还在持续进行中，相关定期报告在美国历史学会年会等会议上发布。

（1）目标：帮助博士毕业生和那些处于事业初期的历史学从业人员更好地获得学术界内外的一系列职业机会。

（2）参与者：美国历史学会、梅隆基金会和多所合作大学（第一批合作大学是以下四所试点大学：芝加哥大学、新墨西哥大学、加州大学洛杉矶分校和哥伦比亚大学）。

（3）策略：在四所大学的历史学系推出试点项目，帮助博士生更好地把握一系列就业机会。此后，向第二批院校提供一系列数额较少的基金，帮助它们开展特定的改革行动。

（4）结果：持续进行中。

（5）重要出版物："安东尼·格拉夫敦（Anthony Grafton）和詹姆斯·格罗斯曼，"不再需要 B 计划：对历史学专业研究生项目非常温和的建议"，载于《历史学视野》，2011 年 10 月 1 日；后续文章，"B 计划：持续进行的争辩"，格拉夫敦、格罗斯曼和杰西·雷米什（Jesse Lemisc），载于《历史学视野》，2011 年 12 月 1 日；美国历史学会，《历史学博士的多种职业：对求职结果的研究》，2013 年；美国历史学会网站，《关于职业多样性》（持续进行）。

（6）经验教训：美国历史学会在其官网上专门设立专栏，展示了在试点阶段获得的五项发现和结果；美国历史学会学术和职业事务主任艾米莉·史瓦福（Emily Swafford）表示："虽然大部分研究生项目的初心使命是研究生毕业后顺利获得教职，但是这六名历史学博士当中，只有一人在 R1 级别的研究型机构担任教师。"相应地，学术方向与非学术方向的求职准备有一部分重叠，人们无须将此视为不同的职业路径；开展教学活动是至关重要的，包括参与有关历史教育的学术文献；应当在课程体系中有机融合关注学术方向和非学术方向的就业机会的经历和学习机会，而不是把关注学术方向和非学术方向的就业机会的经历和学习机会作为课程体系的补充部分；在重新考量博士生项目时，首先开展的工作应该包括明确博士生项目的目标。

詹姆斯·格罗斯曼是美国历史学会充满干劲的执行主任，在他的带领下，该学会成为在为博士设计和推动可代替的就业机会等方面最活跃的学科组织。美国历史学会的策略和重点也能加以转化，应用于其他人文学科专业和社会科学和实验室科学。事实上，我们并没有直接参与美国历史学会在这方面的工作（尽管罗伯特·韦斯巴赫在该项目的试点阶段确实为美国历史学会提供了咨询服务），但我们在整本书中所论述的一些议题和策略与美国历史学会的相关工作还是不谋而合。

作为"职业多样性项目"试点阶段的准备工作，美国历史学会于 2013 年刊发了一份题为《历史学博士的多种职业生涯》的报告。在受访的历史学博士当中，1/4 的博士在高校以外工作。[66] 这项缜密的统计分析以大量的工作为基础，联系了所有在 1998 年至 2009 年间获得博士学位的博士。该调查显示，约有半数（50.6%）的博士在四年制的院所中获得终身教职，或进入终身教职序列的工作岗位（还有 2.4% 的博士在两年制的专科院校工作）；约有 15% 的博士在非终身教职方向的岗位上工作；大约 1/4 的受访博士供职于学术界以外。

通过焦点组[①]以及采访相关的历史学家，美国历史学会明确研究生院应当培养历史学专业的研究生掌握以下五项技能：沟通能力、合作能力、文献能力、数据分析能力以及智识自信能力，从而将研究生培养成为训练有素的历史学家。[67]通过继续开展试点项目，美国历史学会委派各院系将这些培养能力的环节整合进各门课程和整个课程体系之中。[68]

案例： **各学科追踪博士就业的模式**

2018 年，美国历史学会发布了交互性的线上数据库"历史学家供职何方"（Where Historians Work），用户们可以跟踪历史学博士在 10 年中的职业发展情况。人们为这一项目煞费苦心，开展了大量的工作。首先，美国历史学会的研究人员找到 8515 名博士生中的近 95%，2004 年至 2013 年于美国各高校获得历史学博士学位。美国历史学会规划部工作人员选定了为期 10 年的阶段，因其横跨 2008 年经济大衰退，于是展现出 2008 年经济大衰退前后博士的就业情况。

此后，他们对数据进行归类，人们可以按年份、分科、地理和其他类别进行比较，当然，也能按照相关结果进行比较。最后，他们汇编出相关图像、表格、地图，开发制作出其他交互性视觉工具，供用户们在各类别内使用数据。

2018 年，在美国历史学会内部通讯《历史学视野》的一篇文章中，美国历史学会学术和职业事务主任艾米莉·史瓦福和职业多样性项目协调员狄伦·鲁迪格（Dylan Ruediger）给出了一些初步的评论。[②]在一些案例中，相关数据证实了长久以来的猜疑：例如，自 2008 年经济大衰退以来，越来越少的历史学专业博士获得以终身教职为方向的职位，相比 2008 年经济大衰退前的情况，更多的历史学博士是在终身教职系列从事全职教学工作。该数据库也显示出一些意

① 焦点组（focus group）：一组来自不同地区的调查对象，在专题讨论会上发表具有代表性的个人意见。——译者注

② 注释：Emily Swafford and Dylan Ruediger, "Every Historian Counts," Perspectives on History, July 9, 2018. https://www.historians.org/publications-and-directories/perspectives-on-history/ september-2018/every-historian-counts-a-new-aha database-analyzes-careers-for-phds.

料之外的调查结果：历史学专业女博士的就业格局和历史学专业男博士的情况的几乎相同——这意味着在雇用这一方面不存在性别差异。

至于何人在何处就职，"历史学家供职何方"包含详尽的饼分图。以下是一些基本的事实：

（1）对于抽样调查的已毕业10年的博士，约有51%是终身教授或终身教职系列的教师，他们几乎全部供职于四年制的学院和大学。

（2）约有16%的博士担任非终身教职系列的全职教师。

（3）约有2/3的受访博士在学院担任全职教师。

（4）约有7%的博士在非营利性机构工作，还有7%的博士在私营部门工作。

（5）将近4%的博士在政府部门就职，将近6%的博士在高校担任职员或行政管理人员。

其他的调查结果对进一步研究提出了恰如其分的要求。史瓦福和鲁迪格表示："很多项目的研究生依旧聚集在他们获得学位的城市或地区里生活，而其他项目的研究生似乎会分散于全国各地。"一些地方比其他地方更有可能提供更多的就业机会？我们希望能获得这一问题的答案。

"历史学家供职何方"依靠实际数据，从而确保人们能开展评估。史瓦福也希望"那些有意申请攻读博士学位的研究生可以使用这个数据库来充分考虑自己的选择"。她预测："博士就业的多样化也会吸引更加多样化的学生申请攻读博士学位。"这也有助于我们反思招生录取、课程设置以及各种形式的学生援助工作等研究生项目相关环节的实践。

2014年，梅隆基金会通过向美国历史学会提供基金，从而为各试点项目提供资助，用实际行动展示历史学专业的研究生项目何以帮助学生拥有一系列就业机会。职业多样性项目的第一阶段为期三年，向4所大学（芝加哥大学、新墨西哥大学、加州大学洛杉矶分校和哥伦比亚大学）的试点项目提供资助，这四所大学各不相同，分布于美国各地，因而得以入选。芝加哥大学和新墨西哥大学选择筹划并主办工作坊和会议，对项目进行周密考虑，并加以宣传。芝加哥大学所发起的活动聚焦职业化和技能建设，继续为学生安排实习机会，强调公共演讲口才和拓展工作。新墨西哥大学每月开展一次工作坊系列活动，雇用由教授和学生组成的团队，为职业发展而维护研究员基金安置项目。加州大学洛杉矶分校聘请研究生就业官员，帮助学生在学术界以外进行自我推销，各院系修改了相关课程体系，有机结合了职业发展与课程设置，包括开设职业规划的课程以及介绍历史学家不同职业路径的课程。哥伦比亚大学设立奖学金，开发各类课程，举办会议，还设立"历史学在行动"研究助学金，获得该研究助学金的研究生能与主办机构合作，培养各项技能，并在校园外施展才华。

其他 10 个历史学博士生项目也分布于美国各地，不过都在公立大学，后来，他们所得到的津贴数额有所减少，"优化旨在为研究生进行职业规划的项目和活动"。在前文所列举的"汲取的经验教训"中，我们总结了参与其中的项目的总体结果和洞察。事实上，这些计划有所领会，认为它们需要扩大对博士生教育的理念，将教学活动囊括其中，不仅仅把这看作不太重要的附属环节，并使研究生们参与图书馆和档案馆以外的工作。

职业多样性项目的第二阶段始于 2016 年底，梅隆基金会也为其提供资金。第二阶段旨在开展宣传工作，迈向"新常态"。如今，该倡议向一批职业多样性研究员提供资助，协会对此称："本质上是半工半读的助学金，为期两年，在高等教育管理方面与教员团队合作。"多达 20 家历史院系正在开展这项实验。院系的当选资格包含在一年当中参与一系列教员学社，这将"重点强调两方面的融合——保持认真的研究标准，以及规划博士生的职业，既包括教授职位以外的岗位，也包括高校教员的岗位"。详情可参见协会多样性网站。[69]

我们尤其赞赏明确研究员的特定职责。在我们自身工作的全过程中，对于为研究生谋求更佳就业去向的博士生项目，应当广交朋友，对此我们十分重视。[70] 这指的是，他们应当与整个高校的相关办事处取得联系——因为这真的要群策群力。因此，在规定的职责中，美国历史学会研究员将"与就业办公室和校友办公室建立联系，与教学和学习中心以及人文学科中心等适合的单位建立联系"，与此同时，创造校内的实习机会，协助教员进行课程开发的工作，包括开发一门职业化的课程，涵盖学术方向和非学术方向的就业机会。

当前，就职业多样性而言，我们认为美国历史学会的项目达到了最先进的水平，我们对其理念和实际知识表示赞赏。我们鼓励其他专业的项目也从这一倡议中获得收获，我们也意识到，英语和哲学等其他人文学科专业在与政府事务以及其他非学术工作搭建联系方面不那么突出，而历史学系一向具有这方面的经历。然而，我们认为这种差异并非不可避免或不可逾越，在随后的章节中，我们将列举为职业多样性而采取的行动，这将在学术范畴和更广泛的社会领域搭建新的联系，可以及时地成为其自身的传统。

3. 美国现代语言协会开展的"联通师生：使语言专业和文学专业的博士生准备好把握各种就业机会项目"

起止时间：2015 年至今（尽管最初的资助已经结束）

美国现代语言协会也得到梅隆基金会的资助，于 2015 年启动了"联通师生：

使语言和文学专业的博士生准备好把握各种就业机会项目"。[71] 该项目包含互相关联的倡议，聚焦博士把握教授职位以外的就业机会。

（1）目标：资助各项倡议，展示出人文学科博士生教育能在一系列职业中得到广泛应用。

（2）参与者：美国现代语言协会、梅隆基金会、入选的伙伴机构（亚利桑那州立大学、乔治城大学以及加州大学人文学科研究院）。

（3）策略：在伙伴院所开展试点项目，汇总职业路径的相关数据，美国现代语言协会为研究生举办研讨班，导师指导研究生，在国家层面的会议和地区性会议中举办工作坊，开设关于职业多样性的新兵训练营和示范课程。

（4）结果：还在持续进行中。

（5）主要出版物：《美国现代语言协会任务组关于现代语言专业博士生教育的报告》（美国现代语言协会，2014年）；《联通师生》。

（6）经验教训："联通师生项目"为研究生扩大职业视野、探索学术界以外的就业机会提供了最佳的课程模式；该项目揭示了很多文学教授不愿意重新考虑博士的目标，并相应地制定了解决这种不情愿的问题的策略。

2014年，《美国现代语言协会任务组关于现代语言专业博士生教育的报告》中的某些建议促使美国现代语言协会推出这个"联通师生项目"。罗素·伯曼（Russell Berman）担任美国现代语言协会会长，授权撰写报告，并担任任务组组长。在该报告的提议中，一项是减少攻读学位的用时，号召博士生项目实行变革，而非退缩不前：任务组成员号召"保持人文学科博士生的可及性，本着这一利益，通过扩大职业视野，改变范例"，而不是号召"为了保持全国的范例而逃避责任"。该报告认为，"培养专业性"不应该局限于成为教授。罗素·伯曼在接受《高等教育内参》（Inside Higher Ed）的采访时，将人们拒绝学术界以外的就业选择描述为"过分拘谨的踌躇不前"，他补充道："如果我们限制研究生的职业视野，那么这对他们极为不利。"[72] 一直以来，文学史阶段有其要求，该报告也建议对此质疑，敦促采取一系列实验性的代替方案代替通常的论文形式。"联通的学术界人士项目"聚焦任务组的那些建议，敦促扩大职业视野。

正如美国历史学会、美国现代语言协会资助强调可替代的职业机会试点项目。实行试点项目的机构为亚利桑那州立大学、乔治城大学以及加州大学人文学科研究院。在亚利桑那州立大学，教员和行政管理人员聚焦向研究生阶段的活动时间表提供建议，导师对申请者进行评估，并在博士生同意前对正式的指导关系作出承诺。在招生录取之前，导师会与所指导的研究生沟通，协助他们选课，并为他们读研做些准备，推动形成研究生个性化的"博士学位指导方案"。该计划以为期五年的博士生教育为目标。虽然乔治城大学不提供英语专业的博士学位项目，但是它为公共人文学科中心开发了一个样本，作为倡议行动的组成部分，有机融合了人文学科的专业技术与公共部门。加州大学人文学科研究院每年举办两场研究生就业工作坊。每年，美国现代语言协会在这些院校主办学社，评估项目，检测模型，进一步制定规划。与此同时，美国现代语言协会每年在纽约市主办持续一整年的研讨会，让学生、新毕业的博士生和科研助理思考职业的多样性。

相比美国历史学会的试点项目，这些项目的准备工作还没有做充分。在一定程度上，这也许是因为在美国现代语言协会的多个语言和文学学科中，教员对非学术方向的就业去向更为抵触。然而，在新任执行总监宝拉·克雷布斯（Paula Krebs）和"联通师生项目"主管史黛西·哈特曼（Stacy Hartman）的牵头负责下，美国现代语言协会加快了拓展行动，向一系列参与者开放，而相比于美国历史学会，其覆盖面更广。美国现代语言协会也和美国历史学会合作，开展数据采集、联合展示职业多样性以及协会年会其他主题的活动。

三所院校参与试点项目，除此之外，美国现代语言协会扩大了国家级年会中指导和建立关系网的活动，为研究生项目总监和就业工作的官员组织工作坊。如今，针对那些谋求多样性就业机会的学生，该学会定期主办关于求职技巧的会议。此外，来自斯坦福大学的克里斯·戈尔德是资深的研究生院改革者，在其帮助下，美国现代语言协会设立了暑期新兵训练营，指导学生如何拥有多样性的就业机会（以及社区学院教师等岗位，这些曾是学术方向一度不受尊重的代替岗位），并顺利谋得职业。在密歇根大学，史黛西·哈特曼和英语系主任大卫·波特（David Porter）共同开展一门试点课程，也可以参考新兵训练营的模式开展教学。[73] 活跃的网站，以及区域性和国家级会议中面向研究生主管开放的工作坊，都能补充这些行动。诚然，在最近举行的全美大会中，鼓舞人心的是很多会议将重新审视研究生教育的诸多方面列入会议议程，并多次强调在学术界以外谋求职业发展这个议题。

美国现代语言协会最终与美国历史学会携手合作，跟踪历史学系博士的就业去向，美国现代语言协会正在采集 1998 年至 2009 年博士职业路径的相关数据。（上文所提到的）历史学会已经完成了数据库的工作，然而，由于语言学专业所涉及的研究生人数更多，所涵盖的领域更广，所以，美国现代语言协会的数据库将耗时更久才能完成。

案例： 美国现代语言协会大会开始关注职业发展

数千名学者出席美国现代语言协会的年会，这是人文学科专业类似会议中最为盛大的集会。多年来，对于学术方向的就业议题，年会中的会议微乎其微——着重强调"微乎其微"。求职者可以参加关于面试技巧的工作坊，或几场得到赞助的关于就业的会议。不过，近年来，混乱的教师就业市场使事情发生了改变。如今，关于职业议题的会议、讨论小组和工作坊非常之多，你能从一场活动迁移到另一场活动，忘记此次大会的主题是语言和文学。

多年来，美国现代语言协会大会的议程中几乎不组织有关职业发展的会议，然而，如今却有各种各样关于职业发展的会议。美国现代语言协会 2019 年会包含数十个讨论小组，这不是关乎文学和语言，相反，这是关乎研习文学和语言的职业——尤其是困扰该种职业的各种麻烦。大多数小组讨论以研究生和新毕业的博士为目标。在四天会期的空挡中，几乎每次至少有一次职业发展的小组讨论。有的会议是关于如何建立线上工作，以及（按照不同的格式）重新想象博士学位论文。其他的讨论小组解决政治议题，比如为教职人员小分队提供帮助的立法策略。还有一些讨论小组以更有地位的教员为目标，例如，集中关注从教员转为行政管理人员的教师。

相比冥想和静思，美国现代语言协会 2019 年会也有更多亲身实践的工作坊。例如，他们举办一场有关如何制作简历的工作坊，还举办如何用一页纸简述个人经历的工作坊。然而，还有一些工作坊的主题是领英（LinkedIn）在招聘时的作用。其他讨论小组是开放式的集会，比如演示"联通师生项目"，演讲者是供职于学术界以外的博士，大会像安排书展中的展台那样安排这些演讲者的位置。

美国现代语言协会执行主任宝拉·克雷布斯表示，该学会负责人"常常自我发问：这个国家级的协会年会能带来怎样的获得感，而对于规模较小的分支组织集会，那是其无能为力的事。"考虑到这一点，他们指望设立"更多的结构"，这能使博士生在更早的时候获得更为持久的指导。她表示："大会随着职业的变化而改变。"这是大会本应该有的形式。

4. 美国研究生院理事会开展的"下一代文科博士项目"

起止时间：2016 年至 2019 年

"下一代文科博士项目"是一个已暂停的项目。该项目是美国研究生院理事会的构想，人文学科博士学术方向的就业市场受到制约，项目对这一点作出多方面响应。"下一代文科博士项目"的规划师计划利用美国国家人文基金会（National Endowment for the Humanities）的资助，由发放项目计划基金改为发放各种项目执行基金。获得此类嘉奖的院所将组建社群，分享各自的发现，借鉴彼此的经历，共同打磨改革实践。

（1）目标：各不相同，重点任务是拓宽人文学科博士生的职业路径。该倡议也涵盖各个方面，涉及行政管理结构和评估，资助模式，招生录取，教学方法和学者要求。

（2）参与者：美国研究生院理事会和来自不同高校的 25 个人文学科团队。团队获得项目规划基金，三所大学（芝加哥大学、杜克大学和特拉华大学）获得数额更大的项目执行基金。

（3）策略：各院校采用不同的个性化的策略。项目执行基金的成果包含（芝加哥大学举办的）职业发展新兵训练营、（特拉华大学举办的）视野开阔的非裔美国人公共人文学科项目。

（4）结果：该项目出版了一些卓尔不凡的成果，然而，其结果也参差不齐。2016年美国联邦政府换届，使得该项目无法按照最初的理念获得更大的发展。

（5）出版物：《人文学科博士职业发展有前途的做法：汲取的经验教训》；《人文学科博士职业发展相关工作小结》;《重新审视人文学科博士资源》（就业、招生政策和教书等方面的参考书目）。所有出版物最初由莫林·泰瑞斯·麦卡锡负责组织工作。

（6）经验教训：如该报告中所述，措辞成句和制定框架对于支持目标具有重要的意义，为延伸资源而开发策略也具有重要的意义，动员重要人物发出声音以及移除行政管理的障碍很重要。不过，也许还有一个教训是人们需要以更大力度来开展评估和推行责任制。

人们很难评估美国国家人文基金会所资助的项目，因为在唐纳德·特朗普于 2017 年 1 月就任美国总统后，各赞助机构就改变了航道。因此，这有点儿像是一座未完工的大厦。一些伙伴机构得以作出有益的改变。例如，宾厄姆顿大学（Binghamton University）为每位人文学科研究生制定了个人发展规划，理海大学（Lehigh University）和爱荷华大学（University of Iowa）为研究生发展和资助开设了暑期活动。佐治亚州立大学设立了一个数字人文学科证书项目。虽然其他团队没有那么雄心勃勃，但也开设了播客或网站。

"下一代文科博士项目"发表的论文著作很有帮助，对以策略为主导的实际建议进行核对，用趣味丰富的实例加以说明，并展示数据。尽管参考书目并不全面，但可为人们所采用，编排的方式颇具趣味。

尽管"下一代文科博士项目"因故被迫暂停，但是这启发了美国研究生院理事会随后推出了一项涵盖人文学科专业和非人文学科专业的项目。相比此前的任何研究，"博士职业路径项目"以更深层次、更长跨度和更为翔实的方式跟踪博士的就业去向。在研究生在校期间（研究生二年级和五年级）以及毕业后，29 所高校以及另外 21 家附属机构对他们的就业去向和目标展开调查。在博士毕业后的第 3 年、第 8 年和第 15 年，他们会参与调查。从中获得的信息必将使人们增强对学生和研究生的理解，向他们提供职业援助。"博士职业路径项目"由梅隆基金会和国家科学基金会提供资助。因为这与改革行动并非直接相关，我们没有对其单独罗列，不过，我们认为从中得到的相关数据将为今后的倡议提供信息。

5. 美国科学发展协会开展的"我的个人发展项目"

起止时间： 2003 年（之前以其他形式开展）至今

"我的个人发展项目"（myIDP）是一款免费的线上工具，能帮助 STEM 专业的学生将能力与兴趣和就业机会进行匹配。

（1）目标：通过帮助学生自行将其能力与兴趣同就业机会进行匹配，从而减少 STEM 专业的学生在就业方面的焦虑。

（2）参与者：美国科学发展协会（AAAS）、加利福尼亚大学旧金山分校、马萨诸塞大学医学院、美国实验生物学协会联合会（Federation of American Societies for Experimental Biology）、宝来惠康基金（Burroughs Wellcome Fund）。

（3）策略：对于理科研究生和博士后的职业探索，业界已经采用具有特色的发展计划，我们在线上对此进行改编。

（4）结果：虽然"我的个人发展项目"没有刊发有关使用该项目的数据信息，但是，该项目已经广为人知，颇具影响力。

（5）出版物："我的个人发展项目"网站上有几篇文章的链接，包括詹妮弗·霍宾（Jennifer Hobin）、辛西娅·弗尔曼（Cynthia Fuhrmann）、比尔·林德斯泰特（Bill Lundstaedt）和菲利普·克里夫敦（Philip Clifton），"你要有通盘计划"，载于《科学》，2012 年 9 月 7 日。

（6）经验教训：在学术界中，理科博士生从业者人数由 1973 年的 55% 下降至 2008 年的 44%（如今，这个比例也许更低），自 20 世纪 90 年代初以来，毕业后 5 年担任终身教职或以此为方向的理科博士生人数已减少了 1/3，研究生和导师越来越需要了解非学术方向的就业选择。"我的个人发展项目"工具产自这些经验教训，也对获取经验教训有所帮助。

我们之所以将"我的个人发展项目"置于年表之外，有其原因，我们呼吁大家关注：在所有人文学科和理科专业的博士生教育中，有一部分难题是相同的，人们却未能承认这一点。该项目于 2003 年启动，专门面向实验生物学的研究生和博士后开设，即使在当时，这是借鉴传统的产业界的做法。几年后，美国科学发展协会成为该项目的合作伙伴，改变了其网站，供物理学和生命科学专业的学生使用。近些年，由职业咨询师组成的研究生就业联合体尤其聚焦人文学科和社会科学学生的职业，开发了代表其自身的工具——"想象博士项目"。我们找不到有多少研究生使用这些线上资源的任何数据，但人们在更宽的领域对其进行改变，这表明其具有某些价值。

6. 研究生就业联合体开展的"想象博士项目"

起止时间： 2017 年秋至今

"想象博士项目"（Imagine PhD）是一款复杂而具有交互性的线上工具，能帮助研究生弄明白自身的兴趣、爱好和技能，从而帮助他们确认可能谋求的工作。这是由研究生就业联合体设计的一种实用型人格测验，为研究生就业咨询提供帮助。

（1）目标：30 年来，人们对拓宽研究生职业路径展开讨论，"想象博士项目"是最为具体的成果，旨在将人文学科和社会科学研究生和博士后用户与合适的就业机会进行匹配。

（2）参与者：当前，有来自逾 90 个国家的 18 000 余名用户。

（3）策略：职业探索和规划的免费线上工具，用户可按其要求进行设置。

（4）结果：还有待确定。

（5）出版物：暂无。

（6）经验教训：暂无。

"想象博士项目"是令人感到振奋的项目。"我的个人发展项目"是一款针对 STEM 领域职业选择的线上工具，充满干劲的行政管理人员从"我的个人发展项目"获得灵感，邀请学科专家和就业专家"收集数据，对用户的技能和兴趣与 16 种职业群系进行匹配"，职业群系指的是相关职业和岗位头衔的合集。用户与这款线上工具进行交互时，他们在开展自我评估方面受到鼓舞和帮助，探索职业选择，然后缩小范围，最终形成一份职业规划。[77]"想象博士项目"的开发者来自研究生就业联合体的专门小组，该联合体是一个网络平台，由就业专家和不同高校的研究生院职业发展教员组成，向博士和博士后提供就业方面的建议。该小组设立了网站和界面，学生可以在线上进行广泛的职业匹配。"想象博士项目"的难题是宣传工作：还有多少师生知道这一工具？

7. 美国国家科学基金会开展的"研究培训生项目"

起止时间： 2015 年至今

"研究培训生项目"（Research Traineeship Program）向实验室负责人和它

们的团队提供开展跨学科研究的培训基金。该项目强调学生通过开展跨学科研究，实现学习和研究目标。

（1）目标："扩大美国研究生项目的规模，培养一批多样性的跨学科理工科专家，使他们掌握技术本领和可转化的技巧，在学术界以内和以外能从事各种研究性或与研究相关的职业"；"在突出重点领域，加快并促进跨学科和趋同的尖端研究；形成富有创造力的方法和知识，对推动研究生教育的优化具有改造的作用"。[78]

（2）参与者：每年向带领研究生团队的负责教师颁发 14 至 15 个奖项，每人获得高达 300 万美元的预算，时间跨度长达五年。

（3）策略：实验室负责人通过竞争获得丰厚的培训津贴。为各项研究计划书提供了非常明确的指南，并要求主办机构能延伸所提出的项目的相关环节，不仅能使获得资助的学生受益，也能使那些未获得资助的培训的学生和那些没有参加培训的学生受益。此外，那些获得资助的学生需要按要求广泛宣传他们的成果和洞见，参与"有效而重大的评估"（人们认为对"获得资助的资格至关重要"），"按照惯例，这为实施提供信息，改善项目实践"。

（4）结果：虽然还没有发表对项目的正式评估报告，但是我们认为此前受助提案的质量非常不错。

（5）出版物："研究培训生项目"只有一份真正的出版物，即美国国家科学基金会网站中为该项目发布的相关通知和指南；该通知表示该项目已经成型，随后会通过近期几篇研究生 STEM 教育的报告对其进行修改。这些报告主要如下：2010 年，美国未来研究生教育委员会发布《前行之路：研究生教育的未来》(_The Path Forward: The Future of Graduate Education_)；2012 年，美国化学协会发布《推动化学科学的研究生教育》(_Advancing Graduate Education in the Chemical Sciences_)；2012 年，美国国立卫生研究院发布《生物医药研究劳动力工作组报告》(_Biomedical Research Workforce Working Group Report_)；2014 年，美国研究生院理事会发布《了解博士生职业路径，提升研究生项目》(_Understanding PhD Career Pathways for Program Improvement_)；2015 年，美国国家科学委员会发布《从不同角度考虑 STEM 专业劳动力：解读 2014 年科学与工程学各项指标》(_Revisiting the STEM Workforce: A Companion to Science and Engineering Indicators of 2014_)；2017 年，美国研究生院理事会发布《职业发展：为 STEM 专业研究生塑造有效的项目》(_Professional Development: Shaping Effective Programs for STEM Graduate Students_)；2018 年，美国国家科学、工程和医学院发布《面向 21 世纪的研究生 STEM 教育报告》。

（6）经验教训：现在下结论还为时尚早，然而，根据该项目介绍的撰写者引证："人们要更加承认这一点——解决科学与工程学专业的重大难题不仅需要采用跨学科的方式和趋同的手段，也需要拓宽职业培训，然而，大多数研究生项目还没有这样的做法。"

我们将最好的项目留到最后来介绍。美国国家科学基金会开展的"研究培训生项目"得到了数千万美元的资助，开始应对我们眼中的理科博士生教育所面临的重大挑战。几十年来，每份对科学教育的咨询报告都敦促人们不断减少研究基金，逐步增加培训基金。（获得首席研究员资助的项目要求研究生开展首席研究员感兴趣的研究工作，而培训基金允许研究生开展自己感兴趣的研究工作。）然而，就连这些发表报告的机构也对这些建议置若罔闻，它们一边发布这些报告，一边发放更多的研究基金。总体而言，纵观整个美国，这导致了与其讨论小组所呼吁的背道而驰的结果。最终，美国国家科学基金会要求人们落实"开展以学生为中心的博士生教育"这项重要的建议。我们希望这是重大突破的信号。

该项目指南中还是有很多值得称赞的地方。如强调化解问题具有跨学科的特性，呼吁采取创新型的做法，培养多才多艺的研究生。该项目也呼吁获得资助的机构"从社会各个领域和组织中"招收一批多样性的研究生，为公共事业作出贡献。获得资助的机构应按要求与私营部门合作，以及与"非政府组织、政府机构、国家实验室、实地站点、教学和学习中心、非正式科学中心以及学术伙伴"等开展合作。

至少迄今为止，实际的提案似乎实现了这些目标。受助项目的实例更加使我们深入意识到这一项目的重要性。印第安纳大学的一个项目汇聚了工程专业和技术专业的教员与美术专业的教员，开发出一种体验式的设计路径，硕士研究生通过此种方式"参与产业界和美国国家实验室的短期项目，获得解决真实问题的技能"，该项目还获得了嘉奖证书，明确奖励"通过在课程设置中融入艺术、设计和体验式学习……从而促进创新"。亚利桑那州立大学启动了"以市民为中心的智慧城市和智慧生活项目"，试图解决人口增加导致的各种城市难题，涉及"出行、基础设施和安全等议题，从而为各个阶层的市民提高生活质量"。38 名学生（包括由该基金提供资助的 24 名学生和另外的 14 名学生）来自各个学科领域，例如，科学与技术、公共事务和计算机科学以及各种工程学专业的学位项目。[79]

美国纽约州立大学石溪分校（Stony Brook University）还设立了一项资助的项目，力图教导学生"通过开展处理复杂数据的研究，从而作出消息灵通的决定，出台健全的政策"。起初，该项目集中关注环境与能源的可持续性，并在第三学年关注人口健康研究。蒙大纳州立大学设立了"丰富数学知识和统计技能的蒙大纳合作伙伴项目"，为数学和应用数学专业的学生拓宽培训，因此，他们也许会谋求多样性的职业路径，"抓住机遇，运用所学的数学和统计学知识和技能，解决各种各样的情境出现的难题"。这一项目不仅强调学生学习（特别是强调如何开展研究），而且还强调团队活力。

这些典型的案例将不同项目的学生和教员汇聚在一起，开展明智的合作交流。如果有人邀请我们创设一项理科的改革倡议，那我们十有八九会建议开展类似的改革。

对近期各项改革行动的总结

显而易见，20 世纪 90 年代和 21 世纪初的改革举措与当下的改革举措截然不同。毫无例外，在美国，自 2011 年以来的每一项重大的国家级倡议都鼓励人们谋求教授职位以外的职业。在 20 世纪 90 年代和 21 世纪初，职业多样性是诸多理念中的一项理念，有些改革行动还没有提及职业多样性。各项改革行动促成人们出版了几本专著（《通向教授职位之路》《培养学科管家》和《学者养成》），却通常与它们建议拓宽就业机会的观点自相矛盾，显示出摇摆不定或模棱两可的思想，然而，当下的改革就没有出现这种情况。

我们乐见这种渐进式的发展。不过，与此同时，我们希望突出思考和反思博士生教育的其他方面，例如，招生录取、教学能力培训、导学关系；也需要思考和反思考试、研究和学位论文的结构。因为它们不仅塑造了研究生的学习生活，而且还影响了研究生的学习结果，所以，它们都很重要。我们可以改善学生们的就读体验，但还是需要重新思考研究生项目的各个环节，这关系到它们如何与新型博士的就业去向建立关联——不仅能为教师队伍补充新鲜血液，而且确保能为各个社会领域提供创新型的专业技术人才。

在过去的 30 年里，研究生院的改革道路并不是一帆风顺的，然而，我们所得到的经验教训为人们提供了大量宝贵的资源。我们所列举的每项改革倡议的主要方面是能被调整用来满足我们时代的需求。我们有充分的理由相信"我们不会再一次被愚弄"，这一次，我们一定会弄个水落石出。

2 PART
第二章

开启对话的实用指南：
目标和路径

精益求精

我们一旦开始回顾近期人们试图开展的各项博士生教育改革，就很难不感到垂头丧气。博士生教育一直都存在缺陷，导致很多解决方案都无法奏效。过去的大多数倡议行动都未能获得成功，主要有以下三大原因：要么是关心研究生院的人士之间缺乏沟通（包括导师和研究生与最终的雇主之间也缺少沟通），要么是奖励措施少之又少或根据绩效缩减了预算，要么是那些负责项目的学部成员几乎得不到实际信息。某项行动（"培养未来师资项目"）几乎没有给人们带来希望，以至于不值得让学生们参与行动或投入精力，而在合情合理的情况下，相比任何项目所能做到的改变，另一项行动（"灵活多变的博士项目"）要求人们实现更多种类的变革。

如果在没有与各学部成员充分沟通协商的情况下就邀请他们参与进来（这也是梅隆基金会行动的主要缺点），那么教员们就会对上级所提出的建议感到愤慨，甚至会加以阻挠。不过，即使教员们参与其中（如"卡内基博士生教育创新计划项目"的情况），空谈可能会徒劳无益，只会导致更多的空谈，"学科管家"（"卡内基博士生教育创新计划项目"对教员的尊称）就变成拦路虎。虽然我们这些学术界人士必须充分参与各个环节的工作，但是我们会在前进的道路上不经意地造成各种各样的障碍。

我们先来看一下好消息。如果有合适的机会，我们的工作会做得更好。过去不计其数的行动都有一个共同的缺陷——缺少对如何达成共识以及如何将共识转变为行动进行缜密思考的战略，而正是这个缺陷削弱了各项改革的进程。它们也没有提供最终的目标是什么，以及采取何种战略才能实现这些目标的具体方案。然而，这是好消息，因为进行诊断才能找出治疗方案。稍早时期的改革举措没有制定战略，没有使用持续的评估作为开展可能会成功的计划的手段。我们将在本章中对该战略加以概述。

为此，我们需要重新使用"评估"这个术语。大多数学术界人士都很忌讳"评估"这个词，因为他们认为评估会将一些事物客体化，事实上，这些事物对于客体化有所抵抗。评估同时暗含了局外人的评判，特别是负面的评判，因此，评估几乎成了惩罚的同义词。不过，我们所建议的这种评估总体上是定性的（迈克尔·富兰写道，"统计数据既是绝妙无比的仆人，也是骇人听闻的主人"[1]），由那些参与评估的专家为此下定义并开展评估。评估所采用的标准不是由外部人士强加的，而是由此项评估所期望服务的那些人士所决定的。此外，我们建议，人们不应该在行动后进行评估（由皱着眉头的主考人来进行评估），而应在开展行动前进行评估（作为共同的目标设定装置）。因为没有人能从一开始就弄明白如何进行正确的评估，所以正确的评估需要持续进行（作为操作过程中进行矫正的恒定值）。事实上，如果在所承诺的日期前，人们能决定是否维持、扩大、修改或根除评估，那么同事们就更愿意尝试新事物。我们在本书中所建议的这种评估，不仅仅是为了评判，更多地是为了改善绩效。总的说来，就知识而言，这种评估应当具有吸引力，甚至可能令人感到愉悦。

提高要求需要开展若干项活动。这对于解决难题来说尤为不可或缺，大卫·达姆罗施对这一难题进行了很好的表述："相比于解决自身的问题，教授和研究生们在化解世界性难题方面更有优势。我们面对具体的现实，各种情况错综复杂，很难从某一个具体的切入点进行深入分析。"[2] 为了实现那一远景，为了从防御转变为乐于改变，需要一种具有同理心的、实验性的、乐观向上的心境。让人们准备好合作是一个难题，需要有准备地加以规划。想要成功地做到这一点，不妨参考下面的做法。

引入任务时间，坚定不移地遵守

大卫·格兰特（David Grant）的《社会营利手册》（*Social Profit Handbook*）一书可读性很强，是我们所找到的关于如何设定集体目标并实现这些目标的最佳书籍。[3] 格兰特说，成功的项目至关重要的方面往往不是那些无论何时都最为紧迫的事务。然而，人们由于那些紧迫的事务不能花时间进行深入的思考，因此，当房屋慢慢地渗水时，人们很容易光顾着灭火而忽略了渗水问题。例如，就学术项目和院系来说，年度预算可能下周就要到期，但研究生就读体验的质量永远不会到期，而且它是极其重要的，和理念一样也许会对今后的预算资源产生重要的影响。

最重要的事务可能不是最紧迫的事务，因此，会被人们忽略，或被无限期地拖延。格兰特问："事实上，我们所认识的人如何定期地完成重要而不紧迫的事项？""他们为此安排一段不受干扰的时间。"这是一种节约之举，他说："任务时间能让人静下心来，心无旁骛地完成专项任务，归根到底，它能帮人们节省花费在其他事务上的时间"，这也是一段单独的时间，使人能进行深入的思考，"我们使用任务时间深入思考我们是谁、我们将要做什么、我们最擅长什么以及我们如何着手去做具体的工作，从而获得清晰的思路"。我们会提出"周围的世界发生了怎样的变化"这样的疑问，我们会加以反思，"不论成败与否，我们都将努力找到答案"。[4]

我们假定，针对我们在序言中罗列出的那些值得怀疑的准则，经过各院系负责人和研究生院院长与同事们的讨论，决定要从基础层面重新考量博士生项目，改变这些准则。从一开始，这些负责人就秉持格兰特所倡导的精神开展工作，邀请全体教员和研究生来共同面对问题。改革的主要动机很可能是消极的——招生录取或生源质量有所下降；或研究生在学术方向的就业去向令人沮丧；或有研究生反馈说自己感到不快乐，甚至感到愤怒。不过，人们应该开诚布公，承认存在的各种难题，但若以崭新的眼光看待博士生教育，最佳方式是求助于个人的自身利益和集体的利益。减轻对当前项目威胁因素的压力，着重强调各种机会——比如师生会有更富趣味的体验，研究生项目会有更鲜明的特色，美国国内的领导力会更强，会有一批更有趣的研究生，等等。

因此，人们应该在度过危机之后，再适时提及博士生项目改革。各院系负责人和研究生院院长可以强调，如今，为了可能的改革而专门留出任务时间，这将成为院系持续不断的准则，成为一种定期的做法。如果我们这么做，他们就会申明，我们将不必再次进行这种一应俱全的重新审视，因为会一边开展工作，一边进行重新思量。

开展持续的评估这一理念需要建立采取行动的意愿。学术界的时间往往类似于融化状的萨尔瓦多·达利（Salvador Dalí）[1]所创作的钟表，具有魔幻般的诡谲，经过漫长的争辩，结果却是糟糕的折中办法，只通过一项议题。因此，各项目负责人需要建立活动时间表，向人们保证几个月内的决策以及一年内的初步实施情况。为了提前完成任务，各项目也需要任命一个小型委员会，比方说，该委员会由六名或八名教员以及两名或四名博士生组成（委员会成员的人数应为偶数，以便各位搭档能合作完成特定的任务），他们应得到同行的尊重，应体现各不相同的兴趣与专业知识、性别与种族，以及处于不同的职业生涯阶段。该委员会也可能需要一位外部专家，这位专家要么是熟悉课程体系改革和研究生教育的顾问，要么是精通搭建共识的大学专家。我们还需要向所有成员强调工作规程：由该委员会牵头，各成员开诚布公地开展工作，定期与所有师生进行沟通。

为了确保节约时间，实现正确的目标，现在说说由四个部分组成的简易流程。我们会提出问题：我们知道什么？这一信息意味着什么？我们应当对那层含义做些什么？那看起来会怎样，会有什么样的感受？最佳的创新做法可能会遇到院校在资源乃至空间上的局限，我们会在第四阶段加以处理。此时，对目标和实现目标的最佳方式达成共识是富有创意的过程，我们不准许这种担忧干涉这一过程。

该委员会将考察一系列关切点，比如我们在序言中所列出的那些关切点，但是

---

① 萨尔瓦多·达利（Salvador Dalí，1904—1989）：西班牙超现实主义画家，其作品以探索潜意识的意象著称，代表作有表现幻想境界的《记忆的永恒》等。——译者注

人们必须选中一个（最多两个）作为至关重要的关切点。我们将围绕这个至关重要的关切点，关注并重新审视研究生项目的其他特色。例如，各院系也许决定重点关注研究生的多元化，但那将意味着重新审视招生录取、导学关系和课程体系，以及强调公共学术和教授职位以外的职业选择（相关研究表明，对于那些来自少数群体的研究生，两者都是极为重要的事）。

假设人们在 3 月就宣布启动项目，并成立相应的委员会，那么该委员会应该获得资助，并在暑期展开工作，在 9 月为期两天的静思会中进行反馈报告，而师生代表将在此次静思会中对该委员会的报告和早期的建议展开一系列讨论。换句话说，人们会在暑期采集信息（增加我们所了解的信息），在秋季思考这些信息的含义，执行计划，并遵照那层含义而采取行动。

赢得更高行政管理层的支持，汇聚各方面的资源

在理想的情况下，获得授权的研究生院院长带领整个研究生院开展这项行动，搭建网络，从而确保多学科的研究生项目能够相互借鉴。然而，如果某个研究生项目打算单独开展工作，那么应当妥善使用资源，在确定重点强调的内容之前，应向相关行政管理人员——校长、教务长和院长汇报具体的工作。向这些中高层行政管理人员汇报正在进行的自我检查，期望能有所改进，因为我们知道他们肯定都会对此表示支持。这些领导很有可能会提供适度的资金支持此项工作（例如，为小型委员会牵头开展工作提供暑期津贴），该项目也正需要资金以开展工作。

我们需要向那些关键的中高层行政管理人员汇报此项工作，这也对另一项意图有用处：有助于他们亲自了解博士学位的情况。尤其是教务长可能会通过计算顶尖高校中传统的岗位数来评判各种项目，而教务处可能几乎不了解学术方向的就业市场所发生的变化。持续关注教员们的讨论，即使是借助定期的报告来关注他们的讨论，也能鼓励拓宽行政管理人员的视角，教职工也同样会这么做。

在高校之外，我们还应该向全美国的学科协会（还有其他可能对此感兴趣的美国的组织或基金会）汇报我们所从事的事业。其中有一部分团体有其正在持续进行的改革倡议。美国历史学会、美国现代语言协会、美国艺术与科学院（The American Academy of Arts and Sciences），以及美国国家科学基金会，近期采取了相关举措，汲取了经验教训，这会增加人们正在采集的信息储量。最后，假使后来发现人们在目标上意见一致（例如，强调公共学术，或在非营利机构和营利机构创造实习机会），这些目标也许会对社区造成影响，那么，人们也可以与本地的和区域性的各个组织和相关政府部门负责人沟通，并邀请他们参与进来。

增加信息库

这是工作领导小组面临的第一个重要难题。第一项任务是充分汇聚各方面的知识（放弃各种错误的假设）。众所周知，在任何讨论中，利用先前所了解的情况，这会对讨论的质量产生影响。然而，大多数获得博士学位的研究生，既没有花很多工夫了解本学科的历史，也没有花时间去探索本学科与其他学科的关系，更没有去大体了解美国高等教育历史发展与格局的概况。很多资深教授掌控着院系最大的支配权，他们对当下的现实问题避之甚远。在授予博士学位的高校中，无论是年轻的终身教授，还是资深的终身教授，他们都没有发挥示范引领作用，然而，他们是特殊群体，并不具有代表性。不过，对于他们以及任何其他人而言，现在还来得及去获得更宽广的视角。各研究生项目中的教员无须成为教育专家，但是每位研究生院教职工不妨浏览一下重大议题的历史小结，比如我们在序言中的概述。（当然，由教授和研究生组成的工作领导小组发挥引领作用，应该开展更深入的工作。）对于某些特定领域的博士生教育改革，很多国家级的学科协会已发表了相关文章，或维护更新网站。各委员会成员应当了解与其关系最为密切的内容。然而，正如我们在本书中所描述的情况，大多数主要的挑战涉及多个学科。

这关乎研究生的切身利益！倾听他们的心声！

我们设法忘记旧习惯，进行重新学习，却往往忽略了摆在我们面前的资源。如果我们想知道哪些方面奏效，哪些方面行不通，那就得去请教我们的服务对象。我们需要定期提醒自己，研究生院还是学院，这种做法很值得。

通过先向在校研究生和新入学的研究生，以及部分未能完成博士项目的研究生（这尤其重要）展开调查，教员们会收获良多。他们会发现，实际上人们根本没有对研究生项目的一些方面进行规划，但研究生却在亲身体验这些项目。我们在后面的章节中会提到一个尤其明显的例子，它表明博士生教育中还有值得深入开辟的广阔新天地——研究生们所反馈的各种建议。

研究生比以往任何时候都更加愿意并期望被学校邀请去提供咨询建议。近年来，研究生协会如雨后春笋般应运而生，这是一个原因。集权式研究生协会（委员会或代表大会）已经发展几十年了，不过，这些组织近来有所壮大，找到了一项经过调整的意图：发出统一的呼声，要求改革研究生教育，提档升级，包括优化建议咨询，特别是在心理健康方面，为增进福祉提供更多的资源，拓宽职业发展路径。[5]研究生是变革强有力的支持者，相比于倾听研究生院工作人员的声音，高层的行政管理人员想更多地倾听研究生的呼声。例如，在普渡大学（Purdue University），该校研究生协会与研究生院理事会合作，制定并实施《研究生人权法案》和《导师与研究生协议》，详细载明双方的义务和期许。人们值得花时间了解研究生们希望得到什么。

大约 20 年前，大卫·达姆罗施担任哥伦比亚大学英语系主任，他在任期内将细致周全的学生调查作为范本，取得了不同反响的效果。大卫·达姆罗施和同事们为该系在校研究生设计了一次调查，共有 80 个问题，涉及研究生项目的方方面面，重要的是，涉及他们读研时期的生活情况。这次调查对那些学生的实际处境展示了很多出人意料的发现，达姆罗施说："研究生对变革提供了大量的统计信息，展示了很多思维缜密而富有创意的观点"。[6] 达姆罗施承认："在提供'全额资助'的博士生项目中，研究生仅仅为了收支平衡，每周就要到课外打工挣钱，具体打工几个小时不得而知，他们一般打工 15 小时，往往会花更多的时间打工。"与此同时，"令研究生们普遍感到不满的是无人向他们征询对课程的建议和意见"，达姆罗施对此很惊讶，在 50 名研究生当中，没有一人将此称为极佳，只有 9 人将此描述为差强人意。出人意料的是，该调查也显示令研究生们不满意的地方还有课程设置，以及未能就他们需要的课程征询其意见（不足为奇的是，课程设置几乎完全由教授们的研究兴趣而定。我们将在第六章中更深入地探讨这一问题）。达姆罗施得出结论，研究生们对调查的反馈有助于说服教员和行政管理人员——改革具有重要的意义。[7]

我们将新入学的研究生、未能顺利获得学位的研究生还有在校生囊括其中，从而修改大卫·达姆罗施的调查（达姆罗施希望能修改此调查，却有心无力）。找到校友可能有点费事，一些项目往往没有跟踪其毕业生。不过，在社交媒体的时代，相比过去，事情要容易得多。（我们建议为了跟踪找到校友，在暑假期间向一两名研究生提供资助，请他们调查校友过去 10 年或 15 年的情况，还有调查那些未能顺利获得学位的研究生，因为这些研究生的情况和选择也将证明是有价值的。）我们会进一步附和大卫·达姆罗施所强调的内容，初级教师在制定调查以及整个流程中都发挥主要的作用，"教授们最了解研究生生活的实际情况""教授们了解该领域中的新情况"。最后，达姆罗施表示，教授们"正是我们院系真正的未来"。[8]

先从与雇主沟通开始，营造教员与世界的对话

格兰特强调，在确定目标和策略的过程中，应该邀请机构事务中所有的利益相关者都参与进来。用史蒂芬·约翰逊（Steven Johnson）的话来说，心理学家们表示："同质的团体（在某种程度上，将教员包含其中）往往快速作出决定。他

们早早地选定了最有可能的情景，不质疑假设。"[9] 将研究生纳入此项调查工作很重要，这是其原因所在。不过，就博士生教育而言，15 年前，在"重新想象博士项目"的全美国大会中，正如华盛顿大学研究生院所展示的那样，在探讨研究生院的未来时，也应当包括博士毕业生的消费者——这指的是在学术界以内和以外雇用研究生的用人单位——这个尤为关键的团体。罗纳德·S. 伯特（Ronald S. Burt）表示，人们对创新型的成功做法进行了大量研究，得出以下结论："这不是天才的发明创造，而是富有创造力的进出口贸易"。[10]

如果有可能，在调查实际情况的过程中，工作领导小组应当咨询一批新毕业的博士。这些博士毕业生不仅应当包含教授，（尤其）也要包含来自小规模院校、社区学院、研究型高校和分校，以及非营利性机构、公司、科技领域、中小学和政府部门的雇员。达姆罗施说："就知识而言，从经验出发，即使是在基本的个人层面，我们需要拓展对话的范围。"[11] 在教职工餐厅交谈，这通常被证明是一种友善而开阔眼界的做法，但我们不应仅仅局限于此，还可以召开几场会议，使各位与会者的思路焕然一新，萌生各种各样的观点。各委员会成员可以结对采访这一系列代表，其目标就是让那些最感兴趣的与会者在秋季之前加入。

工作领导小组中的其他成员可以主动联系本校授予博士学位的其他院系。博士生教育结构非常松散（我们认为其过于松散了），各学科各自为政，鉴于此，各种程序大相径庭。这意味着不仅要和相近学科的同事们进行洽谈，也要和相差较大的学科的同事们进行会谈。例如，历史学系也许希望了解本校英语专业项目或政治学项目何以实施项目设计和管理，但更应该了解化学系博士生或生物学系博士生的学业生活。罗纳德·S. 伯特写道："一群人中的世俗之见能为另一群人提供有价值的高见。"[12] 例如，在某些专业中，踽踽独行的学者是其特色，然而，实验室科学是以合作的方式进行的，实验室科学的准则也许可以激发这些专业中富有创意的洞察。

作为最后一项任务，由两人组成的委员会可以利用我们在本书中稍后所简述的案例，以及利用学科研究和高等教育期刊，评估其他大学已经开展的卓有成效的改革。改革如同爬坡过坎，借鉴别人的创新做法来提升自己，这并不是不光彩的事。

提前完成任务

我们此前已经讲过这一点，但有必要再重申一遍。在开始一项工作后，时间先是你的朋友，但逝者如斯夫，时间也会成为你的敌人。人们需要时间来完成这些预备程序，但在整个过程中，不要被任何程序拖后腿。关于改革，相比其他因由，无休无止的争吵会导致更多的消极情绪。为整个过程设立目标，起始时间为夏季，结束时间是来年春季。为此，形成讨论的准则，避免易犯的错误。少说废话，欣然接受这是一个跟踪细节的过程，再一次提醒同事们这个过程有四个组成部分：我们知道什么？那意味着什么？我们应该做些什么？那看起来怎么样，感觉如何？唯有到了最后阶段，在机构资源有限的情况下，才会发现只有一小部分人符合机构资源限制范围里的理想状态。

逆向规划：开创赞同的文化

如今，人们已经初步了解了博士生教育的各种议题；更加敏锐、更加全面地了解了各研究生项目中研究生的实际体验；在不同种类的学术机构和其他社会领域，与博士生的雇主展开对话，会拥有更广阔的视角；从校方以及国家和地区性层面的组织那里获得鼓励和建议，现在，人们愿意对目标开展重要的讨论。

周末，教授们和研究生代表在校外某处静思，在此之前，向所有参与者发出一项重要的挑战，这么做很值得。为了仔细检查我们自身的做法，对我们自身的假设提出质疑，我们必须遵循一道难以执行的指令——设法忘记自认为明白的事情。"认知盲区并未让人们陷入麻烦。让人们胸有成竹的事并非如此。"讲这句话的人真的不是马克·吐温（Mark Twain）①，但是听起来就像是他讲的。列夫·托尔斯泰（Lev Tolstoy）②说过："人们可以向最愚钝的人解释最艰深的课题，如果最愚钝的人还未对此产生任何概念，然而，如果最聪慧的人明确知道眼下的事，那么人们就无法让最聪慧的人明白最简单的事。"[13] 为了变革，我们需要自我怀疑。设计思路的一个关键特性是成为来自另一个星球的访客，尤其是当我们理所当然地选定方向，另一个星球上的人不停地追问："为何一定要往这个方向？"

设法忘记旧习惯尤为重要，因为大部分教授都受到以下两方面因素的激励：一方面，他们对一门学科具有强烈的兴趣；另一方面，他们认为能用谋得的专业知识去改善他人的生活质量。格兰特用"社会利益"这一术语代替"非营利"，这一恰当的描述可用来激励教授们，因为改变博士生教育的路线，使之真正成为以研究生为中心的教育，不仅能使研究生感到更加幸福，也能为公众带来更多的益处。然而，不知为什么，在研究生层面，学术界人士往往因为某种固执己见而抛弃文科或

---

① 马克·吐温（Mark Twain，1835—1910）：美国作家，当过排字工人、密西西比河上的舵手和新闻记者，以语言幽默见长，主要作品有长篇小说《汤姆·索亚历险记》《哈克贝利·费恩历险记》等。——译者注
② 列夫·托尔斯泰（Lev Tolstoy，1828—1910）：俄国作家、思想家，主要作品有长篇小说《战争与和平》《安娜·卡列尼娜》《复活》等，其作品和现实主义创作方法对世界文学有巨大影响。——译者注

社会理想。在改革的初步阶段以及随后的各个阶段，我们需要明确地鼓励开放性，甚至塑造开放性，这种方式能向研究生展示如何依样画葫芦。

尤其当我们回想起之前那个改革的时代，人们倾囊数百万美元，投入了大量时间和精力，成果却还是那么微不足道，就此议题停顿片刻，这么做很值得。克拉克·克尔（Clark Kerr）在其经典之作《大学之用》（*The Uses of the University*）第二版修订本中，将制定规划时人所共知的事描述为"值得注意的是，在如此众多的高校，在教授们所掌控的那些领域中，不是获得了多么大的变化，而是变化多么的微不足道。"虽然克拉克·克尔谈的是总体情况，但是他的这个论断恰当地描述了博士生教育的情况。他还表示："环境的变化越大，体制内的教员越是一成不变。正如历来的情况，在当今时代，这是机构保守主义中最突出的论点。对于人们在乎并可控的方面，能做的改变少之又少。" [14]

达姆罗施将克拉克·克尔的评论应用于博士生项目："担任终身教职的那些教授是当前体制中的主要受益人，在大大小小的诸多方面，他们从指导研究生的工作中受益。"达姆罗施认为，不出所料的是，那些终身教授非常不愿意开展变革，甚至会从中作梗。他们倾心于一种有意的无知，"体制的缺点对不幸的少数人可能意味着什么——事实上有很多人在就读期间辍学或未能找到心仪的工作" [15]，他们对此的意识并不强。诚然，如今，在研究型大学中，那些担任终身教职的教授属于精英中的精英，但他们只占学术界中金字塔顶端的 1%。

学术方向的思维习惯进一步激化了教授们的抵触情绪。教授们不只是经验丰富而带着批判性眼光的读者；我们绝对是带着批判性眼光的读者。我们（本书的两位作者）往往认为自身是这种情况。即使当我们几乎沉湎于对一个论点的赞赏，我们同时也在寻求"是的，只不过……"这种怀疑主义对于学科的持续发展至关重要，会妨碍变革，在这一因素的叠加效应下，尤为如此：人们忧伤地意识到学术界的时运有所走低。格劳乔·马克斯（Groucho Marx）在（1932 年）电影《趾高气扬》（*Horse Feathers*）中扮演一位学院院长，他高唱："不管是什么事，我都表示反对。"在研究生院的教员中，这种消极情绪司空见惯。有时候，那些思考改革的教员和研究生就类似小轿车，不平衡的轮胎带着怀疑的态度驶向了井栏。我们如此害怕发生车祸，以至于我们也许永远停在那里，车子怒吼加速，徒劳无益。 [16]

没有必要总是取得一些进展。学术界是保守的，有一个原因，学术传统的拥护者有充分的理由认为，千百年来，只有很少数量的院所延续至今，其中一种院校就是高校。文科和理科最深层次的价值根植于人类思想漫长的历史中，值得人们视之为永恒之光。不过，在瞬息万变的世界，各种各样的应用方式并非如此。那是风中的烛火。

教授们对变革有抵触情绪，还有一层原因，这与结论有关系。一言以蔽之，学术界人士不知道何以收尾。放眼任何一所高校，人们发现很多停滞不前的做法，摇摇晃晃地进行（有时候整个项目都是如此），少数有奉献精神的拥护者对此予以支持，将所耗费的资源用于更庞大或更贫穷的人口，这么做也许更为理想。我们不善于结束业务。换句话说，一旦我们开始做某件事，之后往往就会将其置于课程的货架上，任由其过了保质期。在规划阶段，这些做法会导致保守主义："这样的话，我们就根本不用开始行动了。"

正是狠抓质量才使美国高等教育获得如此巨大的成功：抓住机遇，在需要时就及时应对，而这种抵制行动会使改革失败。大卫·拉拔瑞（David F. Labaree）在其最近的《美国高等教育史》一书中表示：这种自发性具有开创意义，为我们提供了满满的动力，促使我们能超越那种历史悠久却不堪重负的欧洲模式的高等教育体系。[17] 对于博士生教育，我们眼下的情况是：虽然创新附带风险，但是停在原地也很危险；所以，相较于停在原地，创新的危险就小得多。当我们增强对这些方面的意识时，我们就会破坏自身静态的脾性。相比做某件事，似乎不做某件事的理由总是更多，然而，这些表面现象也许具有欺骗性。我们身处转瞬即逝的环境，在思索应该对此做些什么时，我们应当铭记：一次功成名就能使几次惨败体现出价值。

除了对我们的怀疑论进行质疑，为了正视人们对创新型做法或政策的关切，一种做法是以清楚明了的方式进行阐述。心理学家加里·克莱恩（Gary Klein）为他所说的"事前剖析（pre-mortem）"提出理由。克莱恩要求规划师们："想象已经过了好几个月，他们实施了计划。然而，该计划却未能获得成功。这是他们了解的全部情况；他们需要作出解释，他们认为该计划为什么会失败。"通过这项活动，在实际开展改革之前，被实验者可以"见机制定安排"，或弥补这些缺点。[18]

与教员们一起分担这种对不作为的焦虑也许看起来并不友善，然而，它被看作大家共同面对的问题（大家都承认存在这些问题），这种焦虑可以提高集体意识。各院系若要获得优势，那么采取快速的行动将是其中一种方式。因此，我们的提案相当于学术领域的"婚前协议"：在推行改革的理念之前，就先确立停止日期、维持日期和拓展日期，要有精确的阶段性目标和评估，并与提案形成有机的整体。按照这种方式，大卫·格兰特的任务时间这一观念就可以作为恒定值，它又获得了一项保单的作用——确保能按照规定时间推进具体工作。[19]

我们差不多已经为第一次静修做好准备，但是我们事先敦促所有参与者提前做好相关准备。为了开展普遍的对话，格兰特阐述了这项重要的准备工作：

我们不禁要问：当我们成功地履行使命、完成目标、实施策略，那将会是怎样的景象？我们不禁要问：在我们认为非常重要的某些工作中，是否存在一些会拒绝开展量化评估的环节。我们不禁要问：对于我们需要探讨的事情，我们是不是还没有找到一种讨论的方式？我们不禁要问：在我们机构的事务中，是否有关键的绩效，对绩效进行更加明确的描述会有所助益，因而提高人们的绩效水平？我们不禁要问：在我们的事务中，是不是有至关重要的问题，我们还没有解决这一问题，为了持续地进行讨论和学习，我们需要一种途径。我们不禁要问：我们竭尽全力，又将带来怎样的社会利益？[20]

此前，我们敦促大家邀请各类人群发表意见，加入对话，现在，我们应该以特别谨慎的态度，倾听研究生院教员的声音——只聆听，不评判——因此，这么做能避免人们采取防御性的态度，例如"你别逼我"，或者"我这么做没有错"。

在组织关键的讨论时，格兰特建议以书面形式向参与者提出三个问题，他们将以同样的形式进行答复：

（1）你所在的机构肩负着特别的使命，在未来三五年里，取得成功将会是怎样的景象？（为了取得更好的效果，不妨想象一下，在《高等教育纪事报》或《高等教育内参》的一篇重要报道中，开头几段就描述各研究生项目的成就。你认为应该怎样描述？）

（2）不论你刚刚写的是什么内容，是否能更加确切一点？

（3）如果你还没有这么做，是否能就刚才所写的内容举个例子？

格兰特建议回到第一个问题，问问人们是否可以行稳致远："现在，对于你之前提到的成就，继续拔高层次时，那会是怎样的景象。"他又疾呼，对于这些终极目标，要求参与者进行阐述并举例说明，即使人们需要编排具体的案例。[21] 在这个特别的案例中，各与会者可能会评估我们之前已经提及的博士生教育所面临的挑战。再者，解决一或两个难题将成为最终的目的，大部分剩余的难题作为达成目标的途径，将有所帮助。（那种差异派得上用场，因为在进行逆向规划时，我们会提出疑问，为了实现目标需要付出怎样的代价。）

格兰特把逆向规划称为"有重大影响之评估的必要条件"，"确定对我们而言最重要的事务，为了使我们的事务产生影响，迫使我们聚焦主要价值和我们最高的热望"。最终，逆向规划"改变了我们的行为，它还改变了我们的绩效"。[22] 因此，即使在人们仔细检查当前的项目之前，人们也应当描述这个项目的终极目标是什么。我们建议，最多确定一两个终极目标。随后，明确手头的任务，明显需要做哪些必要的工作才能实现这些目标，定期回顾总结相关工作，从而确保组织最终确定从恰当的环节开启工作。[23] 现在，我们开始第一次静修。

秋季静修

秋季静修为期两天，首先，向讨论小组提出我们刚刚讲过的三个问题，该小组的各位成员都是毕业研究生，他们供职于教授系列内外的一系列岗位。在一个多小时里，他们对三个问题作出回应，然后，工作领导小组代表将汇总他们的反馈，仔细准备一份文档，并将此传阅。各讨论小组成员要回答这一问题，关于文档，他们是否会改变答复，所有参与者都要回答这一问题。

在午餐期间，整个小组参与讨论这些问题。此举可能产生一些混乱，不过，我们认为，在第一次静修时，人们专心致志地倾听每位教员的呼声，这应当是首次静修的一部分。我们要求人们在倾听呼声方面做大量工作，他们有时会不太习惯接受听到的意见。现在，他们有必要开诚布公地提出自己的意见和建议。以下内容是对话示例。

背景： 大学校园之外，某处宽敞明亮的会议室，雄心勃勃的院系召开教师会议
　　与会人员：
（1）系主任
（2）研究生部主任、高级教员
（3）高级教员 A
（4）新近担任终身教职的高级教员 B
（5）初级教员 C
（6）初级教员 D
（7）脾气不太好的、非常资深的、杰出的教师 F

在工作领导小组中，发言人面对 30 名教授和 10 名研究生组成的小组汇报他们暑期工作中的重大发现和成果。接下来是自由讨论环节。

我们重新开始会谈时，发言人传达了阅读小结这一消息，自信地断言："我们的终极目标很简单，我认为大家意见一致。那就是在注重研究的一流高校中，让为数最多的研究生踏上以终身教职为方向的岗位。"

研究生部主任不耐烦地回应："我完全不赞同。""我们所说的'一流'指的是什么？相较于研究，一些研究生更想谋求重于教学的岗位，要是出现这种情况该怎么办？如您所言，在高水平大学里，为数最多的研究生以终身教职为方向，如今，这类人数会很少。"

初级教员 C 补充道："是的。一些研究生在学术界以外就职，情况会好得多。我们为什么不兑现这一点？我们的目标应当是：对于最终谋得称心如意、极为重要一职的研究生，让就业人数最大化，就是这么回事。"

非常资深、杰出但脾气很坏的教员 F 大声叫道："等一等。首先，我们不应该认为自身是雇用机构。我们的目标应该是带给学生一套绝妙的求知体验。对于此外之事，我们无从掌控。"

初级教员 C 回应道："但是，就结果而言，我们可以掌控很多方面。今后，我

们是否让研究生们在我们这样的高校中替代我们？我们几乎总是在这方面失利。不过，对于用途广泛的各种阐释说明和研究，我们可以进行塑造和开发。难道我们不能把最佳的内部做法和人们所渴望的结果联系起来吗？"

系主任对此表示反对："这很不明确。我还想讲几个问题。在项目里的研究生新生中，半数研究生未能顺利毕业，我们应该如何看待这一事实呢？[24] 也许我们的目标不应该设得那么大，应该只期望确保所有研究生能顺利完成学业。"

研究生部主任说："但并非所有人都如此。有些人认为博士生项目不适合他们未来的发展，其他人可能认识到他们情愿在学术界以外从事其他工作。我喜欢这个问题，不过我们也许应该把研究生毕业率的目标设定在75%。"

初级教员D说："我还要补充一个大家都没提到的议题。我正在读一篇研究生教育的评论，此文认为，我们仅仅在纵向深入，却没有在横向拓展，正如李·舒尔曼（Lee Shulman）所说，我们应该'越过T区'，而不只是培养受众面小的专家。'T型人士'有专业背景，他们在此基础上，可以向外发展。我们对此应该怎么做？"

新近担任终身教职的高级教员B很有政治头脑，他补充道："是的。这让我想起我的一个目标，即让我们的研究生项目更具活力地应对社会挑战。我们可以为社会做很多事，现在这个时候，可以想想如何做到这一点。我想突出强调公共学术。"

系主任对此喜忧参半，喜的是此次讨论很有趣，忧的是讨论的内容将不断传播开来。系主任说："对的。我们无法一下子完成所有的事务。我们能否择取一个具体的目标？例如，缩短攻读学位的用时？或改变我们对就业去向的观念？或者让招生录取、课程设置更加多样化？"

高级教员A对这项任务更加起劲，回应道："是的，这对我而言听上去很不错。在我们能解决所有的事情之前，我们需要办成某些事。不过，如果我们选定那一件事，我们将发现，其他几个问题会与此有联系。为了实现我们瞄准的那件事，我们需要解决多重问题。"

新近担任终身教职的高级教员B热情地说道："我同意。我们可能会发现，多样化的就业和公共参与相辅相成，同时聚焦这两方面会使我们吸引更多有色人种的学生。"

"正是这样！"系主任大声说道，"但是我们需要了解我们最在乎哪些方面，各方面的先后次序为何。现在，让我们回到那三个问题。取得成就是怎样的景象？"

参与者基于他们的书面回答进行了对话，结束了一天的工作。[25]

第二天，参与者继续回答另一组由三个问题组成的问题，首先，他们还是以书面形式回答问题。15年前，卡内基基金会"博士生教育创新计划"就提出了这三个问题，导致了过多的冗赘言辞，而项目具体的改进之处则少之又少。然而，此时此刻，会议负责人表示我们心里牢记着昨天所做的应答，能回答以下三类问题：

（1）博士生项目的目标是什么？将研究生培养成学科管家指的是什么？人们所期望的项目成果是什么？

（2）博士生项目各个环节的理论基础和教育目标是什么？人们应该加强并保留哪些环节？人们可以改变或消除哪些环节，使这种做法有用？

（3）何以知晓？在回答那些问题时，哪些事实依据起到帮助的作用？为了确定改革是否对人们想要的结果有用，可以采集哪些事实依据？ [26]

我们认为，这些问题措辞很好。我们只对假设提出质疑，假设以"学科管家"这个词语来表达，即所有研究生将依次成为学科管家型教授，因此，我们建议在第一个问题中删除"将研究生培养成学科管家指的是什么"。即使进行变革，第一个问题会导致在老本行上反反复复，不过，有时候，我们还是需要对熟悉的表演节目进行彩排，从而为新的节目做好准备，这么做很有必要。

会议负责人还可以让对话连续不断地进行下去，变为经过重新措辞的同一个问题："综合考虑我们从领导小组那里所获得的信息以及昨日的讨论，我们如何定义博士生项目的目标？"如果人们的回应导致一些新的意见分歧显露出来，那么欣然接受各种各样的意见，对其在当下共存加以强调，提醒人们，也许有可能按照"两者兼具"来设计，而不是"非此即彼"。要是我们能找到这么做的办法，这符合研究生的利益。

鉴于领导小组对研究生的调查，以及认定其他相关事实，第三个问题也许变得有点多余了。或者，可以换一种说法："我们何以知道我们任何的创新举措是否奏效？"于是，这就进行了前瞻性的思考。不过，正是第二个问题要求人们给予最多的关注，这个问题让院系由重新定义总体的目标转变为如何具体地实现目标。

在随后的几个小时里，可能会出现各种各样的分歧。规划师们告诉我们，不可避免会有一段迷失方向的时期，一切都处于混乱无章状态，然而，这也提供了重定方向的机会。这还为人们提供了一个特别的以崭新的眼光看待问题，也许会改变相关要求，或让人们仔细审视未被提及的习惯。"我们该怎样做博士学位论文？"可能会导致我们重新思考："能用什么替代我们当前强加统一的博士学位论文模式？"

有时，在特定情况下，不妨尝试一下创新，也可能会有新收获："不相信任何习惯"的问题使人不安，这是其之所以有用的原因。先确定各种假设随后对这些假设提出质疑，这些假设要么让人们进行大胆的改革，要么让人们通过采取新措施来统筹安排，并保留有价值的部分。两者都是积极的结果。当人们获得某种程度的共识时，这就能散发出自信，这种自信源于在态度方面的深厚的基础。

第二天结束时，负责人会对一些反馈进行总结，要求参与者写下牵头的委员会接下来应该制订哪些计划。至此，一两个主要目标应该会显露出来，关于终极目标，人们会对项目的各个部分展开讨论。对于工作领导小组，这些目标和讨论将决定其此后几个月的工作。一个代替方法是，把事情分开来，将项目中瞄准变革的那些方面分配给另外的教员三人组，他们不属于领导小组，因而能邀请更多的教员和学生参与。工作领导小组将以书面形式对静修加以总结，包括参与者所做的评估，对于随后的会议，会继续提供翔实的会议记录，引向第二次静修。

在第一次静修和第二次静修之间，教员们会聚集起来，深入讨论项目。（在院系的各次例会中，可以为此预留时间。这种讨论的时段很重要，讨论后不需要进行投票。）也许，更为重要的事情并不那么正式，但在持续性方面更甚——也就是说，教师们在学校走廊上闲聊。院系负责人和工作领导小组成员确实应该接近他们的同事，进行非正式的会谈。他们也可以共进午餐，喝喝咖啡，去办公室拜访相关同事。与此同时，将书面报告提交给院长、教务长，也可以呈送给校长，或面对面向他们汇报工作。这些会议也使人们有机会就可利用的资源提出重要的问题。

更好的突破：第二次静修和此后各阶段的工作

在一天之内，最好在同样的情境中举行第二次静修，以便展示出持续性。各与会人员将考虑工作领导小组所提出的各项建议，其中包括研究生项目中需做修改的部分。在此，我们希望采用逆向规划的方法，并证明这是行动的捷径。我们此前已经建议通过捍卫任务时间来节省时间，那么第二次静修应该能表现出这一点。

例如，让我们想象一下，各院系希望就这一目标对自身提出质疑：在不削弱研究生项目中至关重要的体验（通常与此目标有所冲突）的情况下，还能缩短攻读学位的用时？为了确定重要的事情以及不重要的事情，卡内基基金会"博士生教育创新计划"的第二个问题和第三个问题将发挥有用的作用。教授们可以对优化学位的途径进行头脑风暴，这种优化方式实际上可能增强智识上的体验，提升研究生的职业能力，尤其是因为学术界以内和以外的实际任务需要学生赶在截止时间之前完成。对于力图缩短学位用时的研究生项目，梅隆基金会"研究生教育行动"的报告是一座理念的宝库，包括方方面面的内容，例如，为暑期活动提供财政支持，包含具体执行的活动时间表在内的明确清晰的项目指南，以及包括博士学位论文计划书在内的综合考试。当人们开始逆向规划时，就可能出现此类事情。

变革将为更宏伟的目标提供信息，在确定这种变革时，项目负责人应该强调，计划一定不能成为小题大做的新鲜玩意儿，更不能成为类似于鲁布·戈德堡（Rube Goldberg）[①]笔下的人物发明出来的奇妙的装置，因为令人难以容忍的是各个复杂的部件都要靠彼此才能运转。在此，我们应该采用一个规划方面的新词——"简单的复杂"（simplexity），这表示在应对各项复杂的事务时保持化繁为简。

像一切其他的事情那样，化繁为简是一项复杂的挑战。我们既强调敏捷行动，也建议采取现实主义，需要对人们立即能完成多少事保持明智的预期。主要目标可能要求各研究生项目在若干方面进行变革，人们可以呈现这些变革，仔细关注其对在校研究生所造成的影响。

最重要的是，使人们答应在三年的项目执行过程中开展重大评估，因此，不仅持续地评估相关数据，而且也为所有参与者定期提供定性反馈——这些评估和反馈将帮助人们作出及时的调整。此前，我们写道，没有人能从一开始就知道如何正确地进行评估，但我们的确需要启动评估，因此，人们预计会持续地进行调整，这也许会消除恐惧，鼓励大胆的做法。

即使如此，人们也有可能达到这种程度：在获得资讯而实事求是的条件下，仍然会产生冲突。在这一关键时刻，领导者应当区分妥当的折中办法和不妥的折中办法。不妥的折中办法会削弱创新，使其在力量和行动上的潜能消失殆尽。（例如，在本科生核心要求的谈判中，常常会碰到这种情况。）人们答应持续进行监管，并说："我们会试一试的。"这对妥当的折中办法起到支撑作用。战略规划师一致认为，我们应该在摸索实践中开展工作，而不是夸夸其谈，毫不作为。至少，让人们采取可代替的方法，研究生在选择兑现这种或那种办法时，可以相互比较一下。若采取不妥的折中办法，大家都会感到不满，心灰意冷，耗尽了推动行动的激情。在第二次静修结束后，大家都达成了共识：他们的呼声得到了倾听，他们的建议得到了关注；他们准备好采取行动。

在撰写本书其他相关章节时，我们力图带着一种理解，即在各高等院校的各个学科中，各研究生项目不约而同，都知道什么是最重要的。我们不希望越俎代庖，决定它们的重点事项。不过，我们的书名《新型博士》表明这是对学位教育的目标的重新定义，因此，我们鼓励采取与现状截然不同的方式来开展工作。就像我们在上一章里所做的回顾相关历史，这表明在过去的几年里，职业多样性为每一项美国国家层面的改革行动提供动力，这也标志着迄今为止特定机构所开展的项目为数最多。我们在按惯例和程序做好研究生项目中的各个环节时，即使你所在的研究生项目决定另辟蹊径，每一个研究生项目也都需要思考：为何大部分教授和研究生都认为拓宽职业机会对学位和社会都至关重要？

---

① 鲁布·戈德堡（Rube Goldberg，1883—1970）：美国连环漫画家，创造了一个专门搞复杂发明来做极简单事情的漫画人物布茨教授，其社论性连环漫画《今日和平》曾获普利策奖（1948）。——译者注

3 PART
第三章

职业多样性：
对博士生开展博雅教育

必要性和高尚品德

在杰弗雷·乔叟（Geoffrey Chaucer）[1]所著《圣战骑士》（*A Knight's Tale*）中，高明的雅典国王忒修斯（Theseus）的统治原则是"让正直品行成为必需品"（To maken vertu of necessitee）。人类炽热的情感不可避免地会产生各种小怪癖和冲突。在这个故事里，有两位骑士同时爱上了一位美女，他们为她争执不休——面对这种情况，忒修斯创设了社会礼制（马上比武大会），抑制并解决了具有破坏作用的激情，并恢复竞争者的尊严以及社群的力量。

五十多年来，我们一直训练研究生使出浑身解数去谋求现实中并不存在的工作岗位，使他们坚信教授岗位比其他任何职业岗位都更值得奋斗，然而，现在，我们必须集中关注如何终结这种训练。考虑到这一事实，我们必须完成这样的任务：在学术方向的就业市场之外，我们需要拓宽博士生的职业选择。我们可以从必要性中获得好处，即培养更具社会影响力的博士，确保博士能将更多的专业知识和聪明才智应用到各个社会领域，解决人类所面临的各种难题。我们都明白，学术界在第二次世界大战之后经历了一段短暂的相对繁荣的时期，在此阶段，研究生在象牙塔里像学徒那样接受教授们的训练，准备日后能获得教授系列的工作岗位。然而，这些都是多年前的陈年往事了。如今，我们需要的是：相比于那种老旧的与世隔绝的学徒模式，博士生教育能在社会层面更加灵活多变、更具互动性，博士学位能为博士以及社会带来更多的回报。

当前的各种规则很奇怪，也有点行不通，鉴于此，我们可能力图改善博雅教育的信条。长期以来，各高等院校声称文科和理科的本科生教育具有多种用途，本科生课程体系和要求以获取思考与沟通的品性为基础，为通用的习惯和能力做准备。当前，人们对文科院校提出质疑，相比于享有特权的往昔岁月，需要更明确地帮助研究生们解决就业问题，以此来证明这一论点——尽管就业市场一定会证实这一论点：文科学位既有价值又有用途。在博士生教育层面，我们既需要改写文科的信

---

[1] 杰弗雷·乔叟（Geoffrey Chaucer，1340?—1400）：英国诗人，用伦敦方言创作，使其成为英国的文学语言，代表作《坎特伯雷故事集》反映了14世纪英国社会各阶层的生活面貌，体现了人文主义思想。——译者注

条，也需要解决研究生就业所面临的各种挑战。

长期以来，我们习惯于把博士学位教育看作为教师队伍输入新鲜血液的一种方式，殊不知这是一种谋求狭隘的飞黄腾达的思维方式。这种难懂的职前目标使得失败率蹿升。我们都未能从实际行动和思想情感上面对这一事实，这对很多研究生的生活造成了伤害。美国研究生院理事会主席苏珊娜·奥尔特加（Suzanne Ortega）认为："虽然我们没有超额培养博士，但是我们也许并没有充分发挥博士的作用。"苏珊娜·奥尔特加的高见不仅指出了高等教育所存在的问题，即没有培训博士毕业生去准备探索各种各样的职业，而且还指出了在学术界以外就业的问题——人们也许低估了博士的价值，或者完全漠视博士的价值。[1]

正如我们在本书序言中所探讨的，在文科的信条最需要占上风之处，我们如此这般以折中办法解决问题，其背后有着深厚的历史原因。新型博士呼吁人们建立新目标：不要将博士个个都培养成为教授，而是培养博士去掌握适用范围广的专业技术。这些目标肯定包括学术界和教授职位，也包括其他职业去向：从实业到中小学教育，从媒体到各级政府部门，从非营利机构到科技行业。重新定义博士生教育，不仅旨在培养学者，也旨在培养能在社会各行各业就职的富有创造力的专业人士。那些将接受过的学术训练应用于社会实践之中的研究生对研究生院提出了最佳的论点：杰斐逊式的教育理念认为高等教育能使全社会受益，那么，将这种理念投入社会实践中，就应该以毕业生为导向。

好消息是：相比于五年之前，"要么获得教授职位，要么破产"这一观点"不再像当时那样遭到众人口诛笔伐"。我们快速从"我们凭什么应该这么做"过渡到"我们应该做什么"。如果人们用谷歌搜索"学术界以外"（beyond academia）这个短语，就会搜到全球各地的一系列结果，例如将"连接博士与世界"作为其使命的加州大学伯克利分校（University of California, Berkeley）的研究生组织，倡议行动、机构院所、网站、活动、课程、学者项目、出版物、实习办公室，以及美国和其他地方的奖项。[2]

简而言之，人们不再将职业多样性看作异端邪说。2011 年，人们对该话题进行了重要的宣传，美国历史学会主席安东尼·格拉夫敦和执行主任詹姆斯·格罗斯曼发表了一篇广受关注的文章，这篇文章说，很多历史学专业博士生无法获得终身教职系列的岗位，现在应该停止"假装博士都能获得终身教职序列的岗位"这种做法。他们写道："获得历史学专业的博士学位能使博士谋求各种各样领域里的工作岗位。"他们提出为博士生教育重定方向，不再抱有长期以来占上风的态度，将"奖学金生涯"想象为"以某种方式免除不纯的动机和激烈的竞争"，将那些担任非教授职位的人看作抛弃了正直高尚的生活的人。[3] 一年前，美国研究生院理事会和美国教育考试服务中心发布了一份关于研究生教育未来的报告，敦促"更加重视博士生教育谋求非学术方向的工作岗位的路径"。[4] 2013 年，加拿大研究生院理事会在推荐这份报告时，进行了更为全面的阐述。

在美国，近期的倡议行动重新展现出的兴趣，比如，美国学术团体理事会"公共学者项目"、美国现代语言协会"联通师生项目"和美国历史学会"历史学家职业多样性项目"尤其具有抱负和效果（我们在第一章中已概述过这部分内容，在本章稍后的部分，以及在第十章中对于公共学术的讨论中，我们还将对此进行更加细致的探讨）。2010 年，《高等教育纪事报》对文科研究生教育进行了一组"应该做什么"的调查，在几名受访者中，仅有一人提到了学术界以外的职业。[5] 如今，在任何一场此类论坛中，这个话题都是中心议题。

互联网也在人们转变了所强调的内容的过程中起到辅助作用。在第一章中，我们特意指出，2001 年，美国科学发展协会设立了"我的个人发展规划项目"（myIDP）的网站，这是首创之举，将科学专业与工程学专业的研究生的兴趣与职业机会进行匹配。研究生就业联合体为文科和社会科学研究生设立了类似的网站——"想象博士教育项目"，并于 2017 年发布。（这些研究生就业联合体的存在就是重要的变革标志。）

然而，这并不表示我们已经达成了共识——在美国，各国家层面的组织似乎遥遥领先于所有的研究生项目——或我们已经想出如何为研究生院勾勒轮廓，使其考虑职业多样性的要求。特别是在文科各专业中，依然存在众多的怀疑论者，他们的怀疑论并非总是不合时宜。新型博士的拥护者不仅需要回应我们这些合情合理的关切，而且还需要回应他们那些合情合理的关切。人们深入钻研，全身心地投入钟爱的领域，这是传递其自身价值的探索，在不牺牲这方面探索的情况下，人们能否承认多样性的就业去向？研究的本质一定是非常复杂、专业化的，在不对此进行削弱的情况下，改变了的现实如何能增强专业学科的活力，让学术界发挥更大的社会影响力？人们进行想象的、具有批判性的探寻，这本身就是一种目的，同时，人们也争取在公共领域获得更大的学术影响力，教授们如何能为这一行为辩护？我们如何才能将这种平衡各方关系的活动转换为项目环节中的具体细节？这些关切应当引起人们的重视。

要让博士生教育重新与世界密切结合，这并非易事。（或者反之亦然：历经世世代代，学者们教导公众，将其工作视为神秘深奥而不可接近。第十章是关于公共学术的，我们会在此章里讨论如何解决这一问题。）尽管如此，这种紧密结合必须成为我们的自身挑战。除了人数的问题（为了维持补充教师队伍的狭隘目标，我们将不得不削减 2/3 的博士生），还有历史上的事实：除了第二次世界大战后的那一代人，博士学位存在的理由从来都不是仅仅为了填补教授职位。博士生及其导师一直都对此心知肚明，除了那一代人，博士毕业生可以在学术界以内和以外就职。简单地讲，在越来越需要专业知识的世界里，大幅减少博士生规模就意味着增加专业人才匮乏的风险。

我们作为教育工作者需要采取行动。这关系到学生们的福利。各院系和项目可以自行根据具体的情况来开展工作。出于对总体意图的考虑，我们赞成生物学家克利斯平·泰勒（Crispin Taylor）清楚的表述："在为成功地培养出全新打造的博士生下定义时，将此理解为获得有意义的职位，为职业发展提供合法的机会，不管这一岗位是否碰巧在学术界内。"[6]梅里西·内拉德（Merisi Nerad）调查了毕业后10年在若干领域工作的博士，他写道："博士生项目也许希望在博士生教育过程中集中关注培养各项就业技能和为毕业研究生所提供就业指导，而不是集中关注缩减博士生培养规模。"[7]总而言之，我们强调各个领域的博士必须对外开放。

对于毕业生的调查显示，很多博士候选人刚开始读研时，关于其未来的职业目标，他们所获取的资讯不足，甚至所持有的观念还是因循守旧的。在读研第一年的学习中，他们形成了更加准确的理想抱负——有时候，他们的志向会变得很狭隘，甚至会有不切实际的期望。其他的调查表明，很多人希望能以博士的身份更好地放眼外界。克里斯·戈尔德和蒂莫西·多尔（Timothy Dore）的报告称，超过半数的博士生希望参与社区服务，然而，少于1/5的博士生认为他们所接受的博士生教育为他们提供这方面的训练。[8]梅里西·内拉德和约瑟夫·塞尔尼（Joseph Cerny）所做的《毕业后十年》（Ten Years After）研究包含来自6个专业的毕业生，当被问及如何改善研究生项目时，他们回答道："我们需要加强研究生了解学术界以内和以外瞬息万变的现实世界，更好地准备进入劳动力市场。"[9]那份报告也包括各理科专业，事实上，美国国家科学基金会年复一年地对人们所攻读的博士学位进行了调查，调查显示，在文科和理科所有近期毕业的博士当中，只有不足一半的人在学术界谋得第一份工作。近些年来，这一比例又有所减少。在《毕业后十年》这一调查中，梅里西·内拉德和约瑟夫·塞尔尼研究了6000名博士毕业生的职业路径，这些毕业生来自6个选中的专业。他们发现，对于在非学术方向谋得职业的毕业生，他们的职场满意度很高，甚至高于那些在学术界就职的毕业生。此外，对于那些选择分流退出博士生项目的研究生，或由于某种原因主动退出博士生项目的研究生，绝大部分退学的研究生对攻读博士学位感到满意。内拉德在此次调查中的一篇有关英语系博士生的文章中写道："尽管人们对以学术教员为职业方向的研究生项目有偏见，但在这些受访者当中，在高校行政管理岗位上的非教职人员，以及那些由职业路径引向学术环境以外的人，他们都反馈享有不错的薪资待遇，都挺满意自己的工作。"一位英语专业博士生反馈说，在其就读的英语系中，"有些师生有轻微的精神失常。大家都明白很难谋得以终身教职为方向的岗位"，不过，即使如此，"人们还是会把在学术界之外工作视为失败之举"。然而，对于那些离开学术界的人，约有2/3的人申明，"如果了解目前所掌握的情况"，他们还是会选择攻读博士学位。[10] 2013 年，卡蒂娜·罗杰斯（Katina Rogers）对文科博士生的调查所提供的近期的统计数据也支持这一结论。[11]

人们停顿片刻，反思这一事实，这么做很值得。大多数文科研究生和理科研究生都希望成为教授，当然，情况确实如此——正如这种情况：他们当中的大多数人也确实无法成为教授。一些职业多样性的批评人士认为，教授们不断地培养博士，把他们送到一条通向不幸的窄巷子，这其实是自我服务的借口。除了对历来的观点进行粗略叙述（因为博士几乎总是在学术界以外就职），人们在批评的同时，总是不得不面对"大多数在学术界以外就职的博士很快乐"这样的事实。

我们也不应该忽略那些未能毕业的研究生。文科博士生项目和理科博士生项目的辍学率约为 50%，在这些辍学的研究生当中，大约有半数的研究生在其研究学习的最后阶段退出了项目，放弃了他们正在做的博士学位论文。（我们将在第四章中进一步探讨辍学。）芭芭拉·洛维茨（Barbara Lovitts）是研究生辍学方面首屈一指的学者，她发现，很多未能毕业的研究生退出研究生项目，因为他们意识到其过时无用。她告诫称："研究生对实际的学以致用感兴趣，如果失去他们，那么就意味着人们没有提出在社会层面有实际价值的问题，得到解答的问题少得多。"这是智识方面的短处，也会对职业满意度造成危害。[12]

人们对回答"这有什么用处"这一问题感到困难，这对有色人种的研究生造成很大的影响，他们当中的很多人希望报效所在的社群。如果博士生教育在社会层面更加灵活多变，这对来自少数群体的学生具有不容小觑的吸引力。一项又一项的研究表明，相比那些来自非少数群体的同行和同龄人，在总体上，那些来自少数群体的教员和学生更加强烈地渴望把所学到的知识带到社群。职业多样性也可能缩短攻读学位的用时，如果这让研究生不要墨守其学生身份，从而避免可能看上去毫无希望的学术就业市场，相反，鼓励他们不仅仅考虑那一个目标。

简而言之，我们的教授和行政管理人员需要不再做绝望的担保人。虽然这并不意味着鼓励研究生放弃与学问有关的深造，但是这确实意味着将其他技能和意识有机结合起来，在高校以内和以外，研究生们对此有需求。这意味着让学生更好地理解凭借研究生阶段的训练，把握面向他们的一系列就业机会。

我们更喜欢称其"职业多样性"，这一术语是美国历史学会创造的新词，而不喜欢更古老的术语——"可代替的学术"（alternative academic），因为没有"可代替的"职业这一回事——"职业多样性"同等程度地享有多项就业去向的特权。[如今，凯思琳·弗林特·艾姆（Kathleen Flint Ehm）是美国石溪大学（Stony Brook University）研究、教育与职业发展一体化办公室的负责人，她表示："可代替的"职业就是成为教授。][13] 史黛西·哈特曼曾任美国现代语言协会"联通师生倡议项目"的主管，如今是纽约城市大学（City University of New York）研究生中心"公共实验室项目"主任，她强调："不要对那些故步自封的人采取强制手段。要打破陈规。"[14] 一旦我们这么做，那么"过多的学生参与耗时太久的博士生项目"等问题就有可能会消失不见。研究生会及时地进入大学做好注册工作，因为他们有很多想去的地方。

"职业多样性"这一术语也提醒我们，高等院校对于高层次的思考没有垄断权，社会上大量的岗位为人们带来学识上的兴趣和热情。除非我们能兑现学生所面临的多样性职业路径——不仅仅是不干预还要积极地加以鼓励，我们便没有代表学生行事。我们聚焦获得教授职位的少数人时，我们便在言说自身那自我中心主义的、不可持续的情况，而不是言说他们的情况。

提出错误的问题，得到正确的答案

2001 年，苏珊·巴萨拉和麦吉·德布留斯出版了《你将如何利用博士学位在学术界之外找到工作？》这本指南，该书第一版刚一出版就大获成功，如今已发行第三版。[15] 该书的标题自然而然地吸引了读者的关注。然而，人们也许会问："是否有无从下手的事？"

1998 年，普林斯顿大学的伊莱恩·肖沃尔特（Elaine Showalter）担任美国现代语言协会会长，她积极提倡这一理念，并把这一理念作为其议程的核心：英语专业博士谋求非学术方向的职业。主流思想带领人们退步，向往很久以前拥有全职教授职位的第二次世界大战之后那一代，她的投入几乎没泛起涟漪。很多年后，迈克尔·贝鲁比追忆往事，当时，马克·布凯和威廉·帕纳派克（William Pannapacker）带领美国现代语言协会研究生核心小组，痛斥伊莱恩·肖沃尔特的那个倡议是虚情假意的建议，即在 10 年中，人们接受训练，成为人道主义者，他们突然转换轨道，变成"秘书和电影剧本作家"。[16] 事实证明，伊莱恩·肖沃尔特的那个倡议是有预见性，当然，在想象学术界以外的生活时，从那么有辱人格、有局限性的角度来说，她的那些诋毁者看起来有点胸襟狭隘。

近来，作为一项咨询任务的组成部分，针对那些文科领域最可能具有职业多样性的专业，我们让大约 15 名职业多样性的拥护者进行提名。我们可能估计是出版、公共文科、图书馆经营、新闻和媒体、新媒体和数字人文。不过，这些建议提议也涵盖数据分析、金融服务、中小学教学、课程经营、广告、市场营销、公共关系、城市和文化机构、学术管理。政府机构赫然在列，当然也囊括了医学文科和教授英语的职业。

几年前，在一场由伍德罗·威尔逊基金会赞助的大会上，一家公司的首席执行官表示其可以聘请一名工商管理硕士，然而，该工商管理硕士的专业知识面比较狭窄，他没有那么多年的时间教会他如何写稿，如何展示观点，或实际上如何形成观点，如何使人们对重大的研究计划取得一致的意见，以及如何教导雇员。另一方面，该首席执行官也可以聘用一位博士，博士知道如何完成所有这些事情，并能在几个小时内教会其他员工如何完成某项特定的任务。那么，他为什么不聘用博士毕业生呢？然而，他停顿了一下，接着自问自答："因为从来都没有博士毕业生申请来我们这里工作。"

重点是：博士毕业生的能力适合从事差不多任何形式的、需要缜密思考的职业。我们不需要在博士生项目中设立职业轨道，我们不应该这么做。相反，我们只需要训练博士生具有这一意识：他们掌握一些可变通的技能，以及训练他们如何在一系列就业机会中展现这种技能。

所有专业的博士毕业生都具备这些能力：管理大型项目（想一想博士学位论文）的能力，参与复杂的研究的能力，带着批判的眼光进行富有创意的思考的能力，清楚的口头和书面表达能力，教导他人（在所有工作环境中，这是不变的特点）的能力。这些能力都非比寻常，很受欢迎。一位近期接受我们采访的人员表示："在金融服务业中，当我采访一位潜在的外包客户时，我当然会做定量分析，不过，在质量方面，正是在英语和哲学方面所接受的训练让我具有最深刻的洞见。在公司里，我轻松自如地运用这一文科优势，取得飞速的发展。"

简单地说，有一个难题，这是一种幻想：博士毕业生是否在各种职业中具有价值。如果博士毕业生能学会实现价值，那么他们就具有价值。[17]

当博士毕业生高度重视他们自身的技能，遵照这种意识办事，这将是怎样的情景？那将是多样性的结果，因为博士生自身特别的兴趣会成为他们的向导。第一位博士也许希望在科技公司就职。第二位博士也许想到社区组织工作。第三位博士可能希望在公共学区教授并设计课程，而他的同学可能希望和科学家合作，一起撰写基金项目申请书，传递研究结果。第四位博士可能成为记者。第五位博士可能供职于大学行政管理部门。第六位博士可能希望担任美国国家公园管理局的历史学家。第七位博士可能选择博物馆的工作。第八位博士可能盼望在政府雇员保险公司就职。

每一个项目需要对毕业生的就业去向获取更多的信息，然后从这些信息中进行逆向规划：他们正在进行什么工作？谁来提供培养计划，无论是直接还是间接的形式？对于培养计划的总体理念，而不是对于为狭窄职业路径而设的课程，这些答案会提供咨询。我们将重申：我们认为，博士学位是学术的学位，且应当依然是学术的学位。不过，我们也表示，相比学者可能假定的情况，奖学金的用途更加广泛。

如果项目开始优化对毕业生的跟踪工作，正如斯坦福大学的文科所做的工作，

---

① 艾米莉·狄金森（Emily Dickinson，1830—1886）：美国女诗人，美国现代诗先驱者之一，1858年后开始隐居，留有诗稿1700余首和大量信件，内容均写爱情、死亡与自然美景。
　　——译者注

他们可能会设立网站，记录非学术方向的就业去向。这种资源会鼓舞学生，也许也会改变教员的态度。不过，任何此类信息应当以更具建议性的方式示众，而不是以那么详尽无遗的方式。相反，我们需要教导博士生仿效艾米莉·狄金森①的话语，"生活在各种可能性当中"。

需要完成各项任务的博士所面临的各种挑战

如果有博士打算未来发展成为能在社会上各个领域供职的教师、学者和学科专家，那么他会面临三种困难。在态度、机构和智识这三个方面，都要求进行直接的参与并投入行动。

西蒙·福尔德（Simon Forde）是西密歇根大学（Western Michigan University）中古院所出版部主任和总编辑，在一次中世纪问题专家云集的会议中，他参加了职业多样性的讨论小组，随后，对态度方面的难题进行了清楚的表述。他直截了当地描述这些讨论小组的目的："我们需要抵制这种观点——有人认为那些获得博士学位的博士如果在毕业后没有谋得教授序列岗位的工作，那他们的人生就是彻底失败的。"[18] 另一位中世纪问题专家克里斯蒂娜·马尔克曼（Kristina Markman）也表达了类似的观点。马尔克曼目前担任加州大学圣迭戈分校瑞弗尔学院（Revelle College）文科项目助理主任。之前，她在加州大学攻读博士学位时，曾同时参与大学和中小学的课程开发工作，也负责协调学校公共历史倡议。马尔克曼在美国历史学会职业多样性的一篇博文中写道："学生们似乎认为，组合各作品集从而谋求获得学术岗位是一项崇高的任务，而为获得非学术方向的就业岗位而做准备就是降低身份的投机行为，是靠出卖灵魂来增强适于雇用能力的行为。"[19] 在一次采访中，她补充道，"有人说，在研究生项目中，那些不想成为教授的人从想成为教授的那些人手中'抢走了职位'"，这种看法普遍与引进师资的做法存在分歧，这实际上使那些只想成为教授的人获得了特权。同样地，这也与现实存在分歧，那些只有这一种渴望的研究生就会感到失望。马尔克曼接着说道："如果没有和其他研究生一起找到安稳的职位，这确实会使自己离群。那些希望考虑其他职业的研究生不会主动透露这一点"。[20]

在教师办公室、学生休息室，还有人们经常去接水喝的饮水机附近，人们原本应该找机会进行谈话或闲聊，现在却都沉默着。马尔克曼用壁橱这一专门词汇来形容选择适合自己性格的职业，"当某人的秘密被揭开时，他冒着受到批评乃至排斥的风险"。[21]

虽然那些教授有意识地接受博士学位应该谋求各种各样的职业，但是那些很古老的假设导致他们秉持古老的偏见，轻率地对此进行弘扬。10 年前，卡内基基金会"博士生教育创新计划"出版的一本书籍里面含几篇勉励性的文章，内容诸如"我们需要思考如何开发博士生项目，以行之有效的方式让博士生今后尽可能拥有更多的、不同的职业轨道"。文章的作者进一步表示，流行的观点是博士生今后会从事学术界的职业，此外其他方面都居于第二位。对于收录克利斯平·泰勒的文章的这一册出版物，其副标题是《培养未来的学科管家》，而在这一整套书籍中，其他几册书的名称分别为《学者养成》和《通向教授职位之路》。[22]

文科和理科研究生项目的课程围绕着今后让所有的学生成为研究型大学的教授，这当然有问题，因为这些岗位的数量不多。不过，研究生阶段的训练使研究生相信这些岗位是唯一值得拥有的岗位，其他岗位是背叛、堕落和失败。当然，对于这些内容，我们不会在讲台上照本宣科；相反，我们通过与学生交往，让他们加入研究生项目来和他们进行沟通。通过向他们展示我们所重视的内容，我们教导他们应当重视什么。并不仅仅是研究生院让学生今后的职业路径过于狭隘，正是我们教导他们除了教授职位别无他求。

让我们用粗体来表述：对于我们教导研究生想得到的东西，我们明知那只能为很少数的人所拥有。**那意味着我们在教导他们不快乐。**导师对研究生这么做，这真是糟糕透顶的事，但文理研究生院已将此制度化。最重要的是，这是我们必须改变的地方。

研究生导师需要明确地支持非学术方向的职业，这是我们能对研究生职业多样性所说的重要的事情。虽然正在发生这种改变，但这是渐进的、一步一步地变化，几代学生继续因没有必要的失败感而受苦，而社会因浪费人力资本而受苦。克利斯平·泰勒建议参考其所绘制的树状图[①]。树干上的梯级表示从本科到博士后的学术成就。（别忘了泰勒是一位科学家，他认为博士后等于博士生教育的最后阶段。）右边的枝干表示每一梯级所能得到的学术岗位。"左边的树干表示其他行业部门，例如工业部门、法律部门、新闻部门、政治部门和政府部门，这些部门按照与梯级相关的方式类似排列。"他发现"显而易见，左边的枝干比右边的枝干多得多"[23]。这张树状图使那些怀疑论者清楚地看见要点。

但是，教员（毕竟他们是专业的学习者）自身需要学习了解这些议题，克利斯平·泰勒所提供的树状图只是其中一例。更大的要点依然最重要：我们当中那些一辈子在高校工作的教授也无法为那些想在学术界以外谋求工作岗位的学生提供专业的建议，不过，我们不必自己来做这件事。我们可以也应该邀请校内外专业人士参与，他们具备更多的知识，能胜任此项工作。当我们这么做时，便打破了沉默，要知道沉默就暗含着不赞成。

在关于改革的相关文献中，人们常常忘记所面对的在态度上的挑战的另一个方

---

① 原图泰勒未提供。——译者注

面，即说服商业、政府、媒体、科技和中小学等用人单位认可博士毕业生具有的价值。首席执行官也许已经对此有所了解，但人力资源部员工可能并不理解这一点。改革者总是假想，他们唯一的难题是说服那些公司员工：博士毕业生不只是能进入教授系列岗位工作，攻读博士学位阶段的研习对非学术方向的环境也具有价值，不过，对于在这些情境中供职的人，人们也必须常常使其信服这一点。人们需要向世界证明其合理性。在说服工作的初期阶段，人们往往需要找到中层经理，而不是首席执行官，因为中层经理在雇用决策上的责任更大，他们比人力资源部（通常其任务是拒绝雇用某人，而不是同意雇用某人）更能意识到博士生的潜力。[24] 校友们建立的人际网络能比抽象的谈论办成更多的事，这是很多情况中的一种。通过实例向人力资源部官员或管理层负责人展示学业有成的博士毕业生在单位里工作的优秀案例，而不是口头告诉他们。

机构方面的难题有两部分，它们都鼓励人们采取更为切实的举措，而非仅仅说服教员或雇主去质疑他们此前的态度。第一部分的难题是，教授们对学术界以外的世界知之甚少，这一事实要求人们建立新的制度关联。从现实的角度来看，我们不能指望所有的研究生导师花费大量的时间成为关于就业的全方位专家——这并不是他们所想象的在拥有博士生项目的大学里工作的职责。相反，（如果还没有设立研究生部的）高校就业办公室就需要设立研究生部，研究生代表应该与各个方面的研究生导师以及学生定期会面。（在第七章中，我们将展开讨论导师指导研究生的详情。）杜克大学"多才多艺的人文学者项目"最初由美国国家人文基金会（National Endowment for the Humanities）"培养下一代分基金项目"资助，来自院系以外的职业导师提供一对一的就业咨询，还召开小组建议午餐会，发布职业时事通讯周报，以及开设网址为 VH@Duke 的博客。在最初的两年时间里，超过 160 名研究生充分利用了学校为他们提供的"一对一的就业咨询"服务。[25]

研究生院的校友，除了是多才多艺的博士的榜样，应该从募捐活动有所延伸，能提供更多的机会。因为实习活动在为学生准备各种各样的职业机会方面具有很大的潜能，所以各研究生项目应该与大学的校友关系办公室建立良好的合作关系，共同创造更多的实习机会。在这方面，杜克大学发挥了很好的榜样作用，博士生导师和整个项目汇编了在学术界以外供职的逾 60 名文科博士校友的信息，并通过电话采访了其中 20 名博士校友，还制作了包含校友简介概况的通讯录。

这些新设立的校内联系至关重要，因为能让教员们放心，他们的责任没有成倍地增加，只需要完成他们当前的各项工作任务。即便如此，此项新构建的沟通工作要求一位系领导积极开展协调工作。在大多数院系和项目中，只有少数有经验的教员才有资格牵头开展这些行动——他们是开始建立联络工作的合适人选。各院系需要为联络人支付酬金，减少其他工作职责，从而支持此项联络工作。然而，这种做法一举两得：既降低了成本，又提高了收益。

人们也可以用直接的方式，更迅速地处理机构性难题的第二个方面。这更为重要。就高管人员对职业多样性倡议的义务，美国现代语言协会前任会长迈克尔·贝鲁比公开表示质疑，特别是"院长和教务长是否会尊重并认可那些职业，他们依然可能通过就业率来评估人文学科研究生项目的好坏情况"，这些就业岗位只意味着教授系列的工作岗位。他建议，欣然接受职业多样性也许会在今后的资助方面冒风险。[26]

社会学科和实验室科学等专业也存在类似于迈克尔·贝鲁比所担忧的那些问题。然而，虽然他担忧这些问题，但是我们大家还是不能等待彼此恍然大悟。就各学科所面临的各项议题，各研究生项目负责人有责任向院长、教务长和校长汇报相关工作情况。事实上，行政管理人员依靠他们来完成此项工作。优秀的行政管理人员都乐于看见这种讨论，如今，关于职业多样性的参考书目（也包括本书）汗牛充栋。在美国，很多国家层面的学科组织积极提供支持；还有居于领先地位的学术慈善机构，如梅隆基金会，也积极提供支持。以上这些都为人们提供了相关信息。因此，我们需要确保行政管理人员全程参与重新考量的过程，而不仅仅是事先参与或事后介入。

如果这一倡议看起来使人气馁，那么我们要求教授们牢记大部分行政管理人员负有筹集资金的责任，人们应当提醒他们，很多在学术界以外供职的毕业生也许会成为潜在的、重要的捐款人，或者他们可能为重要的捐款人牵线搭桥。说得更确切些，通过强烈要求重新考虑研究生项目的各项目标，使高校的发言人以及所在院系有机会成为新理念的思想领航者。

迄今为止，最令人气馁却也是最有趣的难题是智识上的难题和教育上的难题。职业多样性的博士学位会使人对课程体系、学科一体化、学生技能集合等诸多方面产生担忧。在这些担忧中，很多都是有事实根据的。毕业生所面临的就业现实已经改变，研究的本质通常是非常复杂的、高度专业化的，在不对此进行削弱的情况下，如何能增强专业学科的生命，让学术界拥有更大的社会影响力？人们进行想象的、具有批判性的探寻，这本身就是一种目的，同时，人们也争取在公共领域获得更大的学术影响力，教授们如何能为这一行为辩护？研究生们扩大了就业去向的范围，也愿意在中小学教育、数据分析、出版等领域谋求工作，那么人们如何能有机地将此结合起来并仍使这一批研究生今后成为学术方面的专业人士？攻读学位的用时过长（我们将在其他章节更为详尽地考虑这一问题），这已是一个严重的问题，那么在不成倍增加必修课和经历的情况下，我们如何才能做到这一点？博士生教育的与众不同之处是博士生潜心研究所在的学科，那么这些改变是否会对此造成限制，降低博士生的水平？简而言之，在不牺牲学术深度的情况下，我们能否实现学术广度？

为了应对那个挑战，我们需要具体细节，这也是下面这一部分的主题。

践行职业多样性

　　教授们必须指导研究生了解所在学科的内容与方法，这是研究生院所规定的导师的职责。然而，我们需要用与学生所面临的实际生活中会面对的就业去向相协调的方式做到这一点。我们就职业多样性采访了一位教育负责人，他称数字分析是"对不害怕数字的人文学者和社会科学家是一种阐释，这应当是自然而然的"。不过，人文学者若考虑数据分析的岗位，一点儿也不"自然"，因为研究生院教导他们：这些职位至多居于第二位。当然，我们的观点不是人文学者皆应成为数据分析师，而是他们应当知道如果他们愿意，就能成为数据分析师。我们不仅需要教导研究生其选择的范围，而且需要教导他们如何对自己作出的选择感到满意。本章的一个目标就是展示我们——教员、行政管理人员和研究生——如何做到这一点。

　　毋庸置疑，如何才能把培养研究生成为教授与培养研究生从事其他种类的工作有机结合起来，这是一个大难题。不过，两者并非真的那么互不相连。几年前，美国历史学会在制定关于职业多样性的提案时，重访了 12 名历史学系毕业生。十几年前，伍德罗·威尔逊基金会赞助了一项颇具远见的项目，该项目曾向研究生提供开展非学术方向实习活动的暑期津贴。入选该项目的所有研究生都在事业上飞黄腾达。也许，令人惊讶的是，他们当中有 2/3 的人成了教授，这些教授和其他人一致认为：他们之所以能取得职业上的成功，与他们准备成为教授的职业路径以外的暑期实习是密不可分的。这是双向流动。正如学术界以外的人们看待研究的专业知识并进行实际操作时，会加以珍视，校外单位的习惯也是如此，校外工作让人们拓宽视野，深入拓展了学术界人士的研究工作。每位研究生应该对自己所接受的教育和事业负责，从非学术类单位获取经验，如何有力地补充从课堂、图书馆和实验室中汲取的教训，对这方面的了解将会使其有良好的表现。

　　一些评论员针对职业多样性提出了"双轨博士生项目"这一理念：一条轨道是朝向学者发展的道路，另一条轨道是向其他职业发展的道路。[27] 我们无须设立具体的、学术界以外的职业轨道，因为如果我们这么做，那只能为自己和学生帮倒忙。相反，研究生项目只需要教导学生，使其认为自己具备适用于各个方面的能力，对于和职业选择相关的重点突出任务进行管理，用简洁的语言描述复杂的观点（这毕竟是优秀教学的一项基本的美德）。更为具体的是，美国历史学会采访了在学术界以内和以外供职的毕业生，总结出了不论博士毕业后在哪里工作，都应当具备的五种必需的技能：沟通能力、合作能力、量的素养、智识自信和基本的数字素养。[28] 这对于务实的文科院系、研究生部是合理的建议，也适用于高校内外的工作单位。

　　难道真是这样吗？攻读学位的用时已经很长，在不延长时间的情况下，如何添加这些项目元素？我们在此考虑各种选项，要求它们在时间方面不会产生巨大的差异。

当前，我们在各高校中发现很多实例。例如，科罗拉多大学博尔德分校人文学科中心开展的一个为文科博士生安排校外实习活动项目。这一项目获得了巨大的成功，如今，已推广到文科以外的领域。加州大学欧文分校（University of California, Irvine）化学系开设了产业招聘项目，动员各公司对博士生进行岗位面试，并为研究员津贴和研讨会提供赞助。在更加通常的情境中，加州大学欧文分校开设了"职业专题讨论系列"课程，包括将简历转变为以一页纸简述个人情况的摘要，开发教学方面的作品集，全面了解就业中心的资源。在亚利桑那州立大学（Arizona State University），学生可以与学富五车的教授会面，参加为制定职业目标而开设的"PFx 工作坊"，这一行动已经转变为一门两学分的课程——"培养未来的教员和学者"，要从广博的角度理解"学者"这个专业术语，就要明白"学者"并不是"教授"的同义词。这一课程帮助学生学会与学术界以外的受众就其研究进行沟通，既投入时间探索学术方向的各条路径，也投入时间探索非学术方向的各条路径。学生们创建数字作品集，记录研究水平，通过采访获得信息。总之，该项目"积极营造一种生态，乐见丰富多彩的真人体验，并加以重视"。在加州大学洛杉矶分校（UCLA），一门研讨课是关于"历史学的多项职业"，让学生探索各种各样的职业路径，有"以项目为基础的实际操作的学习内容"，聚焦美国历史学会五项技能中的三项：沟通能力（以不同的形式与各类受众沟通）、合作能力（学生们以团队形式开展合作）和智识自信（学生们对自己在关键领域所取得的进步进行自我评估。）[29]

在密歇根大学，英语系主任大卫·波特和美国现代语言协会的史黛西·哈特曼共同讲授一门两学分的课程，这门课程也力图"为学生赋能，使其在校内和校外，以更加主动而全面的方式规划自身的职业路径"。2018 年春季，密歇根大学开设了《专业性文科职业课程》，该课程会布置一些不同寻常的作业，例如：

- 在至少两个社会领域中，为营利机构和非营利机构撰写机构简要概述；
- 对那些不在学院或大学授课的文科博士生进行三个半小时的采访，获得相关信息并整理成文；
- 在至少两个不同的领域中，对于可能感兴趣的、非学术方向的职位，确定三个现有的工作机会，展示专业性人文学者可能采用的申请方法；
- 针对其中一个职位，准备好求职信和个人简历；
- 创作博士学位论文声明，"这是两至三页的摘要，采用非学术类受众易懂的、富有吸引力的术语，介绍所受的训练和专业知识，描述其独一无二、与众不同之处"，"该声明围绕三至五个宏大的问题，貌似真的与非学术类组织所感兴趣的问题产生共鸣"。[30]

这门课程在初期阶段取得了成就，因为对于课程的内容做到实事求是，波特还打算继续讲授这门课程。伍德罗·威尔逊基金会为学术界以外的实习机会提供赞助，正如那些从中受益的历史学家，不只是在学术界外谋取职业的那些人，对于打算以担任教授为职业生涯的学生，也修读了波特和哈特曼的这门课程，并予以重视。埃默里大学（Emory University）的人文学者以同样的态度开发了公共文科的研讨课这一科目，并于 2020 年推出这门课程。该课程向文科专业的学生开放，将阅读和讨论两方面合为一体，每位学生都有不同的实习机会，市民和大学师生与文化组织之间有合作伙伴关系，组织各类活动，实习机会是事先从中遴选出来的。[原文注：尽管 2019 年新冠疫情打乱了这些实习活动，英语系主任本杰明·雷斯（Benjamin Reiss）报告说学生们和用人单位发现能采用新方式来突破这些限制，尽管是首次采用这些课程，事实证明其大获成功。引自即将出版的《美国文学》（American Literature）中，本杰明·雷斯的"公共人文 VS 社会距离"（Public Humanities versus Social Distancing）。感谢本杰明·雷斯教授提前把书稿邮寄给我们拜读。该研讨会由本杰明·雷斯教授和西班牙语和葡萄牙语系主任凯伦·斯托利（Karen Stolley）共同主持。历史学系研究生部主任托马斯·罗杰斯（Thomas Rogers）也为规划此次研讨会发挥了关键作用。]

在为研究生创造两者融合的机遇时，越来越多的高校也变得愈加积极主动，在此方面，尤其值得一提的是杜克大学，该校促进职业多样性的计划成熟完善，具有持久性。在前面的部分中，我们特别提到了"多才多艺的人文学者项目"（Versatile Humanists@ Duke），该项目为考虑多样性职业的学生们提供了一系列咨询的机会，也以一项倡议行动为特色，每年，几名学生要么为事先安排的主办伙伴担任实习生，要么在自己找到的地方实习。对于院系中的新做法，该倡议也提供资金，比如哲学系关于数字出版的研讨课。一个相关的项目名为"巴斯联通项目"（Bass Connections），由捐助者斥资，研究生、教员和本科生组成跨学科的研究团队，展开合作。

杜克大学也开设了博士生暑期夏令营，这是为期两周的短期课程项目，不仅有助于研究生进行论文研究和创新型授课的准备工作，也有助于他们为领导才能和参与公共事务做准备。杜克大学的教授和在职的专业人士带头讲授课程，暑期开设 16 门课程。该课程体系包括"如何建立应用程序""如何创立公司并扩大公司规模""如何与团队更有效地合作""如何更有效地在科学方面进行沟通和交流"等课程。每门课程每天的课时为 3 小时，为期 5 天，因此，在春季学期刚结束时，研究生可以在两周内修读 4 门课。我们在这里并不是为杜克大学做广告（如果其他人或许可以从中受益，那么做些广告并无大碍），而是建议在不延长学位用时的情况下，各高校如何想方设法为研究生提供大量的创业经历。

这些正式的职业多样性课程让学习者接受教育，但更重要的是，这些课程表达了文科的观念体系，即博士生的培养目标不只是准备补充教授序列的工作岗位候选人这个单一的目标。这些课程也没有延长获得学位的用时。事实上，如果研究生明白他们有理想的可代替的选择，而不用寻求在学校里的工作，那么这些课程可能缩短研究生获得学位的用时。

实习机会

这些课程包括亲身实践，说明实习机会对如今的研究生很重要。很长时间以来，我们提出假设——研究生应该开展授课活动，毋庸置疑，这是研究生教育的重要组成部分。然而，为什么研究生只能开展授课活动？对于一些人而言，实习机会也许更有价值——也许能够让学生将其授课技巧应用于不同的情境之中。印第安纳大学与普渡大学印第安纳波里斯联合分校（Indiana University-Purdue University Indianapolis，IUPUI）的美国研究项目"拉近了学术界与周围世界的距离"，使实习机会成为"研究生项目最引人注意的环节"，使其"代替助教能发挥的作用"。研究生的实习工作为其论文研究提供信息，形成"你中有我，我中有你"的关系，在项目的学术层面，用人单位和教员在课程设计和技能上开展广泛的合作。[31]

研究生可以在印第安纳大学与普渡大学印第安纳波里斯联合分校谋求获得其中一部分（尽管不是大部分）实习活动，也能在其他高校获得一些实习机会。每一所学院或大学都是一个小社会，很多内设部门（学生关系部、发展部、对外合作部、出版社和招生办公室）也提供实习岗位。研究生在读研期间，在一两个学期中可以获得类似于教职工标准的酬金，而不是获得助教标准的酬金。在我们撰写本书时，为数不多的其他研究生项目鼓励研究生用助教经历代替实习经历，特别是在美国的州立大学，这种替代更具有挑战性，严格固定的预算结构使这种非传统的转岗变得难上加难。然而，如果研究生到校外开展带薪实习，那么用实习经历替代课程就不会影响研究生的收入。

从更广的角度看，实习经历也表明，研究生在毕业后能谋求各种职业机会，博士也可以在学术研究的同时开展授课，或把握机会担任学校行政管理领导职务，那么，这也是一份蛮有成就感的工作。对于那些希望在学术社群生活的研究生，他们也可以这么做，通常也能获得较高的薪水，在发展部、出版部、招生办、对外合作部或校长办公室等行政管理部门从事非教授系列的工作。很多博士生选择担任行政管理人员，而不是年复一年地面对萎缩的学术就业市场。

　　然而，各研究生项目在创造实习机会时，不应该将目光局限于校内各部门，因为整体的理念应当将学术界与一系列社会领域连通起来。依我们看，各研究生项目应该鼓励研究生寻求在商业领域里的实习机会。许多人文学者尤其不信任营利机构所做的工作，不过我们建议清楚地展示出来，从而使研究生能自主选择。例如，在（非营利性机构）美国公共广播公司（PBS）工作和在美国历史频道（History Channel）工作相比，两者真的有很大的区别吗？

　　一些改革者开始认为，实地探访工作场所比实习机会更为高效，这会占用一整个学期或暑期的时间。克里斯·戈尔德是斯坦福大学顾问，她对职业多样性最有发言权，具有带头引领的作用，我们同意她的观点，即这两种做法都能有所帮助，形成互补。她赞扬实地探访工作场所——将研究生带到工作场所比校园里的讨论小组更好，讨论小组的特色是博士生有学术界以外的职业（将工作场所带至学生所在之处）。她说："实地探访工作场所就像野生动物游猎，校园里的讨论小组就像参观动物园。""实地探访工作场所让学生可以想象这种职业生涯是什么样的。"不过，戈尔德也支持增加实习机会："让研究生获得真实的工作体验，实地探访工作场所是开胃小菜，而实习机会则是主菜。"我们可以延伸戈尔德的这个暗喻，我们补充建议：重要的是，各方全面规划，设定清楚的期望，确保学生、项目和实习的主办方都明白工作将充实他们的学习和生活，帮助他们不断进步。

案例：　你希望启动实习生项目吗？

　　我们希望：如今，你相信实习会对博士项目有所帮助。也许你已经决定在你所在的校园里启动实习项目。正如任何拥有运营经验的人都知道，实习项目涉及大量的细节。

　　为使读者们能平稳地从意图转到现实之中，我们在此提供一个案例：爱荷华大学为公共商品提供服务的文科实习项目。作为该项目的一部分，爱荷华大学研究生院和梅隆基金会共同提供资金，爱荷华大学奥伯曼高等研究中心（Obermann Center for Advanced Studies）从 2019 年起，就向文科和人文社科的博士生提供实习机会。

　　当前，该项目每年确定 9 名实习生（公共产品研究人员）。实习期为两个月，酬金为 5000 美元。（大多数学生计划利用暑期实习，要知道在暑期获得资助实属不易。）该项目也为每个接受实习生的工作场所支付 3000 美元的费用。

　　人们平稳地启动这一倡议行动：实习生和合作伙伴称他们都获得了丰富而值得的体验。实习生们特别反馈实习活动开拓了他们的职业视野。

　　我们意识到，爱荷华大学之所以能在这方面取得成功，主要得益于以下五个方面。在此，我们逐一对其进行考察。

（一）精心设计、仔细筹备

当爱荷华大学获得资助启动研究生实习项目后，该校奥伯曼高等研究中心主任特蕾莎·曼格姆（Teresa Mangum）首先力图打下坚实的基础。她意识到："我们需要与设计伙伴们开展密切的互动，设计并开展内涵丰富的、协作完成的实习活动。"这项筹备工作至关重要。卡蒂娜·罗杰斯建议，如果要使实习机会"相互有益，就需要在各大学的研究生项目、公司或社区的非营利机构之间建立强大而清楚的合作伙伴关系；聘用经验有限的新员工会给机构带来压力"，人们承认机构雇用实习生既需要付出，也会有回报，认识到这一点很重要。那些合作伙伴关系联系需要提前规划。

特蕾莎·曼格姆主任和该中心副主任詹妮弗·纽（Jennifer New）决定保持这种做法，将注意力集中于当地方圆 30 英里内的合作伙伴。詹妮弗·纽确定了潜在的合作伙伴机构。曼格姆称，她积极寻求将"在文科、平等与包容、教育和/或可持续性的基础上构建使命"。（玛丽亚·拉摩纳卡·维斯登是杜克大学文科研究生指导和文科项目主任，也是杜克大学研究生院实习项目协调人，她的践行方式有所变化，她建议，对于确定想去何处实习这一过程，研究生参与其中，可能获得职业发展的经历。）

在每一处工作场所，詹妮弗·纽和主办方会面，"探讨为公共商品提供服务的文科实习项目的各个目标，各项目对学生的期望，以及我们希望工作场所能为学生带去什么，从学生那里获得什么"。主办机构起草文书，明确载明需要实习生们开展哪些具体的工作。特蕾莎·曼格姆和詹妮弗·纽密切关注他们提出的观点，并与他们合作。曼格姆称："为了创造经验，让实习生沉浸在文化、工作流程和理智的习惯中，这些是每一处工作场所取得成功所要求的方面。"

（二）学生和项目主任持续的反思

（三）团队意识

我们结合第二个方面和第三个方面一起考虑，因为在实践中，第二个方面和第三个方面紧密关联。曼格姆和詹妮弗·纽设法在实习生群体中建立团队精神。在两个月的工作中，一群实习生进行几次会面，探讨他们的经历。同时，他们也保持线上对话，有时候是受到曼格姆和詹妮弗·纽的鼓励，有时候是受到彼此的鼓励。曼格姆表示："在学生的工作中进行持续的反思至关重要，他们历经激动、愤怒、恐惧（由于时间变得不够，计划有所扩大），获得洞见，最后是无比的感激与自豪。"那种反思促使我们不断扩大实习活动范围。

（四）拓展活动

反思的过程一直延伸，贯穿学生的期末作业。扩大的公共活动范围形式多样：记录工作的短视频，就他们从院系的实事通讯和网站中所获得的信息，完成简要的书面报告。曼格姆表示："我们也要求他们在各类公共活动中代表我们发出声音。"

这一切听上去像一门课程——这应该是一门课程。这引出了对项目的成功及日后发展最后一项重要的元素。

（五）坚定集中开展教育

曼格姆表示："我们认为实习是一段教育经历。"我们对一门课程进行仔细的设计，对于所期望的学习成果，我们予以关注，就实习本身而论，这同样要求我们进行仔细的设计，并对修习成果予以重视。"这项重点任务早早地产生影响：最初，曼格姆和詹妮弗·纽寻找机构，建立合作伙伴关系，对于她们设法找到的工作场所，她们知道职员会成为有天赋的导师。当一群人准备就绪时，她们为新成员介绍情况，帮助学生明确他们希望学习的内容以及他们将探索的问题，将其研究生阶段的任务和实习经历有机结合起来。

曼格姆主任也请他们的伙伴"将自己看作联合授课的老师"。那种在教育上的合作伙伴关系具有明显的针对性，对于聘用实习生的社区机构，不仅能培养其与大学的关系，而且让学生有戮力同心的体验。

曼格姆主任计划今后继续大力关注实习活动中各个教育环节。曼格姆表示："学生们强烈要求推出更多的既提供资金资助又授予课程学分的为期一年的实习活动。"不过，今后，他们的目标是以实习机会代替研究生授课，"为期一年的职业助理意味着和授课助理或研究助理享有同等的资金支持和福利待遇"。

师生们都向这一目标努力。英语系五年级博士生保罗·施密特（Paul Schmitt）认为项目的结构（包括例会和以书面形式进行反思）使其察看"参与公共事务的奖学金可能是怎样的"。他自己"仔细考虑职业多样性、研究的状况及其对于学术界以外的可及性，搭建社群，有意义的工作之组成部分等个人问题"。施密特的研究围绕对环境的关切，参与当地社区的防洪工作。工作包含以数字手段绘制地图，挨家挨户地了解民意等不同的方面。詹妮弗·纽指导博士生保罗·施密特开展具体的工作，她说，施密特所在站点的导师"有能力与各个层面的社区成员会面，收集情况"，施密特对此表示钦佩；施密特有能力展示人们所收集的内容，并以连贯的方式进行讲述，引人入胜，她对此赞叹不已。这些过程中，施密特"意识到他很享受在社区的工作，与社区共事——或是博士毕业几年后，重新习得相关内容"。他希望继续参与公共事务。

安德鲁·博格（Andrew Boge）是传播学研究系二年级学生，在爱荷华州非裔美国人博物馆担任实习生，其工作内容是草拟教育计划。詹妮弗·纽表示："针对小学生的博物馆地下铁路项目为时甚久，也希望有一项面向高中生的项目。"博格展开研究，就"种族教育的道德体系"为博物馆撰写报告。他表示，对于博物馆而言，他的报告，"是在教育方面实际操作的文档"，对于教职工，"为其教学工作提供信息"。他起草了几项教育计划。他最喜欢的是"让学生置身于从经验出发的学习场景中"，以最初的资源为基础，"他们是美国废奴协会会员"。

安德鲁·博格报告说，他学到了很多知识，更加了解自己，更加了解自己的未来的发展目标。实习机会向他展现出"在学术界以外他具备价值"，而社区则需要他的技能。他认为，他可以自行"将学术界和社区联通起来"，并应该让这种关系成为其学术实践和职业事务中的一部分"。学生所做的意见陈述，这是师者最希望听闻的。

同样，保持这种价值很重要。雇主、项目和研究生之间不仅必须达成清楚而详尽的协议，而且还要随着时间的推移进行仔细的评估，精心维持和谐的关系，不断改善结果。在理想的条件下，人们所拟定的协议应该不受双方特定人员离职的影响。

一般性原则

我们在本章中深入探讨了倡议行动的相关细节，为研究生职业发展推荐了一些一般性原则。

第一，我们重申这些就读体验具有时效性，可以是一个学期的课程，也可以是暑假中几个星期的课程。除了缓解人们对完成学位用时的担忧，各项目很可能会提出疑问：用学科的研讨会替代单一职业发展的研讨会是否会真正地削弱学生的智识体验？无论如何，人们可能将职业发展纳入现有的课程体系和实习活动之中，开展实习活动能获得学分或代替授课任务。（例如，在学术界内外，人们很重视合作技能。实验室科学家们经常合作，然而，文科专业团队之间很少开展协作。敦促那些人文主义者在已开设的课程中纳入一些合作环节，这应该不会大费周章。）我们调研了人们在扩大就业方面所做的工作，虽然这很有抱负，也能持之以恒，但这通常依然是辅助课程的附加物。正如卡蒂娜·罗杰斯所言，为研究生就业做好准备是"核心需求"，而非边缘需求。[32] 我们都有责任做好这方面的工作。

第二，在那些活动中，很多活动必须是跨学科的。在此，我们引证的实例同时被多个项目所用，例如，杜克大学研究生院也采用了这个做法。路易斯维尔大学（University of Louisville）的 PLAN（职业发展、生活本领、学术发展、人际网络）项目就很了不起，这是一系列以技能为基础的工作坊，学生、院系和研究生院都参与其中，形成了整体的文化，为研究生在谋求学术界以内和以外的职业时提供支持。这种做法堪称楷模，同时采用自上而下和自下而上的形成方法。[33]

对于建立雅典画廊式的公民社会，各院系持续地进行交流和合作，与专业学院的项目、文科项目和理科项目不断地进行交流和合作，杜克大学和路易斯维尔大学的职业发展项目提供了样板。因此，我们对研究生部主任提出了以下建议：结交其他院系的朋友，并与这些新朋友共创未来。这令人愉快，能拓宽高校的视野，能为学生带来新机遇，还能创造出有利于双方的、虚实结合的、共同的工作空间。

第三，项目以外的行政管理部门必须为这些行动提供赞助。为研究生院院长和研究生院授予更多的权限，这很重要，其中一部分原因便在于此。（对关注此项工作的教务长也会有所帮助。）重新思量研究生院院长的领导力，任用充满活力的、消息灵通的领导，让他们拥有所需要的资源，从而为各院系和教员鼓劲加油，这是一项任重道远的工作。如果缺少这种指导，那么人们在创造实习机会上就会遇到特别的困难。如果不聘用人员去建立必要的合作伙伴关系，那么就不可能实现这些目标。

第四，以上这些案例，特别是杜克大学的案例，表明人们需要研究生就业方面的专家顾问参与进来。很多教授在帮助研究生准备谋求一系列职业方面做得很好，然而，更多的时候，我们会碰到可怕的常见问题（有时候是令人愤怒的问题）：连我自己都没有学会完成的事情，我如何能帮助我的研究生顺利完成？不妨考虑以下这个答案：与高校就业服务办公室的专家们合作，并向他们学习。研究生就业专家的数量正在成倍地增加，他们希望与教授们合作，帮助研究生为就业做好准备。在杜克大学，特定院系的教授们和专家顾问开展就业方面的咨询，特别是为非学术方向的职业提供咨询。我们需要大家都来关心研究生就业咨询。

对于如何让博士学位更加活力四射，这方面的拥护者得到了总体上的经验教训，即以友善的方式持之以恒。从项目的角度来看，这也许意味着为研究生提供更多的机会，而非增加各研究生项目的要求。从政治的角度来看，这意味着在新的倡议行动中，尽可能多地调动教员和职工的积极性。从教学法的角度来看，这意味着确保教授经常向研究生吐露作业的"学习目标"——因为如果我们能为本科生做到这一点，我们也就能为研究生做到这一点。我们应当这么做，因为这能帮助他们理解所学习的内容，使其对自身的就业做出更明智的决定。

第五，研究生项目需要与就业服务办公室和校友关系办公室建立富有成效的关系。如我们所说，包括学士学位获得者在内的校友最有可能为当前的博士生提供实习机会。如果上级行政部门主动搭建这些新的联系，那么这便会容易得多；各研究生项目也可以自行创建联系。就业服务办公室花了大量的时间和精力向研究生提供周到的咨询服务；在向本科生开展工作时，遭到了太多的限制。毋庸置疑，这是一项额外的开支，不过，也是一项不可或缺的开支，心怀感激的研究生们将为此创造收入，他们有"回馈"的理由。我们鼓励各个项目采取行动，不过，我们也强调高校的行政管理部门同样承担责任。那些在多样性就业倡议中发挥带头作用、能授予博士学位的高校在实际操作中采取混合的手法：要么采取自下而上的手法，要么采取自上而下的手法，或者双管齐下。例如，在我们担任顾问的埃默里大学，研究生院院长丽莎·特德斯科（Lisa Tedesco）和文科教授与博士生合作，这促使我们对博士学位的目标和各项要求再次进行有益的重新思考。

这些洞见出自高校当前的倡议行动，我们可以补充几项行动。例如，各个项目应该让学生了解掌握高等教育简述的观点。福特汉姆大学文理研究生院前院长南希·布斯（Nancy Busch）表示，应该开设有针对研究生的核心课程体系，包括《高等教育史》这门课。重点是如果研究生了解高等教育体制，那么他们也会从中获益。这也有助于他们作出更明智的决策。

我们采访了高等教育领域的相关负责人，不妨想一想其中一位负责人反馈的重要告诫："在某些学科中，人们对于政府和商业有偏见，结果就产生了不相关的言论。"我们会在半途中将此观点推开。文科和理科的传统是仔细地审视周遭的社会，时而带着怀疑的眼光。然而，如果教授们对于政府部门或商业部门有所顾虑，如果他们让这种顾虑限制了他们所指导的研究生的就读体验，那么，这在实际层面和道德层面会演变成一场灾难。

最后，对于授予博士学位的高校如何才能使教员、项目以及高校的日子过得更为轻松，我们提出了几点建议。首先，各大高校可能重新继续投入行动，实际上，这将研究生和具体的雇主进行匹配。大约 20 年前，即 2001 年，22 家重点研究型高校为有意在学术界以外工作的博士召开了在线网络职业招聘会。芝加哥大学研究生职业与就业安排服务处副主任罗宾·瓦格纳（Robin Wagner）是研究生职业多样性的早期拥护者，他表示，多达 77 家用人单位公布了 475 个空缺职位，2800 名研究生仔细浏览了这些空缺职位的信息，其中有 581 人提交了逾 3000 份简历。此后不久，罗宾·瓦格纳在《高等教育纪事报》中写道：虽然他未能记载研究生所谋得的岗位数量，但是他注意到，在 77 家用人单位中有超过 20 家用人单位寻求与人文学者及社会科学家相称的能力："写作能力、口头展示能力、外语技能和能使用定性研究方法的能力。"[34]

案例： 科技古典主义者迈克尔·齐默

迈克尔·齐默（Michael Zimm）参加了由古典主义研究协会举办的就业会议，他当时是康涅狄格州一家小型企业"数字外科医生"的创意策略师。2016

年，他获得耶鲁大学古典文学专业博士学位，然而，他表示，他在"进行了大量计算"后，发现自己面临"以终身教职为方向的就业市场持续不断崩塌"的现实。他决定离开学术界，投身科技界。

迈克尔·齐默何以实现转行？他通过研究实现转行。他通过调查了解科技领域的具体情况。齐默表示，博士是研究人员。"我们并没有意识到自己是多么擅长干这一行。我只是将我的各项研究技能应用到科技方面。"

作为一家科技企业的数字策略师，齐默称他自己"仍是学术研究人员，不过是我们所在科技企业的研究人员"。他运用古代雄辩术的知识为 21 世纪的客户提供服务。他表示："人们需要分析数据。需要有人根据事实依据来合成数据和介绍情况。我对此十分擅长。"（此后，齐默不断获得提升，担任另一家科技公司的营销总监。）

迈克尔·齐默在工作岗位上所运用的各项技能直接来源于他在读研期间所接受的训练。然而，用人单位需要保持警惕，并改变观念。很多用人单位把研究生看作只懂理论知识却不太能产生实际价值的学究。杰森·佩迪柯恩组织召开了古典主义研究协会的会议，正如他所说，雇主们也许会疑惑："为什么我需要一些学究来我们这里工作？"阿尔弗雷多·科莫玛（Alfredo Cumerma）是约翰斯·霍普金斯大学罗马语和文学专业近期毕业的博士，他说："雇主们只是不知道博士生的内涵或不知道博士生如何能为机构贡献力量。"人们开始在本地区举办职业宣讲会，这将有助于双向学习，对雇主和研究生具有同等的促进作用。

罗宾·瓦格纳注意到，对于此项活动，"全美国的研究生和行政管理人员都热情高涨"。因此我们提议：各大学不仅要为本科生的宣讲会提供赞助，而且要为研究生的就业宣讲会提供赞助。罗宾·瓦格纳在一场网络在线的就业宣讲会上做报告，但是我们建议采用面对面的宣讲会。在筹备面对面的宣讲会时，高校的行政管理人员需要与潜在的用人单位取得联系，这么做具有显而易见的益处。本科生在求职时，其所在的机构会以正式或非正式的形式，将潜在的雇主邀请到学校与本科生会面。那么为什么我们不能也为研究生做好这项工作呢？

介于高校特定领域的项目和虚拟宣讲会之间的专业学科协会开始在全美国的各种会议中推出此类项目。美国现代语言协会和美国历史学会均在各自的年会上举办此类宣讲会，研究生们在各展台前驻足，各展台前的各张桌子通过发布各种非学术方向的岗位信息与博士生联系起来。2018 年，古典主义研究协会（the Society for Classical Studies）的年会开始以"人际网络会议"为特色，凸显获得古典主义博士学位的人员，不过，如今，他们在学术界以外供职。杰森·佩迪柯恩（Jason Pedicone）是古典主义研究协会最初的组织者，他创设了一家名为古典教育理想研究院（Paideia Institute）的企业，多年来，他逐渐构造数据库，并从数据库中招募参与者。[佩迪柯恩将"古典教育理想研究院"称为"文科的初创企业"，通过不同种类的拓展服务推动古典主义，旨在让高等教育以外的人士对古典主义感兴趣。古典教育理想研究院开发的军团项目（Legion Project）"联系学术界以外供职的古典主义者"。这是个网站，刊登那些具备古典主义的专业知识的人在不同的职业路径中发展的故事。当然，他们当中有律师，有拉丁语老师，也有数据科学家，甚至还有专业缝纫工。在他们作为非教员的生活中，"军团士兵"一词道出了古典主义的作用。] [35]

知识分子在社会中的角色是一个丰富的话题，囿于篇幅，我们无法在本书中深入讨论这个话题。我们承认，很多学者并不希望离经叛道——至少不要以过快的速度背离传统。不过，我们也可能一度唤起某种怀旧之情，研究生将自己视为学徒，教授们觉得他们是在培养下一代的师资和促进学术探索与传承。然而，我们无法拒绝直面当前的现实，也无法拒绝直面伴随我们走过足足有半个多世纪的现实！

如果我们希望作出使博士更具影响力的承诺，那么我们需要绘制路线图：长久以来，我们培养博士的目标很狭隘——只不过是为了补足教师队伍，而新型博士同时能为学术界和其他社会领域贡献专业技术。我们认为，公共学术贯穿于新型博士的全过程。因为公共学术能为新型博士提供很多环节的相关的解决办法，所以，我们在本书中专门撰写了一章内容来讨论公共学术。读者们或许希望现在就翻看第十章"公共学术的本源和要求"的相关内容，或者先了解博士生教育的各环节，再来阅读第十章有关公共学术的内容。

4 PART
第四章

招生录取和分流退出

教授们在开展研究生招生录取工作时，通常会按照相关程序操作，而几乎从不思考相关的深层次问题。他们甚至已经忘记上一次是何时参加了所在院系的关于研究生招录的工作会议。每年，各个研究生项目都按照规定的时间来招录研究生，然而，当教授们决定由谁来担任招生委员会成员时，他们通常只讨论研究生录取。各招生委员会成员也许会讨论招生标准（或者，更有可能的情况是，他们不讨论招生标准），然而，他们只对讨论有关招生录取工作的细节问题感兴趣，而不愿意讨论那些更宏大的问题。这些更宏大的问题包括：我们寻求什么样的生源以及为什么要这么做？如何确保申请者的多样性？如何认真审读每位申请者所拥有的一系列经历和学术兴趣的材料？以及诸如此类的问题。我们敢打赌，大部分读者很少听说过院系成员们一起讨论如何开展诸如此类的工作。

然而，没有人深入思考招收录取的工作，这就暴露出很严重的问题。我们必须思考研究生院所录取的生源及其原因所在，思考人们所采用的录取方式和录取标准，以及思考如何在新生进校读研后留住生源。本章将主要讨论这些内容。

对于大多数博士生教育的改革行动，我们的研究对象主要是在校博士生，这也是合情合理的。目前，他们是在读研究生，需要我们倾力为他们提供最为有益的就读体验。然而，如果各研究生项目计划以不同的方式开展工作，那么我们不仅要重视在校研究生，而且要重视其他方面。

我们可以看到，关于本科生招生工作的书籍已经出版了几十本。然而，关于研究生录取工作的书只出版了区区一本，甚至连这本书也是近期才得以出版的。所幸的是，朱莉·R.波塞尔特所著《美国名校研究生招生大揭秘：优点、多样性和教师把关》（*Inside Graduate Admissions: Merit, Diversity, and Faculty Gatekeeping*）是一项绝妙的研究专著。[1]值得特别关注的是，朱莉·波塞尔特这本书的书名的最后一个词语是"教师把关"（Gatekeeping），因为教授们在招生录取时，他们的工作职责就是把关。朱莉·波塞尔特以旁观者的身份将自己置身于研究生招生录取工作的全过程，考察了三所不同高校各个领域里的十个研究生项目的招生录取工作，并很有说服力地向人们展示出这样的观点：教授们在进行研究生招生录取时，依赖于她所说的"同质化"或偏爱招录那些与自己研究兴趣相同的学生。换言之，我们力图培养出另一个自我。[2]

理所当然的是，这种"招录那些与自己研究兴趣相同的学生"的操作由来已久。人们对研究生教育普遍有怨言，然而，近些年来，各评论员尤其反对"教授们在研究生招录过程中只招录那些与自己研究兴趣相同的学生"的做法。朱莉·波塞尔特发现，在研究生招录的过程中便开始显现出同质化的问题，她还有一个更为有趣的发现：虽然教授们有意识地关注多样性等目标，但是一直存在研究生招录同质化的问题。换言之，即使教授们没有刻意这么做，他们还是会按自己的思维习惯来招录研究生。因此，路易斯·梅南德所说的"制造商的制造问题"在研究生招生录取工作的初期便已显现出来了。[3]

　　教授们当然信奉这一理念，他们也希望研究生群体能实现多样性。然而，以一些形式改变招生录取的标准，可能有助于多样性的招生结果，对此，他们当中的大部分人不愿意这么做——或者，他们甚至没有意识到可以这么做。（朱莉·波塞尔特指出，人们把 GRE 考试当作控制阀工具，并固执地依赖它来进行招生录取的评判工作，这是一个实例。我们在下文中将深入探讨此议题。）人们考虑对那些来自少数群体的申请者进行筛选后招生，从而确保能够获得多种多样的优质生源，然而，众所周知，这件事有点棘手，导致大多数教授认为此事应由他人负责解决。[4]

　　研究生招生录取工作是一项重要的工作。招收更加多样性的一批研究生不仅仅需要开展有针对性的宣传，还需要邀请那些表面上看起来合适的本科生参与夏令营活动。已有充分数据表明，来自少数群体的学生尤其渴望拓宽自己的社交网络。卡蒂娜·罗杰斯表示："创新、平等和参与公共事务之间有其关系。"[5] 如果我们希望实现研究生群体的多样性，那么我们不仅需要在录取研究生方面实现多样性，而且需要在我们所提供的研究生教育方面实现多样性。

　　事实上，研究生教育的各个环节是相互关联的。我们应该考虑朱莉·波塞尔特在种族和民族多样性方面的重大发现，然而，我们不应该被诸如显而易见的多样性理念等重大发现分散我们的注意力。我们不仅应该以招收来自各个阶层的学生为目标，而且还应当招收有各种目标的学生。也就是说，我们需要包括智识方面在内的各种形式的多样性；与此同时，我们需要强调多样性的传统意义，而非淡化多样性的传统意义，研究生生源应该是来自各个种族、民族和不同性别。我们将具体展示智识多样性和种族多样性往往相得益彰。

　　不妨考虑一下研究生就业。研究生将在学术界以内或以外供职。那些顺利谋得学术岗位的研究生只不过所有研究生（包括新进的研究生）中的佼佼者和幸运儿。然而，一个无法避免的现实是：大多数博士候选人最后将谋求高校以外的职业，很多人将在高等教育领域之外就职。本书的一大论点是：我们需要使研究生做好准备，今后获得那些他们实际上将会谋取的岗位，这一做法就表示我们需要采取与众不同的、以学生为中心的方式对研究生教育进行构想。当我们有助于研究生今后拥有多样性的职业生涯时，那么对于我们正在开展的工作，就需要进行更具前瞻性的思考，而不是把研究生院当作教授们开展研究的旁系分支，更不能使研究生院陷入无人照料的尴尬局面。当我们这么做时，对于那些身处社会边缘地带的学生更具吸引力，因为调查表明，有色人种的学生对在社群中学以致用的兴致极高。举一个实际的例子，几年前，詹姆斯·索托·安东尼（James Soto Antony）和爱德华·泰勒（Edward Taylor）采访教育学博士生项目的研究生，他们就得出结论"研究必须有用处"。[6]

有些人认为，教授们在研究生招生录取时必须更加全面地考虑。我们不会告诉教授们应该招收哪些学生。在本章中，我们希望展现考虑更周全的招生录取办法可能会是怎样的。我们将围绕少数几个大问题来梳理研究生招生录取的思想过程。

何为合适的录取规模？

关于研究生院所有工作的大部分论断，为人所诟病的不仅仅是研究生招生录取工作，还有研究生项目规模。一些观察员建议，在招录研究生新生时，只招录那些已经获得奖学金等经济支持的学生，我们也只能通过为他们提供奖学金以及为他们开展合理的授课活动支付酬金这两种方式来为他们提供支持。[7]唯一的例外之处是，我们赞同那些有工作的非全日制研究生也能申请读研。在当前的情况下，如果有研究生没有获得全额奖学金，那么他就不应该攻读博士学位。

对于缩减研究生项目规模，另一个论点出自这一严峻的事实：博士生教育为研究生准备未来能获得工作岗位，然而，那些工作岗位并不存在，或者更准确地讲，那些工作岗位的数量少得可怜。如我们所注意到的情况，各高校是按照研究型大学教授的职业来设置和安排研究生课程体系的。虽然只有少数博士生在毕业后能顺利成为教授，但是我们通常告诉他们，成功的博士生是那些是毕业后能获得教职的博士，如果未能实现这个目标，我们就认为他们是失败者。（在本书中，我们多次对这一问题发表评论。）

通常，这种脱节往往催生了人们的呼吁：招收少量的研究生，只招收能补充那些空缺出来的学术岗位的研究生便可。根据这一论点，博士生的不快乐源于过于庞大的博士生规模。如果减少录取人数，缩减研究生项目的规模，那么研究生的供需就会平衡。如果这么做，那么一切就会一帆风顺，或者，至少会较从前有所改观。

当然，这一观点也不无道理。如果我们减少供应研究生，与此同时保持对研究生的需求不变，那么我们就会更容易达到研究生教育的经济均衡。不过，实际情况多半不会如此简单。首先，我们应当指出，当教授们退休时，未必有人能替代他们的岗位。（这是兼职教授的本质：兼职教授替代全职教授的岗位，而在某些情况下，兼职教授根本无法替代全职教授。）尽管那一难堪的事实会使整个论点受挫，不过，我们现在先搁置这个问题，继续我们之前的讨论。

第二，我们应该注意到很多研究生项目已经缩减了新生班的规模，至少近10年以来，这是一种很容易看清的趋势。[8]大多数教授目睹了周遭的这一转变，相关数据也印证了这一点：根据美国研究生院理事会所发布的报告里的相关数据，在过去5年里，人文学科和艺术学科的研究生项目在招生人数上持续小幅缩减。[9]

在整个高等教育领域，这项缩减规模的行动并不是整齐划一的。显而易见，人文学科和艺术学科的研究生项目缩减规模的幅度最大，尤其是私立大学，更是见证了研究生项目规模大幅缩减。在减少招生录取新生人数方面，一些公立大学的日子更加不好过，因为它们想在预算方面获得收支平衡，就一定需要研究生去讲授入门课程。（令人惊讶的是，还有些机构院所的负责人表示，当务之急是培养出更多的博士生，从而提升所在院所的声誉，而不用考虑那些研究生的就业等未来的事宜。）一些研究生项目开展了营利性的硕士学位（比如，某些硕士研究生项目通常不为研究生提供经济资助），这是一种对博士阶段的预演，虽然某些申请者成功地入读博士生项目，却背负了沉重的债务。[10]我们强烈地阻止这种做法，因为那些愿意承担机会成本而攻读博士学位的研究生不应该还要背负沉重的债务。

虽然我们收集到的可供参考的统计数据少之又少，但显而易见，很多文科博士生项目和理科博士生项目正在萎缩。对此，最显著的原因是在其专业学科中，全职教师的岗位数量有所减少。多年以来，在职业性方面，我们的目标是确保研究生今后能胜任这些工作岗位；既然工作场所在缩小，历经变革，我们就要节省开支，思考有针对性地为合适的研究生提供服务，这才是明智之举。

因此，研究生项目应当招收多少学生？

如果研究生项目的目标是为了满足高等院校在雇用方面的需求，培养够用的博士生即可，那么，这个问题的答案则是招收特别少量的学生。事实上，我们招收的研究生的人数如此之少，以至于人们将不得不改变开展研究生教育的方法，因为各个班级无法使足够的入学者聚集起来，从而使其存在是合情合理的。也许，我们可以借鉴英国所采用的体制，尝试用私立教育体系来替代这种招录方法。

例如，科学家们面临着糟糕透顶的学术就业市场，因此，如果教育工作者的目标仅仅是训练研究生今后成为科学方面的教授，那么他们就应该招收少量的学生，以至于实验室将不得不关门大吉，或者工作人员全都是领取工资的专业人士，而不是研究生。

文科教师将不得不想出研究生专题讨论课的代替方法：要么给两三位学生上专题讨论课，要么每学期只为研究生提供两三门修读课程。在经济形势不太好的年份里，这可能不会发生，相较于为研究生课程设定最小数目的课程，很多高校在制定更少的最低额度的招生名额。更有可能的情况是，如果某些院系只有少数处于完成课程作业阶段的研究生，那么这些院系需要考虑采用英国那种私人辅导的授课体制。

这些变化并非必然都是不好的。事实上，我们也许会说，促使教授们对研究生教学进行反思的任何事都是有益的。

不过，真正的底线不是为博士新生组建只有一两名研究生的小班。如果某个研究生项目的人数过少，那么该项目将难以为继。如果我们只向等额数量的博士生授予学位，使他们有机会申请那些空缺出来的教授职位，那么更有可能出现的结果是：很多博士生项目将被关停。一些评论人士认为事实上会出现那种情况。所以，要是真的出现那种情况，我们该怎么办？

我们密切关注这一思想上的实验，直到得出合理的结论。事实上，如果大多数美国博士生项目关停，那么会出现什么情况呢？

首先，我们确定那些历史悠久、财力雄厚的精英高校不会关停博士生项目。在这种情况下，那些为数不多的院校将向美国其他地区输送博士生。当然，这些院校会对申请人进行精挑细选，从全美国的联合候选人中（在很多情况下，是全球的联合候选人）招收很少数量的学生。不过，他们将以何种方式进行精挑细选？我们无须对此多虑。在受限制的市场中，古老而有地位的守门人在行为上是保守的，他们保持既往的习惯，清醒地认识到当下的职位少之又少。

保守的研究生招生录取办法引出了代际传承的近亲繁殖问题。以招收"有趣的"申请人或不寻常的申请人为赌注，这么做没有足够的余地，那意味着拒绝更有经验的学生，或许这些学生开展过某些研究生层面的工作。

案例： 错峰招生怎么样？

　　纽约大学英语系教授约翰·盖尔利（John Guillory）提出了一个思想实验：文科研究生项目进行自发性的录取延期。2020 年，约翰·盖尔利在美国现代语言协会大会上发言，他建议："根据下列原则：每年，全美国 1/3 或 1/4 的研究生项目不再招收研究生。在整个体制中，对于已录取的研究生，美国现代语言协会应该做好协调工作，采用轮作式延期。"[①]盖尔利的观点是：在两年里招收一批学生，具有固定的人数规模。研究生项目将维持一大批至关重要的学生，使其能够开设清楚易懂的课程，学生将有很多同龄人，这很有用处，这一群人活泼机敏而又生机勃勃。对于一门学科，如果所有项目或大部分的项目参与（日程安排为错开三年的时间），每三年进行招生录取，那么，研究生总数将会下降约 1/3。盖尔利认为，这一提议将缓和学术就业市场的压力。

---

① 约翰·盖尔利，《招录研究生：在 2020 年美国现代语言协会上的致辞》（2020 年 1 月）。我们感谢盖尔利教授与我们分享这份手稿。——原文注

盖尔利是在他所在的院系举行的会议中首次提出了他的上述观点。他说："我们可以从同事们对这项提议的回应中看出，我的假设在实施方面的概率为零。"当然，这一回应显示出教员依然钟爱研究生专题的讨论课。对此，盖尔利可能并不感到惊讶，多年来，他主要研究文科，在分析专业的做法方面，做了大量有益的工作。

在此，我们不赞同盖尔利所提出的改进方案，尤其是因为这份改进方案依赖于两项假设：（1）研究生只对学术方面的职业感兴趣；（2）研究生项目能做的只是让他们今后拥有那些职业。（与此同时，盖尔利还宣布了另一项以职业发展为目标的提案，我们对此表示赞同。在第七章中，我们将继续讨论这一观点。）

在本书里，我们自始至终都展示出立场，不过，在此，我们指出招生录取可能会产生的影响。这可归纳为：如果我们认为我们只能使学生今后成为教师，那么，我们认为哪些学生可以成为教师，将踏上这条职业之路，我们应该只招收那些学生。在大多数项目中，那意味着将录取人数削减一半或一半以上。不过，更中肯地说，如果学生还有别的目标，那怎么样？难道我们不应该让他们在研究生项目中占有一席之地吗？难道我们不希望高等教育在全社会都很重要吗？在后面的各章节里，我们将考虑这方面的做法。

显而易见，这种压缩版的录取研究生做法有利于那些富裕的、有特权的、有人脉关系的人。有些学生有时间和机会，或者曾与教授合作过（而不是参与担任半工半读的岗位），或者掌握各项语言技能，或者拥有在实验室里工作的经历——那么这些候选人将在一群申请人中脱颖而出。他们为何不应该脱颖而出呢？这些学生展现出才能和抱负。让我们直面现实：假设只有精英院校的博士项目能在精简中存留下来，那么这些学生中的很多人也会展现出这些精英院校培养的本科生所具有的优秀学业表现。

这种小规模的、有特定范围的研究生教育，唤起了一百多年前的往事，当时美国的研究生教育初具雏形。在早期的年代里，相较于如今我们所说的人际网络，正式的申请并没有那么重要：重要的是你所认识的人，因为你本科阶段的教授或许会将你推荐至他（我们有意地使用男性代词）读研期间的教授，并让那位教授为你保留一个读研名额。显然普林斯顿大学的毕业生比波塔基特（Pawtucket）学院①的毕业生更容易获得人们的关注。[13]

直到第二次世界大战以后，美国研究生院的招生录取工作才按照人们所熟悉

---

① 波塔基特（Pawtucket）学院：经与原作者电子邮件沟通，并不存在此学院，这里的举例只是为了与普林斯顿大学这所世界名校形成鲜明的对比。——译者注

的方式，变得常规化、官僚化，有整齐划一的申请文书，有招生办公室来负责管理工作。曾几何时，美国研究生院的规模较小，学术上的近亲繁殖现象屡见不鲜，然而，"第二次世界大战"之后，新生人数的增加，限制了学术上的近亲繁殖现象。

因此，这种思想实验——如果研究生项目的数量大幅减少，为接替教授而接受训练的研究生人数大幅减少，要是出现这种情况该怎么办？——这可能会导致迅速回归到往昔的精英主义。

不过，相较于可能看起来的情况，不太可能出现那种令人不快的前景，因为高校不愿意关停研究生项目。人们回顾最初的假设，这种假设对思想上的实验进行指引：研究生项目的天职是培养能成为教授的工作人员，仅此而已。对于那一假设的很多排场，我们已经予以认可。想一想，对于以终身教职为方向的教授职位，最好是在研究型大学，教员们依旧倾向于怎么定义"事业有成"的工作安排。

第二次世界大战以后，美国的高等教育经历了一段发展壮大和丰足富裕的时期，我们在本书的序言部分对此进行了更加详尽的探讨，这段时期也使美国社会形成了这样的假设——研究生院的唯一目标是训练学者，将研究生培养成未来的教授。只是在短短的一代人的时间里，高等教育经历了突飞猛进的发展壮大，博士得以充分就业。美国需要大量的教授来为新建的、不断增长的大学和学院配备教职工，这些院校首先迎来一大批美国退役军人，随后迎来了婴儿潮①的一代人。正如历史学家托马斯·本德所说，人们对那一代人的追忆很有说服力，这阻塞了为时甚久的事实：几十年来，博士毕业后就从事各种各样的工作。[14]

由博士到教授的职业路径就是那段繁荣时期的遗留物。那段时间出现的现象被证明是反常现象，但是人们却把这个反常现象当成普遍现象。那些从不断扩大的学术就业市场受益的人，如今都成了七八十岁的老年人。我们早就应该改变我们的基本假设，去反映学生的现实情况，而不是反映他们祖辈的现实情况。

那么这件事情的来龙去脉和招生录取有什么关系？首先，想一想，这来自人们的讨论：一个研究生项目应该招收多少博士生？如果招生录取的形式与支持职业多样性相协调（不仅仅是为了满足就业而招生），那么，我们需要公开讨论何以评估申请。对于招生录取的新做法，其理论基础在于托马斯·杰斐逊的观点：社会培养出更多的博士，终究会使整个社会受益——条件是这些学生是出于自己的选择而攻读博士。

人们认为博士唯有成为教授才是真正就业，这种说法占据了主流，那么简单地说，如果我们重新思考这一说法，那么我们就不得不采取自下而上的方法。这意味

---

① 婴儿潮（baby boom）：（尤指第二次世界大战后1947—1961年美国的）生育高峰。——译者注

着要先从招生录取着手。当我们探索更多的机会时，就要肯定学生们在生活中所做的选择。他们当中的大多数人将在学术就业市场申请获得岗位，我们需要帮助他们做好这件事——然而，很多人最后无法获得学术岗位。有些人从来都不去学术就业市场里申请岗位，而是决定在其他行业就职。不管怎样，我们对他们的就业选择都应予以支持。

在学生读研的最初阶段，我们应该将那项声明扩展至学生。教授们学为人师，行为示范，塑造了学生们的期望。不论是否喜欢，我们都是学生们的榜样。

因此，在学生们读研之前，我们需要运用身为导师和领路人的地位，塑造学生的期望。在招生录取的过程中，对于他们的职业选择，我们必须坦诚相待。这意味着共享就业去向的数据（不仅仅是谋得最佳岗位者的逸闻趣事）。这也意味着公开直率地谈论研究生院在经济和其他方面所面对的现实情况。在大多数情况下，研究生项目申请人在毕业后所面对的世界与他们导师当初毕业后所面对的世界不尽相同，所以，我们需要对他们的培养进行相应的调整，使他们准备好谋求今后有能力获得的一系列岗位。与此同时，我们还可以通过实际例子，塑造他们值得拥有的愿望，尽量对就业去向进行叙述。

一批新生的规模终将与教学有关。在这些已经有所变化的情况下，我们不得不以不同的方式教导研究生。学术岗位的数量太少，我们不得不使他们为谋求今后有能力做的工作而做好充分的准备——这包含提供更多的指导、更多的个性化的课程体系规划。如果我们指望学生通过博士生项目，独自悄悄地规划个性化的路径，那么他们在规划职业路径时，就需要人们的帮助。这种建议对于研究生项目的一致性至关重要，而不是和善友好的附加物。这也就表明这种教导方式能容纳多少学生，那么招收多少学生即可。

因此，对于每个项目应该招收多少数量的研究生这一问题，其答案视情况而定。这取决于有多少可供他们使用的财政资助，尤其取决于导师对研究生的指导，在我们对研究生的教导中，这些指导是研究生教学中最重要的方面。研究生项目能单独对多少学生提供指导，就应该录取同等人数的学生。

曾于 20 世纪 80 年代担任美国众议院议长的蒂普·奥尼尔（Tip O'Neill）说过一句著名的话："一切政治皆为地方性的。"他的意思是：我们必须与选民们建立联系，关心对选民们至关重要的各种议题。21 世纪的研究生院同样需要按照这项原则来运营。在项目规模上，学生借由项目来设计各自的道路，一个项目能悉心为多少学生提供指导，就能招收多少学生。如果项目不得不批量对研究生提供指导，那么可能招收的研究生数量就过多了。学生们信任我们，用人生中宝贵的几年时间来读研，要知道时间一旦被用掉就再也无法逆转了。我们至少要做到为了帮助他们，需要投入我们自己的一些时间。

案例： **非全日制研究生到底遇到了什么事？**

　　人们想要对研究生项目"缩减规模"，不承想，非全日制博士生却沦为了牺牲品，曾几何时，文科和人文社科里有很多非全日制博士生。根据美国教育部采集的统计数据，从 1967 年到 2000 年，大部分的美国研究生是非全日制研究生，在 20 世纪六七十年代，该比例达到了峰值，即非全日制研究生约占美国研究生总人数的 55%。不过，千禧年以来，出现了显著的转变。如今，在研究生总数中，超过一半的研究生是全日制研究生，数量相当大。截至 2010 年，非全日制研究生仅占总数的 44%，这一趋势没有减弱的迹象。（原文注：米德尔伯里学院经济学教授科兰德认为，人们不应该只将研究生院描述为就职培训，也应该将其描述为"奢侈消费品"。他表示，院系应该区分两类学生：第一类是为了毕业后找工作而考研的学生，第二类是那些全然出于对学科的热爱而考研的学生，这一类别包括很多非全日制学生。科兰德的分析聚焦英语系，不过，从他的结论中，人们很容易得出一般性原则。他建议："人们也许会把非全日制研究生安排至'高级英语博士项目'，正如高级工商管理项目的情况，那些在职的学生在日程安排方面更为便捷。"参见大卫·科兰德和黛西·卓（Daisy Zhuo），"英语系博士高就何处？从经济学家的角度看英语系博士就业"，《教学法 15》，第一期（2015）：第 139 至 156 页。）

　　在美国，越来越多的学生选择攻读全日制研究生项目，这有一些合理的动机。很多项目已经淘汰了非全日制学生，因为它们希望全力以赴地为更多的（有时候是所有的）已招收录取的学生提供支持。他们不希望超额培养博士，而是希望所培养的博士能在就业市场找到工作。然而，大多数非全日制研究生已有工作，因此，他们并不一定需要考虑糟糕的就业市场情况。很多非全日制研究生是中学教师，他们能从额外的训练中获益。一些非全日制研究生因为享受就读于研究生院，所以愿意支付学费。经济学家大卫·C.科兰德（David C. Colander）建议，如果有些学生愿意以就读研为乐趣，那么研究生院就应该招收录取他们。（原文注：关于非全日制博士生的更多信息，参见伦纳德·卡苏托，"非全日制博士生"，《高等教育纪事报》，2013 年 10 月 7 日。）

　　如果他们是合格的学生，那么我们为什么不允许他们拥有一席之位呢？正如往昔的情况，在美国，大部分研究生无须是非全日制学生，可是，我们也无须让他们不复存在。

案例： **协作式招生录取？**

　　我们建议，所有的利益相关者——教员、行政管理人员和学生重新考虑他们对待研究生教育的方式方法，先从招生录取着手。同时，我们认为，万物相联，这意味着招生录取与教学有关联，而这又与未来的职业有关联。人们可从此处开始重新思量招生录取，这种整体考虑的新方法要求有创新性。本着这一精神，我们想到了一个好主意。

为什么不以协作的方式录取一些研究生呢？在招生录取的层面，院系或许可以开展合作，联合招收一批学生，例如，联合招收一批对种族或性别不平等的问题感兴趣的学生。然后，各院系可以对协作式的教学法进行规划，横跨不同的专业。针对这批学生喜欢的议题开设跨学科的、小组授课的专题讨论课。这些课程在跨学科方面有吸引力，因此，可能招收相当多的学生，避开入学率很低的问题，要知道低入学率令很多项目感到困惑。

出于以下两大原因，我们献上这份提案。首先，这很有意思，或许会奏效。其次，更重要的是，古老而不受争议的假设是一种支柱，教员和行政管理人员在支柱顶端休息，我们希望，只是思索这一问题便可将请他们离开支柱顶端。我们以不同的方式思考招生录取，从而找到一些新的实践方法。

如果人们在讨论招生工作时，不仅讨论研究生的规模如何增大，而且讨论研究生群体的特色，那么，人们就能合理控制博士生项目的规模，并对每一位博士生负责。相较于以前的情况，规模也许变小了，但是，这一层面的规模不会小到让我们重返那些傲慢而享有特权的往昔岁月，我们一度将其抛到身后。不仅教授职位会从中受益，整个美国也会从中受益。

当我们讨论招生，我们需要讨论什么？

我们想一想，人们可能会如何开展研究生项目招生录取工作的会谈。在第二章里，我们曾建议，各院系通过逆向规划，使其自我研习开放。这种做法使院系成员决定最棘手、最根本的问题：我们到此的理由为何？这指的是，我们对就读博士生项目的学生有什么目标？一旦人们有了那些问题的答案，那么就可以制定招生政策，将这些目标有机地结合起来，围绕最重要的问题：我们希望招收哪类学生？其原因何在？

各研究生项目在反思招生录取工作时，很少会结合研究生项目的总体目标进行统筹考虑。然而，正如我们所指出的，招生录取与这些目标有很大的关系。研究生身兼两种角色，他们既是学生，也是同事：他们既是未来的教师（我们训练他们成为教师），也是研究人员（研究助理）。他们和全职教师以及兼职教师共同塑造了各院系的文化。我们要求研究生开展的工作，首先应该体现他们的需求，但是，不可避免地会体现了我们自己的需求。因此，我们应该思考：哪类研究生最能适应其所在院系的使命？

朱莉·波塞尔特建议研究生院采用从整体考虑的录取办法。一段时间以来，一直有全面评估的想法，但主要在招收本科生时，这是其中的一部分。人们熟悉这一理念：对个人全面地加以考虑——或者，用朱莉·波塞尔特的话说，"在学生自身机遇和潜能的背景下，逐个对其进行评估"。[15] 本科生阶段的全盘录取办法认为成绩和分数只是整个申请的一部分——当然，成绩和分数是很重要的一部分。

出于以下两大原因，在研究生层面，人们很少采用全面评估的办法招生。首先，研究生院向来关心与学问有关的潜力，而不是全面地关心个人情况。如果申请人在大提琴方面取得了很高的成就，那么该申请人申请攻读大学本科项目时，可能会被负责本科生招生的官员看重；然而，如果该申请人申请研究生项目，那么除了会被音乐学院负责研究生招生的官员看重，很难引起其他负责研究生招生的官员的重视。第二，即使在文科领域，参与研究生录取的工作人员也通常试图避免定性评估。他们不对一份完整的申请文件进行反思，取而代之的是他们默许"数字游戏"。朱莉·波塞尔特发现，"各种数字隐藏了潜在的分歧，即人们对不平等的情况索取费用，教师宁愿不将其作为分歧的缓冲，宁愿不由此而谈及分歧"。[16]

朱莉·波塞尔特目睹了在人们对生源开始进行严肃的思考之前，数值上的节点何以把各个阶层的申请人从联合候选人中推出去。在这些数字工具中，最重要的是美国研究生入学考试。人们对此知之甚少：虽然美国研究生入学考试对学生实际的学业表现具有一定的预测能力，但美国教育考试服务中心（ETS）将该考试的预测定义为"不太大"，还警告人们采用最低分，只是把它当作一项把关的工具。（该委员会也指出，本科生的平均学分绩点（GPA）对于研究生阶段的学业表现来说，似乎是绝佳的预测因子。）朱莉·波塞尔特发现，在她所研究的各个院系中，教师对美国研究生入学考试都抱有怀疑的态度——然而，他们仍然采用研究生入学考试，在考虑是否录取时，把它当作"魔弹"，用来淘汰申请人。[17] 那些被淘汰的申请人包括很多来自代表少数群体的学生。朱莉·波塞尔特建议人们重新考量招生录取流程，以更为完整的方式对待种族、民族以及社会经济多元性等议题，而不是在削减联合申请人组的规模后，把其当作象征性的勾选框，在人名前打钩。[18] 在本章稍后的部分，我们将对那些议题加以考量。

在这一部分，我们希望强调一种不同的多元性：多样性的目标。当前，研究生院的申请流程不考虑任何多样性的目标。

学生们在申请读研时遵守严格的、受限制的公约。在这些公约中，有的公约是显而易见的：申请人准备成绩单、分数表和推荐信等，提交个人陈述，整合方方面面的资料。他们把这些材料整合起来进行自我展示。这犹如祭神的舞蹈，需要按规定迈开舞步。

那一舞蹈的目标很有说服力，能被双方所理解：候选人应该以未来研究人员的面目示人。在理论上，对于申请读研的文科生和理科生，他们的个人陈述可以包含任何方面，不过，实践又作别论。审读申请材料的教师寻找特别的信号，成功被录取的学生就提供这方面的资料。审读材料的教师尤其希望候选人展现出他们将成为怎样的学者或科学家。因此，申请人也许会讲述在档案馆或实验室的经历，或者描述一篇高级论文。因此，他们展望未来，讲述他们希望开展哪种研究。在文科和人文社科的专业，他们或许会讲述今后拟开展的博士学位论文的主题。

从表面上看，后面这项惯例可能看起来很愚蠢。申请人希望读研，学习撰写博士学位论文，我们不禁要问：他们怎么能提前描述博士学位论文的内容呢？不过，他们并没有真的那么做。招生委员会要求申请人提交行得通的论文主题。当申请人这么做时，就完成一项发人深省的任务而开展工作，潜在的博士生直言不讳，供审读文件的教师过目。大家都明白，练习是虚构的，不过，这是有用的虚构性练习。

或者，实际情况就是这样吗？在此，问题不在于今后的博士学位论文，而是其所传递的假设——那一假设构成整个申请流程的基础。我们对所有的申请人提出要求：将自身想象为研究学者，我们要求他们想出研究方面的抱负，这也许会使他们获得研究型大学的教职。换言之，我们对每个人提出要求，就像审读其申请文件的那些人，假装他们希望成为教授。御前演出是奉承之词。

申请读研的学生又不是三岁小孩。他们眼观六路，耳听八方，对于萎缩的学术就业市场，他们当中的大部分人略知一二。他们可能会认为，他们将是幸运的少数派，会抓住学术岗位的发财机会，不过，他们清楚，这条漫长、艰难的道路也令人难以捉摸。有的人准备改变方向，冲向其他可代替的选项。不过，实际上，当他们递交申请时，人们不允许他们讲出来，因为按照惯例，他们以聚焦研究某一领域的学者的面目出现。

如果博士生教育会为学生带来一系列后果，那么，我们为什么要求学生为了顺利被录取为研究生而不得不外表一致地装扮自己——作为研究型高校未来的教授？在研究生研习的阶段，改革者（包括我们）自始至终都在谈论职业多样性，不过，我们在此建议，甚至在他们到校之前，我们就应该启动有意义的改革。如果职业多样性将成为新常态，那么我们建议：在研究生项目的各个阶段，都要将职业多样性囊括其中。我们鼓励学校和项目将这一事实视作迈向全面评估招生法的第一步。

当然，那并不意味着无视那些有志向的教授。研究生录取的一个很重要的目标应该是确定今后的学术研究人员和今后的高校教师。通过这种学术人才传承的模式，积极有效地延续专业和学科。不过，就像如今人们所构想的情况，在这种模式的界限以内，如果申请人无法做到适配，那么这种模式就会阻碍专业和学科的发展，尤其妨碍具有原创思想的学生申请攻读博士学位。举一个真实的例子，我们认识一位律师，她同时攻读法律学位和女性研究的博士学位，她的双重目标遭到了人文主义者的怀疑，以至于最后，她不得不心有怨愤地退出了博士生项目。对她而言，正如对所有那些想攻读博士学位但又不愿意加入教授行列的学生，其寓意就很明确：别来读博了。

不幸的是，即使在一些领域中，学术范围以外的就业是更为传统的准则，但这一寓意仍然一模一样。生物学家彼得·布伦斯（Peter Bruns）得出结论："在大多数的情况下，理科和工程学的目标是按照当前教授的模子培养研究人员。"在很多理科领域，博士生中超过半数的人不希望谋取学术方向的职业，尽管如此，这项目标一直存在。例如，2012年，一项调查发现，在化学系博士生中，仅有35%的博士生在四年制的高等院校中供职，有45%的博士生在私营部门就职，有20%的博士生是政府部门和非营利组织的人员。在物理学博士生中，有62%的博士生在获得学位后继续做博士后，不过，最近有一项研究是关于10年到15年后博士生的情况，有45%的博士生仍旧在学术界就职，其余的博士生转行至政府机构或私营部门。有如此之多的人文学者没有谋得学术岗位，还有长期存在的情况——有20%的人另有打算，而所有专业的全体博士生中，约有50%的人不会成为教授。2008年后，学术就业市场的衰退表明，关于仍然就职于学术界的人员占比，下一组更新的数据将会走低，至于2019年新冠疫情结束后的学术就业市场前景，根本无法想象还会有乐观的情况出现。

此类数据当然应该为包括招生录取在内的项目政策提供信息。不过，在这个研究生教育的第一阶段，同源的克隆文化占主导地位，看起来还没有被创新型的做法所代替。如果哲学系或英语系的博士生明确地表明他的职业目标在学术界以外，那么负责研究生招录工作的小型遴选委员会对此将如何看待？或者，如果申请人表明其目标是在小型文科学院教书，对此，化学系的项目将作出怎样的回应？显而易见，我们很容易猜出这两个问题的答案。

那么，社区学院①怎么样？多年来，那些四年制机构的教师不太愿意降低身价去声誉不如他们所在学校的社区学院就职。然而，在近段时间，因为刚毕业的博士找不到其他合适的工作，不得不就职于社区学院，社区学院才慢慢地提高了声誉。

在社区学院供职的教授要为大学新生授课。当然，这项工作的种种负面联想出自于此：授课工作量很大，而社区学院的教授需要开展研究，因而，用于科研的

---

① 社区学院（community college）：一种初级学院，多为社区设立，少数由教会或私人设立。
　　——译者注

时间会有所减少。（虽然我们说这些话是老生常谈，正如社区学院的教授所指出的，现实情况更为复杂。）在此，针对读研的最后阶段，人们实际采用的假设就是为招生录取提供指引：研究生应该成为研究人员，其他任何选择都应居于第二位（或者都没有成为教授好）。我们应该培养出能开展教学活动的教师，然而，当研究生投入精力参加教学活动时，却被那些"真正的"教授鄙视。

我们研究生教育的各个环节（招生、培养、学位、就业等）都存在偏见，而且这些偏见常常游离于在人们的视线以外。本书作者之一莱纳德·卡苏托是我们当中的一员，讲述了他担任福特汉姆大学某院系研究生项目负责人期间的情况。莱纳德·卡苏托招收了一名申请人，这位学生最后在他的指导下顺利完成博士学位论文。就在她即将接进入学术就业市场之前，她告诉卡苏托，她认为自己能顺利获得社区学院的岗位就万事大吉了。得知这一消息时，卡苏托泰然自若，然而，她却进一步表明她在申请读研之前就一直有这样的计划。接着，卡苏托回想起审读她的读研申请书——该申请书根本并没有透露出她这一就业目标的信息——卡苏托意识到，如果该学生在个人陈述中将能顺利获得社区学院的岗位的目标摆在最前面，那么他也许会以不同的方式看待她的申请读研的资料。[21] 我们的职业的社会交往有时会以某种鬼鬼祟祟的方式暴露自己真实的想法。

那些人根本不是非得教书，他们会怎么样发展呢？从这一点来说，我们也许能从经济学系汲取一点经验教训。关于我们在这一部分提出的议题，经济学专业的情况属于特殊案例。经济学专业的博士毕业生会到一大批重要的职业岗位工作，这些岗位既有学术方向与非学术方向的，也有公立部门和私营部门的。培养这些研究生的经济学教授也尊重研究生的就业去向。人们也许认为，这是因为经济学这一职业有威望，值得人们的尊重，不过，那终将是循环论证的论点：因为教授们原先就尊重这些结果，所以对于这些岗位予以敬重，认为其有地位。这些岗位有威望，因为其值得尊重，反之亦然。

因此，当作为经济学家的教授们招收博士新生时，他们所寻找的不仅仅是下一代的教授。他们充分地意识到自己所培养的博士日后将在各行各业工作。我们当中有些人也许也会持有这些观点。有些博士生希望从事公共人文学科的工作，有些博士生想成为积极活动分子，那么他们以后又如何发展呢？我们无须将所有这些职业目标视作等价之物，然而，当我们愉快地接受一系列职业机会时，研究生们就能从中受益。

我们建议各研究生项目全面彻底地重新审查其招生政策。长久以来，对于我们所做的这么多事情，人们认为无可争议。然而，学术格局已经有所改变，研究生也有所变化。转变下决心做的事——对于想保持的方面，则不做改变。不过，不论采用哪种方式，我们鼓励人们进行反思，从而能根据研究生依然面临的现实情况相匹配的具体目标最后精心设计出研究生招生和录取的政策。

不可或缺的多样性

谈到多样性时，研究生院嘴上说得好听，其实在实践中很难做到。好意的教授和行政管理人员希望一批研究生看起来就像是代表美国多样化的样子，然而，如果我们快速浏览相关人口统计数据，就会发现我们离那个目标还任重道远。2016 年，在获得美国高校博士学位的所有研究生中，非裔美国人、讲西班牙语或葡萄牙语的人以及美国土著只占 15%，尽管这三个群体合起来占美国人口的 30% 以上，人们也许将 35% 的博士生视作适龄的博士毕业生。

很明显，那些学生面临的障碍是高于一般的、令人望而生畏的。对于在研究生层面可以利用的机遇，来自弱势群体的学生可能闻所未闻。如果他们读研，很多人在社群中会感到孤寂，个别其他人（若有的话）看上去和他们一样，或者有共同的经历。本科生多样性的工作面临的是：在法律和社会方面的实验被广为宣传，然而，想要使研究生群体多样化这也许难上加难，从研究生招生录取开始，到留住研究生，再到研究生顺利获得学位，这些环节都需要在多样化方面进行开拓。

那些准备最充分的学生往往按照最传统的方式做准备。不过，正如我们所知，那些学生要达到招生录取的标准，必须在之前努力的基础上做更充分的准备工作。"走过的距离"是一般性的概念，这指的是和研究生毕业后所达到的水平相比，本科生入学时的水平看起来更有可能对今后的发展进行预测，对于那些来自少数群体的学生，这一措施不会让其处于不利地位。总之，评估方面的革命正在进行，研究生项目应该从中汲取教训。

不过，人们提出标准，便可招收一个看起来代表美国多样化的研究生班，这么做还是不够的。申请人要来自联合申请人组。种族、民族和社会经济多样性需要真正地围绕招生和留住学生开展工作。

招录和留住研究生都需要作出周到体贴的承诺。在第一章中，我们引证了梅隆基金会梅斯项目，对于来自少数群体的大三学生，如果他们有天赋和积极性，则授予其研究生奖学金，为他们攻读博士学位项目全过程提供资助。趁早播下兴趣的良种，对于来自少数群体的人，这是扩大增容的唯一办法，而不是与竞争项目进行博弈，吸引数量有限的学生，如今，他们积极主动地提出申请。

关于招录研究生，一个极佳的实例是"资助希望项目"（Target Hope），这是芝加哥地区的非营利预科项目，招收有色人种高中生，将他们安排在本科生项目中，这些项目在美国各地都有合作伙伴关系。此外，该项目具有"大学的组分"，如果在种族和民族方面本科生来自少数群体，针对研究生院的择校，这一"大学的组分"会作出引荐。

该项目的重中之重是在圣路易斯华盛顿大学举行研究生教育大会，吸引了来自全美国的感兴趣的人士踊跃报名参加。与会者是预科项目的校友，他们要么是大学毕业生，要么是在校研究生，有兴趣更深入地了解读研的具体情况。该会议活动包括：读研期间资助情况概览，科学学位研究生和专业学位研究生的小组讨论，教授们举办关于读研和如何最好地准备读研的方法的讲座，还有校园参观。该项目设立了"名誉校长奖学金"，旨在扩大研究生数量，丰富华盛顿大学研究生教育的多样性。每年，研究员和研究生一道，以主办方和主持人的身份协助举办研究生教育大会。在圣路易斯华盛顿大学举行的研究生教育大会使研究生和与会者可以进行正式和非正式的接洽，可以与被与会者视为榜样的有色人种教师进行互动。[24]

　　正如拉菲亚·萨法尔（Rafia Zafar）所说，因为年轻人知道说得头头是道与知行合一的区别，所以，像圣路易斯华盛顿大学举办的研究生教育大会等之类的会议就很重要。拉菲亚·萨法尔是华盛顿大学的教授，也是梅隆基金会梅斯本科生项目的教员总监，他强调研究生招生录取的工作比这繁重得多，"向人们所知的系主任致函，邀请他们'选派聪明的、多样性的学生'"。人们不得不去寻找申请人，或者邀请他们报考本校的研究生项目。她提出疑问："学校附近是否有梅隆基金会梅斯本科生项目的区域性会议？""学校是否主办区域性会议——如果是这样，人们考虑加入一些讨论小组吗？"[25]

　　作为独立的项目，"资助希望项目"可能会继续进行下去，也可能会被暂停，但其多年的成就展现出扩大活动范围这个普遍的原则。对于寻求多样性的研究生项目，需要到人们大多数情况下未曾去过的地方开展工作。高等院校应该使博士生教育与中小学改革行动结盟，社区学院也能培养出相当一部分有色人种学生。

　　此类合作伙伴关系有助于学生尽早地了解高等学位。例如，在拉丁美洲的大学生中，高达 70% 的人是社区学院的新生（通常不会继续上四年制大学）。如果研究生项目设法使学生多样化，那么就需要找到这些学生，与他们建立联系。

　　众所周知，研究生项目仅仅靠本科生就根本无法存活。为了扩充容量，让有资格的人都加入，在更早的教育阶段，我们必须共担责任，这不仅仅是为了多样化。在此，一项更为普遍的一般性原则也在起作用：正如研究生院需要不再使自身感到孤寂，高等院校需要参与更多的美国中小学文教工作。就行业对待供应商的态度而言，高等教育对待中小学体系的态度很冷漠，很难找到比这更冷漠的案例了。

　　本科生层面的多样性招生也有其价值。得克萨斯大学奥斯汀分校的研究生研究实习使各个教员拥有研究员基金的管理权，并利用这些基金将出类拔萃的学生招录到他们所在的院系。在机构层面，该项目得到鼎力支持，提供资金充沛的预算，刊登广告就取得了很好的效果，在 30 个研究实习的奖项中，项目鼓励教员为其中 1 个项目而角逐。因此，该项目吸引了那些积极主动，同时又致力于对学生开展教学活动的研究教员的关注，尤其吸引了无法在所在的领域（比如文科和人文社科）轻松获得资金资助的教授。在研究生院的新生申请人中，每位教员奖得主确定潜在的实习候选人，然后，力争招收这些学生，向他们提供研究实习的岗位。在第一学年，教员担任研究实习的导师，向学生介绍专业学科的方法、问题和职业发展机遇。[29]

在范德比尔特大学，硕士生项目对于溯源工作发挥了关键的作用。这种聚焦合乎情理，相较于广大研究生群体，来自少数群体的学生更有可能报考硕博连读项目，这很引人注意。菲斯克大学（Fisk University）位于田纳西州的纳什维尔市（Nashville），历来是一所黑人高校，"菲斯克大学和范德比尔特大学桥梁项目"于2002年启动，其目标是确保研究生能平稳地从硕士生项目过渡到在范德比尔特大学附近开设的博士生项目（尽管很少有人在其他地方上大学）[30]。该项目的执行总监蒂娜·M.斯特劳德（Dina M. Stroud）表示，该项目聚焦科学领域，瞄准"那些真正需要这个项目的学生"。人们一旦将菲斯克大学的学生招收进入"桥梁项目"，那么这些入选的学生就能获得更高额度的资助，也能使用范德比尔特大学的实验室，并能从致力于该项目的教员那里获得帮助。同样重要的是，人们向学生们介绍提供一系列支援服务，例如，在最初阶段，先由研究生同学、教授和项目管理人员为他们提供"沉浸式的指导"。（斯特劳德表示："人们不会坐等学生来主动求见。"）学生们也可以使用范德比尔特大学提供的咨询服务。迄今为止，该项目效果极佳，学业完成率很高，而辍学率则很低。[31]

从产生好效果的多样性倡议来看，这种丰富性是普遍的、必要的特征。科罗拉多大学博尔德分校所开展的"暑期多文化研究培训项目"，旨在增强博士生和教员的多样性，针对那些有才干的本科实习生，如果他们对读研感兴趣，那么他们将在教员的督导下，进行为期10周的研究体验。集中的研究训练和系列工作坊使学生能为以后的读研、担任教授做好准备。一年一度的研讨会于年末举行，实习生向高校社群展示他们的研究。为了增强理工科领域的多元化，该项目由美国国家科学基金会提供资助，隶属于该基金会的研究生教育和教授职位联盟（AGEP）。[32]

在华盛顿大学，学生和教员咨询委员会向"研究生机遇和少数群体成就项目"（GO-MAP）提供支援。这是华盛顿大学研究生院内的综合性部门，专门用来招录和留住那些来自少数群体的学生。在促进项目目标的各项活动、事件和项目方面，教师咨询委员会和学生咨询委员会既各司其职，也和衷共济。通过多样性这一宝贵财富，这项工作为全体学生改善了校园环境。根据教师委员会成员在招录和保留少数群体上的声誉，他们要么自愿加入，要么获得邀请而效劳出力。那些入选的成员必须参加项目的四场标志性活动中的一场，如有需要，还需要参加一项额外的既定活动，为临时的分委员会效力，并确定参与项目的同事。两名研究生助理协调员协助开展标志性的活动，他们也召集并管理委员会的会议。除了为"研究生机遇和少数群体成就项目"的项目活动制订计划并参与其中，为院系间建立人际网络，委员会创造机会使少数群体所在的社群与高校实现联结。

研究生院更主要的文化是去中心化的文化，在此范围内，"研究生机遇和少数群体成就项目"对多元化进行集中管理。人们通过电子邮箱邀请学生，甚至在学生开始工作之前就向他们承诺，教师们动员他们参与校园和社区的职业发展，培养领导才能。正如我们在本书中援引的其他案例，"研究生机遇和少数群体成就项目"依靠对一批学生提供协调一致的建议，他们构成由一批人组成的社群，对此，人们表示赞成。

辍学问题

研究生需要社群提供支持，特别是来自少数群体的学生，这引导我们考虑与此相关的辍学问题。研究生被录取后必然会产生辍学问题，留住研究生是其积极的表达方式。对整个博士生群体而言，留住研究生很重要，不过，说到少数群体，这尤为重要，富有挑战性。正如刚提到的实例表明，在实践中，成绩斐然的多样性倡议将招生录取和留住学生融合在一起。如果不招收录取研究生，那么就没有研究生可以留住。不能使学生留下来，那么招生录取会像西西弗斯①那样，永无休止。文科和理科的博士生的辍学率很高，约为50%，这令人不安。令人同样感到不安的是，总体上，人们对这一事实缺乏意识。哪有人听说过有培训项目淘汰了一半的受训者？回想一下我们在序言部分所探讨的专题研讨会，这是由八名学生组成的假想的研讨会，我们应该指望只有四名学生能顺利获得学位。

在全体博士新生中，约有半数未能顺利获得博士学位，人们常常引证这一事实，将此作为依据，表明博士学位教育出了问题。我们的意见一致：高企的辍学率当然表明博士生的培养是有差错的。正如德里克·博克所说，与博士生项目形成鲜明对比的是，在完成其研究生学位方面，专业学位学生更有可能顺利获得学位，这一对比糟糕得令人心痛不已。[33]

人们对研究生的高辍学率现象并不陌生，这也许回答了：为何我们当中这么多人没有意识到辍学率问题。长久以来，辍学率是研究生院格局的一部分，辍学率只是众多问题的一部分，并没有引起行政管理人员和教师的高度关注。事实上，文科和理科博士生项目的辍学率很高，这是故意为之，这种做法可以追溯到很多代人以前。多年来，人们招来一大批学生，随后又淘汰一大批学生，而不再将申请人拒之

① 西西弗斯（Sisyphus）希腊神话中狡猾、恶劣、贪财的人，死后堕入地狱，被罚推石上山，但石在近山顶时又会滚下，于是重新再推，如此往返不息。——译者注

门外，这么做是有利可图的（利润来自学生们所缴纳的学费）。事实上，那种优胜劣汰是从愤世嫉俗的角度对招生录取进行延伸（在为数不多的地方，人们依然采用这种做法）：学生们缴纳学费，对于是否让其入读，继续由教师们来做决定。很多教师在思考辍学问题时，说学生应对分流退出负有责任，这与此类不良的行为准则是完全一致的。[34]

研究生项目中肯定会有一定的辍学率。有的研究生会尝试攻读博士学位，后来会得出他们不适合读博的结论，所以，他们需要平稳的退出路径。然而，如果辍学率达到半数，那么显而易见这太过严重了，可能比应有的多出了两倍。

或许，关于辍学的重要问题是：何时出现辍学？梅隆基金会"研究生教育项目"强调：尽早进行分流退出是值得尝试的，这相当于学生们在尝试读研后改变了想法。值得称赞的是，该研究区分了"尽早分流退出"与"后期分流退出"，并密切关注了准博士阶段数年的自我放逐。梅隆基金会"研究生教育项目"报告小组写道："辍学率很高，攻读学位用时很长，显而易见，这损害了那些设法攻读学位的学生们的利益。"该研究的几位作者认为："尽管人们经常不愿意承认，其实这也损害了高校的利益。"在研究生项目后期阶段分流退出同样使学生和学校投入大量的资金，"却没有产生人们所期望的结果"。[35]

不过，虽然这一说法是准确的，却忽略了人为因素。对学生而言，在研究生项目后期阶段分流退出的情感代价几乎无法估量。对很多在研究生项目后期阶段退出的、未能顺利毕业的学生来说，这种失败感类似于希腊神话中的菲罗克忒忒斯（Philoctetes）①的伤势：不断地产生痛苦和耻辱。[36]代价很重要，不过，光是人类所遭受的痛苦就应该激励我们减少后期的分流退出。

在不同的领域，分流退出的时机并不相同。梅隆基金会的数据反映了20世纪80年代初期和中期目标院系文科新生班的情况。数据表明，在头两年，分流退出研究生项目的人员占比低于50%，而在头3年，这一数值略低于60%。在后期，大约1/4的学生到了第6年及以后才分流退出，15%的学生在第8年及以后才分流退出。[37]对比之下根据美国研究生院理事会的相关数据，大多数科学和数学专业的研究生在第3年分流退出。[38]

梅隆基金会的研究人员发现，他们的倡议行动几乎没有降低辍学率，然而，若项目引入了更加明确的时间表，"鼓励研究生尽快完成博士学位论文"，则取得了一些进展。有意思的是，快速完成研究生学业降低了辍学率。毋庸置疑，善于提供建议非常重要。芭芭拉·洛维特仔细研究了辍学，她对逾300名学生进行采访，这

---

① 菲罗克忒忒斯（Philoctetes）：希腊神话中在特洛伊战争中用大力神赫拉克勒斯所遗之弓和毒箭杀死特洛伊王子帕里斯的英雄。——译者注

些退出项目的学生来自两所不同的高校，她得出结论，相比"他们报考后所遇到的事"，学生们的背景对辍学的影响没有那么大。谈及辍学，如今比过往更重要。[40]

那么，为什么会有研究生分流退出项目？这个问题的答案五花八门。在洛维特的研究中，决定性因素证明是导师的质量、院系文化、不公正的资源分配（财政方面和互动方面），"如果学生对在现实生活中的学以致用感兴趣"，[41] 则对其无视。对于学生退出项目的这些原因，我们也许有所补充：在留住学生这方面，项目缺乏关注。想一想，洛维特发现了这些原因，而非项目本身。显而易见，各高校没入深入探究这些原因背后的深层次问题。

鉴于存在这种惰性，人们很少为辍学开出良方也就不足为奇。在此，我们提供一些观点，不过，还有余地对此问题进行更深入的、富有创意的思考。我们建议，在学生退出项目时，对其进行采访（必要的话，在分流退出后采访他们）。如果项目组得知学生分流的原因，则会对此想办法。在那之前，我们建议来自院系以外的教师（礼尚往来也许会得到延伸）和行政管理人员定期看望在校生。一批研究生的人数并没有多到我们无法与学生促膝而谈的地步，我们需要找出过去行不通的地方和现在行不通的地方。（人们探讨奏效的环节，这么做也很值得——因此，我们建议，在研究生毕业时采访他们，不仅仅采访那些未能顺利获得学位的研究生。）

在其他的解决方案中，德里克·博克建议招生录取采用零和博弈，如果项目后期的辍学率更高（和／或攻读学位的用时长），则使招收新生的空缺之位数量更少。[42]化学家安吉莉卡·史黛西将这一原则延伸至各个教师："在某种程度上，以完成率为基础（小组中完成项目的学生人数），评估教师，进行奖励，要是这样怎么办？[43]这些措施可能很严厉，不过，也可能含有希望。"

不久后，我们就将看到这其中富含希望。正是按照这些办法，2019年，芝加哥大学公布了一项覆盖面很广的倡议行动，适用于文科、社科、神学研究和社会服务管理的博士生。这一计划瞄准后期辍学，只要在博士学位论文阶段研究生需要完成学位，该项目承诺向他们提供全额资助。不过，学生在获得这种资助方面不受局限，这将与特定院系博士生项目人数的上限挂钩。换言之，直到高年级的学生完成学位，教师才能招收新的研究生，这几乎完全地采用了德里克·博克的提案——"只有一名研究生毕业后，才能招收下一名新研究生"。[44]

美国研究生院理事会开展的"完成学位行动"采用更加协商式的、分阶段的方法。该行动建议人们对招生录取进行周全的考虑，以学生和项目的契合度为基础，在头几年进行更加彻底与频繁的评估与咨询，提供合乎情理的财政支持。对于留住人员，这种以学生为中心的融合式手段与本书的总体方法相协调。不过，芝加哥大学的倡议行动也许为博士生教育中问责制的缺位提出了解决方案：我们不仅需要为其他诸多项目特征和结果负责，而且也要为辍学承担更多责任。

对于来自少数群体的成员，辍学构成了特定的威胁。芭芭拉·洛维特以数年的统计数据为基础，对辍学进行了研究，她写道，对于多样化的群体，"人们尤为关注更广的就业面，以及对现实问题的兴趣，因为女性和少数群体在互动和研究兴趣上往往有其风格，而这种风格与占主导地位的准则不一致，相比男性和多数群体的成员，在研究生项目中，他们的辍学率更高"。[45]

密歇根大学举办了"优秀学员暑期夏令营"（The Summer Institute for New Merit Fellows），该项目展示了高校能以灵活的方式提前招录优秀学生，并开展工作有效地吸引他们。[46] 作为一项多样性的倡议，"优秀学员暑期夏令营"与博士新生和艺术硕士研究生合作，在专业学科中，他们来自少数群体。该夏令营为期 8 周，在研究生读研第一学期开学前，每年暑期招收多达 50 名学生，在知识、专业以及社交方面，有助于参与者过渡至学位项目。6 月底开班，8 月中旬结课，该夏令营为以下课程招收研究员：（文科专业）高等语言研究预科、（社科专业）研究方法论课程、（科学专业和工程学专业）科学道德准则课程。在一周两次的研讨会和活动中，"优秀学员暑期夏令营"讨论各类议题，例如，研究生如何申请资助、职业规划、多样性和平权运动等议题，还讨论学术写作的基础知识。每位学生参与者都能获得补贴、健康保险和学费豁免。

"优秀学员暑期夏令营"由获得补贴的研究生协调员负责管理，一位教职工兼任教员协调员和项目导师。项目总监和历年"优秀学员暑期夏令营"的学生协调员组成委员会，通过正式的申请流程雇用研究生协调员，因此，人们延续了项目的历史。与之类似，教员协调员聘请其他教职工担任讨论辅助人员，在设计研讨会方面对员工进行指导，对"优秀学员暑期夏令营"学员提出建议，参加每周职工例会，促进与各院系的关系发展。

显而易见，密歇根大学"优秀学员暑期夏令营"项目结构合理，在某种程度上提升了有效性。该项目要求所有参与者都签署承诺书，例如，该项目要求在出勤方面做到始终如一（包括参加所有夏令营的会议），学生们的表现令人信服，此类承诺书就展现出成效。同时，在历任总监之中，该项目的模板创造了连续性。

就像我们此前所探讨的某种招生办法，顺利地留住人员，这具有从整体考虑的属性。学业有成的伙伴是威斯康星大学自发的多样性倡议行动，尤为清楚地展现出这种整体论。合作伙伴确定就读研究生的 6 个阶段，针对特定的焦点：招新、录取、学术发展、留住人员、退出项目以及作为毕业生，重新建立紧密关系。该项目从此处着手：让研究生院的有色人种新生和在校研究生进行搭配，也和一些教员和新近校友进行搭配，他们担任指导老师的角色。（指导老师接受专门的训练，定期碰面。很多参与该项目的学生后来成了指导老师，这显示出项目所产生的那种许诺。）在专业、社交和教育方面，该项目提供了网络，支持学生从本科生阶段过渡至研究生阶段。制订计划，包括每月一次的工作坊、正式的社交活动、非正式的社交活动以及集体大郊游，这有助于学生适应环境。博士生担任项目助理和协调员。

案例研究： 纽约城市大学研究生院如何正确地增强多样性

在最后这一部分，我们将仔细考察机构的案例研究，这可奉为楷模，对于多样性的群体，这一案例有机地结合了招生录取和人员保留。纽约城市大学研究生院的"人才工程学者项目"从本科生层面开始，一直到博士阶段。这一项目既节约又高效，实在不寻常，其范围从招生录取延伸至毕业就业。人们作出切实的努力，这让机构得以履行一所城市公立大学的使命——招收录取具多样性的研究生，满足伦理方面的使命。

在纽约城市大学，本科阶段的"人才工程学者项目"和研究生阶段的"人才工程学者项目"巧妙地链接起来。本科生项目招募有前途的学生，他们来自体系的很多分校，该项目使他们了解研究生院，从而有机会准备读研。这一理念不是那么着重于此：不论学生在获得本科学位后去哪里高就，都邀请这些学生（尽管有些获得奖学金的本科生的确这么做）参观纽约城市大学研究生院，为他们介绍背景信息，让他们参与培养计划。高校的研究生院包含文科和理科，研究生人才工程项目为其招收并录取多样性的候选人。对于这两个人才工程项目，人们所做的工作虽然互不相关，但有所联系，都设在研究生院教育机会和多样性项目中，涉及扩大服务范围、招生录取和保留人员。

赫尔曼·班尼特（Herman Bennett）是研究生中心的历史学教授，他创造了这种合二为一的结构。他的成就富有启发性。班尼特并没有创造任何新的项目，取而代之的是，他改变了现有项目的运营方式，这种做法增加了纽约城市大学多样性学生的数量。更重要的是，他的工作有助于改变众人对研究生院多样性的理解。

这两个人才工程项目最早是在20世纪90年代初期启动的，不过，多年来，表现一直不佳。班尼特在入职纽约城市大学后的第3年，就开始担任研究生院多样性项目执行主任。在他负责的6年中，一直到2019年，他整合了这两个项目，对其进行修改，充分释放了这两个项目的潜力。

赫尔曼·班尼特先从小事做起。他从其所在院系着手，培育被他称为"提供建议的文化"。这是他在院系中努力做的事。他表示："人们没有以恰当的方式培养学生。""因为我催促他们，他们才来找我。"他拿出自己的研究基金，将研究生送往国外的档案馆开展研究。"他们回到美国以后，就会和我谈谈此事。"[48]

赫尔曼·班尼特获邀担任研究生部多样性工作的负责人，当时，他能做的事情并不多。班尼特表示："办公室里空空荡荡的，他们把钥匙交给我，并对我说：'你需要雇用行政管理助理，为办公室配备工作人员。'"与此同时，班尼特还需要完成其日常的授课工作。

该项目原本只是空泛的外壳，因缺乏关照而半死不活。在整个纽约城市大学中，针对少数群体的候选人，人们仅仅设立了8项研究生奖学金基金。申请人需要报考纽约城市大学的一个博士生项目，然后吸引项目招生委员会的注意力。到那时，在8项多样性奖学金项目基金中，博士生项目才会提议候选人获得一项基金。事实上，纽约城市大学共有32个研究生项目，在班尼特负责研究生院多样性工作时，很多研究生项目从未招收过一名多样性的研究员。

赫尔曼·班尼特将这个原本有8个全额资助的奖学金项目，转变为提供18个名额的"额外奖励"的项目，即有18名学生在收到最初的录取通知之后，每年还能收到一万美元的奖励。这一转变不仅增加了那些获得多样性奖学金项目学生的人数，而且也有助于大学的招生工作。班尼特表示，"越来越多的学生开始递交申请，顺利入读项目"，纽约城市大学的研究生多样性获得了至关重要的一批人。在本科生层面，该项目的规模逐渐扩大，人们每年挑选30名主要来自少数群体的学生。

班尼特还为这两个人才工程项目设置了实质内容，展示出连贯性。例如，他为那些获得奖学金的学生每月安排一次集会，参加小型研讨会，专门用来完成职业发展的任务，比如，给他们安排撰稿的任务，发表文章。班尼特表示，"对于职业化的文化，这些会议会起到作用"，学生们从中得以了解其在学术职业中的位置，或者，更加宽泛地说，了解其在职业生涯中的位置。

这些会议也允许研究员定期彼此见面，这增强了他们之间的纽带。来自城市教育项目的博士生罗伯特·罗宾逊（Robert P. Robinson）表示："我感觉周围都是同事。这种感觉太好了。"西北大学（Northwestern University）人类学博士生艾希莉·阿巴索佳（Ashley Agbasoga）曾参加纽约城市大学本科生人才工程项目，她表示："我感觉这就是一个大家庭。"[49]

不足为奇的是，在这些获得研究奖学金的研究生当中，辍学再也不是问题了。班尼特表示："自从我加入了该项目，还没有一位研究生辍学。"

在本科层面的人才工程项目中，人们通过专业团队的服务来兑现承诺，把一个由30人组成的队伍带至纽约城市大学研究生院，带领他们进入修读研究生的圈子。本科生的项目体验跨度为一年多，从春季一直到下一年的秋季。在班尼特接管该项目之前，他表示，"就人们的经营而言，这是偶尔享用午餐的地方"，然而，"我们围绕暑期这一个核心，重新为项目确定了方向"。如今，在暑期，那些获得奖学金的本科生参加介绍研究生院相关项目的活动，这是为期6周的集约式活动。他们修读文科或社科课程（取决于他们的兴趣），以及研究生入学考试的预备课程。班尼特邀请专家们出席，他也和专家一起出席很多会议。从早上 9 点持续到下午 6 点，每一天都安排了丰富多彩的活动。他创立了一种做法——在暑期期间，与每位学生单独会面两到三次。

该项目向本科生免费供应早餐和午餐，他们一起就餐，这提升了团队精神。这些餐食也为那些学生补充了简单的营养，班尼特表示："绝大多数研究生的经济条件都不太好。"他回忆往事，当该项目开始提供餐食时，出勤率就会有所增长。"这提高了整体活力。"

有些研究生的经济状况不太好，这也要求人们对其他问题保持警惕。很多人才工程项目的参与者，家庭的年收入不足三万美元。很多研究生还负责贴补家用。甚至有些学生还是自食其力的未成年人。班尼特表示："每年，至少有一位学生无家可归。"研究生非常需要资金支持，然而，研究生院往往不会仔细思考这种情况，更别提预见这种情况。班尼特言简意赅地表示："我们竭尽全力做好本职工作。"（该项目向学生提供暑期津贴。）通过暑期的人才工程项目，学生们"充满了研究的热情，他们彼此结识，更加深入地了解自身的学业研究情况"。

这些纽带跨越了研究生和本科生的界限。人们将"本科生人才工程项目"的参与者和"研究生人才工程项目"的研究生参与者进行匹配，由研究生指导本科生，很多参与"研究生人才工程项目"的研究生参加暑期项目。伊桑·巴奈特（Ethan Barnett）曾参与纽约城市大学"人才工程项目"，如今是特拉华大学（University of Delaware）历史学系博士生，他说："也有相当多的同龄人相互指导。"研究生们之间相互指导，编辑对方的文章，反馈建议和意见，偶尔相互倾诉自己的研究经历。班尼特表示，通过这种方法，"学生们保持自身的文化"。很多"本科生人才工程项目"的参与者报考研究生院，尽管他们就读于美国各地高校，还是有不少人会申请报考纽约城市大学研究生院。

在这种文化中，研究生得以放松，不断进展。迈克尔·米拉（Michael Mena）参与了纽约城市大学人类学专业的博士生和人才工程项目，他表示："该项目给予我空间，我能自由地开展研究。"他说，如果没有这一项目，"我早就打道回府了"。瑟纳克·蒂瑟拉（Sheneque Tissera）曾参与本科生人才工程项目，她表示，该项目有助于她"理解我自己，以及需要做什么才能获得成功"。蒂瑟拉毕业时获得地理学硕士学位，并在娱乐业找到了一份工作，她认为该项目激励她"追寻梦想"。

这项工作意义重大，难以用语言来形容。一方面，这是非凡的例子，用班尼特的话来说，"亲自参加，竭尽所能地向他们提供资源"。另一方面，这创造了他所说的"多样性文化和包容性文化"。人们创造了这种"团队效应"，对于重要的多样性慈善倡议，这是重点，相比较于如梅隆基金会"梅斯本科生学者项目"，该项目为美国和国外很多高校的类似行动提供资金。[50] 在纽约城市大学，人们培育了一种被瑟纳克·蒂瑟拉称为"以学生为中心的文化"。

班尼特的工作可奉为楷模，为他所在的机构和所有的高等教育机构提供了反思的机会，"重新思考我们所说的公共利益是什么、什么是大学、那些来自少数群体的人们如何适应环境"，以及更深入地思考"他们何以成为其中的一分子"。

纽约城市大学的实例，还有我们在本章中所引证的其他实例，都表明招生录取不只是学生进入研究生院进行深造的门道。对教授和行政管理人员而言，这是不同种类的门道，不仅是要守卫（或把关）的门道，也是需要反思的门道。当我们思考如何进行招生录取时，我们就必须思考如何以更全面的方式管理研究生院。

在本章的最后，我们强调，人们需要发现各种假设，并对这些假设提出质疑。有些假设会以非常重要的程序被固定下来，并被人们奉为神明，例如，通过 GRE 考试来筛选考生就被人们当作金科玉律。因此，我们不禁要问：如何在考生申请的案例中体现教授们所考虑的重新修订博士生项目的内容？这是不同种类多样性的问题，包括知识、奖学金等方面。

5 PART
第五章

为研究生提供支持和
获得学位所需的时间

当前，评论家们对博士生教育的很多方面提出了批评，有些批评还很尖锐，主要指向以下三个确凿的事实：

（1）研究生获得博士学位的用时过长。

（2）没有为博士提供充足的教授岗位。

（3）前两个事实带来的必然结果：对于那些愿意勇敢挑战未来的学生，进入研究生院深造的代价不菲。

我们需要从两个方面来面对这三个事实。一方面，我们必须将这三个事实作为更大的整体的一部分来考虑，这个更大的整体就是研究生院所面对的更大的社会现实。另一方面，我们需要所有的利益相关者都参与。也就是说，教师、行政管理人员和研究生需要通力合作，齐心协力面对这三个事实。

圣母大学（University of Notre Dame）文学院前院长约翰·麦克利维（John McGreevy）表示，多年来，"人们一直秉持这样的观点：'可以接受'用七八年时间读研却在毕业后无法谋得学术岗位的事实"。[1] 这种信条正在改变，不过是在缓慢地改变。为此提供驱动力的各项事实几乎没有发生很大的变化。我们如何才能构建这种研究生项目？研究生无须承担巨大的机会成本或大量的债务，就能在人到中年之前顺利获得博士学位，而与此同时，在他们顺利毕业之前，我们确保他们已经做好充分的准备去谋求各种各样的职业（包括谋求学术界的工作岗位）。

这些问题的紧迫性实质上可以归结为伦理问题。如果我们没有传授给研究生一些有用的知识和本领，那么我们就无权要求研究生用近 10 年的时间来读研，或者根本无权占用他们的时间。很久以前，"研究生院存在的目的是什么"这一问题有简单的答案：攻读研究生学位是学术见习期。博士生付出几年时间（结果证明当时的用时比现在要短），接受特定的学术训练，期望获得进入教授岗位轨道的通行证。

然而，这种类似福利的条件持续时间很短暂，只有第二次世界大战以后的那一代人享受过这样的福利。此后，人们不再将攻读研究生学位视作合情合理的见习期。获得博士学位再也无法确保顺利获得教授系列岗位的工作，不能确保享受优渥的福利待遇，甚至根本无法确保获得任何具体的东西，2019 年爆发的新冠疫情只会恶化这种格局。"攻读研究生学位是学术见习期"这个模式不再奏效了，这就部分造成了研究生劳工运动的兴起——人们对此也能充分理解，因为如果研究生不是学徒，那么他们就不得不成为劳工，而劳工享有劳动权益。研究生院的各种目标已经变得更加错综复杂，我们早就应该为研究生院勾勒出具体的轮廓，从而满足各种复杂的目标。我们必须尽快加强教学法培训，唯有如此，才能有利于研究生的发展，有利于研究生教育的发展。

完成学位的用时——明智的日程安排

在美国，人们普遍预期需要 4 年时间才能获得大学本科文凭。不只是教师和行政管理人员有这样的预期，连（尤其是）学生及其家长也都有这样的预期。然而，如果各本科生项目不遵守那一准则，那么我们应该怎么办？如果各院系只为本科生罗列出所有需要完成的目标，并假设教授认为在本科生获得足够多的成就之后，各院系就会为该本科生授予文凭，我们应该怎么办？如果出现这种情况，那么需要 8 至 10 年时间才能获得大学本科文凭，很难想象本科生及其家长会容忍这一点。然而，事实上，这就是我们对博士学位的做法。我们先从此处着手。

获得博士学位需要花费数年漫长的时间，这本身就十分荒唐，需要付出很高的代价，导致出现这一问题的原因有很多方面。完成学位的预期用时变得越来越模糊，而对于学业有成的要求却成倍增加。或许，最令人担忧的是我们需要越来越多的研究生，这已经成为一种致命的惰性，好像博士学位是学习和研究的最后阶段，而不是将人们引向远方的一个中间站。

如果某些学术岗位的前景最糟糕，那么在这些领域中攻读博士学位的用时最长，这也是不争的事实。在历史学和英语等学科中，一般只有少数博士学位获得者才能最终获得研究型大学或学院的终身教职系列的岗位。有所拖延的进展引出了另一个问题：如果研究生找不到工作，那他们为什么还要毕业呢？

然而，如果人们鼓励博士生以不同的方式施展他们的能力，如果教授奖励那些并没有按照其意愿在学校工作，却在非学术岗位上发展得风生水起的研究生，那么博士生就会有很多就职的地方。对于社会阶层，这是安全的，而在经济和职业方面，这是底层的工作岗位，如果研究生预计要奔赴下一个地方，他们将不愿意在这种社会阶层中逗留。如果人们以不同的方式设想研究生院，并与高校就业中心、校友办公室、各地区组织和商业机构进行合作，那么会有助于他们设计出能带领自己抵达所选择的目的地的地图。

即使以最为保守的方式计算攻读学位的用时（与最初的硕士学位相比，研究生积极参与博士生项目的实际用时），我们就会得出令人苦恼的结果。大部分数据表明，通常需要 8 年时间才能获得人文学科的博士学位，需要 6 至 7 年时间才能获得理科的博士学位。然而，众所周知，科学工作者在博士后阶段还面临一段不确定的时间。在神经科学领域中，博士后阶段"扩展到 4 至 5 年"。[2] 对很多科学家来说，依靠"软资金"生活的博士后就类似于人文学科和具有人文学科属性的社会学科中的职业科研助理。然而，即使不读博士后，截至 2014 年，人文学科研究生的平均年龄是 34.2 岁，毋庸置疑，这是世界上最漫长的一段青春期。[3]

获得博士学位所需要的时间给研究生们带来压力。我们建议，这也应该给教授和行政管理人员带来压力。此外，人们很容易忽视，对于那些根本不想考研的人来说，完成学位的用时也很重要。如果完成博士学位要花这么长的时间，很多学生，特别那些是不太富裕的学生，从一开始就会对考研感到泄气。路易斯·梅南德写道："这导致新生的知识面和多样性越来越狭隘。"这种局面本身就很糟糕，然而，正如路易斯·梅南德所说，这种糟糕的局面还在不断每况愈下，因为人们缺乏智识上的多元性，这就扩大了学界与"非学界知识分子"之间"在哲学与态度方面的代沟"，因此，在国家层面，影响了市民和大学师生对此问题的看法，因为这种问题激发了公众对高等教育深层次的误解和嘲讽。[4] 因此，获得博士学位的用时并不是一个小问题。这也影响每一位关心研究生院的人。

因为学术工作岗位的期限问题，以及在高校里的知识分子普遍不太愿意在学术界以外的领域里发挥作用，所以，针对那些少量的学术工作岗位而展开的竞争非常激烈，几乎到了难以容忍的程度。结果，我们目睹了人们对博士生提出越来越高的要求，例如，要求他们在校期间就发表论文，而不是要求他们直接为完成学业和顺利毕业而努力。换言之，他们的青春期有所拖延，这很荒唐，并导致在经济和情感方面给研究生带来了重重压力，这种局势的恶化程度大得多。

我们意识到，我们在本书中极力建议需要的一些调整有可能会增加更多的要求，导致延长攻读博士学位的时间。然而，事实上，我们的目标是缩短攻读学位的用时，为研究生在读研期间提供财政支持，减轻他们在生理、心理和经济上的压力。我们后面会讨论教授们的职责，不过，我们先讨论如何鼓励研究生对自己的学业和研究负责。

软硬兼施的平衡是缩短攻读学位用时的核心，然而，令人惊讶的是，这种平衡被证明涉及方方面面。首先，关于攻读学位用时，即使我们资金充沛，我们也不能只考虑投入资金的问题。一段时间以来，我们就明白了这一点。1967 年创立的福特基金会研究生项目为那些处于研究后期的研究生提供可观的补贴。其目标是鼓励研究生加快研究进程，缩短获得学位的用时。然而，其效果却适得其反。那些获得补贴的研究生并没有加快研究，尽快毕业，却待在学校里做更多的研究，延迟毕业。该项目进行了 7 年后就停止了。[5]

与之类似，梅隆基金会"研究生教育项目"获得了充裕的资金（我们已在第一章中介绍了具体情况），旨在缩短攻读学位的用时。然而，该项目也没有取得成效。一些重要的发现确实由此而生，例如，"显而易见，那些获得学位速度较慢的研究生所发表的论文非常少"，"成功找到学术工作岗位的研究生也少"。[6]乍一看，这一研究表明，在论文发表方面的"军备竞赛"可能不会大幅延长攻读学位的用时；这一结果似乎与常识相悖。然而，我们建议，梅隆基金会项目所展示出来的各种结果表明：如果各项目鼓励研究生及时完成学业，就会给研究生灌输科班出身而活力四射的观念，从而带来高质量的学术工作。从这一发现中，人们得出一般性的结论，这将回避这一明显的事实，即梅隆基金会的研究仅仅涉及这些项目——在资助研究生方面，它比大多数项目都更为宽宏大量。

显而易见，无论研究生是否发表文章，确保他们尽快顺利毕业应该与财政支持挂钩。问题是如何才能做到这一点？自从梅隆基金会"研究生教育项目"产生了令人失望的结果，其他一些实例表明：实际上，财政上的奖励有助于缩短攻读学位的用时，不过，只有把资金当作刺激措施时，才会获得这种效果。约翰·亚当斯（John Adams）在担任明尼苏达大学（University of Minnesota）地理系主任期间，该系为研究生引入了三个层次的津贴，分别针对新生、硕士学位获得者以及准博士（ABD）[①]。约翰·亚当斯表示："这三个层次的津贴之间的差异不太显著，不过，对研究生而言，各层次的津贴额之悬殊是重要的促进因素。"[7]

布兰迪斯大学（Brandeis University）在导师、学生和高校之间采用契约式的协议，这是"完成学位论文学者项目"的一部分。此类学者基金也由梅隆基金会提供资助，在最后一年，提供一大笔补贴，并免除授课任务，不过，还是有重要的差异，在研究生收到第一笔资助之前，他们需要签署合约，郑重承诺将在一年内完成所有的学位要求。其结果是鼓舞人心的：研究生遵守合约的各项条款，及时完成所有的学位要求。[8]

奖励也可以采取这种形式：以另一种资助方式，再向研究生提供一两年的支持。圣母大学软硬兼施，采用混合法，称之为"5+1项目"。"软措施"指的是，如果这些研究生在 5 年内顺利毕业，那么他们能获得额外一年的全额资助，享有固定收入和相关福利。"硬措施"指的是，如果研究生无法在 5 年内顺利毕业，那么就需要通过申请才能获得第 6 年的资助。圣母大学不确保每一位申请人都能获得第 6 年的资助。（在本章稍后的部分，我们将更加详尽地探讨圣母大学的实例。）在范德比尔特大学（Vanderbilt University），如果有研究生能在 5 年内顺利毕业，那么校方将向该生提供为期一年的全职讲师岗位。加州大学欧文分校的"5+2项目"也由梅隆基金会提供资金，如果有研究生能在 5 年内顺利获得学位，那么学校就聘请

---

① 准博士（all but dissertation，缩写为 ABD）：指已完成必修课程及考试但尚未提交论文的博士生。——译者注

该研究生能担任实验助理教授（比如，主要工作任务是授课），任期两年。[9]

通过这些战略性的奖励措施，虽然各研究生项目在效能方面有所突破，但是费解的决策依旧存在：要使研究生加快完成学业从而顺利获得学位，人们应该根除或精简当前的哪些要求和做法？在学界，相比做减法，加量加码要容易得多，可是，研究生项目能控制的内容有其上限，尤其是研究生在生活中能承担的内容有其上限。在此，我们回到贯穿本书的一个主题：各研究生项目反思其做法。在这些方面，不妨想一想每个研究生项目的相关要求：研究生项目的重要意义是什么？需要研究生投入多少时间？需要教授开展多少工作？这种回顾可能导致废除研究生项目的一些环节，也可能会保持现状。更有可能的是，这种回顾将鼓励人们以不同的、更加高效的方式获得相同的结果。

改革者和墨守成规者经常对"攻读学位的用时"这一议题展开辩论。乔治·沃克尔是卡内基基金会"博士学位倡议项目"的撰稿人，他呼吁人们关注这一事实：对于入门级学术岗位，其标准历经风云变化。他表示："25年前，判断博士毕业生的黄金准则有可能是他们具有显著的研究生产力。如今，各个张贴的岗位可能要求他们在授课领域有'被证实的成功经验''发表文章的经历'和'展示各项技能'。"[10]早在二三十年前，乔治·沃克尔就写下这些话语。自那时起，由于谋取学术岗位的难度不断加大，人们为各研究生项目增添"新元素"，然而，人们很少为了给"新元素"腾出空间而删去旧元素。此前，对研究生的要求是看到研究生所展示的潜力就同意他们毕业了，然而，如今对研究生的要求是他们需要获得越来越多的成就，殊不知要取得成就谈何容易，肯定需要长年累月的研究积累才行。

显而易见，博士学位项目用时过长，机构院所和个人的成本（包括机会成本）过高，可能将会迫使那些有才干的研究生望而却步，放弃攻读博士学位。化学家阿尔文·奎拉姆（Alvin Kwiram）命名了"创造之窗"[11]，科学家们终于可以提出其自身的研究计划，这也缩短了"创造之窗"的用时。面对这样的现实，路易斯·梅南德鼓励开展为期3年的博士生项目，在非科学领域，用已发表的文章代替博士学位论文。阿尔文·奎拉姆指出，"在英国，人们期望研究生在3年内就能顺利完成博士学位项目"，只是万不得已才不得不破例；然而，在德国，研究生普遍需要3年时间才能掌握相当于硕士学位的研究，因此，总共需要5年才能获得博士学位。[12]暗含之意是美国可以效仿它们的做法。

然而，很多教授认为非常有必要明确规定各研究生项目的具体要求。我们要求，各研究生项目应该考虑此类实际事项：研究生在生活中的资金问题以及按时取得学术进展的问题。在此，我们希望在道德层面开展深入的思考。研究生投入时间，对教授们有所期待，一旦研究生付出时间便无法收回。教授们在为研究生项目招收新生时，他们需要承担责任，不能辜负学生们的信任。显而易见，实际的关切不仅对研究生很重要，而且应该对研究生导师也很重要。

梅隆基金会"研究生教育项目"的研究员终于听从教授们的意见，承认教授们只是没有将攻读学位的用时视作重要的关注点。他们得出结论："人们强调'快速获得'学位，这可能因其教职工的抵制，他们在研究生教育中的过程中发挥核心的作用。"[13]"快速获得"学位是梅隆基金会"研究生教育项目"的目标，人们早在该项目启动的6年前就提出了该目标。耗时6年才能获得博士学位是常态，这应该看起来是根本的问题，这一事实表明，局势变得非常极端——而且一直如此。在刚开始，梅隆基金会"研究生教育项目"的研究员赞成"为了取得令人满意的进展，需要提供奖励方案和设置截止时间"。他们认为："比起那些快速获得学位的研究生，（约占样本的一半）那些用8年时间甚至更久的时间才能获得博士学位的研究生，更不可能在终身教职序列岗位获得工作。"[14]

人们以客观的散文体呈现梅隆基金会研究的这些发现，这些发现依然很犀利。加快完成学业的速度对研究生有所帮助。我们希望这些发现能使机构院所准备好面对人们抵制加快修读速度的事实。对于那些将成为看守人的人，他们保护专业学科的完整性，如果两手空空，他们可能发现严重破坏其可行性的情况。这种理想主义未经审视，使得各项职业失去了有天分的申请人，而对于依然受其吸引的那些人则造成了伤害。

对于缩短攻读博士学位的用时，梅隆基金会研究员确定了三个最为重要的因素：明确的项目目标、更好的导学关系、结合及时取得学术进展而考虑更多的经济支持。[15]在缩短攻读博士学位用时这一方面，可能不会在"研究生教育项目"的目标项目中取得成效，不过，我们相信失利的原因是研究生项目不赞成这些指导原则，而梅隆基金会缺乏执行机制。换言之，虽然这些理念很好，但是都没有落实到位。在布兰迪斯大学、范德比尔特大学、圣母大学和加州大学欧文分校，其中一些高校也得到了梅隆基金会的支持，近期得出的结果表明有一些可能的、前行的途径。

对于缩短攻读博士学位的用时，还有人建议精简博士学位论文之前的各项考试。各研究生项目的做法要么是通过暑期课程来为研究生做好准备，要么是明确要求将博士学位论文简介作为考试的一部分。（在第六章"完善课程体系和评估考试"，我们将更深入地考虑这些选择。）

毋庸置疑，并非每一位研究生都能获得博士学位。在本书的其他部分（参见第四章），我们需要充分考虑限制分流退出所采取的方式，从而达到可以接受的程度。不过，教育工作者也需要关注那些实际上未能获得博士学位的研究生，从这些研究生的经历中汲取教训。

一些人建议最终获得硕士学位后去社会谋求工作也能作为分流退出的一个选

择。这比听上去的更为复杂。一方面，很多文科和理科领域里的硕士学位并没有明确的目标，还有很多高校已经完全淘汰了硕士学位。一些经济状况不太好的研究生院，开设了包括国际政治、经济发展、保健伦理等专业的硕士学位，设法寻求各种赚钱的机会。我们相信，只要文科和理科的硕士学位有所进展，那么读硕士便是值得的。这指的是，硕士学位必须对研究生有价值，不能仅仅使研究生毕业就万事大吉了。

如果硕士学位有某种含义或含有用途明确的证书，那么一些博士生可能会选择以硕士的身份退出博士项目。大部分领域都缺少这两种属性，我们对博士学位有所疏忽，令人难过的是，这一事实就是疏忽的后果。从历史的角度来看，博士项目的发展是以硕士项目的发展为代价的。我们长期诋毁硕士学位，导致现在要开展修复工作会遇到很多困难。[16]

然而，各个理科领域里的专业硕士项目被证明是有吸引力的、成效显著的。鉴于人们着重强调职业的多样性，高度重视这一目标——在民族和种族方面，研究生群体是多样的，对于人文学科和社会学科以职业性为方向的硕士学位，人们也加以考虑，这是特别有道理的。我们承认，这将是漫长而乏味的工作，因为导师和研究生历来开展了大量的工作，却使之成为不毛之地。然而，恢复可行的硕士学位是一个值得努力的目标，硕士学位可能在为博士生和硕士生创造更好的结果方面需要我们共同努力，承担起应有的责任。

非科学领域的专业硕士学位要求人们进行仔细的设计，最有可能的是，要求各基金会提供支持，为启动项目做准备。[17]此类项目将不得不以研究生的学费为收入来源（在那一层面上，不太可能利用学者基金），因此，对于那些获得学位的研究生，专业硕士学位肯定是有价值的。对于在理科启动专业硕士学位，需要教授们和用人单位开会讨论，最后就研究生应当有哪种培养计划达成共识。在非科学领域，专业硕士学位将不得不采取同样的做法。在非科学领域，硕士专业学位应当包括某种实习，强调其在职业方面的地位。我们将在第九章中更深入地考虑这种前景。

职业发展终将使各议题联合起来。不论研究生求学是为了获得硕士学位或博士学位，还是为了日后进入教授岗位系列或从事不同的职业，各研究生项目为研究生今后可能面对的各种结果作出准备，在一段合情合理、承担责任的期间，我们不得不进行这项工作。

那么，这项工作有哪些要点呢？我们建议，在研究生项目的各项要求方面要做到思路清晰，包括设立活动时间表，维持相关资助标准，为鼓励研究生顺利完成学业提供相应的资助。为研究生提供暑期津贴和实习活动都十分重要，还要为研究生持续不断地提供相关主题的指导。在本章的最后一部分，我们将更加全面地展示如何为提供研究生支持。

我们先展示一项案例，供大家讨论。

圣母大学的"5+1 项目"

圣母大学的实例值得关注，因为该校正努力营造一种尽快完成博士项目的文化。我们之前已经讲过，圣母大学对那些能够在 5 年内获得博士学位的博士生提供额外一年的资金支持。如果有博士生未能在 5 年内顺利获得博士学位，那么他就必须为第 6 年的研究申请资助，他有可能获得此项资助，也有可能无法获得资助。

我们仔细考察这种软硬兼施的混合法。警告或处罚研究生并不能使他们取得学术进展，已有例子表明，导师和行政管理人员也不愿意一步步提高惩罚力度。看到那些研究生投入了那么多的汗水和心血，现在却一筹莫展，谁还真的忍心开除他们呢？最好是尽力帮助他们，为他们提供真正的激励措施。

时任圣母大学文学院院长约翰·麦克利维负责该校的"5+1 项目"，他就是以这种方式解决了相关问题。"5+1 项目"推动了以教学法为基础的解决方案。每所研究生院都会面临一项最令人气恼的难题，还会面临我们所说的教育方面的难题、伦理方面的难题，为了应对这些难题，这是有前途的做法，值得尝试。

我们也讲述了范德比尔特大学和加州大学欧文分校都设有为提前完成学业的研究生提供激励措施的项目。总体上讲，我们赞成激励措施的模型；人们采取了为数不多的策略，该模型是其中一项，这显示出这样的迹象：攻读学位的用时是难以对付的数据，应当让这些数据稍作改变。对于圣母大学的做法，有别于他者之处是使职业发展享有特权。当然，多提供一年的补贴很重要，但更为关键的是，圣母大学同意研究生在这一年开展职业发展的工作，允许研究生减少授课量，并为每一名研究生提供专项职业发展预算。

当时，在圣母大学所提供额外的一年时间并不完全是让博士生开展授课工作，而是鼓励即将毕业的博士思考未来。如果即将毕业的博士考虑不在学术界谋求工作岗位，那么在校外开展实习也能替代半年的授课工作，他们也可以在另外一个城市或国家开展实习。研究生在实践这些可代替的选项时，可以同时申请学术岗位。我们的目标是创造条件使研究生顺利获得博士学位，而不是为他们设置各种"拦路虎"，导致他们无法顺利获得博士学位。

圣母大学的项目因其有机统一而不同凡响。从研究生的入读时间开始计算，所有文科和理科专业研究生必须在 5 年内完成项目的各项要求。高校研究生适应社会生活，期望在 5 年内顺利获得学位，教员也朝着这一目标进行授课。"5+1 项目"

的目标是面向所有学生，而不仅仅是面向那些出类拔萃的学生或提前完成学业的学生。麦克利维认为，院系的指导性问题是："如果学生比较优秀，但没有出类拔萃，那么人们设立该项目是否能使他们在 5 年内顺利获得学位？"

对于为期 5 年的学位项目，首先，人们每年为研究生提供一揽子资金支持，一次将 12 个月的资金发放到位，而不仅仅是一年发放 9 个月的资金。理科研究生普遍能获得一年 12 个月的财政支持，而文科和人文社科研究生则不一定能这么幸运了。然而，梅隆基金会"研究生教育项目"的研究员对其重要性予以强调。如果入读研究生院是有时间限制的，研究生需要将注意力集中于完成目标，那么研究生项目就必须使他们心无旁骛地开展研究，而不是花费大量时间去竞争申请每年的暑期津贴。尤其值得一提的是，如果研究生需要训练掌握熟练的语言能力，那么 12 个月的资金支持会有所帮助。为了开展这项工作，研究生一般使用暑期的资金支持。

五年制的博士生项目不仅要求研究生绷紧"学术研究进展"这根弦，也要求研究生导师许下承诺。圣母大学的"5+1 项目"中，最重要的因素是研究生导师的承诺：记录研究生所取得的进展，以及在研究生申请获得学位的过程中，帮助他们达到基准点。圣母大学的研究生项目旨在让研究生在抵达终点后，及时进入博士学位论文的环节。麦克利维说："我们为这项工作做了大量的计划工作。"

圣母大学在明确实施"5+1 项目"之前，要求各院系反思博士学位论文之前的各项要求。麦克利维表示，他们尤其关注课程体系，开展试点工作，以轮作的形式安排一系列课程，将各门课程有机结合起来。对于涉及领域广泛的议题（比如，一门关于殖民主义的课程，而不是一门关于某个特定国家的殖民时期研究的课程），有的院系也鼓励小组授课。

2016 年，圣母大学正式创立"5+1 项目"。在此项目的规划阶段，院长办公室要求各研究生项目检查综合考试所在学年期间的各项要求，包括研究生需要开展的授课活动。一些院系重新思考综合考试的结构。综合考试要求涉及一些领域，英语系和历史学系减少了这些领域的数量。与此同时，英语系和历史学系特别增加了一个领域，与研究生所提出的博士学位论文主题有关，还与另一个以授课为基础的部分有关，候选人展示教学大纲，然后为此申请答辩。

五年制学位的最后一个环节最关键，因为这个环节包含博士学位论文。近些年来，美国历史学系对学位论文的形态和范围进行了辩论。我们尤为感兴趣的是：圣母大学历史学系如何应对各项挑战。历史学系主任帕特里克·格里芬（Patrick Griffin）表示，解决办法"非常简单"，只不过要求却很高。[18]

格里芬表示："我们的工作是教导研究生如何做事。"在每一名研究生的修读过程中，项目聚焦"几个少数的关键环节"。"首先，研究生完成学位论文计划书，为此申请论文答辩。我们严格控制此环节的截止日期。"（研究生应于读研的第 3 年

10 月份之前提交学位论文计划书。）格里芬表示："在此之前，我们将集中关注如何开展研究工作。"研究生"先从图书馆着手，因此，到档案馆收集相关的研究文献就最有可能获得预期的效果"。格里芬表示，接下来的工作是培养研究生"从研究环节过渡至写作环节"。他表示，"甚至在研究生觉得对此做好准备之前"，教授鼓励研究生进行写作，因为那项策略避免了完美主义易犯的错误，"让他们尽早开始思考宽泛的主题和陈述结构"。

格里芬表示："我们也告诉研究生需要每天都进行写作训练。""研究生导师让研究生明白，基于每天所需要完成的页数和字数，研究生必须承担责任，这种训练让他们在整个职业生涯中都立于不错的境地。"对研究生而言，所有这些技能训练未必是显而易见的。格里芬说："他们觉得有无穷无尽的时间，能顺利完成这些实际的目标。"

在历史学系博士生准备在截止时间前撰写学位论文的相关章节和草稿的过程中，以及在关键的第 5 年里，导师们都提供全过程的指导。格里芬表示："这表明导师们不得不加大指导研究生的力度。"我们之所以详细叙述各院系如何对博士学位论文提供指导，就是为了让研究生在第 5 年前完成博士学位论文，这至关重要，还因为这不同于导师那些惯常的、单一的做法。（在第七章中，我们将对这一议题进行更加详尽的讨论：研究生导师如何单独指导研究生。）

想一想，格里芬在其描述中一直重复"我们"。当教授们合作开发一门指导课程，研究生对于他们所需要做的事，以更为连贯的方式学深悟透。在文科院校中，很少看见一群教师展开合作，然而，在高校中，特别是在研究生层面，这更是少之又少。人们把研究生院想得理想化，认为对研究生而言，这是利己主义的深造（他们为自己设计专门的项目），对研究生导师来说，这也是利己主义的传道授业（他们指导"自己的"研究生），那种稀缺性源于此。只以自己所在的狭小的研究领域为出发点的思考指的是知识分子在孤立的状态下努力工作，而他所做的事在各个方面都应该是共同的使命，总体上讲，这种思考会伤害研究生院，损毁高校的形象。人们对教授群体形成了连贯意识，这有利于研究生，也有利于全体人员。

圣母大学通过"5+1 项目"使得研究生院的"学院因素"成为引人注目的地方。"5+1 项目"不仅仅依靠制定截止时间，还要求教授们主动联系学生，为他们提供指导，而非等待研究生主动到教授办公室请教。毋庸置疑，圣母大学财力雄厚。（就每位研究生得到的赞助而言，圣母大学位列全美前 25 名。）机构的财富当然对构建这种模型有所帮助。可是，与其说项目的价值依赖于金钱，不如说项目的价值依赖于态度。不同于其他竞争高校的研究生项目，圣母大学的"5+1 项目"积极承诺导师必须为研究生开展系统的授课。如果我们希望研究生早点完成学业，那么必须改进教学。如果我们携手处理这项任务，那么就能优化这项工作。

毋庸置疑，圣母大学的"5+1项目"并非完美无缺。圣母大学在没有事先征求研究生的意见的情况下，就设计了"5+1项目"，并突然在全校推行。圣母大学的行政管理人员热衷于以最快的速度推出该项目，导致有些研究生产生了焦虑的情绪，甚至心怀愤慨。圣母大学在录取研究生时采用的是一种体制，校方却临时改用另一种体制，这种做法本身就缺乏透明性，而且变化速度过快，最后导致出现了原本可以避免的摩擦。

圣母大学的"5+1项目"一个令人担忧的问题是该项目实行"一刀切"政策。这指的是，对于不同专业的要求，对于专业中不同领域的要求，"5+1项目"一视同仁。例如，相比当代英国历史学系的学生，研究中世纪的学生（在圣母大学和其他罗马天主教的高校，通常是主要的专长）需要多掌握几门语言——不过，两者都属于"5+1项目"。（这一区别可能是招生录取的后果：如果攻读中世纪专业的研究生不得不在5年内顺利毕业，那么，圣母大学可能不得不考虑只为项目招收掌握几门语言的学生，圣母大学可能不那么愿意冒险招收一名对研究更有兴趣却准备不太充分的申请人。）

有些研究生可能会选择几类博士学位论文的主题，那么要在5年内顺利毕业的压力就可能对他们产生影响。人们应该鼓励研究生写篇幅很长的博士学位论文吗？可能如此，也可能不是这样，不过，在圣母大学这样的高校，"5+1项目"的截止日期固定不变，这将使研究生很难达到这个标准。人们从这些关键点转入研究生支持这一主题，接下来，我们将对此加以考虑。

研究生支持：答案不仅是金钱，那究竟是什么问题？

当我们讨论对研究生进行支持的工作，我们需要先讨论金钱。文科和理科的博士生项目在招收新生时，通常会在录取通知中附有财务援助，包含奖学金、授课活动、研究助教奖学金以及保健降费等一揽子福利。显而易见，很多机构院所一直都缺少资金，这个难题由来已久。

我们讨论研究生支持，不妨先讨论这个假设：研究生项目应该为研究生们提供足够的资金，确保他们在修读期间能合理地生活。更确切地说，在一段时间内，研究生应该获得一定程度的财务支持，能顺利支付攻读学位期间的各项费用。研究生支持应当是足够的资金，让研究生们得以体面地生活，不自私吝啬，不背负债务。文科和理科的研究生往往不会努力追寻这种岗位：在不费力的情况下，能让他们偿清大量的学生贷款。我们为研究生的津贴设定水准，使研究生们得以避免一开始就进行借贷。（原文注：2008年，经济衰退导致了失业型经济复苏，学术界也不例外，自此，在此后的 10 年中，人们为一整批学生提供全额资助，这种做法变得更为常见。在 2008 年之前的几年时间里，梅隆"研究生教育项目"的研究员说，此类支持可能吸引那些有才干的学生，入读研究生项目，改善他们读研期间的生活，"但相比他们的同学，在完成率方面，那些获得奖学金项目的学生并没有明显的、出色的表现，他们也没有大幅缩短攻读学位的用时"。梅隆"研究生教育项目"的研究员表示："人们为学生提供有担保的资金支持，相比不提供担保时的情况，学生修读的时间更长，在更接近终点时退出项目。"该项行动原本希望为那些经遴选后确定的项目提供资助，其条件是"顺利完成学位要求的相关环节"，不过，这种情况从未出现。在这些年代，我们也许将梅隆基金会的发现视作指示："在没有更多的规划和项目改革的情况下，机构提供更多的财政支持，只能作为进行招新的一种方法，并不太划算。"）

所有博士生都应当获得这种财政保障。人们不指望文科和理科的博士生项目实现盈利，至少在学术界，一般来说，人们普遍这么认为。博士生项目是校方对自身以及对研究生们的投入。（硕士学位项目是另一回事；我们将在本章的后面部分以及第九章"学位的本质和目标"中，继续讨论硕士学位项目。）

研究生通过可见的、有价值的形式体现了这种投资的价值。在修读研究生项目期间，在他们所及之处，研究生代表高校，更重要的是，研究生毕业之后也以校友的身份代表学校。研究生们要求校方提供的财政支持达到基线水准。在此，我们无法提供具体的财务支持细节。生活成本因地制宜，因时而异，差异悬殊。我们呼吁各研究生项目在分配资金方面能达到这一标准：在颇具挑战的时代中，该标准能反映出博士生的使命的难度、用时和不确定性。

正如我们在有关招生录取的第四章中探讨的，对于文科和理科的博士生，人们普遍缩小其规模，博士生项目录取的人数有所减少，总体上讲，这提高了对他们的支持水准。然而，做了这些工作就有用了吗？

对于大部分项目，答案似乎是还不够用。对研究生的资金支持因校而异，不同领域各不相同，差别很大，不过，考虑到攻读学位的用时，对研究生的资金支持依旧很少——文科和人文社科的研究生为了自力更生，在授课上的工作量对学位用时有所影响。

虽然补贴有所增加，却并非总是随着生活成本的上涨而提高。我们此前提到，哥伦比亚大学英语系主任从一项针对研究生的调查中获悉，他所在的英语系考虑为研究生提供全额资助。这些研究生中的大多数人为了自食其力，需要到校外打工挣钱，这令英语系主任感到惊讶。此外，研究生像本科生那样申请贷款用于攻读学位。为了读研，研究生平均贷款 2.5 万美元，然而，他们在获得研究生学位后未必能谋取所期望的岗位。[20] 此外，在高校中，为研究生提供医疗保险需要庞大的预算，这导致各高校财政预算出现了极为紧张的情况。研究生失去了福利待遇，我们竟然几乎不对此好奇：研究生为了顺利获得津贴，不得不开始认真地投身于劳工的激进主义。[21]

集中管理财务支持如何能带来这一结果——考虑周全的研究生支持，对此，圣路易斯华盛顿大学的研究生资助项目提供了优秀的范例。对于入读华盛顿大学博士生项目的所有研究生，只要他们在学术方面进展顺利，就能获得某种补贴支持（奖学金或助理补贴），最长高达 6 年。教授们意念坚定地致力于这种方法，因为在华盛顿大学，招收研究生新生的情况与在校博士生的毕业率挂钩。

核心权力部门（研究生院）为各项目分配资源，这是研究生资助计划的关键。每年，各项目招收研究生的总数以此为基础：针对研究生，为学费豁免和补贴而分配的资金。每年，对于当年所需的助教，各院系上报要求，并以书面形式陈述人数较上年增长的理由。然后，根据学科和市场的标准，人们为院系分配资源；在项目层面，人们处理雇用这一流程，为研究生安排具体的工作岗位。（原文注：研究生院实行集中管理，授权院长开展具体工作，这对各项目的质量以及研究生的福祉是至关重要的，这仅仅是一个实例。）

谈到为研究生提供资金，理科有其具体的议题，和非实验室学科的那些议题有所不同，我们在此处暂停一下，先讨论一般意义上科学学位项目的收支情况。

博士生项目发展最快的领域是科学和工程学。自 2002 年到 2012 年，其他领域的招生人数略有下降（降幅为 1.5%），而科学和工程学领域的招生人数则增长了45%。如今，在美国，每年在所有博士学位的获得者中，科学和工程学的学生占比约为 70%。他们的项目和其他领域的那些项目很相像，因为这些项目主要是以教授为中心，然而，这些项目不太依赖机构的基础设施。[23]

理科研究生所获得的资助大大多于人文学科或具有人文社科性质的社会学科的研究生所获得的资助，很多理科的资金来自校外单位，包括研究助理、训练基金、公立或私营学者项目等形式。人们对外单位的支持有需求，通常，这对实验室科学中项目的具体设计起一些作用，在某些方面决定了项目的具体设计。在这些领域中，实验室是研究生就读体验的中心。一般而言，实验室科学的博士生教育以某种课程的准备工作为特色，但在大多数情况下，以学徒型的研究体验为特色，由一位教授进行指导，该教授负责运营研究生在很早时加入的实验室。某位研究生一旦加入某位教授的实验室，该教授（后来成为该研究生的导师）就通过实验室的预算为该生提供补贴。作为同样的经济逻辑的一部分，这名研究生随后的研究工作就与那位教授的研究兴趣息息相关了。

校方为实验室提供一部分预算，不过，在运营方面，项目要求要有拨款，教员总监将很大一部分时间用于申请津贴，这引人注目。在人们可以获得的津贴中，数量最多的是研究基金——这指的是为特定的科学项目提供拨款。对比之下，使学生能优先探索自己的研究问题和学习的培训基金少之又少。在此前的章节中，我们探讨了研究基金的数量大大超过培训基金的数量，这是科学领域研究生教育没有获得改进的一个缩影。

在科学领域的研究生教育中，人们往往事后想起来进行授课。在研究基金支持方面，如果科学领域的学生无法获得研究基金的资助，那么只能通过授课来自给自足，人们将此视作安慰奖。结果导致人们不太重视教学法训练。（我们将在后面的第八章中更深入地讨论这一议题。）在申请校外单位的津贴支持方面，竞争越来越激烈，比以往任何时候都难分胜负，加剧了长期存在的问题：绝大多数理科研究生依靠担任研究助理来支付读研期间的费用。

理科研究生为获得研究基金努力工作，这一实例表明：资金只是支持研究生的一种形式。充裕的资金很重要，因此，我们从这一假设着手，但谈到支持时，资金只是更宏大的事务的一部分。

因此，这是第二项假设：研究生支持不只是金钱问题。为研究生提供充裕的资金，这必不可少，然而，同样不可或缺的是我们需要帮助他们设计如何谋求工作岗位，要知道我们资助研究生的目的就是确保他们获得工作岗位。

因为攻读研究生学位毕竟是一份工作。在学术方向的工作单位，研究生既是教授们的同事，也是教授们的学生。教授们鼓励研究生去获取并精进与学科专长相关的职业技能和专业知识。对于他们和教师而言，工作单位应该是有意义的。

在此，教授们应该发挥应有的作用，履行相关职责。为了帮助学生们有效率地按照时间节点完成学位的各项要求，教授们不得不参与研究生所做的工作。在课程体系和职业发展这两方面，研究生值得获得协调一致的教育。时下，博士生教育面临困难，使人们难以实现那种连贯性，但并非是完全不可能做到。想一想圣母大学的实例：行政管理人员和教授们齐心协力，为研究生学习设计融合课程体系和职业发展的模板。曾几何时，这种做法要求教授们持续合作，与学生保持开放的合作伙伴关系，当前，这方面的要求依然存在。这些工作不仅需要投入金钱，而且也需要投入时间和精力。

我们在本书中详细描述了具体做法，这些做法瞄准我们在此所说的那种连贯性。最终，一个设计周全的、以研究生为中心的研究生项目是研究生支持的一种重要形式。

案例： **理海大学的研究生实习**

理海大学英语系对博士生就业的分析表明，博士生从本学科以外的工作经历中获益，因此，自2013年教授们开始修订课程体系起，它们就将博士生就业问题整合进课程体系之中。

除了通常的授课助理，各院系还在本科生课堂以外设立了研究生助理。研究生项目总监詹娜·蕾（Jenna Lay）表示："我们发现一些曾参加过'全球公民项目'的学生在毕业后获得终身教职序列的工作岗位。"他们协助开展海外进修的指导，这"拓展了他们的职业能力"。因此，负责规划的教员从那一发现中得出普遍性的结论，与高校的其他办事部门合作，安排实习机会。如今，英语系研究生可能选择在一年级体验办公室或性别平等中心等部门开展为期一年的工作，用来代替助教的定量工作。詹娜·蕾将此类岗位称为"超级研究生助理"。学生制订计划，为公众授课——"凡是需要做的事都会去做"，从而获得了不同种类的职业经历。

莎拉·海德布林克－布鲁诺（Sarah Heidebrink-Bruno）是理海大学英语系高年级博士生，她追忆往事，表示在担任理海大学女性中心（如今的性别平等中心）的研究生助理期间的工作"使我学会欣赏高校中不同种类的教育工作，不仅仅是教员所开展的教育工作"。随后，她接受了另一项研究生助理的工作，为本科生写作课老师提供培训。她表示，"我愿意继续从事与学生打交道的某些工作"，并可能在学生事务方面谋求工作机会。

海德布林克－布鲁诺的研究生助理工作也对其学位论文的研究方向产生影响。如今，她的研究课题是"融合了更为传统的文学分析和应用教学法实践，促进了高等教育中的社会公正"。最重要的是，海德布林克－布鲁诺很高兴，心怀感激，因为她的事业和目标也在不断升华。"我猜人们会说，我首先与书本结缘，书籍将我带到研究生院来深造；然后，在那里与授课结缘。接着，担任研究生助教拓宽了我对授课与教育的理解，我意识到自己真正热衷的是与年轻人高谈理想，一起工作——如果今后有机会开展这种工作，我想那会真的令我无比快乐。"

吉米·哈米尔（Jimmy Hamill）是不久前入读英语系博士生项目的学生，他担任理海大学全盛中心的研究生助教。他说："看到我的一些同事和导师开始从事研究生助教的工作，这告诉我，在以终身教职为方向的传统道路以外还有各种选择，对于高等教育，这些选择同样是有效的、重要的。"这份工作"是我以积极的学者身份来探索自己的学术兴趣"。像海德布林克－布鲁诺一样，哈米尔发现研究生助教工作正在塑造他的知识身份和目标。他表示："从理论上讲，研究生助教给我带来了挑战，促使我思考：对于我可能想要在综合考试中回答的各种问题，跨学科的方法论和理论如何提供信息？"他的这个说法很有说服力，"更加清晰地理解了自己的'为什么这么做？'这一问题"。

这恰恰是教授们所希望的。詹娜·蕾表示："对于学生可以利用的机会，我们希望他们的理解能够容纳一切。"我们想强调这一至关重要的目标：自觉的理解。如果学生没有意识到他们具备哪些工具，那么为他们配备工具就毫无意义。同样重要的是，知道研究生们有各种选择，会因此感到快乐。

海德布林克-布鲁诺表示："在研究生院，什么能为我们带来真正的快乐？事实上，我们并没有很多谈论这个话题的机会。"理海大学的研究生助教岗位"帮助我们思考从项目中获得的所有技能和才干"。她表示，这么看来，非教职的职业路径似乎"不是逃避现实的做法，而是切实可行的选择，也同样会使我们感到快乐"。

院系的目标是：对于研究生在研究生助教岗位上所历经的事，对于之后通往博士学位的个性化道路，要保持敏感。因为仔细地组织博士生教育需要时间和精力，各院系将博士生招生人数从每年 4 至 6 人，减少为每年招生 2 至 4 人。（同时，将全额资助的硕士生人数从每年 5 至 6 人增加到每年 8 至 10 人。）对于人数更少的一批博士生，人们更为重视，运用对他们所采集的信息，对研究生训练做进一步的调整。詹娜·蕾说，通过以上实践，理海大学英语系不仅改变了课程体系，还改变了"对研究生教育的思考方式"。

如今，人们尤其需要有计划的支持，因为现在文科和理科的博士生教育是一项全年 365 天的工作。在某些领域，研究生一到暑期就会放慢学习和研究的进度。很多研究生（特别是那些文科和人文社科的研究生）需要做一些与研究无关的工作才能获得额外的收入。现在，他们再也不能那么做了。例如，研究生教育工作不断要求进行跨学科研究。肯尼斯·普鲁维特表示，如果有研究生项目鼓励研究生开展跨学科研究，那么这一举措就"要求在行政管理和预算的策略方面进行同样有抱负的改革"，包括为研究生提供合适的支持。[24]

由于种种原因，如今，必须全年 12 个月为研究生开展职业发展活动。由梅隆基金会提供资助的"研究生教育项目"，所获得的一项重要的发现就是，强调在暑期为研究生提供资助具有重要的意义。几位研究人员写道："在暑期为研究生提供定向资助，在提升学者接受培训的效率和质量上具有巨大的潜力。""其所要求的资源不多，确保研究生能心无旁骛地开展研究。"[25] 自梅隆基金会"研究生教育项目"实施的这些年里，我们注意到人们越来越意识到需要在一年中的 12 个月都为研究生提供资助，但是要将这种认识转化为具体工作仍然任重道远。一些项目在此方面获得了一定的成功。2019 年，华盛顿大学启动了"研究生资助项目"，将研究生补贴资助提升至提供每年 12 个月的资助。同样，在此，我们可以关注圣母大学的实例，该校在设计研究生项目时就纳入了在暑期为研究生提供资助的内容。

同样，职业多样性的现实问题呼吁人们不仅为研究生提高经济上的资助，而且还要在其他方面提供帮助。我们尤其鼓励各研究生项目为研究生寻找更多的实习机会。研究生可以在校外的工作场所或校内的办事部门里实习，比如在出版和媒体部、学生事务部或发展部，而不是在某一学期中担任助教。在加州大学戴维斯分校，为期一年的"培养未来的教授学者项目"允许研究生开展能强化培训研究生或博士后阶段的同行的项目。北卡罗莱纳大学（University of North Carolina）罗伊斯特学者协会（Royster Society of Fellows）向那些入选的研究生提供各种指导和职业发展的机会。在过去 10 年中，理海大学英语系创造了一系列在大学校园里开展的实习机会。

这些实习的实例特别清楚地表明，总体上讲，在更大的为研究生提供支持的类目之下，我们一直在考虑将资金、为研究生提供暑期支持和职业多样性有机结合起来。在本书中，我们呼吁研究生教育采用以研究生为中心的理念。当我们考虑为研究生提供支持的意义时，通过询问研究生们的需求，我们就能回答这一问题。

我们需要时刻牢记研究生们的需求，我们现在用一个问题来结束本章。在决定是否为研究生项目提供资助时，人们很少（或几乎不）考虑财务方面的需求，这一做法对富家子弟有利。考虑到当前的很多做法，我们不禁要问：为什么要这么做？

6 PART
第六章

完善课程体系和评估考试

以结果为基础的课程体系

有这样一个犹太民间故事：一名男子和他的家人住在一个单人间，房间里拥挤不堪，吵闹无比。于是，他去当地村庄的拉比那里寻求建议。拉比建议他把农场里的那些动物都移到房间里，和他们一起居住。这名男人困惑不已，不过他还是听从了拉比的建议，于是，房间里就变得更加混乱不堪，喧闹无比。于是，这名男子被折腾得无精打采，又去拉比那里寻求建议。此时，拉比又建议这名男子把房间里的那些动物都移到户外的农场。不久后，这名男人又回到了拉比那里。他优雅地向拉比汇报说，现在房间里只有他们一家人，一切都很安静平和。[1]

我们不妨按照这个民间故事的精神，用一个思想实验来讨论课程体系。假设对研究生项目的各项要求可以如同甩卖存货那样大打折。在《思想观念的交换市场》（*The Marketplace of Ideas*）一书中，路易斯·梅南德支持三年制的博士项目。也许你并完全不同意梅南德所支持的博士学制最长为三年的观点，但你不妨假装同意他的观点。你可以邀请来自不同院系的 4 位教授，他们德高望重，不仅有行政管理经验，而且还非常同情研究生；你也可以邀请每一位教授对你当前的研究生项目设计做些调整，再设计出三年制的博士项目。此后，邀请这 4 位教授作为一个小组开会决定最好的提议。

你并不需要通盘接受这 4 位教授的提议，只需要集中考虑他们从当前的博士项目中删除了哪些环节。我们知道，要创造更加以学生为中心的、有效的博士项目，我们需要增加一些环节。然而，攻读博士学位本来就需要花费很长的时间，增加一些环节势必会延长攻读博士学位的用时。那么，我们应该删除哪些环节呢？

这个特别工作小组的每一位成员如何开展具体的工作？我们也许会建议他们不妨看看之前的章节中有关"逆向规划"的内容。要按最终结果来逆向设计课程体系，我们可以集中关注一个问题：我们期望研究生项目里的每一名博士生都能获得哪些特别擅长的能力？（我们选择这个措辞，因为每一名研究生都应该"知道"的内容将突出强调通过牺牲发展能力而获得内容，我们想为两者都留有空间。）

也许会有一位（或多位）教授发现甚至连包括"每一名学生"这样的观点都是对个性的强制。然而，"课程体系"的定义隐含了一个计划，如果我们放弃这样的想法，那么它最终将根本不可能去为"一个项目"甚至为"一种学科"而据理力争。虽然这种局面还没有达到无政府的状态，但是我们还是需要在一系列核心能力上达成共识。

对此，各类科学——以全国学科协会的名义，或按照个体教职工的规范来说比人文科学要更加胆小，2018 年发布的《面向 21 世纪的研究生 STEM 教育报告》为所有的科学学科罗列了一份包括 10 个"博士学位的核心环节"的清单。这份清单也能为其他学科提供有益的借鉴作用。由"呼吁社区投入"的行动开始，这 10 个环节被划分为两个类别，标题为"发展科学文献和技术文献，进行原创性研究"的类别含有 7 个环节，而标题为"开发领导力、沟通力和职业能力"的类别含有 3 个环节。这两份清单反映了我们拥护的两个同样的相互交融和相互补充的目标。[2]

第一个类别是关于科学文献和研究，包括以下 7 个环节。

（1）至少在一个 STEM 学科里培养学生掌握高深的专业技术。

（2）获得足够多的跨学科文献，从而建议通过多种概念的、多种方法的途径解决复杂的问题。

（3）确定重要的问题，清晰地展示原创性的研究问题。

（4）设计研究策略，包括相关的定量、分析或理论的途径，探索问题的各个部分，并开始解决这个问题。

（5）评估每个实验或研究成分的结果，选择某个具体的结果进行深入研究，以及如何通过重复的过程来开展研究。

（6）采用严格的调查标准，掌握开展成功的研究所必需的定量技能、分析技能和专业技能。

（7）学习和运用科学或工程企业里的职业规范和实践，学术界以内的和其他相关的社会部门里的科学家和工程师的伦理责任，伦理标准将导致主要的性格和行为。

社会科学项目也许会几乎原封不动地采用这些必需的要求，与此同时，人文学科项目将找到第一至第四个环节最容易的改变，第五至第七个环节的改变也许没有这么容易——尽管有跨学科的改变，但它们也是有借鉴意义的。

第二个类别展望了职业责任，包含以下 3 个环节。

（1）培养与来自其他学科的拥有专业技术的同事和来自各种各样的文化背景和学科背景的同行合作开展工作的能力。

（2）掌握沟通的能力，以口头形式和书面形式，向所有 STEM 专业人士沟通研究或一组工作的意义和影响，其他部门和社会公众也许会利用这个结果。

（3）发展规划和执行研究项目所需要的职业能力，例如人际沟通能力、预算能力、项目管理能力或教学法技能。

第二个类别里的第一个标准要求考虑在研讨会上的行为，考虑包括书面媒体在内的其他公共场合上的表现。其中的第二个标准仅仅是要求消除 STEM 这个首字母缩拼词，就能适用于所有学科，而其中的第三个标准也许会存活在一个非科学的语境中，尽管科研项目申请的写作在所有领域都是很重要的。这份清单也可以制造出大量的刚性需求。在为所有的研究生设立以学生为中心的目标之后，一个人也许可以做得更好，将这份清单限制在 5 个项目以内，从而提高对每一个目标的持续关注。要注意的是，更多的研究生院实践并不一定是更好的实践。

要估算出研究生的各种需求注定是一项挑战性很大的工作。每一个研究生项目、每一个学科，必须开始理解传统的实践是选择的结果而不是本性使然，同时，尊重过去的选择，尊重从它们当中发展出来的实践智慧。不论目前的规范是否能被清晰地表达出来，它们毕竟都是为需求和目标的各类问题提供的类似过去的答案。然而，每一种学科都有自己的文化，有自己的部落特性，一个学科里的项目只有通过将自己与其他部落联系起来才能充分地理解，关于这一点，我们讨论了在科学和非科学领域的博士学位论文指导的两级差异。就像其他章节一样，我们在此要求在整个大学里结交朋友——去拜访其他学科的博士项目负责人，并把沟通的信息反馈给本项目的同事们，帮助他们想象各种选项。

参与者执行了这个项目（这不需要好几个月），此后，就可以开始分流环节。他们仍然需要采用 3 年时间才能获得学位的限制作为激励，决定哪些研究生项目因素或多或少地是研究生的发展所必需的，哪些研究生项目因素能被看作理想的因素，或至少是获得学术界最高学位的要求。最后，在这个时间点，就像前面提到的那个民间故事里的男子，将各种动物从他的房间里赶出去，你可以对 3 年的限制进行松动，也可以延长期限（但不要延期太长的时间），增加一些项目环节，从而确保一个以研究生为中心的新型博士项目。

我们将开始提出一个主要的假设，大多数大胆的改革放弃这个假设：实现这些博士项目的途径可以包括课程、博士学位论文之前的评估和博士学位论文。这些历经考验的教学工具并没有以它们古代的形式进行要求；事实上，我们也许需要重新设计如何缩小研究生规模、如何缩短获得学位的用时，更好地统筹考虑研究生学业。通过课程获得教育目标的其他途径可以包括一对一的辅导或小组辅导，甚至是通过讲座而不是通过研讨会来覆盖主要的领域，少于一个完整学期的模块，可以由研究生来主导合作的研究项目（在人文学科，越来越多的研究生项目现在采用实验室里团队工作的科学的模式）[3]；在线提供课程可以为不同大学里的同样学科提供一系列项目；包括同一所大学里的文科和理科的合作，以及提供各个专业学院里包括学科合作在内的跨学科合作。要求严格的项目组合写作，或一系列实践学术标准也能替代无所不在的考试；相关的工作实习或公共学术的形式也能替代或补充课程、考试和博士学位论文。（我们在第三章和第十章里提供有可能开展联合授课的案例。）

我们现在来谈论课程和重大考试，也顺便探讨一下有潜力的补充或相互替代的可能性。

课程与课程体系

在《面向 21 世纪的 STEM 研究生教育报告》中，有一个非常精彩的部分，它罗列了各种令人向往的研究生毕业和就业情况。"掌握某个特定学科的专业知识"仅仅是这份报告所列清单的 10 个条款之一。然而，这是很多博士生项目唯一的要求。这份报告做了一个关键性的修正。虽然学科知识当仁不让地位列这份清单的顶部，但是这份清单还包含更多的内容。要想满足这个内容的需求，我们先从课程体系着手，想对此提出一些令人不安的建议。

很多博士项目并不提供课程体系。毋庸置疑，各博士项目都有相关要求，然而，课程体系不仅是由一系列要求组成的，还是由一系列课程组成的。艾里克·威泰默（Eric Wertheimer）和乔治·杰斯（George Justice）是两名已顺利毕业的研究生，他们一起回顾道："课程体系内的各门课程之间并不协调，它们缺少连贯性或缺少可确定的起点"。各门研究生课程"通过智力的内容来激化我们的雄心"，但"只有在少数的案例里，我们才把它当作一系列协调的项目"。各研究生课程之间并不自行"连贯一致"，我们有充分的理由认为它们"令人遗憾的是，学术界的现状就是存在这种课程之间的不连贯性"。[4]

一个考虑周全的课程体系设计开始于一系列协调一致的课程。曾担任过美国现代语言协会会长的斯坦福大学德语和比较文学教授罗素·伯曼表示："如果你真正期望研究生参加各类通用考试，那么就需要为他们提供能为各类通用考试做好准备的各类课程。"[5] 然而，研究生的人数越来越少，这就导致院系越来越不需要提供综合课程。尤其是在人文学科，教职工通常不提供基础性课程。因此，很多研究生项目只提供少数几门个性化的、高度专业化的研讨会课程。

教授们尤其喜欢他们的研讨会，喜欢私下组织这样的研讨会，也就是说，他们不会把他们组织的研讨会的信息透露给同事。朱迪思·夏皮罗（Judith Shapiro）曾担任学院院长和基金会主席，她以自身经验表明，对教学需要采用集体共同参与的方法。[6] 教学毕竟是集体的工作：教授们能分享他们的教学，那么为什么就不能一起谈论自己所讲授的课程呢？由于欧洲传统的魅力型导师为"他的"研究生设计了他自己（经过深思熟虑，我们在此使用男性代词）的"迷你复制"的教育文化，因此，研究生教学尤其反对这种途径。结果导致在指导博士学位论文的层面，熟悉的传统的"导师与研究生"二人组合无法满足当前的需要。我们将在第七章（"导学关系"）里更加详细地考虑这个问题。

具体到课程体系，这种割据途径的通常结果是各种教学经历形成了一盘散沙（每一门研究生课程各自为政，都有自己的小天地），在人文学科领域，美国各学科协会缺少设定标准的权威，漫无目地整合了各门高度专业化的研究课程，导致课程体系里面的各门课程不协调一致，我们认为，这就导致没有为我们的学生提供符合真实需要的课程。这又增加了获得学位的用时（因为如果研究生不利用自己的时间来获得基本知识，那么他们又如何完成专业研究课程呢）。同样重要的是，它传递了这个隐含的又明显的观念——高度专业化要胜过泛泛而学，发表论文的好处就更突出了这一点，充分体现了需要用高深的知识来征服那些小范围里的专家。

这种不协调的根源是教授之间缺少相互沟通。如果博士生教育通常是行政管理上的放任自流的受益者（或受害者），那么结果是缺少组织对具体研究生导师的监管。大多数院系和研究生项目缺少教学团体，以致缺少课程规划，更别提教师们相互讨论实际教学了。在研究生层面，很难找到类似于本科生教学（特别是在文科学院）的教学交流活动。然而，如果我们要重新思考博士学位的可能性，那么就必须开展这种交流。合作不仅是至关重要的，而且是必不可少的。

大多数研究生导师并没有时间成为教育理论家或认知科学家，但是他们能作为一个集体来更多地了解研究生的学习情况。本科生教学构成了一个研究领域。关于本科教学的书籍和杂志——主要是关于通识教育及其相关领域的，甚至有点汗牛充栋，它们为研究人员提供了丰富的研究资料。与此形成鲜明对比的是，我们几乎看不到有关文科和理科的研究生教学的相关书籍（除非有读者把本书看作一本有关研究生教学的著作），最多只能看到几篇有关研究生教学的文章。这是因为研究生教学一贯被看作因变数，是教职工开展研究后衍生出来的事物，而不是它自身的追求。

在这个年代，这种模式是不可持续的。研究生导师越了解教学，就越能改进自己的课程体系，也就越能为他们所指导的研究生重新构建一种可以展示"专家学者"的全部意义的模式。然而，当前的研究生教育并没有做这样的平衡。[7]

更非正式的是，研究生导师需要考虑自己所指导的研究生如何学习以及需要学习哪些内容，需要根据这些反馈信息去规划课程。研究生面对各种艰难的选择，他们的导师在指导的时候需要考虑研究生的未来。简而言之，因为研究生教育的核心是对研究生开展学术等方面的系统训练，所以，研究生教育需要变得更加以研究生为中心。

然而，这种教授之间开展的新型的集体课程对话将会是艰苦费力的。在北达科他州立大学（North Dakota State University，NDSU）微生物学系开展这样的对话也遇到很多困难。但这就是我们期待一群教师共同合作，通过深入的沟通交流，从而更好地开发课程的方式。尽管这是一项非常辛苦的工作，需要开展文明礼貌的交流，但这项工作非常值得去做，也很有必要做好。

特别是在人文学科，关于准则和方法的争论已经持续了几十年，粉碎了关于什么构成了核心知识的共识。其中一个原因是：教授们讲授那些高度专业化的课程，越来越漠视相关要求。继续通过忽视课程规划来逃避不同的观点，这种行为有百害而无一利。继续进行关于学科的性质的辩论，这是很重要的，对研究生导师组成教学集体至关重要，也有利于研究生看到清晰展示出来而不是隐藏的各种议题。

此时此刻，我们开展结果导向的对话就能有所帮助。在开始阶段，研究生导师集中关注学生们的需求，就自然而然地与研究生的结果相联系。从学位的角度来考虑课程体系，有助于研究生集中开展有效的讨论。理海大学英语系所开展的研究生课程改革的过程，就很好地展示了这种实用的价值。

毋庸置疑，结果导向的课程体系并不是万能药，它仍然存在一系列实际问题。很多研究生项目限制了录取名额，甚至废除了硕士学位，不再招收硕士研究生。缺少研究生来源会使我们很难开展课程体系建设，特别是很难开设那些坚持基础性知识的课程，而不是开设那些教授们喜欢谈论的课程。与此同时，在美国，越来越多的高等院校取消无法招录到最低人数额度的研究生课程，显而易见，高等院校所开设的研究生课程也越来越少。

案例： 科学领域里以结果为导向的课程体系

北达科他州立大学通过整合改变课程和改变联合课程，促进了博士生培训中的文化转变。研究生和跨学科学院副院长白兰地·兰德尔帮助各研究生项目启动以结果为导向的规划。这样的规划开始的问题是：不是研究生能为教师做些什么，而是教师能为研究生做些什么？

在北达科他州立大学，课程的改变大多数是在院系层面，获得学校层面的指导。在微生物学系，以结果为导向的改革就是一个典型的案例。这个研究生项目只进行了几年，还不到十年，自开设以来，该院系就遇到了各种各样的问题。助理教授、微生物学系研究生项目协调员彼得·伯格霍尔茨（Peter Bergholz）表示：在早期的几年里，"这个项目缺少信息的文化"。"几乎没有人交流期望研究生在读研期间做些什么。研究生们也从来不与他们的导师谈论未来"。

有些紧急的问题需要立即关注。彼得·伯格霍尔茨说，"实验室与实验室之间存在巨大的差异"，很多研究生没有通过综合考试。

彼得·伯格霍尔茨说，微生物学系教授们决定"以正式形式明确该项目所要做的工作"。他们想绘制"成功的路线图"。所以，他们相互交流，与研究生交流，最终邀请行政管理人员参与他们和研究生的对话。大约两年以后，即在2017年，微生物学系投票决定为研究生项目设立新目标。

有些目标是以内容为基础的：研究生需要学习这些知识，掌握这些技能，才能成为微生物学家。然而，其他目标反映了大多数研究生项目的博士生事实上在谋求的那种工作：不是谋求终身教职系列的工作岗位，而是谋求私营的生物技术公司的工作岗位。（有些微生物学系博士偶尔会谋求教学工作，但大多数博士不会谋求教学岗位的工作。）

这些改革对课程体系进行精简和重组，设立更加明确的目标，使微生物学专业的研究生们能掌握这些技能和知识，发展成科学家。研究生们第一学年的重点是学习掌握内容知识（即基础性的微生物学事实和原则），最后是参加口头综合考试。研究生们在第二学年初期就开始准备博士生资格考试。

这些"程序性的学习目标"需要持续关注构建各类技能，例如，构建科学假设的能力，设计实验并开展实验测试假设的能力。微生物学系每年都会评估研究生完成项目的各个目标的进展。按照"博士生培养过程记录表"的要求，每年，研究生都要提交一份电子文件。每一名研究生都对应单独的研究委员会，委员会各成员的主要工作是：评估组合、会见研究生和与研究生交流研究进展。该委员会也撰写评估报告，其中包括对研究生在未来一年里如何取得进展提出具体建议。

这种"一对一"的关注允许研究生以自己的方式来进行规划。彼得·伯格霍尔说："我们竭尽全力，为研究生设立与他们选择的领域相关的实习岗位。"援引一名近期在美国农业部实验室实习的研究生的话，"我在完成实习后返回学校，带回了'含有价值的数据'，顺利完成了两篇发表的论文"，并获得了私营公司抛来入职邀请的橄榄枝。该项目的另一名研究生获得一份作为国际组织学技师——即为显微镜检查组织样本而做好准备工作——兼职工作，这促使她努力实现运营临床诊断的研究项目的目标。

如今，研究生项目里充满了灵活性。彼得·伯格霍尔表示："我们可以通过结果和评估方案来分配我们期望开设的课程。"那种训练现在集中关注新设计的第一学年的课程——《微生物学研究基础知识》。这是团队授课，含有一系列课程模块，涵盖该领域的基础知识以及关键研究概念。

然而，这条路径还是充满了各种挑战。彼得·伯格霍尔说，事实证明，对结果的评估（是否合适，研究生们是否满足要求等）"比人们想象的更有效果"。《微生物学研究基础知识》所对应的工作量令某些教授大吃一惊。伯格霍尔说，对于这门核心课程，"大家都会有一些怨言"，然而，教授们通力合作，解决了相关问题，顺利完成了授课工作。

研究生普遍从这门课程中获益。伯格霍尔说，"研究生感觉他们知道对他们的期望是什么"。研究生士气高涨，提高了学术表现。

微生物学系的一名四年级博士生奥特姆·克拉夫特（Autumn Kraft）对这些改变赞不绝口。在具体的情况下，新项目为她的综合考试提供了"集中的路径"。综合考试是研究生撰写学位论文之前需要完成的两个环节之一。第一次考试是以内容为基础的考试；第二次考试是对研究生的学位论文研究计划的答辩。

该项目创建了同行和教授指导方案，帮助研究生准备第二次考试，第二次考试能帮助研究生形成论文的方法论基础。二年级研究生里德·霍金斯（Reed Hawkins）说，这个学位论文研究计划的考试推动研究生"明确研究计划和方向。预先准备好这种长期规划对我们整个第二学年都非常有帮助"。他说，这样的规划"提供了巨大的动力"。

有动力，就会有结果。在研究的早期阶段，克拉夫特在学位论文上取得了进展，因为她被要求对其研究进行前瞻性思考，而不仅仅是关注下一个考试中的障碍。新项目开始关注"目标规划和委员会反馈的信息"，这允许她尽早开始"集中关注研究"，而不仅仅是完成"明确的课程或学分要求"。她努力撰写学位论文，她说："甚至在我通过考试之前，我就写好了学位论文。"克拉夫特将她取得的快速进展归功于该项目的新结构。

这些新设立的要求的透明度也帮助很多研究生缓解了在读研期间经历的焦虑。（如：我是否还没有达到某些预期？在某种程度上，我是否是学术骗子？）换言之，新环境不仅促进了更好的学习，也提高了精神健康。还有更好的底线：研究生通过考试，更快速地完成项目的各项要求。

伯格霍尔说，微生物学系课程改革的目标是"确保我们正在培养能在各个领域里取得优异成绩的科学家"。截至目前，他们似乎正在这么做。

在博士生组合课程中，克拉夫特和她的研究生同学"回顾了我们为获得博士学位所做的具体工作，所获得的必要的标志性成果"，与此同时，研究生委员会评估他们的工作。她说："此后，我们通力合作，设立新目标，确定继续完成项目所需要的环节"。"这种方法迫使我明确地安排时间，设置目标，与我的学位论文委员会沟通我的各项目标，集中关注我的未来"。

研究生开展的这种有效的反思在任何时候都具有示范效应，在当前学术工作岗位稀少的情况下，更有示范效应。克拉夫特和她的研究生同学积极主动地谋划自己的职业发展。导师也期望他们这么做。

在理海大学英语系，相关数据讲述了以结果导向的故事。2013 年，该系有39% 的博士找到了临时性讲师的工作岗位。截至 2018 年年底，该系只有9% 的博士找到了临时性讲师的工作。如今，有 46% 的理海大学英语专业博士进入人文学科工作岗位，而不是进入学院教学工作岗位，他们也不愿意谋求没有希望的科研助理的工作。然而，同样令人吃惊的是：理海大学英语专业博士获得终身教职系列工作岗位的比例也在增长，这个比例从 2013 年的 18% 增长到 2018 年的 27%。

这背后有什么故事？一言以蔽之，理海大学英语系充分考虑研究生的需求，采用了以数据为中心、以毕业情况为导向的规划来评估和改革其博士生课程体系。2013 年，时任英语系研究生项目主任的杰娜·雷开始汇编该系研究生毕业情况数据。她集中关注该系 2000 年后毕业的博士的职业历程。她保持与人文学科所秉持的信念——真理并不完全体现在数据之中，她还收集了学生们的相关数据。她说："非常有必要结合相关数据和故事。"

相关数据展示了理海大学研究生的就业情况。从 2000 年到 2009 年的 9 年当中，大约有 60% 的理海大学英语专业博士获得终身教职系列工作岗位，大多数博士是在教学任务繁重的机构工作。虽然这并不是一个非常突出的结果，要知道在寻求学术工作岗位的申请人中，有 40% 的申请人会面临"毕业即失业"的尴尬局面，然而，这是一个值得注意的结果：大约有 60% 的理海大学英语专业博士获得了终身教职系列工作岗位，这超越了同时期全美国英语专业博士生的平均就业水平，也超越了大多数人文学科的普遍就业水平。

2008 年之后，理海大学英语专业博士的就业情况就开始变得糟糕了，这也是全美国就业情况的一个缩影。从 2009 年到 2013 年，获得终身教职序列的工作岗位的博士的比例下降了 2/3，降低至 18%。杰娜·雷说，这些数据"证实了我们从研究生那里听到的事情"，即教授序列的就业市场在萎缩。一份调查显示，理海大学英语专业博士获得科研助理岗位的比例，从原先非常小的比例，约为 3%，飙升至现在的 39%。

如今，不到 20% 的研究生最终能获得终身教职系列的工作岗位，几乎有40% 的研究生使出浑身解数以求获得临时科研助理的岗位，这使杰娜·雷和同事们把这种现象称为"我们学生所面临的危机"。她说，在院系层面，这种情况还是有所抬头，然而，教授们现在意识到他们"需要作出改变"。这些数据"帮助我们作出决策，去做工作使学生更广泛地思考"关于博士的职业选择。（虽然几乎没有一个研究生项目能达到这种数据水平，但是跟踪学生的就业情况必定会对改进研究生项目有所帮助。)

杰娜·雷和她的同事们继续作出决策，其方式与我们在本书里建议的方式是类似的。他们开始用激情，甚至是用他们自己的"恐惧和焦虑"，高度关注他们的研究生项目的改革。随后，他们有逻辑地继续推进工作：他们"从上往下推动"，分析了相关数据。教授们特别查看了研究生们的就业情况，提出了"是什么在帮助这些研究生获得就业"的问题。例如，教授们表示，他们在该系的博士生中看到很多博士生已经具备了成功获得学术工作的潜在能力。大多数研究生不仅参加了教学写作的额外训练。大多数研究生还参加过理海大学校园里的非学术工作实习，例如在该校的"全球公民项目"实习过。

杰娜·雷说，教授们意识到"我们需要做更多的工作"来帮助研究生培养和展示这样的能力。看到那些最能帮助研究生们获得就业岗位的技能，该系修改了很多证书项目，包括一个非常成功的关于教学写作和修辞的证书项目。

该校英语系研究生在攻读硕士或博士学位阶段，能选择考取额外的证书（或选修一些课程）。虽然该系扩大了研究生课程体系，却没有对研究生提高相关学位要求。杰娜·雷说："这些证书并没有增加研究生获得学位的用时或学习课程的时间，它们作为该项目的可选择环节，被列为博士必修的各门课程（必修课程总数未变）之一。换言之，这些证书帮助研究生确定博士项目早期的重点领域。"

杰娜·雷说，各位授课教授纷纷表示，这个写作指导的证书项目"为我们研究生们的写作和修辞课程注入了新的活力"。

我们认为最好的选择是重新设计硕士学位，就像我们在第九章讨论的那样。我们寻求一种新型职业导向的硕士学位，它并不是博士学位的降级版，而是要求进行大量学科课程学习的学位。有些项目成功地开展了"4+1"双学位项目，允许优秀的本科生在大学第4年时参加研究生课程，并再用一年时间获得硕士学位。（这样的模式，如果与职业导向的硕士学位结合起来，那么它所具有额外的优势是鼓励本科生选择那些具有职业前景不太好的名声的专业，因为社会普遍认为硕士学位就是"2.0版的本科学位"。

相比其他任何一个单一的研究生项目，由多学科组成的各类课程就能为较小规模的研究生提供更大范围的选课机会。我们将在下一个部分谈论交叉学科和多学科，现在，我们应该指出，我们能通过超越传统的院系所开展的课程和面向多种学科录取学生，获得在《面向21世纪的研究生STEM教育报告》和其他报告中列举的预期的多项研究生项目的结果。例如，一门关于帝国和殖民主义的宏大主题的课程吸引了来自文学、历史、种族/民族和区域研究等专业的研究生。（圣母大学就是以这样的方式来修订研究生课程体系的大学之一。）

另一个选择是在相反的方向进行的：通过新的工作任务系统，改变个体辅导的英国博士学位模式（也许是增加原本就减少的课程种类）。那么，多少次辅导等于一门课程？我们可以通过实践来找到这个问题的答案。考虑到文理学科录取越来越少的研究生这个盛行的趋势，所以，在全面项目试点之前，这看起来只是时间问题。

一个解决之道并没有排除其他选择。例如，某个院系可以邀请其他院系来讨论为高年级本科生或荣誉学生提供具有共同学术兴趣的课程，或有选择性地向硕士生和博士生提供相关课程，与此同时，提供使职业工作更加多样化的辅导系统。共同的利益和互补的专家技术能促使大学里的各个专业学院（最显著的是法学院、教育学院、商学院、传媒学院、公共卫生学院）开展交流合作，但需要主动寻求这些联系。近期爆发的新冠疫情促使很多教职工（有些教师兴致勃勃地）掌握了在线教学技术。这种在线教学技术的好处是可以确保团队教学，能跨越各院系，甚至可以跨越不同的大学。

在所有相关课程的事务中，教授们最需要的是感觉。研究生需要包括学科学习和结果在内的理性的课程体系。虽然并不是每一个改变都会奏效，但是如果教职工在博士生教学集体里通力合作，那么就更容易进行改革。合作将确保持续性的对话，包括研究生在内的每一个人都将从经验中学习，不论研究生以后会从事何种职业，他们都将通过效法自己导师团队的例子中受益。

学科之外的生活

社会和个人面对的巨大挑战不是以"政治学""化学"或"哲学"这样的学科标识的小集合来展示出来的。我们也许可以回想起最初的那些哲学家其实就是最初的科学家。各种各样的学科集中在大学校园里，而不是存在于不同的星球（似乎有时是在同一个大学校园里）。

当我们不再囿于一个个具体的项目时，而是用更广阔的愿景来统筹考虑时，那么我们就能更好地进行课程规划。提供多门学科也可以为研究生提供更大范围的课程机会，比任何单一课程提供的机会要多。近期，美国总统科学和技术顾问委员会（President's Council of Advisors on Science and Technology）呼吁各大学"不仅要在传统的学科里继续进行训练，而且还要启动或扩大以项目基础的、多学科学习的项目"。[8] 很多青年科学家在进行跨领域的工作，这表明各门科学已经为此进行了调整，然而，这种调整仍然局限于他们获得基金支持的组织计划之内，随着资助变得越来越少，碰到了天花板。

非科学学科挑战了学科界限。教育历史学家道格拉斯·贝内特（Douglas

Bennett）确认了跨学科的行动和随之而来的对合作教学感兴趣是几十年里的两个主要趋势。[9] 然而，在相当长的时间里，博士生教育在奋起直追。克里斯·戈尔德和提默西·多尔发现，有60%的研究生在2001年的问卷调查中期望跨学科合作，但仅有27%的研究生认为他们正在获得跨学科合作，或正为探讨跨学科合作的可能性做准备。[10] 没有比人文学科和社会学科的学术就业市场更清楚的了，人文学科和社会学科仍然几乎完全是按照学科分领域组织的。这种跨学科研究和传统就业种类的脱节已经在过去的好几个世纪里困扰这些领域。这个问题仍然会持续存在，除非我们能改变我们的雇用方式。讽刺的是，2008年之后，就业市场不断萎缩，反而促进了这种改变。2019年新冠疫情暴发后，估计会加速这种改变的进程。由于公开的工作岗位越来越少，大多数项目将无法负担设计新的教职工岗位的工作，当一个院系能够提供工作岗位时，它会观望，甚至会超越传统的类别。

　　尽管人们普遍赞扬跨学科研究和教学，它仍然没有获得足够的资助。各院系和各跨院系的项目为权利和教职工进行斗争。一所大学如何管理与各学科相关的跨学科，这仍然是一个需要统筹考虑经济效益和学术收益的问题。

　　毋庸置疑，以学科为基础的抗辩是以通过牺牲深度来获得广度的。当我们提倡在研究生层面稍微牺牲一些深度来获得广度，我们也提高了对似乎遥遥无期的获得学位时间的实际关注。[11]

　　也许给予跨学科研究更高的学术地位的一条途径是承认它是困难的，甚至是有争议的。跨学科颇有争议，毕竟它寻求的是对知识的重新组织，会导致有目的的辩论，也许会允许在此过程中对传统学科有新的理解。如今的博士生需要两者兼顾。

　　目前，博士生教育的跨学科模式并没有过多地挑战大学的组织或知识本身，但它们的确提醒了学生们在单一学科以外能提供更宽广的学术世界，这是有用的。这些例子当中，密歇根大学举办的"梅斯研讨会"（May Seminars）就是通过跨学科的共同主题吸引师生们共同参与，开展学术交流。在圣路易斯华盛顿大学（Washington University in St. Louis），那些准备博士学位论文的研究生在整个夏季都在进行跨学科交流。[12]（宾夕法尼亚大学举行研究生系列讲座，吸引研究生和专业人士来该校研究生中心向同行们展示他们的研究。研究生可以展示他们当前的研究，交流工作心得，或讨论会议论文。虽然该项目已经停止了，但是它似乎值得在任何大学校园里继续开展。）在得克萨斯大学，智力企业家团队是由好几个学科联合设立的，这在目前的本科生项目中也仍然奏效。杜克大学鼓励学生选择与其硕士学位相关的课程，布朗大学近期启动了一个资助学生开展类似行动的项目。[13] 在亚利桑那州立大学，作为"灵活多变的博士项目"的一部分，为试图做跨学科博士学位论文的研究生提供专项奖学金，毋庸置疑，经济支持是鼓励跨学科发展的一个必要条件。[14]

在科学领域，私人基金会霍华德·休斯医学研究所（Howard Hughes Medical Institute）为生物影像学和生物工程跨学科研究生研究训练项目提供私人资助。美国国家科学基金会持续为这样的私人/公众提供公共基金，它可以实现公共机构或私人机构都无法单独达到的目标。这种有代表性的私营机构与公共机构的合作已经为一些项目提供了资助，包括布兰迪斯大学将物理科学和生物医学结合在一起的定量生物学项目、约翰斯·霍普金斯大学为生物和医学开展的纳米技术项目、宾夕法尼亚大学临床医学影像学和信息科学项目、芝加哥大学生物物理动态学和自我组织项目。最后，美国国家科学基金会"研究培训生项目"（我们已经在第一章中描述了这个项目）颇具开创性，为每一位入选的研究生项目提议配置全面的学科融合，通过配对来整合技术发现、公众合作和具体的结果。

事实上，最实用和影响最深远的组织变化能满足和确保跨学科模式和研究生的学习与工作，这就是使研究生院成为每一所美国大学里一个更有活力和更有自主权（和更多经费资助）的部门，我们将在本书的最后部分更加详细地讨论这个话题。

检查考试

我们应该如何开展博士生资格考试？是否真的有必要设立博士生资格考试？我们开始讨论这些基本原理，并不是因为我们想保留或废除考试。是否保留或废除考试应该由每个研究生项目自行决定。我们想做的是在开始讨论之前，先进行统筹考虑。我们也鼓励每个研究生项目在开始阶段就开展它们自己的讨论。

我们的学生花费了大量时间来应对各种各样的考试，例如通用考试、资格考试，诸如此类。虽然各种考试本身并不是坏事情，然而，考试需要经常反思，因为我们需要确信研究生们把时间用在刀刃上。从历史的角度来看，我们没有对考试进行足够多的反思，这间接导致获得学位需要冗长的时间。在 20 世纪中叶，特别是在第二次世界大战之后，随着各类研究生项目如雨后春笋般冒了出来，通用考试也应运而生。当各研究生项目大批量地录取研究生，导致这些人数众多的研究生在早期培养过程中，难以获得导师的指导，也难以获得评估，于是人们顺理成章地采用通用考试来考察评估研究生的学业进展。[15]

在那个时代，用各种"障碍考试"（barrier exams）作为协调大批量的研究生教育的手段也许说得通，然而，我们的时代与那个时代是截然不同的。大多数领域不再像以前那样先录取大量的博士生，再淘汰他们。[16] 如今，研究生的数量越来越少，在这种情况下，我们应该问问资格考试还能起到什么作用？作为第一个假设，我们应该可以说，资格考试的价值在于它与研究生的职业生涯的进展有关。简单地说，通用考试需要在学生的整体教育过程中发挥应有的作用。通用考试无法成为一个带光环的仪式。那么，通用考试能达到何种理性的目的呢？通用考试有可能发挥两种作用：它既能往前检查学生已付出的努力，也能往后检查学生需要推进的工作。（或通用考试也有可能同时发挥这两种作用，例如，北达科他州立大学的微生物学项目就是采用通用考试来发挥这三种作用。）

朝后看的通用考试要求学生展示基本的能力。博士生们需要以某些特定的技能和知识来开展研究，撰写某个领域相关的博士学位论文。研究生应该掌握他们所在学科的宽广的知识，这个概念当然是理性的。资格考试作为一种考核手段，是用来发现那些还没有准备好撰写博士学位论文的研究生，使他们免受多年的沮丧。资格考试系统既能使不合适的研究生尽早分流退出，也能提升学术的广度。

然而，综合考试通常会延迟攻读学位的进程。在人文学科和社会科学领域，由于学生靠死记硬背来"覆盖"这些领域的知识，这种趋势是最常见的。我们想使研究生们在考试阶段成为独立的学习者，但我们难道不想他们深入探究，而不是浅尝辄止？想必每一位文学博士在综合考试的集中背诵阶段，都经历过快速阅读一本又一本小说。（几年前，一位资深的哈佛大学教授向莱纳德·卡苏托承认，当他准备综合考试时，他只阅读其中的对话内容，而不阅读整本小说。罗伯特·韦斯巴赫也承认，他也在准备综合考试阶段只阅读情节总结部分，而不是阅读整本书，这是一种抑制精神、自我羞辱的联系。）正如威廉·詹姆斯在 1903 年所强调的，这个面面俱到的覆盖模式也许会"将那些具有抱负的年轻人的注意力从研究探索真理直接转移到使出浑身解数通过考试"。[17] 如今，卡内基基金会负责人承认，"研究生们通常无法理解我们想通过考试实现具体哪些教育目标"。[18]

所以，通过一次重大考试来测验学生的能力是有道理的，但前提是在这次重大考试之前的课程体系（大部分是课程）能帮助他们好好准备此次考试。如果这些课程无法使研究生获得核心知识或技能，那么这些课程之间缺乏协调性就会打扰研究生，因为他们不得不从头开始学习掌握这些知识和技能。这种学习不是为了系统地学习，而是为了完成一个又一个学习任务而学习，这只会延长他们获得学位的用时。但如果研究生通过学习各门课程就能顺利地通过考试，那么我们可以想象"障碍考试"所发挥的作用就是研究生只有通过这个最后的、最困难的环节，才能被允许撰写博士学位论文。

一个前瞻性的考试将引导学生顺利进展到撰写博士学位论文这个最终环节。在这种情景下，考试可以作为通向博士学位论文的快速通道。考试能以一系列方式来进行。研究生可以选择与未来的博士学位论文直接相关的考试领域，甚至将博士学位论文答辩作为考试的一部分（或替代考试）。在这些情景下，考试能确保研究生们顺利进展到撰写博士学位论文这个环节。（它可以检查研究生们的教学活动。研究生也许可以向考试委员会提交他们所在的主要领域的课程的精简教学大纲。）前瞻性的考试所起的作用不是拦路虎，而是通衢大道。

各种前瞻性的考试有可能激发各种各样的创造性，这反过来也激发了它们自己的问题：这条通衢大道是否真的需要采取考试的形式？我们需要将这些考试作为一种教学活动。因为它们是课程体系的一部分，那就是它们原本应该发挥的作用，或至少它们也能成为课程体系的一部分。

所以，我们也许会问：一个研究生项目如何才能最好地利用现在的时间使研究生顺利通过综合考试？如果真的需要通过综合考试来评估研究生，那么需要针对研究生的哪些方面？最好的评估方式是什么？我们寻求促进优秀的博士学位论文所需要的那些创造性的、解决问题的、探索性的态度。

我们建议各研究生项目应该考虑为传统的考试提供补充内容或替代的内容。即使你不在实际操作中采用它们，考虑这些可能性和你们所开展的讨论也能增强你对课程规划的意识。这些对话提供了另一个我们在本书中自始至终倡导的反思实践的案例。大卫·杰夫（David Jaffee）建议各院系在重大考试环节设计增加能使研究生"使用所在学科的各种工具……分析和解决他们作为该领域里的从业者可能面对的现实问题"的各项任务。[19] 比起研究生们通过快速浏览一堆书籍来弥补研究生项目未提供的课程，这种"应对和转移"的模式具有更大的潜力。

当前，很多生物学项目需要研究生开发和答辩他们自己设计的研究项目，从而顺利申请获得博士生资格。我们建议人文学科也仿效这个模式，用面向未来的博士学位论文的、以任务为基础的考试来替代知识点面面俱到的考试。通过这种方式，考试能帮助研究生积极准备博士学位论文，而不是阻碍研究生撰写博士学位论文。

在人文学科里，越来越多的高校将撰写博士学位论文之前的各环节融入资格考试。举几个例子：马里兰大学（University of Maryland）美国研究系要求研究生提交跨学科的研究论文；西弗吉尼亚大学（West Virginia University）英语系要求研究生通过关于其博士学位论文阅读书单里的内容的相关考试；圣路易斯大学（Saint Louis University）美国研究项目要求研究生先通过书面考试，随后提交具有发表价值的研究论文，再通过与美国研究项目博士学位论文相关的三个领域的考试。[20] 其他研究生项目也规定研究生必须完成与博士学位论文相关的阅读书单里面的内容，或要求研究生参加顶峰项目（capstone project），撰写或修改两篇论文来展示跨越这些领域的方法论上的娴熟技能。

同样值得考虑的是可以采用一系列组合来替代考试。在堪萨斯大学历史学系，"由各项数据累计的考试"拖了研究生的后腿，拖的时间太长了，以致各学部决定启动一系列资料组合，即"通过一些人为设计的环节来帮助研究生记录他们成长为学者的材料"：简历、所有的研讨会论文、已发表的文章，以及 15 页至 20 页的专业论文。研究生需要解释为什么会选择他目前所研究的主要领域，这些领域是如何相互融合和相互关联的，他心目中有哪些主要的研究议题。这一系列资料组合还包括博士学位论文简章以及记录研究生开展教学活动的相关资料。[21] 卡内基团队观察到，这样的组合模式提供了持续进行的自我评估，给予研究生更大的责任和控制权，培养了历史学家开展工作所需要的文献编制的习惯，创造了"能确保研究生在未来的工作中发挥更大作用的思维习惯"。[22] 这一系列特性也许能作为所有学科的所有研究生项目的考试目标。

越来越多的大学开始采用学生组合替代所有的综合考试或部分综合考试。爱德华·巴莱森（Edward Balleisen）和玛丽亚·拉摩纳卡·维斯登援引了 20 个不同的研究生项目，这些项目都以独有的方式采用了这个组合模式，其中包括杜克大学、堪萨斯大学、科罗拉多大学、埃默里大学、图兰大学、新墨西哥大学历史学专业开展的 6 个项目，埃默里大学、爱荷华大学、加州大学河滨分校英语专业开展的 3 个项目，弗吉尼亚大学、卡尔顿大学、杜克大学人类学专业开展的 3 个项目，加州大学欧文分校、匹茨堡大学、田纳西大学哲学专业开展的 3 个项目，约翰斯·霍普金斯大学开展的法语专业项目，杜克大学开展的计算媒体、艺术和文化专业项目，北卡罗来纳大学教堂山分校开展的美国研究项目，杜克大学开展的罗曼语研究项目，伦斯勒理工学院开展的科学与技术项目。[23]

各种综合考试以独有的方式反映了各研究生项目的使命。我们推荐逆向规划，即以结果为导向进行规划。通过逆向规划，各研究生项目可以询问如何最好地获得它们已达成共识的结果，人们能证明一个正式的考试比一系列选择更没有效果。如果综合考试已经陈旧不堪，已经不能为你所在的研究生项目所用，那么就废除综合考试吧。在顺利完成博士学位论文各个环节的过程中，设置必须通过的相关环节也许会有价值，但这不一定非得是传统的书面考试或口头考试。设置一系列课程，偶尔要求研究生提交研究论文，以及为博士学位论文做好各种准备工作，这些环节都能发挥考试所起到的作用。

当各院系以这种方式反思具体的研究生项目要求时，它们就改变或更新了它们所在的学科的标准。这是因为在博士生教育中发生的状况永远不会局限在这些范围里，而是以从上往下的方式告知人们所在领域的性质。所以，我们需要先观看、倾听和反思，然后再去改变我们想改变的事务，我们知道自己的工作将获得越来越多的关注，并发挥越来越大的作用。

7

PART
第七章

导学关系

指导研究生是组织行为。这个观点完全正确，因为研究生是从大学那里获得学位证书，而不是从导师或委员会那里获得。然而，在实践中，学术工作者会将指导研究生看作个人行为，个别教授也是这么做的。这种公共行为和个人行为的混杂，就使指导研究生成了火药桶。

2018 年秋，这个火药桶爆发了，导师指导研究生的话题登上了《纽约时报》的头版头条。毫不惊奇的是，其原因是导师行为不端。阿维特·罗内尔（Avital Ronell）是纽约大学德语和比较文学教授，由于对她最近指导的博士生尼姆罗德·雷特曼（Nimrod Reitman）进行性骚扰，被处罚暂停一年教学活动。尼姆罗德·雷特曼在毕业之后，援引美国教育法第九修正案（Title IX）向罗内尔提出控诉，随后又宣称罗内尔给他写的缺少力度的推荐信阻碍他获得学术工作。罗内尔否认了所有指控。

这个案件之所以引起轰动，有诸多原因。其中一个原因是罗内尔是女性，而雷特曼是男性，而在通常的性骚扰案中是男性对女性实施性骚扰。另一个原因是，罗内尔是一位知名教授。更戏剧性的一个原因是：罗内尔是女同性恋，而雷特曼是男同性恋。在雷特曼将该指控通过媒体曝光之后，一连好几个星期，两人打了一阵口水战。五十多名学者联合署名，签字抗议纽约大学对罗内尔开展调查，想为罗内尔辩护，却引起了争论。在纽约大学发现雷特曼确实被罗内尔性骚扰之后，雷特曼起诉纽约大学，要求获得赔偿。

美国的《纽约时报》问道："当起诉女权主义者之后，MeToo 运动又会发生什么呢？"英国的《泰晤士报》（The Times）问道："阿维特·罗内尔教授与尼姆罗德·雷特曼调情，在公众场所亲吻有毒！"难怪公众对此兴趣盎然。发生这样的事情真是令人匪夷所思。[1]

我们不应该一直等到出现了阿维特·罗内尔这样的事件之后，才开始重视对研究生的指导。阿维特·罗内尔事件起初似乎是博士学位论文指导里的极端案例，但有些案例和方式并不是那么突兀。它反映了指导研究生，特别是指导博士生，会出现的典型的结构性问题。研究生导师通常不会谈论这些问题。甚至当公众熟悉这些情况时，就像知悉阿维特·罗内尔事件之后，我们作为教育工作者，也会同普通公众一样，在一旁做"吃瓜群众"，而不是全面考虑这个问题。

现在，我们来考虑一个非理性的情景。假设一位教授参与了一个会引起质疑的指导活动，例如，要求研究生第 18 次修改博士学位论文草稿，而该草稿原本应该在几个月之前就提交给委员会审核。如果这位教授所在院系的同事阅读了这位研究生的博士学位论文初稿，看到研究生没有按照规定的时间节点推进博士学位论文进度，难道你认为这位同事会绕过这位教授给这位研究生提供一些友好建议？要知道在实际操作中，这样的对话几乎不可能发生。这位教授同事通常会决定少管闲事。

那么，这究竟是谁的事情呢？研究生教育是整个院系的责任，甚至在更大的范围内是整个大学的责任。当研究生选择导师，这并不是意味着这名研究生要从他所在院系的共同文化中撤退，转而进入导师的私人世界之中。所以，如果具体情况是这样，那么我们为什么还要这么做？

这种思考习惯的根源及其导致的后果源自美国大学的欧洲传统。美国研究型大学的创始者主要受德国模式的启发。在 18 世纪和 19 世纪的德国大学里，博学多识的教授浑身上下散发出权威和知识的魅力，这种效应被历史学家威廉·克拉克（William Clark）称为"学术魅力"。[2] 那些散发着学术魅力的教授更多的是向新入学研究生讲授知识的大师，而不太是指导研究生开展学术研究的导师。这些教授还扮演着高大伟岸的智力父亲的角色，需要负责他所指导的研究生的就业。事实上，在德语里，Doktorvater 是表示研究生导师的单词，其字面意思是"博士之父"。

在 20 世纪前后的几十年里，美国研究型大学如雨后春笋般不断涌现，引进了这个狭隘的阶层分明的世界观，被早期的美国大学教授整合进美国文化之中。历史学家劳伦斯·维赛（Laurence Veysey）指出，美国人越来越对"有磁性魅力的"教授表达出"个人崇拜"，而与此同时，在象牙塔里辛勤劳作的"研究者"（和他们指导的研究生）普遍退出公众视野。[3] 美国学术界不断发展，并在 20 世纪中叶繁荣昌盛，"博士之父"的角色变得职业化了，与此同时，用詹姆斯·格罗斯曼的话来说，"博士之父"仍然"具有明确的角色、拥有知识权威，设立等级森严的结构"。詹姆斯·格罗斯曼表示，现代的"博士之父"可能会推荐研究生进入档案馆收集资料，或"他可能会立即给研究生确定一个博士学位论文主题"。要想获得职业上的成功，通常需要走过一段又一段独木桥，不断完成每一个程序所规定的要求。当研究生在导师的指导下完成学位后，"博士之父"会打几个电话，为他的毕业生谋得一份助理教授的工作。对研究生来说，这种父亲般的关爱标志着他们获准进入了一个如同隐士般封闭的学术世界。[4]

当今，与其相反的操作也是正确的：研究生需要思考学术界内外的各种工作，"老朋友圈子"已经变得千篇一律了。然而，时至今日，人们仍然认为导师指导研究生是导师私人的工作。诚然，研究生有博士学位论文指导委员会，但很多（不是大多数）委员会成员几乎袖手旁观，遵从负责的主要导师的意见。在科学学科，导师指导研究生的情况就变得更极端，要么是委员会在指导研究生，要么就根本无人指导研究生。研究生导师是实验室的老板，在撰写研究论文的合作过程中，理想状态是研究生开始获得职业自尊，但通常最后的结局是：导师和研究生会为知识产权问题闹得不可开交，最后会闹到研究生院院长或教务长的办公室，双方争论得面红耳赤。

考虑到美国学术界的机构保守主义，我们不应该对这个陈旧的、保守的模式仍然存在感到吃惊。大卫·达姆罗什写道："博士生训练的核心是导学关系。"[5]他的观点完全正确。问题是如何在结构上构建这种导学关系？

正如一位学术期刊编辑所言，罗内尔与雷特曼绯闻事件"也许是非常奇特的个案"，然而，显而易见，我们都没有看出"该事件凸显了这样一个事实——教授的职责是训练研究生为谋求工作岗位而准备、帮助他们获得工作岗位"。这个观点至关重要。然而，要使导师将以研究生为中心作为首要目标，我们需要一起努力，开诚布公地合作。毕竟，指导研究生是一种教学活动，而教学活动本质上是集体工作。

考虑到教学需要面对公众，因此，我们需要摆脱欧洲传统的桎梏，牢记我们现在应该做哪些工作。

如何构建合作的指导文化？

我们应该构建机构化的指导模式，而不是依赖个人的指导模式。在隐含的学术复制（研究生将获得像导师一样的工作）变得越来越少的形势下，这尤其有必要。以历史学家托马斯·本德的话来说，"导师"指导"学徒"模式"需要通风"。[6]

如果说导师指导研究生犹如一个黑匣子，那么打开通风口、注入新光芒的最佳方式是什么呢？分析导师指导研究生的相关文献少之又少。缺少这种文献本身就说明了问题。相比于本科生教学拥有大量的研究文献，关于研究生项目的相关研究、固定程序、智力探索等研究文献却寥寥无几。虽然对研究生的研究有很多传说，但其价值非常有限。

因此，我们提供一些实际的建议。首先，我们需要培训导师如何开展指导研究生。我们建议在各个项目里采取更加标准化的工作。众所周知，人们普遍认为导师指导研究生是导师私人的、与众不同的工作职责，但即便如此，各个院系也都有常态和标准，例如，综合考试、固定的博士学位论文草稿格式等。所以，我们并不是从零开始，关于如何做好这项工作还是有一些共识的。要推进导师培训工作，我们首先得承认这项工作，随后不断拓展。

有些研究生院和研究生项目发布了导师指导研究生实践指南。这些文件的目标是在人文学科和具有人文性质的社会学科中构建结构化的指导，但在此过程中，几乎没有监管，也缺少足够的动态观测点或公认的中间目标。在目前的实践模式中，杜克大学为教职工提供了如何为研究生开展指导的工作资源。杜克大学还开设网站，为导师提供自助的建议和阅读书单。[7]

这些书面指南能帮助教职工高度重视并深入理解他们的指导职责，帮助他们在院系里构建社会规范，但唯有导师阅读它们并认真落实／执行，才会取得效果。我们应该统筹考虑以公开的方式组织院系（或机构的）指导行为，这不仅仅是将一些资料发布在网站上，而是需要做更多的工作。我们的目标就是使导师和研究生都积极参与。导师们需要确定指导的目标，并设立集体维护的结构来满足它们。至关重要的是，导师和研究生都需要讨论这些假设，在院系构建特色鲜明的指导文化。

我们注意到实验科学和其他学科存在很大差异。在实验科学领域，研究生导师负责一个实验室，使用基金经费来资助博士生。在这种模式下，导师期望其研究生深入开展导师的研究项目，研究生发表的论文（导师是合作作者）能帮助导师申请获得更多的基金，这样就持续了"资助—劳动"的周期。在这种情况下，导师与研究生的关系有点类似于雇主与员工的关系，化学家安吉莉卡·史黛西将导师指导研究生的行为描述为"是真正关于权力的行为"。[8] 有些罗内尔事件的观察者也得出了类似的结论。

当涉及导学关系的权力时，研究生需要更多的权力。毕竟，他们需要规划他们自己的未来，需要更多的自我决定权才能这么做。自然科学中的一些模范实践，例如，通过采取相关措施使导师指导研究生变得更加灵活、更加以研究生为中心，为其他领域提供了一种发展模式。美国国立卫生研究院呼吁为所有该院资助的研究生和研究人员设立"个人发展项目"。尽管"个人发展项目"只是一种建议，而不是一种强制要求，美国国立卫生研究院的确要求所有项目申请人在他们的进展报告里陈述以下内容——该机构是否使用了"个人发展项目"，以及如何利用这些项目来管理研究生的训练和职业发展。美国国立卫生研究院财大气粗，资金充沛，它的这个要求也为其他机构开展工作起到了模范带头作用。"个人发展项目"为导师指导研究生提供了正式框架，如今，很多院系在开发这些项目中为研究生提供帮助。当前，爱荷华州立大学提供一个框架，通过将研究生指引到像"我的个人发展项目"（myIDP）和"想象博士"（Imagine PhD）这样的在线资源，为研究生设立"个人发展项目"，并指定研究生院的某位职业教练帮助研究生开发"个人发展项目"。内布拉斯加大学专门设立网页，指导研究生制定"个人发展项目"。布朗大学生物和医学部在这方面的工作做得最到位：该项目要求所有即将入学的研究生草拟"个人发展项目"，先在第一学期结束之前提交初稿，并在第四年结束之前提交更新稿。布朗大学也开发了自我评估指南，促使研究生思考他们的目标和成就，并在以后的学习研究过程中和导师交流后形成具体方案。[9] 人文学科和社会学科由于缺少来自主要资助来源的类似压力，所以很少为研究生提供进行自我检查的机会，但这并不是理由，特别是现在，我们可以使用有帮助的网站作为辅助，而不是建立这样的实践。

当我们讨论导师指导研究生时，我们经常忽略导师对研究生所拥有的权力这个问题，其实，我们还经常忽略的另一个问题是需要全面考虑研究生各方面的发展。这些以研究生为中心的"个人发展项目"模式传递了这样的认知——导师指导研究生应该不仅仅包含指导博士学位论文，还应该包含更多的工作。目前，很多研究生项目敷衍了事，在第一年只通过电子邮件给研究生发送通知，他们理所当然地认为只有当研究生选定了某个专业领域、确定了博士学位论文主题以及确定了具体指导导师之后，才会正式开始接受"真正的"指导。这种模式起源于几个世纪之前，但它无法满足当今博士生们的需求。

我们需要重新认识指导，使其涵盖从研究生入学到毕业的整个过程中导师和研究生之间所有的沟通。刚开始读研的研究生需要清晰地了解他们即将开始的研究生学习、研究情况以及未来的就业情况。他们需要作出重要的决定，而研究生导师的职责就是帮助他们根据各种信息来作出决定。这种对清晰度的需要是最重要的，因为研究生的成果是非常多种多样的。

一位历史学家在接受卡内基基金会开展的调研活动中表示："智力社区是所有博士社区中最重要的方面。博士生需要一个与导师互相支持、关系良好的社区"。[10] 显而易见，这个观点是对的，但关键词是"支持"。导师指导研究生应该包括向研究生展示他们作为职业人士所拥有的各种各样的选择。简而言之，院系及其导师需要把研究生当作社会人来指导，而不是一厢情愿地想把他们培养成未来的教授。

研究生除了需要有清晰的目标，还需要获得信任。研究生把他们多年宝贵的青春托付给研究生导师。由于导师和研究生之间的信任变得有点岌岌可危，所以我们必须基于有目的的关照、公开和诚实来指导研究生。

为了促进公开，我们推荐在研究生学业第一年或第二年为他们的职业发展举行一系列研讨会。如果更早一些开始这些工作，则会有更好的效果，不仅因为研究生需要尽快了解他们未来的工作需要开展的研究探索和生活实际的问题，而且因为有些导师原本下意识地想把所指导的研究生培养成他们的"克隆体"。现在，我们再也不能带着这种偏见来指导研究生了。也可以向研究生介绍会议展示和发表文章的技术性细节。明尼苏达大学地理系开设了一门职业发展课程，不仅具体讨论这些主题，而且邀请相关教授向研究生介绍职业选择、保持工作和生活的平衡以及其他实际生活的主题。[11]

案例: 培训职业发展能力

研究生需要知道期望实现哪些目标。约翰·杰洛瑞建议在研究生开始读研后就尽快帮助他们知道在读研期间能实现哪些目标。他在 2020 年美国现代语言协会举办的会议上表示:"我们需要尽快告诉研究生以后会面对什么样的现实"。"当他们开始读研后,我们就需要为他们的未来做准备"。当研究生进入研究生院攻读学位后,不仅需要参加有关学术岗位的工作坊,而且还需要参加其他就业市场相关的工作坊。

对研究生这种需求的满足不能一拖再拖,因为在研究生新生开学之后,我们就需要尽快帮助研究生熟悉社会。诚实的职业咨询需要成为这种社会化工作的一部分。杰洛瑞说,很多时候,"人们只有到了博士生教育的最后阶段,才为研究生提供职业咨询,然而,这也是研究生接近就业市场的时期,此时,研究生已完全以自己的方式确定了就业方向"。

杰洛瑞说,我们不妨考虑这样的情况:"那些即将成为研究生的学生认为他们在毕业后肯定能找到工作,而不会面对毕业就失业的现实,要使他们消除这种错误的想法是非常困难的。"我们等待的时间越长,这件事就变得越难,因为研究生一次又一次地会见他们的博士学位论文导师,就会自然而然地关注导师最熟悉的学术发展路径。

我们需要下定决心尽早为研究生提供职业指导,否则这些研究生会面临难堪的局面。杰洛瑞说,"我们没有为研究生提供很好的服务",他们对博士阶段的研究"会带来的最有可能的结果还没有做好充分的准备"。事实上,他们可能会遗憾终生,"他们在毕业以后的职业生涯中并没有把我们当成朋友,而是怨恨我们没有早点训练他们如何找到工作"。

杰洛瑞建议职业发展工作坊应由研究生院统一设立,而不是每一个项目都开设工作坊。每一位研究生将从同一个信息源中获得同样的信息。在这个阶段的早期,由研究生院集中开展工作将起到协调一致的效果。这么做能传递一个关心研究生的信息:研究生院、导师和项目形成合作机制,负责研究生的职业发展。在形成以研究生院为中心的工作机制之后,具体工作责任就转移到各个院系了。

起初,在全校范围内开展介绍研究生的职业现实的宣讲会,要注意的是,这些宣讲会通常涉及广泛的议题,而并不涉及具体学科。杰洛瑞对工作坊的愿景如下:

第一,它将为学生展示真实的事实,"开诚布公地"讨论"关于他们获得博士学位之后的计划"。

第二，它将"开始向研究生介绍博士毕业后所获得的工作类型"，以及各种工作所带来的工作满意度。

我们应该邀请那些在学术界之外工作的博士校友来评估这些工作满意度。杰洛瑞说，研究生院应该"邀请博士校友常回母校，与新入学的博士生交流，并为他们的服务支付酬金"，与此同时，利用机会让他们与母校"重新取得联系"。对于那些在学术界之外工作的博士校友，母校"应该为他们提供工作餐，祝贺他们取得的成就，并邀请他们讨论他们的学术工作和目前正开展的工作。事实上，博士校友就是母校的未来"。

我们认为杰洛瑞说得太对了。如果大学从一开始就尊重各种各样的职业，那么研究生应该不太可能会有耻辱感，他们决定自己寻找这种工作。

职业发展研讨会也可以集中关注各种各样的职业选择。密歇根大学近期推出了一次跨学科人文职业发展研讨会——"职业人文生涯"，包括实地走访非营利性组织，要求研究生采访学术界之外获得博士学位的职业人士。[12] 这些行动表明我们可以举办多种形式的职业发展研讨会。我们需要将其看作通过逆向规划来解决具体问题，以结果为导向，从学科的角度引导研究生更加熟悉社会。[13]

职业发展研讨会引入了一个更加灵活的导师指导研究生的模式，人文学科和社会科学尤其需要这种模式。为研究生举办这样的研讨会，就为研究生和教授一起形成个性化的课程体系来满足研究生们的需求打下了基础。因此，这一系列研讨会就将研究生引导进入跨越整个研究生岁月的长期职业发展对话。

"多位研究生导师"

我们可以采用各种各样的方式来推动博士生指导实践向外扩展。我们已经在就业市场这个环节做了一些工作，但研究生通常从院系的"就业办主任"那里获得帮助。然而，我们还需要将导师指导研究生的工作在那个时间点之前从"黑匣子"里找出来。我们赞同托马斯·本德呼吁的"在各个阶段都为研究生配置多位指导教师"。[14] 举个例子，哥伦比亚大学英语系依靠三位教授组成的博士学位论文指导委员会，其中一位委员是研究生的首要导师。事实上，在导师指导研究生的过程中，会逐步确定其中一位委员担任研究生的首要导师，然而，博士学位论文指导委员会的三位成员公平分享指导研究生的权力。

我们需要推广这个好模式。我们建议创建一个规模灵活的委员会，其委员可以是非常规的成员。例如，一位政治学专业的研究生想在政府部门找到工作，她的论文指导委员会可以包括来自公共政策项目的外部委员。研究生有不同的职业需求。如果我们要求每个研究生的博士论文指导委员会都千篇一律，那么这无疑是削足适履。

博士学位论文指导委员会一旦到位，就需要切实开展工作，定期举行会议。然而，时至今日，令人不可思议的是，有些研究生只有在博士学位论文答辩现场才能第一次见到论文指导委员会成员。我们建议各院系明文规定研究生指导委员会定期开会。（我们说"论文指导委员会"，这是因为在进入博士学位论文阶段之前，就应该成立指导委员会。当某位研究生选择了一个博士学位论文主题之后，也许就需要微调其论文指导委员会里的相关成员。）显而易见，定期举行会议的一个明显理由是需要经常讨论研究生的学业和研究。关于博士学位论文指导委员会，院系可能会同意，当研究生完成学位论文草稿后，在提交学位论文之后的一段时间内（例如在一个月以内），所有的委员会成员将与研究生面对面讨论学位论文初稿。在研究生项目里，为这种实践建立长效机制，从而能为研究生导师和学生创造一种问责机制。[15]

定期提供进展报告有各种各样的优点：它使研究生和教授都提升了责任感；它使所有的指导委员会成员都在处于同一个信息环当中；它向研究生展示了研究生项目持续不断地关注他们的学业和研究。这种定期的关注展示了持续不断的承诺，慢慢地就构建了信任。各份进展报告日积月累，传递出学校和研究生院对研究生的关心；通过关心研究生的生活和学业等，我们就能降低（曾在第四章讨论过的）研究生的辍学率。

案例： **获得学位的用时**

> 我们想象一下：假设有院系将快速获得学位确定为优先事项，那么，研究生和导师之间的频繁会议将是实现双方都同意的目标的至关重要的环节。在该院系，每位研究生在进入研究生项目之后就被分配一位导师。（研究生在确定自己将要研究的专业之后，将选择他们自己的导师。）从一开始，导师将同意每两周与他们所指导的研究生见面。这种实践不仅将建立职业关系，也将使研究生按照进度开展研究和学业。

在导师指导研究生的实践中，强化责任制也能帮助缩短获得学位的用时。约翰·亚当斯曾于 2000 年至 2010 年担任明尼苏达大学地理系主任，他对自己指导过的研究生和正在指导的研究生做了一项调查研究。他寻求"那些 1981 年至 2006 年进入博士项目的（大约有 500 名）研究生并顺利获得博士学位的各种秉性。在这些秉性中，与及时、顺利地获得博士学位最正相关的因素是'谁是这名研究生的导师'"。[16] 好导师能帮助研究生更快地完成学业和研究，所以，我们通过定期会议来强化责任制，就能帮助更多的导师成为好导师。

然而，定期举行会议不仅仅是讨论研究生近期的研究进展，它还有另一个重要的因素——为研究生和指导委员会提供各种讨论研究生更大的目标的机会。斯坦福大学设立了一个项目，要求所有研究生在完成两年学习之后与教授委员会进行一次正式会谈，讨论研究生未来的职业选择。（如果该生确定了大学之外的具体的职业领域，那么也会邀请这些领域的专家出席此次会议。）这次（或一系列）会议的目标是设计一个课程大纲，并提醒学生选择满足这些目标的相关的学习课程。以这种方式，导师指导研究生开展博士学位论文工作就与我们在第三章里讨论的更大的职业多样性的目标协调一致了。例如，如果我们之前提到的那名政治学专业的研究生决定在政府部门申请一份工作，那么她应该写一篇与公务员相关的博士学位论文；她也应该去政府部门实习一个学期或一年，而不是去教学岗位实习。这些行动需要规划，当研究生项目和研究生一起规划时，随后的结果会变得更有成果（英雄所做略同）和更有效率（这能缩短获得学位的用时）。[17]

很多博士生仍然认为如果他们向导师承认他们对学术界之外的工作感兴趣，那么他们就会被导师鄙视，甚至被导师抛弃。有些研究生对他们的导师说了一通谎话，甚至在这样的情况下，我们也可以询问："为什么这些研究生要匆忙地得出错误的结论？"（一个答案就在研究生项目的传统文化里。）其他研究生会持有这样的偏见也没有错：甚至在改革的时代，仍然有很多导师不太尊重那些想在学术界之外谋求工作的研究生。（罗伯特·韦斯巴赫承认，几年前，他曾对一名计划去高中教书的研究生说："这并不是我们当初给予你研究生奖学金的理由。"然而，现在，他却把这名学生当成模范生。）我们需要承认学术文化仍然鄙视研究生在高校之外工作。我们曾向一些研究生提出这个问题，他们总是非常紧张地回答我们的问题，这种焦虑不容忽视。

研究生导师不仅需要口头对研究生做宣讲，更需要用实际行动向研究生展示研究生获得非教职工作并不是失败之举。这是一个真实的、合法的结果，研究生院教师需要尊重这个结果。研究生导师的一部分工作职责就是要传达这种尊重。如果一个研究生项目在研究生入学的早期就告知研究生若想讨论工作问题可以去咨询就业办公室，那么在研究生逐步开展研究生涯的过程中，学习就业办公室就可以有机地将其工作和院系的信息结合起来。（我们假定各高校不断审时度势，聘请一两位研究生就业专家。）然而，研究生并没有很快就能得到导师的指导。美国历史学会执行主任詹姆斯·格鲁斯曼想象在 2022 年研究生开学典礼上向新入学的历史学专业的研究生发表致辞（早在 2017 年，格鲁斯曼就写下了这些话语）。他的愿景是：院系负责人和项目主任以及就业办的研究生就业指导专家都来帮助研究生，他们会描述就业办如何为研究生提供服务，"如何同具体院系和校友会合作，如何确定本地的用人单位和美国的用人单位，以及如何确保这些用人单位认识到人文学科博士的价值"。

在研究生读研期间，研究生就业服务办公室是非常重要的。设立研究生职业指导专家就是承认这个现实：许多入学读研的学生——虽然不是大多数学生——将在学术界之外寻求工作。同样重要的是，设立研究生就业指导专家，就传递了这样的信息：院系不仅完全接受那个现实，而且还愿意采取措施为研究生解决现实中出现的问题。[18]

以同样的精神，研究生职业导师应该参加院系的职业发展论坛。[19] 每年，研究生职业导师可以与研究生部主任一起协调，对不同年级的研究生定期开展宣传活动：例如，为研究生选课提供帮助，或为准博士提供帮助。硕士生和博士生应该经常去见见研究生职业指导专家，熟悉他们的工作，从而促进交流，减少羞耻感。

以全方位指导的精神，各项目应该邀请校友们常回母校讲述他们的故事。校友是研究生最好的职业大使，大多数校友都渴望回到母校解释他们所从事的工作。（邀请校友返校不仅能满足他们的怀旧之情，也能帮助他们获得母校对他们的职业选择的认可。）当校友和研究生以这样的方式会见时，校友也可以担任研究生的非正式的导师，由此会增加研究生的导师资源。

教授们应该参加这些宣讲活动。教授们也有可能学到一些有用的东西，此外，他们的存在就向研究生展示了自己的关心。当我们向自己的研究生展示出导师尊重研究生不同的职业选择，我们也邀请导师尊重他们自己的选择。这也是一种指导。那种承诺开始于就业服务办公室人员在开学典礼上的工作，一直持续到研究生在这个项目的进展。

所有这些都可以算作指导行为，都是在指导委员会之外进行的指导工作。它展示了我们之前就开始勾画合作的指导文化。这种文化的相关因素可以根据研究生导师的需要进行调整。它们可以包括导师培训，就像田纳西大学（University of Tennessee）那样设立研究生培养和导师工作办公室，开展各类导师指导研究生的工作坊。这个办公室不仅提供研究生导师培训工作坊，而且还提供遵守各种研究规定的工作坊。[20]

我们还可以师生非正式的接触方式构建导师指导研究生的文化。20 多年来，耶鲁大学推出了"师生免费工作午餐项目"。该项目的运行机制很简单，成本也低：研究生院为导师会见一两名研究生提供免费工作午餐。该项目鼓励非正式的互动，研究生与不同的教授讨论他们的研究情况，所以该项目创造了一个比传统的"导师与研究生"二元体更加丰富的指导社区。

然而，指导文化依赖于它为研究生所提供的内容。路易斯维尔大学交叉学科和研究生院为所有研究生提供一个综合的职业化项目——PLAN 项目（职业发展、生活技能、学术培养和人际网络），这是我们看到的最好的案例。

PLAN 项目始于 2012 年，是研究生院院长贝斯·A. 波姆（Beth A. Boehm）和在波姆院长办公室实习的一名研究生夏尔马（Ghanashyam Sharma）之间的合作带来的成果。（为推出这个项目，波姆院长办公室里的其他工作人员也做了大量工作。）

PLAN 项目是一个巨大的职业发展项目，包含一系列协调有序的工作坊，由不同的院系、项目和研究生院各办公室提供资助，每学期开展二三十次。这些工作坊形成了一个周期，涵盖了研究生的整段经历：开展教学活动（例如，使用教学工具箱），博士学位论文写作技能（撰写文献综述），如何申请科研基金，如何寻找工作（例如，学术工作宣讲会，如何使用 LinkedIn），等等。

波姆院长和夏尔马设计了这个项目，目的就是确保研究生获得一些既能帮助他们顺利完成博士生项目又能帮助他们展望博士毕业之后的事宜的工具。他们说，该项目的目标就是帮助研究生对他们的职业负责。

波姆认为，实现那个目标靠的是"创造一种研究生和导师合作的文化"。因为人人都为此负责，所以 PLAN 项目不会耗费太多金钱。波姆把研究生、研究生导师和行政管理人员都志愿运营工作坊称为"奇迹"。然而，比这个奇迹更大的奇迹是团队指导所展示出来的效果。[21]

最后，团队指导能使研究生导师走出隐士般封闭的指导实践的怪圈，事实上，这个怪圈问题丛生，难以释放导师指导研究生的潜力。我们需要借鉴阿维特·罗内尔这个案例，不是因为它的绯闻因素，而是因为它展示了我们必须避免采用决定性的单一指导模式。

当教授们以团队的形式公开指导研究生时，他们的合作会抑制出现罗内尔这样的案例。更重要的是，团队合作提升了我们的集体专家技能，从而能更好地帮助我们的研究生朝向他们的职业目标进步。研究生仍然可以有一位导师，但其核心的导师应该是导师团队的一部分，而不是一位特立独行的导师将他指导的研究生从团队中分离出来。

最后，我们充分考虑研究生日后在工作场所的各种需求，这使研究生受益匪浅。曾几何时，一位导师就能满足他所指导的研究生所有的职业需求，而如今，这种情况已经一去不复返了。现在，作为研究生导师，我们应该承认这个事实。如果说过去一位"博士之父"就能指导好博士生，那么现在需要一个导师团队才能指导好博士生。

8 PART
第八章

研究生参与教学活动

教学的地位和现状

大多数研究生开始读研时都满怀激情，期望有朝一日能梦想成真，成为光荣的教师。不论他们是否规划了自己的学术生涯，也不论他们是否把教学看作短期的工作或终生的事业，这毕竟是他们追求的一个目标。大多数研究生是由于在本科学习阶段受到老师们的启发才继续读研深造。他们的本科教师激发了他们对某个主题的研究兴趣，很多研究生现在也希望激发自己正在开展教学活动的学生们的研究兴趣。

许多刚入学的研究生，或者说大部分研究生，把他们的本科教师看作模范。也许因为他们最好的老师是知名学者，他们以教师的身份来影响他们的学生，正是由于他们杰出的教学才激励这些本科生继续攻读博士学位。

然而，如果这些刚入学的研究生在开始读博时就被告知教学在学术生涯中远没有研究那么重要，如果他们被告知他们只有在不干扰研究的情况下才应该去培养教学能力，那么他们会有什么反应？以上类似灵魂拷问的问题也是我们想对读者们提出的问题。我们虽然没有经常明确地说出这些话，但这些话所隐含的信息仍然是清晰无误的。然而，在现实生活中，我们所提出的价值标准，我们的所作所为，都无时无刻不在贬低教学的地位。我们在培养研究生的全过程中始终都传递出这样一个核心的信息：教学附属于研究。

大多数研究生项目要求研究生开展大约两年的课程学习。越来越多的研究生项目要求研究生学习一门单独的教学法课程，然而，很多研究生项目不提供与教学法相关的课程。这个信息已经足够清晰了。它所隐含的观念（尽管"观念"给予了无意识地接受现状太多的认可）是——大多数教学活动只不过是不值得认真严肃考虑的个性和经历的偶然混合。

是否有博士生（由于没有成功地开展授课）被要求去重复讲授教学课程？是否有博士生曾因为糟糕的教学活动而无法获得博士学位？我们还没有听说过这样的事情，我们相信读者也没有听说过这样的事情。那么，这隐含了什么信息？

各研究生项目也没有按照系统的、有明确培养目标的次序为研究生开展教学活动。相反，我们完全把那些教授不愿意讲授的各门课程转给研究生去讲授，或一次又一次地把教授不愿意开展的评分任务或实验室工作转给研究生去做。

研究生清晰地听到这些信息，他们在很长时间里知道有些事情是错误的。在克里斯·戈尔德和蒂莫西·多尔 2001 年发表的有关研究生的调查中，有 40% 以上的研究生感觉没有准备好有关课堂讨论部分的教学活动，有 55% 的理科研究生感觉没有准备好有关实验室部分的教学活动，有近 66.7% 的博士生感觉没有准备好做讲座。[1] 2002 年，《美国博士生项目调查》（The National Doctoral Program Survey）发现类似的情况："博士生对没有充分准备好担任教师或对没有获得足够的训练履新教师的职责，感到忧心忡忡。"[2]

20 年之后，我们也许期望研究生能更加自信，但他们还是焦虑不安。《2014 年美国现代语言协会行动小组报告》对"越来越贬低博士生教育中为教师而准备的环节"提出了非难，认为这有悖于"美国上下日益增长的有效教学"。[3]

研究生开始疑惑为什么研究生项目中缺少培训教学法这个环节，但大多数新入学的研究生通常并没有意识到他们正在内化的信息。他们会在很多领域获得专业化的培养：他们一边适应新近读研的院校里崭新的社会环境和智力氛围，一边学习新的研究技术，去课堂听课，以及与那些和他们一样满怀激情、才华横溢的同学一起在实验室里开展研究。我们都明白研究生需要付出大量的精力才能适应这种新环境并完成各项任务。

然而，这里并没有展示出认为教学不是很重要的新信息。从来没有人会持续关注研究生教学，这是有其历史原因的。建立第一批研究型大学的明确目标就是创造知识。当芝加哥大学首任校长威廉·雷尼·哈珀宣布芝加哥大学的主要使命是促进"调查工作"（"调查"是研究的通俗专有名词），他其实就表达出明确的信息了。哈珀说："开展教学活动的工作是第二位的"。[4] 在不同的层面和不同的学科里，都有大量关于本科教学的文献。有些教授毕生致力于研究本科教学法。然而，与此同时，却很少有人关注研究生教学。虽然这个理由的历史原因由来已久，但是我们还是有必要再次强调：研究生教学被看作教师研究的副产品。

这个事实解释了很多现象，包括为什么教授们不喜欢讲授基础性课程，而只对在研究生研讨班授课（他们可以在研讨班的教室里对研究生讲授他们当前的研究情况）情有独钟。因为在研究生的工作场所里弥漫着不尊重教学的气氛，所以当研究生采用我们的价值标准，鄙视他们被要求开展的教学活动，或追逐类似于他们的导师所拥有的工作岗位，我们就不应该感到吃惊。毕竟，这些工作允许他们能随意对自己的学生进行授课。

我们往回倒一段时间，师生们高度关注的示范性本科生教学是激励大多数研究生继续进入博士生项目深造的首要原因。当研究生进入工作场所，鄙视自己攻读研究生学位时就梦想做的工作，会采取他们行为榜样的态度，此后就潜移默化，从内到外地改变了自己。他们成功地、静悄悄地参与了一项愚蠢的行为——良好的教学只能来源于学术，良好的教学是无法被讲授的。

正是从我们身上，研究生学会了把教学活动看作"负担"，而把学术研究看作"机会"。

这种观念荒诞不经，扭曲了基础性真理——教授们积极思考学科的发展动态，并不断在课堂教学中向研究生展示研究发现的精神。毋庸置疑，我们并没有将学术研究看作邪恶帝国；没有人应该为想学习新鲜事务而道歉。但研究生院并不仅仅是研究生学习这些知识的地方，而且还是研究生学会如何交流这些知识的地方。

高等教育宣称的价值标准与实际操作之间出现的最大冲突就是培训学术界从业人员担任教育工作者。我们对教学法机构的忽视，导致浪费了学术和教学的潜在互动。这么做就是一种不尊重把教学看作"我自己分内工作"的行为。如果教学不是我们分内工作，那么教学究竟是谁的工作？

这些是单独属于教学的能力，就像有单独属于学术的能力一样。仅仅依靠研究无法引起那些没有研究经验的人的兴趣；能够及时地提供面对面的解释性工作来解决问题，这是一种与教学相关的唯一至关重要的能力，就像研究和持续推理的技术一样，要求进行有意识的训练。

公众对教学或教授的普遍看法从来都不与教授对他们自己的看法一样。因为那些将孩子送进大学的父母都怀有这样的期望，所以美国的高等教育总是为教学留有一席之地。在目前这个资源不断减少的时代里，人们逐渐对此失去了耐心。结果，各种新形式的评估应运而生，挑战了学生们在大学岁月里学到了多少以及学习效果如何的观点。[5] 各学院院长和大学校长通常讨论教师对教学的奉献，但从结构上来说，这几乎没有改变任何现状：教师的地位和声望几乎完全依赖于他所发表的文章。

教师们通常用发自内心的激情和享受来拥抱教学，这是一个可取之处。然而，同样是这些教师通常愤世嫉俗地谈论思考、考试，讨论教学法策略，似乎这一切要么是一个谜，要么是教师个性带来的偶然结果。考虑一下：教师们几乎不会去其他教师的课堂里听课。除非需要评估一位教师的表现，否则这位教师在课堂里就一直和学生们在一起。

这样的实践就传递了一种印象，即教学是某位老师个人的工作，然而，教学是最公开的行为，需要大多数教师参与。（正如杰拉德·格拉夫所说，如果学术界想有所作为，那么就应该考虑花更多的时间与学生们在课堂里交流，而不是要求学生们去阅读教师们发表的相关文章。）[6] 一旦教师开始将教学看作其个人的工作，教室就会变成象牙塔里的独立王国。

在博士生教育里，所有这些虚伪的做法都被扭曲了，充斥在具体工作中。培养有技能和有自信心的教师是研究生培训中最重要的环节，然而，学术界对此只是喊出震天响亮的口号，却很少落实具体工作。

研究生在各种科学领域里开展教学活动，当他们没有成功地获得在实验室工作的奖学金，那么安排他们去开展教学活动就成了一个安慰奖。在科学领域之外，研究生通常讲授所谓的服务型课程——基础写作、入门语言、基础知识等，他们一次又一次地讲授这些课程。各研究生项目很少会将一系列不同的教学任务分配给研究生们，从而锻炼培养他们的能力；各研究生项目几乎不为研究生提供任何机会使他们了解自己所在的学科的历史，或了解高等教育历史和现状，或了解研究生学习的概况。虽然获得了最高的博士学位，但他们仍然只是普通的教育工作者。

因为各个博士项目是由研究型大学提供的，所以只要研究生稍微集中关注研究型大学这个专有名词，就能通过观察很快得出这样的结论：终身教职主要是依据发表的研究成果来授予的；显而易见，教学是第二位的；服务就只能可怜兮兮地排在第三位。这是一个差劲的情况，特别是当我们发现大多数在学院层面获得全日制教学工作的研究生，并没有在研究型大学工作，而是在更强调教学的机构里工作时。由于这个忽视，他们可能将这种情绪带到自己的新工作当中，不仅不知道成为教育工作者的意义，而且会对他们所指导的研究生心怀不满。[7] 在最实用的层面，大多数博士生项目不训练"那些教师身份的学者"去竞争谋求大多数学院和大学里的工作岗位。

希多尼·史密斯认为，只有 15% 的本科生符合传统生活在大学校园里的 18 岁至 21 岁全日制学生的人口样本。[8] 史密斯罗列了在这个时代成为教育工作者所面对的各项挑战："第一项挑战是新种类的学生；第二项挑战是新的主观性的动力学（他的意思是新媒体和新技术带来了认知关注中的改变）；第三项挑战是学生与高等教育传输系统的新关系（例如，2019 年新冠疫情暴发后，在线课程、其他形式的远程学习以及使用当地的教学技术，变得越来越普遍）。"[9] 希多尼·史密斯提出的解决方案强调了数据学习，但这些基础工作——课程设计、回应学生的学习和课堂教学技术也很重要。就像多年以前，一位研究生在伍尔德·威尔逊基金会会议上发言："似乎我在读研的几年时间里，接受去了解关于过山车游戏的每一件事情的训练。然而，现在我要负责整个公开露天游乐场。我需要知道关于安全、宣传报道和所有其他的事情。然而，没有人教过我这些知识，甚至没有人告诉我还存在这些事情。"[10]

我们也需要考虑人数众多的博士生群体，他们根本就不会成为教授。我们强调了这个事实——大部分博士并不会获得教授职位，大多数博士将在教育领域之外寻求工作岗位。那么为什么这些博士还需要关心教学？

显而易见，第一个答案是大多数有技能的工作涉及以一种或另一种形式进行教学。职业人士需要知道对非教授岗位的教师和他们自己的学生如何解释正在做的工作。更进一步，在传统的教室之外开展教学活动也许会给服务的概念注入生机。（研究生想要这样的机会。在那些参加 2003 年美国研究生领导力会议的研究生中，大多数研究生都积极参加会议日程安排中有关社会责任的活动；根据克里斯·戈尔德和蒂莫西·多尔的记录，超过一半的博士生愿意提供教学和其他形式的社区服务，但是"这种积极的新闻被非常少的部分反馈者对冲了，他们的研究生项目为他们准备了服务的角色。事实上，各研究生项目几乎没有为研究生开展这方面的准备工作"。）[11] 如果我们想要相信不论研究生作出什么样的职业选择都能从学术训练中获益，那么我们就应该为教学培训加倍努力，尤其要为大学校园之外的教学形式加倍努力。

事实上，很多非学术社会领域比研究生院更加注重有意识地训练有技能的教师。例如，美国军队就尤其注重开展有意识的训练。人们通常没有以这种方式看待海陆空三军，那是因为我们有很多的评论军事训练的漫画，就像斯坦利·库布里克（Stanley Kubrick）①的那部电影《金属人杰克》（*Full Metal Jacket*）中生动展示的口出恶言的操练军士。曾担任美国海军直升机领航员的塞姆尔·格拉夫顿（Samuel Grafton）强调，美国军队除了确保基础训练，还确保教育过程，确保学员们牢记"轮船外叶的各力量参数"，以及确保他们"正确地做好每一项工作的反馈和掌握技术"，以及有机会重复程序从而得到改进提高。这些直升机领航员研究生只有顺利通过以上各个环节的培训后才能学习"战术和使命规划"。最终，那些顺利过关的领航员就能逐渐成长为教导员了。[12]

我们并没有说大学教学和驾驶飞行器是完全可比的。例如，相比于对一个班级的学生进行教学活动，正确开展飞行程序具有更多的意义。两者之间的真正差异并不有利于职业学院的教师：军事训练是严格执行事先确定好的计划目标，而对未来研究生导师的训练通常缺少全面的规划，各受训人员的执行力度也参差不齐。如果一位飞行员接受的飞行训练就像研究生在读期间接受的教学训练，那么谁还愿意坐在这样的飞行员驾驶的飞机上？（我们也不一定非要坐飞机。我们可以坐公交车，即使需要坐三天的公交车才能到达目的地。）

令我们大为吃惊的是，各博士生项目严重忽视教学法。冷战期间的紧张对峙局面造成了美国高等教育的规模不断扩张，研究带来了越来越大的改变，以及越来越多的学生入学。[13] 援引理查德·雷文挺（Richard Lewontin）的话，由于美国政府开始资助 STEM 的各种学科，所以，美国各大学变成了整个美国和美国国防部开展研发活动的实验室。[14] 人文学科看到医学学科新涌现出的富余资金，在那些希望保持人文和科学之间大致平衡的行政管理人员的鼓励下，也纷纷效仿。

发表论文也许可以被称为学术界的军备竞赛。就像希多尼·史密斯所说："教师奖励机制强化了这样的价值观——少承担教学工作，少教学生，给研究生而不是

① 斯坦利·库布里克（Stanley Kubrick, 1928—1999）：美国电影导演、制片人和作家，执导过《2001 太空漫游》和《发条橙》等。——译者注

给本科生授课，讲授高年级课程而不是讲授低年级课程，给研讨班授课而不是做讲座，从教学活动中挤出时间做研究。"[15] 显而易见，研究型大学更加注重采取这种奖励机制，研究生们看到教师们都在纷纷使出浑身解数谋求这些机会。学生们从教师们的这些言行中也学到了相应的价值观。

这种不平衡的行为也有另一段更古老的历史。就像莱纳德·卡苏托和其他人指出的，美国高等教育推崇强调学院教学的英国模式（在殖民时代的美国首次留下高等教育的足迹）和强调研究的德国模式（在美国内战之后到达美国），从而形成了美国模式的高等教育。瓦妮莎·L. 赖安（Vanessa L. Ryan）通过比较德国的威廉·冯·洪堡（Wilhelm von Humboldt）[①]的论断（"在最高的层面，教师并不是为学生而存在的：教师和学生在对知识的共同追求上有公正理由"）与英国的大主教纽曼（Cardinal Newman）[②]的论断（他宣称大学"传播和扩张知识，而不是提升知识"）[16]，她将其关系总结为斗争和联盟并存的关系。

美国高等体系倾向于这个平衡的研究，这是因为研究型大学不仅训练那些在研究型大学开展教学活动的人，而且还训练所有教师。然而，纽曼那个有关教学和研究的分离观点很难论证学术发现和教学的理想结合。毕竟，没有学术和研究，就没有新的要讲授的东西。然而，没有教学的公众行为，就不可能有新发现。学术界，特别是这些代表研究生的代表，需要停止贬低教学法。

我们需要定义博士生作为新任职的授课教师的目标，即使这些目标也许比较狭小，不像直升机坠毁那么显而易见。我们会发现自己在询问："训练博士生作为新授课教师的最好的、最经济的方式是什么？"

我们程序化地看待这些挑战。在培养研究生（特别是博士生）成为有能力的授课教师方面，基础的改进的议事日程包括以下四大挑战。

第一个挑战是**次序**。在大约三年的时间里，应该如何安排各项教学任务的次序？是否能为研究生构建一系列教学活动经历，其中每一段教学活动经历都是对之前教学活动经历的累积？

第二个挑战是**范围**。由于大多数博士生在毕业后不会在研究型大学或选择性学院（selective college）进行教学，那么那些日后作为教师的博士生如何在不同种类的高等教育机构里获得教学经历，这些教育机构可以是公立大学分校、私人学院、社区学院，甚至是中小学。在这些教育机构里，是否能证明博士生的课程和教师领导力能转变研究生？

---

① 威廉·冯·洪堡（Wilhelm Von Humboldt，1767—1835）：德国语言学家、教育改革家，曾任普鲁士教育大臣，著有《依照语言发展的不同时期论语言的比较研究》等。——译者注

② 约翰·亨利·纽曼（John Henry Newman，1801—1890）：19世纪英国大主教，以其《大学的理想》一书，奠定了欧美高等教育发展的根基。——译者注

第三个挑战是**语境**。研究生如何才能获得对高等教育的生态、所在学科的历史和研究学生们的学习情况这三方面所面临的主要挑战的基础知识，而所有这些经历都不会延长获得学位的用时？

第四个挑战是**视野**。除了所提到的教师课堂教学和其他必要性，如何才能成为优秀的教育工作者？当我们展望未来的教学时，我们需要研究生做些什么？我们期望他们成为何种类型的教师？

好消息是：如果把培训研究生担任授课教师当成博士教育最大的尴尬，那么这也是我们开始觉醒和奋起直追的环节。希多尼·史密斯认为人们正在忽略这个系统贬低教学的现象，因为它"难以为继了"。希多尼·史密斯说，教授和行政管理人员现在"意识到本科生教育的成本不断增加，带来了责任，因为学生们需要会见高级教师"，更为普遍的是，这种教育的"即时价值和长期价值填补了其成本"。[17] 我们在本书中指出了诸多令人担忧的事，而准备将优秀的研究生培养成授课教师的挑战是最令人担忧的，这促使各高校推出了创新的举措来应对。有一个值得推广的案例：在肯塔基大学进行的"研究生生动教学"（GradTeach Live）比赛，类似于在美国流行的知名的"三分钟论文"（TMT）竞赛。在"研究生生动教学"比赛中，那些开展教学活动的研究生有三分钟时间用幻灯片来展示他们教授哲学的一部分情况，展示他们在教室或实验室里如何开展教学活动。"研究生生动教学"比赛和大学版的"三分钟论文竞赛"享有同样的奖金额度。[18]

坏消息是我们的价值准则并没有与实践一起改变。只要我们把教学看作附属于研究的无足轻重的环节，只要我们把研究看作衡量学者工作的基础，那么我们的优先次序就会给我们的改革带来危险。机构作出将研究生训练成授课教师的承诺绝不是构建障碍，然而，这个承诺一碰到最小的压力就会荡然无存，因为它如蚕丝那样薄弱。这个虚弱的承诺所隐含的意义超越了学生们的职业，达到了我们所称呼的职业人士的内心，达到了我们所做的事情的内心。那么，我们是否能用拉尔夫·沃尔多·爱默生（Ralph Waldo Emerson）[①]的那个精彩的短语——"实现我们的修辞"——来表达我们内心的想法？

描绘蓝图还是制造障碍？

我们想象一下：我们正在做晚饭，我们找到的食谱上载明的做晚饭的第一步是

———————————

① 拉尔夫·沃尔多·爱默生（Ralph Waldo Emerson，1803—1882）：美国思想家、散文作家、诗人，美国超验主义运动的主要代表，强调人的价值，提倡个性绝对自由和社会改革，著有《论自然》《诗集》和《五月节》等。——译者注

"先热锅，搅拌放进黄油"。第二步是"再热锅，搅拌放进黄油"。第三步是"再热锅，搅拌放进黄油"。除非我们能找到一份更好的食谱，否则我们就永远做不出晚饭。教师培训也是如此。我们需要一个新方案来培养优秀授课教师，而不是要求研究生一次又一次地讲授同样的课程。

这就像把黄油放入煎锅，目前失败的方案是经常安排研究生给本科生开展课堂教学活动，有时甚至在根本没有培训这些研究生的情况下就安排他们在读研的第一个学期对本科生进行课堂教学。通常，大型公立院校会这么做。它们举行为期一两天敷衍了事的迎新情况介绍会，随后，研究生就火速成为新任授课教师进入课堂开展教学活动。这种马马虎虎的培训研究生担任授课教师的方式导致出现了一些可以理解的糟糕的教学活动，然而，无论是那些开展教学活动的研究生，还是那些接受这种教学的本科生，几乎都没有获得有益的帮助。

此后，研究生一次又一次地讲授同样的一两门课程。对本科生来说，他们很有必要选修这些课程，然而，因为最有经验的教授并不想讲授这些课程，所以就留给这些实习研究生来教。我们需要要明确的是：我们安排这些最没有教学经验的研究生来担任授课教师，正是他们对那些最没有学习经验的本科生开展教学活动。在各文科专业中，这些课程最有可能安排给研究生来授课，所以，这种方式会削弱我们的学科，伤害我们的学生。（我们后面会更深入地讨论这个问题。）

至少对于本科生来说，有些好事物是后面才出现的。博士生担任授课教师，就是比尔·默里（Bill Murray）在电影《土拨鼠之日》（*Groundhog Day*）里面所做的，但更负面。[19] 比尔·默里扮演的角色一次又一次地重复过着同样的日子，但是他每天都在学习。他改进了自己的态度，顺利"毕业"了。本科生原本应该接受教授们对他们开展的高质量教学，却不得不体验新担任教师的研究生对他们进行差强人意的教学，也许这些研究生能用满怀激情的教学来吸引本科生，但是他们一次又一次地讲授同样的课程，不可避免地会逐渐失去对教学的激情。

那么，我们来重新设计一份新食谱吧。

要这么做，我们需要避免被任何不必要的细节干扰。杜克大学研究生院给出了一个良好的例子，要求每一个博士项目提交将研究生训练成教师的培养计划。这个要求就凸显了一个重要的观点。通过将这个计划的具体性质留给每个项目，这个要求承认了学科的差异。

正是因为学科文化和内容存在这些差异，所以我们无法提供更加具体的建议。我们将通过一些具体的例子来建议一些必要的事项。最显而易见的方式是，通过一系列精心准备的教学任务来一步步培训新教师。在培训的开始阶段，先让那些研究生舒服地接受培训，随后逐渐提高培训标准。

给予博士生的第一份教学任务通常涉及为教师负责教学的大班学生的作业进

行评分，或在评分的同时还引导讲座课程的讨论部分。（如果科学家开展教学活动，那么他们通常对主要的实验室里的研究生开展教学活动。）如果这位研究生运气好，那么他将收到一些关于如何建设性地反馈学生的教学工作。有时，会有一两位负责课程的教师旁听研究生的课堂教学。（就像我们之前注意到的，有时是一两天简要介绍研究生教学工作。）

这些点点滴滴并不是所有的环节。不妨考虑一下，在研究生开始教学之前的春季学期，开展某个研究生项目的实习。为每名研究生安排一位富有经验的、成功的研究生导师，对研究生开展"一对一"的指导，同时要求初学者旁听导师和其他教师的课程。

随后，有序地安排这些次序，包括研究生在第一个秋季学期的教学活动。将阅读书目分配给那些刚刚开始担任授课教师的研究生，每周将他们召集到一起，讨论书单里出现的各项议题，以及讨论他们旁听教学活动的体会和表现。[20]

我们意识到有些项目要求一年级研究生开展教学活动。我们并不喜欢这样的实践，但是我们还认识到某些公立大学要求一年级研究生开展教学活动，其目的就是为了节省开支。我们希望这些机构能找到一种合适的方式来降低他们对缺少教学技能的研究生劳动力的依赖，但是此时此刻，我们必须接受现实，我们建议在这些新手进入教室开展教学活动之前，通过举办为期一周的集中训练营对他们进行教学培训。

我们希望各个项目的教师相互承担起教师培训的责任。分享培训的工作能帮助实现更大的目标：停止阻止教师之间分享教学活动的行为。[21]

那么，研究生应该如何被介绍进入课堂呢？相较于将他们送到基础课程的课堂上（由拥有更多经验的老师来更好地开展教学活动）随后就忘记他们，不妨考虑一下一对一的"学生—教师"这样的合作伙伴关系。通过这样的方式，我们建议，这些学生不是以教师助助的身份，而是以事实上的合作伙伴的状态，来协助开展课程设计和教学活动。

案例： 教师培训——需要一些"做不到就惩罚"的要求

在人文学科和一些社会科学里，几乎每一位研究生都开展教学活动，所以，在院系里有培训研讨班。在这些领域里的每一名研究生几乎都完成了教学活动。

然而，如果研究生在教学实习活动中遭遇了滑铁卢，那么我们应该怎么办？看到某位研究生被证明不适合担任教师——这少之又少，或某位研究生在教学实习活动中的失败，被证明并不是什么大事，也从未影响他们获得学位的进展。事实上，那也许会是一件丑闻。某州立大学前任院长表示，他"经常怀疑很多助教并不是好助教，却没有设立真正的机制去处理这个问题"。某州立大学现任院长说："我看到有些教师想开除那些有糟糕教学活动记录的学生，不过，到最后都不了了之。"

在文科和理科领域里，我们也许会说我们在训练"教师—学者"（或"学者—教师"），然而，如果有些人没有获得那种身份的"教师"部分，我们也同样授予他学位，因为并没有具体规定要求博士必须是教师。

从历史的角度来看，这并不令人吃惊。欧洲各大学将博士训练成学者，而美国从欧洲各大学那里传承了博士的概念。然而，这并不是在欧洲，而是在美国，美国高等教育看重的是效用。当今，关于大学学位的"使用价值"的各种辩论并不是空穴来风，令人心烦意乱。这些辩论已经反反复复持续好几代人了。

持续不断地追求效用帮助创造了预期：在美国，教授不仅仅做研究，也开展教学活动。这不仅是社会对他们的定义，而且也是教授看待自己工作的方式。所以，如果我们将文科和理科的博士学位授予给那些无法开展教学活动的研究生，那么我们就是在重复欧洲的过去，也就是在否定美国的当前做法。

在这个环节，你也许会问：这样又会怎么样呢？不论如何，所有教师都开展教学活动，那么当他们知道这个情况，又有什么意义呢？如果一名研究生离开了学术界，那么他在读研期间通过接受学术训练而获得的教学能力还重要吗？

事实上，这还有很重要的意义。大多数研究生没有成为教授，非学术工作场所普遍要求研究生知道如何开展教学活动。《美国现代语言协会 2014 年关于现代语言专业和文学专业的博士生研究的报告》的几位撰稿人说："只有这些做好充分准备成为教师的研究生才能获得成功。""贬低博士生教育中为教师而准备的环节是不符合美国上下日益增长的追求有效教学的运动的。"

一言以蔽之，如果研究生无法顺利开展教学活动，那么他们就无法在任何工作岗位取得成功。

我们想象一个中等规模的班级允许采用讲座和讨论相结合的方式开展教学。在这样的情况下，研究生和教授合作创造一个课程大纲，共同引领班级（学生得到教师的指导），共同对书面作业的评分。最初由蒂格尔基金会提供资助，斯坦福大学在一项行动中对这种合作伙伴关系开展了实验。[22] 其中心观点是研究生通过教学活动获得学习，从年长的、有经验的同事那里持续获得反馈。（请注意，这是一种低成本的创新。就是悄悄地将各助教锻炼培养成课程合作者。）在这个主题下的一个可能变量是：研究生一边对本科生开展某门课程的教学，一边学习同样一门课程主题的研究生课程，并同时在两门课程的教师那里签到。

这种模式的一种优势是研究生有机会来实践讲座。研究生充分准备一次客座讲座，并事先在指导教师前进行预演，这就确保他们以后能在多种多样可能的情况下与更多观众进行交流。

就像我们所描述的这种充分规划的指导，培养研究生作为授课教师来主讲入门级课程，例如作文、语言或微积分。由于单独行动将展示新的挑战，教师们应该考虑参加更深入地分享教学经历的宣讲会。研究生也应该与导师沟通关于课程的学习目标。这些讨论不仅能使导师和研究生都受益，也能使导师获得新视野。

此后，在撰写博士学位论文阶段，那些开展教学活动的研究生在导师的指导下，应该有机会开发和讲授选修课程，尽管在此环节这样的指导为数不多，只是为了满足个别导师的工作需要。

随着开展教学活动的研究生不断进步，各个研究生项目也许会考虑回归"教师—学生"的合作关系之中，但是各个研究生项目会采用不同的方式。这一次，不妨尝试去翻转它。在弗吉尼亚大学（Virginia University），在卓越教学中心受过培训的研究生（和本科生），以顾问的身份协助教师设计课程和课程体系。设计弗吉尼亚大学"博士+项目"的负责人表示："通常是导师对研究生进行授课。当研究生和导师一起合作，尽管不是以同样的方式，双方都对课程或教学法的概念化、决策、执行、研究和分析有所贡献"，于是对所有伙伴都展现出新的学习的可能性。[23]

不论具体细节是什么，基本的原则必须是研究生不仅需要按照研究人员的研究进度而发展，而且需要按照教授的研究进度而发展。随着他们获得越来越多的经验，他们就改变了研究进展，获得越来越多的教学活动。随着这样的进步，我们应该鼓励博士生去考虑研究生课程教学法的含义，研究分配任务。教学法应该是研究的一部分，例如，约翰·博格（John Bugg）是莱纳德·卡苏托在福德姆大学的同事，约翰·博格在他的研究生讨论班"对19世纪进行教学"中要求研究生带着开发战略的具体目标去讲授这门课和研究文学。

当前，有些研究生项目允许甚至要求研究生们在他们的学位论文里加入教学法这个环节。[24] 是否有更好的途径来假定研究和教学之间存在协同作用？教学任务应该包括一系列经教师导师评审过的要求。

我们应该更深入地提高教师培训的质量，但是，随之出现了资源的问题。长期以来，各高校依赖研究生开展教学活动，研究生们之所以这么做，主要是出于经济的原因，而不是出于学业和研究的原因。开展同样的教学活动，支付给一名研究生的费用是支付给教师的费用的1/5，这真是太便宜了。然而，随着研究生整体人数的减少（科研助理和助理工会的增加），兼职教学的费用变得更加高、更加官僚。现在要做正确的事情的成本比过去的成本少多了。

那么，我们需要教师们多少额外的时间来更深入地讲授教学法？当然，这需要开展额外的工作才能完成。良好的教学通常这么做。然而，教授们也需要这么做。我们就将其完全看作在研究生层面开展教学活动的责任之一。

我们也应该关注众人避而不谈的事情。如果"由研究生担任的教师"讲授更多高年级的课程，那将在他们通常被分配到基础课程中打开口子。如果那表示将安排一两位教师来讲授低年级课程，而这些课程过去曾完全由助教来授课，那么现在就需要这么做了。其实，我们不应该把讲授低年级课程看成下层人士干的工作，或是一种惩罚。

我们来考虑一个更大的相关问题：如果我们更清楚地把服务型课程看作重要的入门课程，那会有什么结果呢？因为这就是这些课程的本质。那些关心研究生教育的研究生对文科里不断下降的录取人数而感到苦恼，特别关注人文学科里不断下降的人数。尽管有强劲的数据显示文科各专业毕业生在各领域里的工作市场里过得挺好，但那些焦虑的研究生还是竞相选择商业相关的课程，以及申请商业相关的岗位。

我们必须看到这个明确的底线：除非有研究生选择文科课程，否则我们就无法拯救文科。所以，为什么不把我们最好的、最有经验的教师请到教室讲台上开展教学活动呢？因为这最有可能发展本科专业。美国罗格斯大学（Rutgers University）英语学教授科特·斯佩尔梅耶（Kurt Spelmeyer），负责该校说明文写作项目，通常谈论一年级必修的说明文写作课程是如何成为大多数罗格斯大学本科生从英语系得到的唯一经历。（不要介意这不是一门文学课程；大多数学生并不知道"说明文写作课程"与"文学课程"之间的区别。）然而，终身教职岗位序列的教师几乎从来不去讲授这门课程。那又如何说服学生们来主修英语专业？如果我们将它们看作自己的交流机会，而不是将它们鄙视为"服务型课程"，那么我们也许能做得更好。普渡大学新"基石"（Cornerstone）核心课程体系的设计者梅琳达·左克（Melinda Zook）说："考虑到文科的现状，我们应该回归课堂了。"[25]

我们意识到这个建议颠覆了我们的价值体系。然而，这个老旧的价值体系并没有直接为我们提供优质的服务。它也不会在其他地方占据主导地位。德国模式的研究生教育把研究摆在优先地位，然而，这也是德国大学为每个学科里最优秀的教师给予荣誉的实践，正是荣誉激励这些最优秀的教师引导新学生进入学习该学科的历程。（作者注：有些历史学系也意识到将介绍性课程作为一种荣誉来进行教学，尽管在这些案例里，通常是在一个大型讲座教室开展教学活动。）考虑到显而易见的、广泛传播的社会压力，对我们自己的大学，除了考虑博士生教育的质量，我们还需要优先考虑介绍性课程。我们在考虑如何才能最有效地将博士生培养成教育工作者的同时，也需要考虑本科生和他们的教育需求。这两大目标相辅相成。

那么，我们应该如何看待获得学位的用时呢？如果我们突出强调教学法这个环节，是否会导致出现更加严重的情况？梅隆基金会发现，过多的教学活动将拖延获得学位的进程，但是，那些从来开展过教学活动的研究生比那些从未开展过教学活动的研究生更难以毕业，这并不是个案。梅隆基金会提供资助的研究员发现那些开展过教学活动的研究生获得"奖学金获得者也享受不到的收益——包括获得与教职工和其他研究生进行讨论的机会，准备谋求后面的教学职业"。[26]

然而，我们真正需要关注的一个要素是时间，特别是考虑我们所推荐的增加相关额外的环节，就更需要关注时间这个要素了。由于很多研究生项目现在要求研究生在进入资格考试和学位论文的阶段之前，必须先选择所在学科里的 15 门学期课程，我们是否可以减少几门课程，或允许研究生用开展教学活动来替代相关的课程？我们不妨想象一下：在博士项目中，有一半的课程和一半的学位论文写作都涉及教学法。目前，这种情况对我们来说是难以想象的，但那是因为我们自己也是被社会化的。毋庸置疑，只要我们付出更大的努力，就一定能实现研究和教学之间的交流与共生。

此外，对新教师的全部和最终准备也许需要考虑开展为期一年的博士后教育。为他们提供为期一年的博士后教育能激励他们快速获得学位，拓展教学经历，他们可以在教学和学习中心实习，也可以辅导新入学的研究生教师，与此同时，他们还一边润色提升博士学位论文，一边靠研究和教学能力去申请非学术职业岗位。

然而，他们又能在哪里开展教学活动？他们并不一定非得在他们所在的大学校园里开展教学活动。这是下一个部分的主题。

走出舒适区

《美国现代语言协会 2014 年关于现代语言和文学专业的博士生研究的报告》的几位撰稿人说："只有那些做好充分准备担任教师的研究生才能获得成功。"[27]对于那些不想进入教授岗位的研究生来说，他们也需要为就业做好充分准备。任何职业的工作单位都期望——通常要求研究生知道如何开展教学活动。用人单位看到了博士的价值：能处理复杂的信息，拥有深入分析、总结、编辑和整合材料的能力，并能在以后的工作中将这些技能传授给其他同事。莎拉·伊凡（Sarah Iovan）拥有英语专业博士学位，在 2019 年被一家大型企业聘用为高级税务工作人员。她说："当他们发现我具有不一般的背景时，他们激动不已，因为他们非常需要员工既能将技术概念传达给那些没有技术背景的客户，也能培训初级员工和实习生。"[28]

然而，我们根本不需要走出学术界就能看到在准备将研究生培养成教师的各个环节中存在障碍。大多数教授在以教学为主的文科学院、公立州立大学分校和社区学院工作，然而，即使在这些机构，也有很多博士生几乎没有开展过教学活动。虽然有漂亮的辞藻描述研究和教学之间的互动，但是研究型大学和一系列其他类型的机构已经通过全职的、非终身教职岗位的讲师和熟悉的兼职助理来将这两种功能分开。（由于兼职的科研助理岗位通常会剥削劳动力，所以我们并不期望扩大兼职的助理岗位，事实上，我们希望通过职业多样性来限制这种情况。然而，我们的观点是需要知道哪里有工作岗位，以及培训和职业选择明显不匹配。）2001 年，克里斯·戈尔德和提默西·多尔写道："研究生没有准备好去假设现实中存在哪些教职岗位，也没有对他们应该去哪里谋求岗位有清晰的概念……他们没有考虑研究之外的相关事宜。"[29] 时至今日，距离这些文字发表已经过去二十多年了，但这种情况仍然还没有改进。

这种值得敬重的关注有一些历史，能为目前的项目提供一些有价值的东西。它促使 1991 年美国学院和大学协会（AACU）与美国研究生院理事会（CGS）启动了"培养未来师资项目"。我们在第一章里就详细叙述了"培养未来师资项目"的运行细节，该项目的设计目标是为研究生提供在研究型大学之外的机构里的学习和研究经历，例如，在文科学院、社区学院、州立大学分校这样的综合型大学，他们也能获得学位。通过机构之间的合作，研究生能在一系列环境中观察和学习教师的生活和责任。"培养未来师资项目"负责人表示："'培养未来师资项目'的主要目的是为博士生扩大职业发展的机会。"[30]

这个项目是乐观的。然而，其结果却并不那么乐观。在合作双方的两端，展示出了一系列可能的活动，机构倾向于提供最少的利益（例如，偶尔举办研讨会，设立工作实习项目，召开委员会会议）。合作机构的服务成分通常意味着这完全是没有公众参与的内部委员会会议。很多博士学位授予机构选择完全不参与这个行动，因为其收益似乎没有弥补学生投入的时间。于是，"培养未来师资项目"很快就失去了动力。

然而，"培养未来师资项目"提供了一个无与伦比的概念设计。它建议在可以授予博士学位的大学和不计其数的其他种类的高等教育机构之间建立重要的联系，大多数研究生会在毕业后寻求在这些高等教育机构工作。时至今日，"培养未来师资项目"仍在某些研究生项目中存在，通常以是精简的形式存在，或有些研究生项目仅仅贴有"培养未来师资项目"这个品牌的名字，但已不再是原汁原味的项目了。

回顾过去，我们也许会认为正是由于该项目的设计者没有坚持清晰和足够宏伟的目标，所以导致该项目失败了。该项目的最大的失败之处是没有要求研究生开展教学活动。然而，这并不说明这个项目没有提供价值。2002 年对获得学术工作岗位的"培养未来师资项目"校友的调查显示，对该项目的积极观点是，大多数校友相信自己参与"培养未来师资项目"的经历在寻找工作、顺利过渡新工作上起到了作用，甚至帮助自己在进入新工作岗位之后很快就为所在院系的集体使命作出了贡献。[31]

也许"培养未来师资项目"几乎没有什么要求，因为其项目负责人知道他们在开展一些前所未有的工作。通过在博士学位攻读过程中给予教学和教师职业这两个议题一些空间，他们作出了一些不同寻常的断言：教学和教师职业这两个议题值得关注，能作为研究事业的附属之外的议题。也许，"培养未来师资项目"的效应是它的存在是重要的提醒，即研究型大学之外还有一个世界。

有些雄心勃勃的机构参与者——有趣的是，这些机构是最有声望的——为未来授予博士学位的各大学和其他种类的高等教育机构之间的合作提供了有用的模式。在华盛顿大学，9名学生获得一个季度的奖学金，与所在院系的导师或来自其他机构的导师合作，一起设计和讲授一门课程，或尝试用新技术开展教学活动。斯坦福大学近期与附近的圣何塞州立大学（San Jose State University）形成了伙伴关系——"培养未来教授"，将斯坦福大学博士生带入圣何塞州立大学的工作场所。圣何塞州立大学副教授艾德丽安·伊斯特伍德（Adrienne Eastwood）对那些来访该校的斯坦福大学博士生评价道："当他们毕业后，他们可能期望能在圣何塞州立大学工作。"[32] 梅隆基金会近期资助了一个为期4年的试点项目，邀请纽约城市大学的研究生们到拉瓜迪亚社区学院（LaGuardia Community College）课堂里开展教学活动。[33] 更早的时候，梅隆基金会资助了一个交流项目：密歇根大学人文学科的博士后在奥柏林学院（Oberlin College）和卡拉马祖学院（Kalamazoo College）开展教学活动，而这两所学院的教师则来到密歇根大学所在的安阿伯（Ann Arbor）校区深造，继续开展他们的研究工作。[34]

印第安纳大学（Indiana University）在伯明顿主校区（Bloomington）启动了"未来教师教学奖学金项目"（Future Faculty Teaching Fellowship Program），20名高年级博士生参加为期3天的研讨会，学习更多关于不同的学术环境的知识，随后就转到各分校区和其他机构区开展一两个学期的实践教学活动。每名高年级博士生会得到所在机构导师的指导，在参加服务活动的同时，负责讲授两门课程，这也正是"培养未来师资项目"所缺乏的环节。在杜克大学，在一个颁发证书的教学项目（我们在后面的部分会深入讨论这个项目）中，鼓励研究生自行与附近的几家机构联系开展教学活动，例如，他们在达勒姆技术社区学院（Durham Technical Community College）开展"Osher 终身教学项目"。

在肯塔基大学（University of Kentucky），"培养未来师资项目"已经发展成一个由该校研究生院负责开展的、涵盖一系列学分的课程和研讨会的核心项目。该项目的一个最大优势是他们所提供的相关课程都是跨学科的，研究生能与来自其他学科的研究生互动，一起开展教学、服务和研究等活动，从而获得有价值的视野。例如，"培养未来专业人士"（Preparing Future Professionals）是一门为跨专业的博士生准备的两学分课程，他们想探索非学术职业，并准备日后进入更加广阔的就业市场。通过集体讨论和现场访问，该项目的研究生不仅能与来自肯塔基大学的博士交流，而且能与来自学术界之外涵盖工业界、非营利组织和创业公司等在内的其他地方有所成就的专业人士互动。这些研究生的一个主要任务是非正式地采访同一领域毕业的、在学术界之外工作的博士。[35]

在美国国家科学基金会的资助下，威斯康星大学（University of Wisconsin）开展了一个更为大胆的项目——"小学到大学一条龙培养项目"，该项目为 STEM 学科里的博士生提供奖学金，从而建立中小学教育学校教师储备库。它组织一批又一批的研究生、中小学教师、学校行政管理人员和大学研究人员，就课程和教学法行动开展为期一年至三年的合作交流。所有这些储备人员定期到教室里为中小学学生授课，参加中小学所在地区相关的各种会议，参加由中小学所在地区和所在大学共同组织的职业发展研讨会。在弗吉尼亚大学，研究生可以参加"重新创造教育实验室"（ReinventED Lab），由夏洛特斯威尔市（Charlottesville）里的学校和各种各样的社区群体共同支持，强调帮助公立学院的创新和对中小学学生开展联合课程。[36] 加州大学欧文分校"触手可及的人文学科项目"使研究生和中小学教育教师一起工作，交流学科研究和课堂教学实践。他们一起开发新的中小学教育申请书，同时学习如何使用社会科学研究方法。[37]

加州大学欧文分校开展的项目也为研究生在一系列文化机构里进行为期 20 周的实习提供支持，实习机构包括美国公共电视网加州电视台（PBS SoCal）、含有保留剧目轮演的歌剧院和美国加州橙县公园。这种公开的拓展活动表示"培养未来师资项目"已经促成了一种不同种类的发展。多所美国大学已经不再把"教师"作为唯一的职业目标，而是采用这样的公开拓展来培养"专业人士"，从而替代或补充了这个目标。目前，肯塔基大学、马奎特大学（Marquette University）、印第安纳大学、新罕布什尔大学（University of New Hampshire）、奥多明尼昂大学（Old Dominion University）、佛罗里达州立大学（Florida State University）提供"培养未来职业人士项目"，北卡罗来纳大学格林斯博罗分校（University of North Carolina at Greensboro）和北卡罗来纳农业和技术州立大学（North Carolina Agricultural and Technological State University）合作提供"培养未来职业人士项目"。我们将在第十章"公共学术"里讨论它们展示出的本性、潜力和一些危险。（我们在这里想提出的一个告诫，北卡罗来纳大学开展了值得称赞的努力也印证了这一点）：职业项目与教师项目一起运行，要求学生根据他们的目标选择一个项目或另一个项目。看起来很明智，但它没有指出一个重要的观点：关注教学提升了研究生的能力，增强了研究生文凭在非学术职业中的竞争力；工作岗位经历也能强有力地促进研究生顺利发展成未来的教授。这个例子表明博士有进入其他工作轨道的危险。这种类别的学习绝不是零和游戏。）

学习开展教学活动

我们讨论了为那些刚开展教学活动的教师提供更多高标准的宣讲会的价值所在，我们还发现有些研究生项目和研究生院全体员工已经在此基础上开展了更多的工作。事实上，他们整合了对教学和学习的研究，作为博士生教育的必修环节。

早在 1990 年，欧内斯特·博耶（Ernest Boyer）就呼吁在博士学位项目中更多地关注教学活动，他在当年出版的专著《重新考虑学术》（*Scholarship Reconsidered*）中建议将教学活动作为积极学术的一种形式，要求得到师生们的充分尊重，他还别具一格地将研究活动称为"发现的学术"。然而，当时的评论家将欧内斯特·博耶这个对学术的定义进行扩大的说法当作那些不需要发表论文的教师的潜在托词，他们还进一步宣称，欧内斯特·博耶这种通过其在学术界的声望来宣传学术研究的行为是"发现的艺术"的伎俩，实际上是弄巧成拙自毁长城。然而，欧内斯特·博耶的战略展示出持久的生命力。随同"培养未来师资项目"和此后的一些改革行动，例如华盛顿大学"重新展望博士项目"，伍德罗·威尔逊基金会"灵活多变的博士项目"，欧内斯特·博耶的工作激发了需要启动高度关注教学的价值的对话。李·舒尔曼接替欧内斯特·博耶出任卡内基促进教学基金会会长，他与美国学院和大学协会合作，在 1998 年建立了卡内基教学和学习学院（Carnegie Academy of Teaching and Learning），从而为那些有兴趣通过学术方法来解决这些事务的大学提供支持。此后，卡内基基金会还开展了其他博士生教育的行动（我们在第一章里关于改革努力的那部分内容对此有所介绍），更突出地显示了对教学价值的高度关注。

虽然欧内斯特·博耶和李·舒尔曼没有创造出一个新常态，但是他们确实改变了现状。几乎再也没有研究生项目像之前那样避免开展教学活动，有为数不少的少数群体的学生已经寻求将研究带入教学，将教学活动看作一种学术活动。

这些努力的例子不胜枚举。印第安纳大学社会学系要求研究生选择关于教学和学习序列里的三门课程，其中第三门课程包括研究项目。印第安纳大学将"教学和学习里的学术项目"的涵盖对象从教授扩展到研究生，入选该项目的研究生和教授在展示、研讨会和集体讨论中开展合作。在霍华德大学，结对的教授和研究生申请关于教学和学习的小额基金，并在工作圆桌会议上展示他们的发现。（例如，有 9 个项目考虑本科生如何掌握他们所在的学科的相关知识背景。）另一个值得关注的正式的实践是伊利诺伊州立大学生命科学学院博士项目提供的"学者—教育工作者选择活动"。这个项目在研究过程中融入对教学的正式训练。[38] 在密歇根大学，化学系开展的一个创新项目为研究生师生提供培训基金去设计、执行和评估培训项目。科罗拉多大学开展了"LEAD 研究生教学能力培训网络项目"，LEAD 表示领导力（leadership）、卓越（excellence）、成就（achievement）和多样性（diversity），每年为 45 名高年级研究生提供为期一周的培训，这些研究生在咨询他们所在院系的负责人和学术顾问后，就为院系和集体活动开发一个计划。在整个学术年度，每人都对院系教师的培训计划都有所贡献，研究生参加关于教学议题的工作坊和"星期五论坛"。在过去的 10 年里，这个项目已经录取了 500 名学生，该项目负责人相信它已经将校园文化转移到重点关注以学习为中心的文化，与此同时，该项目促进了这些研究生掌握具体学科技能和通用指导技能，甚至还促进了部分研究生掌握行政管理能力。华盛顿大学也开展了类似的项目。

　　有些大学则通过颁发教学证书来正式承认这些项目。这些文凭允许申请者在拥挤的就业市场里展示他们的具体技能。霍华德大学提供由学校层面和学院层面准备的证书，涉及"含有学分的课程、实习经历和田野经历，包括教学和学习作为学术活动，指导学生，评估学习成果，获得和保持多样性的方式，高等教育中的技术，以及学术社区里面的公民素养"。[39] 在科罗拉多大学波尔德分校，学生们参加一些关于教学的工作坊，获得类似的结业证书，为助教提供小额补助让他们在所在的院系组织教学活动。密苏里大学（University of Missouri）为那些辅修大学教学专业的博士生提供了各种证书，包括 3 小时的核心课程证书、教学实习证书和 3 至 6 个小时的选修课程证书。[40] 杜克大学开展了一个由生物科学教授引领的面向所有领域的博士生开放项目。大学教学的证书证明，博士生们获得了"能提升当前在教学和学习中的最好实践的持续的系统性训练，恰当地使用教学技术"，并"系统评估研究生的学习结果"。[41] 博士生可以选择两门有关大学教学的课程，这两门课程既可以由他们所在的院系提供，也可以由研究生院提供。他们引领一门课程，担任讨论、实验室或部门负责人，接待至少两位（也许是项目或教师的同行）观察员的实地访问。他们还至少在 4 个场合开展客座授课，并在在线教学组合中记录和反思这些经历，设计这些在线教学组合的目的就是确保自己获得那些强调教学活动的学术岗位的竞争优势。

　　美国数学协会（Mathematical Association of America）整合了相关机构，为研究生和新入职的教师启动了"NEXT 项目"，提供包括教学在内的所有学术生活的各个方面的服务。[42] 这样覆盖全美国的项目能使缺少时间和资源匮乏的具体项目受益。在全美国范围内，更加雄心勃勃的案例是"研究、教学和学习融合中心"（Center for the Integration of Research, Teaching and Learning，CIRTL），该中心由美国国家科学基金会提供资助，由威斯康星教育研究中心负责运营。"研究、教学和学习融合中心"集中关注相关科学领域，如今，该中心的成员来自 23 家研究型大学，成员数量还在不断增加，每年为 4000 多名学生提供服务。它出版了 100 多本出版物，提供自 1997 年以来网络展示的成百数千的笔记。"研究、教学和学习融合中心"有一个建设性的引人入胜的在线项目。2015 年秋季，该中心提供相关主题的在线课程，这些主题包括：采用技术开展教学的在线课程，发展教学组合，大学教室里的多样性，对 STEM 本科生授课，在对本科生开展课堂授课时介绍主要的文献。这些课程的主题每年都不一样，但总是有以下 4 个集中关注点：通过多样性进行学习，有效使用教学技术，将教学活动看作研究活动，各种各样的学术职业，这 4 个主题也能用来组织在线学习社区。[43]

"研究、教学和学习融合中心"为具体的项目提供途径开展师资培训。它能将研究生和教师汇聚在一起，因为这些主题对所有开展教学活动的人都很重要。它最大的影响也许是作为示范，因为我们有充分的理由认为它也能在人文学科和社会科学中推广。

我们的目标是展示值得传播的有价值的观点。即使是这样，我们也要关注两个危险。第一个危险是显而易见的：为那些对教学最感兴趣的学生创造单独的轨道，这也许会为那些忽视它的人提供自由通行证，保持不稳定的现状。那就是研究生层面的单独"教学轨道"的研究生和具体学科里的教学专家所面临的主要问题。[44]事实上，这些集中教学的研究生项目几乎总是选修的附属项目，也表明不断进步的研究生教育工作者需要更加自信。或者，它也可能充分表明研究生教育工作任重道远。

第二个危险只有在它缺失之后才会显现，这个危险就是项目缺少开展的背景。我们所了解的项目既不包括学科的历史，也不包括整个高等教育情况概览，甚至不包括对目前的各种争论和高等教育的各种挑战（包括某些领域里消失的学术就业市场）的调研。我们并没有想将所有博士生学位转变为教育学位。我们建议开展几个小时的活动，而不是开展一个学期的活动；我们建议简要介绍相关研究项目，而不是介绍整个研究项目。（莱纳德·卡苏托曾在普林斯顿大学为本科生工作坊开展过几年的教学活动，在财政预算内满足学生们的需要，但那是联合课程，而不是课程规定的教学任务。）

我们不仅需要了解我们自己，而且需要了解我们的学术世界的充分多样性。现在，只有为数不多的专家和长期以来进行研究的学术界人士才掌握这些知识，本书的两位作者也是经过多年研究才掌握了这些知识。职业性自我意识应该成为开展师资培训的一个必要环节，因为它不仅有助于提升学生的职业发展，而且也有助于提升我们的职业发展。

超越教学

总而言之，研究生院不仅应该培训教师，而且应该培训教育工作者。教育工作者知道如何在当今世界中进行规划和开展教学活动，知道如何适应他们在正式的课堂内外所面对的各种各样的观众。

要达到这个目标，第一，我们鼓励你为学生们提供更多教学活动的机会。正如我们建议与教职工联合开展教学活动，如果学生们能看到整个教学工作的全过程，而不是仅仅作为旁观者，那么他们将学得更多、学得更快。当学生们积极地参与教学活动，了解组织课程规划所面临的各项挑战，那么当他们独立开展自己的教学活动时，将变得更具自我意识。研究生也应该见证和参与讨论课程议题，虽然他们在此过程中会看到争得不可开交的院系辩论。

第二，尽可能地将你指导的研究生带到校园之外。在另一种类型的学院或大学里，组织"培养未来师资项目"类型的合作，或者为学生们创造各类实习机会。在这两种情况下，按次序推进学习、实践和教学，从更宏大的角度理解教学的意义、应该在哪些场所开展教学活动和应该如何开展教学。

第三，超越所在的院系。高等教育越来越认识到各种学科可能是有用的，但它们并不是高不可攀，如果它们获得超越这个更多的视野，那么在任何情况下，学生们都能学到更多关于自己的事情。在本科生教育中，师生们越来越意识到不仅要通过各学科，而且要通过直面主要的社会挑战更好地组织大学课程体系。我们已经在第六章里更加详细地讨论了交叉学科，我们在这里再次重申，事业有成的教育工作者的另一个优点是：他们能意识到如何在学术界的不同领域以不同的方式完成学习。

第四，突出那些通常不开展讨论的教学活动，例如，充分利用办公时间，当前最好充分利用数据交流。希多尼·史密斯说："在这个时刻，大型开放式网络课程（简称慕课，MOOC）的成就是非常有限的。"但她正确地坚持发挥技术的潜力来促进学习者社区。[45] 史密斯罗列了在线授课的一些优势，包括那些远离学校或无法承担学费的学生也能通过在线课堂进行学习。[46] 2019 年新冠疫情已经使大家更加熟悉这些情况。我们希望 2019 年新冠疫情造成的依靠在线教学，最终能允许以数据为基础的方法出现，从而为传统的课堂教学创造新观点。就像卡西·戴维森（Cathy Davidson）所指出的，学生们的学习是重中之重，数据技术允许用新方式来思考教学活动。[47] 简而言之，我们培训的教育工作者应该了解一些有关数据教学和学习的事情。这些都是我们需要启动的对话。

当前，各位教师，特别是高级教师，引领研究生掌握这些新视野的能力还是参差不齐。然而，当前，几乎每个博士生项目都设立了办公室来致力于数据教学，这也是我们要求各项目广交朋友的原因。我们不需要任何事都亲力亲为。

这就引出了我们最终的呼吁——确保教学活动能成为工作场所里公开对话的持续主题。我们举办各类公开讲座，邀请（校内外的）学者来展示他们的研究进展。

那么，我们为什么不举行公开集会来展示教学的学术性？当我们谈论教学时，我们不仅使之公开，而且使其变得重要。在我们不谈论教学时，我们隐含的意思是教学还没有引起大家的注意。

良好的教学涉及教学双方相互学习。好老师向学生们展示他们一直在学习。我们应该致力于运用教学和研究之间的有利的矛盾。瓦妮莎·赖安说："因为我们在自身研究的领域里创造知识，重新解释知识，所以，我们能为学生们注入激情。各个层面的学生推动我们作为学者来重新想象我们的材料，通过与他们一起工作，我们也提升了自己的研究。"然而，瓦妮莎·赖安也引用了某些吹毛求疵的人的观点，这些评论家认为"教学和研究是对资源的零和游戏中的两个竞争功能"。[48] 我们所开展的教学活动和师资培训能够反驳这个观点。我们中的大多数人都知道在课堂里讨论的相关案例能引申出跨越了课堂教室的学术项目。我们应当知道教学和研究之间的协同作用是需要努力实现的现实，而不是用来掩盖真相的烟雾。

瓦妮莎·赖安最终在以学生为中心的学习上发现研究和教学之间存在一个有价值的交流：它"是以探索和解决问题为基础的；结合了以研究为基础的学习和以研究为基础的教学"，因此能"重新定义教学，从而重新定义研究"。[49] 这个发现也支持了欧内斯特·博耶借助学术的声望来提升教学的低人一等的地位。虽然用"低人一等"来描述教学所处的地位更会引起人们的关注，但我们希望它传递出这样一个信息：我们正处于价值转换的一个过渡阶段。研究和教学之间的路径原本就应该是一条双行道，虽然它们之间偶尔会发生碰撞。一种衡量研究生教育发展状况的方式是如何培训我们的教育工作者。

9 PART
第九章

学位的本质和目标

　　大多数博士生和博士生导师把博士学位论文看作博士项目最重要和最核心的环节。博士学位论文既是收官之作，也是开篇序曲：说它是收官之作，因为它是一次顶峰的学术经历，博士生将自己的声音带进所在学科的对话之中；说它是开篇序曲，因为它是博士生开始进入下一个职业生涯的准备阶段。然而，博士学位论文也会成为迷宫里最复杂的部分，或成为一些被人忽视的固有的琐碎事务。

　　通常，提到博士生教育的各种缺点，人们总会想到的是人文学科博士生教育所暴露的各种缺点，然而，事实上，科学领域的博士生教育中也充斥着各种各样的问题。正如生物学家克利斯平·泰勒描述的：当前，科学领域里的某些博士生导师指导博士生的通常做法是以实验室负责人的身份从他们的研究项目中挖出一部分课题，把它们分给研究生作为博士学位论文的主题。用科学史家耶胡达·艾尔卡纳（Yehuda Elkana）的话说，导师通过获得的基金支持研究生开展研究这种工作模式不鼓励研究生原创性思考，而是使研究生成为进入"庞大机器工厂里的微小技术员"，其所接受的研究生教育累积到"越少开展具有风险的科研活动越好的局面"[1]这么做本身就很糟糕，而更糟糕的是，由于对基金资助的竞争越来越激烈，这种模式在经济上变得越来越不可持续。

　　我们在其他章节（可见第七章"导学关系"）指出了各学科导师指导研究生存在巨大的差异：学徒科学家的实验室生活基本上完全由导师安排，而人文学科导师对研究生的指导是自由放任的。我们看到，在过去的 20 年里，各科学领域中的每份主要报告都呼吁提供更多的训练基金，从而为研究生提供优先考虑他们个人科研发展的实践。然而，这种由研究基金驱动的体制仍然存在，事实上还在不断地占据主导地位。克利斯平·泰勒说，由于"研究生被（导师）安排参与同一个研究项目，导致研究生缺少参与自己的研究项目的机会，或缺少能使他们花更多的时间精力来开发形成独立的、战略的和建设性的关键思想的能力，要知道所有博士生项目最关键的环节就是培养博士生掌握这种能力"。耶胡达·艾尔卡纳说："科学训练中最重要、最关键的唯一的过程"是"先确定一个问题，随后在所在的学科领域里系统深入地研究这个问题"，然而，当前的实践并没有教会研究生如何做到这一点。[2]

　　克利斯平·泰勒和耶胡达·艾尔卡纳都是科学家，他们对博士生教育提出的批评一针见血。科学教育工作者还应该考虑安吉莉卡·史黛西的建议，即博士生的博士学位论文的一部分至少应该关注"研究生完成导师的研究任务之外的工作"。[3]

与科学领域形成鲜明对比的是，在人文学科和具有人文学科性质的社会学科领域，导师几乎不指导研究生如何做好学位论文。在各科学领域，导师从科研的细节上具体指导研究生如何撰写博士学位论文和开展相应的研究，然而，在人文学科领域，导师毫无章法、随心所欲地指导研究生，具有讽刺意味的是，个别导师只能指导研究生关注博士学位论文的格式和篇幅。克利斯平·泰勒写道，任何领域里的忽视都"会导致学生感到没有得到指导，或滋生出失望的情绪"，这肯定会增加获得学位的用时，甚至会导致学生根本无法完成学位所规定的环节。面对这个两难选择（between Scylla and Charybdis①），学生们进退维谷，克利斯平·泰勒理性地呼吁中间之道将"对学生更有价值"。4 在本章里，我们就来考虑这个中间之道。我们将其解释为宽广的道路，有很多分支道路影响学位论文更替的可能性，我们还对艺术专业硕士学位的发展提出了建议。

首要原则，根本问题

我们先探讨基本的东西。博士学位论文是什么？博士学位论文的目的是什么？

以下是"博士学位论文是什么"的一些内容。第一，它是原创学术的重要工作，是研究生获得博士学位的最终证明。第二，它既展示学习的熟练程度，也展示研究生的学习研究生涯进入最终的、正式的阶段。也就是说，博士学位论文并不仅仅证明研究生学会了读研期间教授们所能教授的知识，还是教学和学习的一部分。你可以说它是研究生生涯中最重要的一个环节。

然而，博士学位论文并不包含以下两方面的内容。第一，博士学位论文不是一个光环仪式，或至少我们认为它不应该是一个光环仪式。（博士学位论文很容易变成一个光环仪式。）5 第二，博士学位论文并不是一本书。它可以以后成为一本书，这可能是一件很好的事情。或者，它可能不会成为一本书，但这并不是一件坏事。然而，一旦博士学位论文被提交之后，它就不是一本书。

那么，博士学位论文离作为书籍出版还有多少程序要走呢？

在我们试图回答这个问题之前，我们先扩展这个问题。有些领域是"适合出版书籍的领域"，我们指的是（通常是在人文学科或具有人文性质的社会学科的）学科项目或跨学科项目，博士们也许有一天会期望将自己的博士学位论文以书籍的形式出版。当我们谈论关于博士学位论文是否能够或应该以书籍的形式出版时，我们

---

① between Scylla and Charybdis：斯库拉和卡律布狄斯。典出希腊神话中住在意大利和西西里海峡中的两个海怪，航海者在两个怪物之间通过异常危险。比喻为腹背受敌，进退两难。——译者注

在使用那种可能性作为一个例子来探讨博士学位论文的篇幅度应该是什么样的？诚然，并不是所有领域的博士学位论文都适合作为专著出版。如果你不在适合出版书籍的领域，那么请你继续往下阅读——因为这个关于博士学位论文是否应该转为专著出版的对话也涉及博士学位论文的篇幅。这些话题是一样的。

目前，我们将集中讨论博士学位论文适合以专著的形式出版的领域，因为它们最清晰地展示了争议。在这些领域里，供博士们申请的终身教职轨道的教学工作要求助理教授将他们的博士学位论文以专著的形式出版，否则不给予他们终身教职。在研究型大学，大多数工作会提出这些要求。（以教学为中心的机构一般不要求它们的初级教师出版学术专著。）

我们应该认识到，因为大多数教授岗位并不在研究型大学，这个"将博士学位论文以专著的形式出版"的要求是多么不同寻常。（当前，教授岗位的数量也变得越来越稀少了，他们的排名被稀释了，被一群又一群全职的讲师替代了，这些讲师在终身教职系列外工作，努力完成不同的工作要求。这些讲师通常需要满足适度的研究要求，而这些要求通常不包括出版学术专著。）大多数领域有自己的问题。人们极为重视"将博士学位论文以专著的形式出版"的要求，因为这是一种转喻手法：只有通过高度重视这个要求，我们才能解决博士学位论文的篇幅这个更大的问题。

2002 年，斯蒂芬·格林布拉特（Stephen Greenblatt）[①]在担任美国现代语言协会会长时，他给该协会所有会员都写了一封电子邮件，表达了对过度强调"必须出版学术专著才能获得终身教职"的担忧：

> 在过去几十年里，大多数语言学系和文学系要求初级教师发表一部由知名出版社出版的长篇学术专著，才能正式申请提升为终身教授岗位候选人。有少数院系更是期望他们能出版两本由知名出版社出版的长篇学术专著。不论这样的期望是否合理，或是否有必要，这是一个我们需要集体考虑和辩论的问题。[6]

在格林布拉特的这封公开信发表之后，美国现代语言协会成立了一个特别行动小组，并在 2006 年发布了一份报告，包含了一些对院系如何更宽松地评估学术的实用的指南，因此也就将他们从"唯出版学术专著"的无理要求中解放出来。[7]

在格林布拉特的这封公开信发表之后，虽然这种"必须出版学术专著才能获得终身教职"的要求并没有消失，但是那些在适合出版书籍的领域里工作的学术界人士已经不太热衷于过度关注它的职业意义。自从那份 2006 年报告发布之后，有些

---

① 斯蒂芬·格林布拉特（Stephen Greenblatt, 1943.11）：著名文学史家、莎士比亚研究学者、作家，哈佛大学约翰·科根校级教授（John Cogan University Professor），《诺顿版莎士比亚全集》主编，曾获梅隆杰出人文学者奖、威廉·莎士比亚古典戏剧奖等奖项。——译者注

院系为助理教授提供了指南，并在该指南中标注出替代终身教职的选项：例如，发表一些论文。于是，像 JSTOR 这样的电子出版数据库不断出现，帮助提升了学术论文的可见度，推进了这项事业。当前，电子学术为研究和出版提供了一系列全新的可能模式和途径。

更有可能的是，学术界和学术出版的经济状况不断萎缩，不仅导致学术界转变了思想观念，还导致很多其他领域也转变了思想观念。精英机构也许没有改变它们的终身教职要求，它们的声望持续吸引了社会对它们所做的每一件事都给予不成比例的关注，然而，像其他地方一样，如今，精英机构雇用的助理教授数量越来越少。更多的博士继续在以教学为中心的学院和大学里工作，或完全在学术界之外工作。虽然"必须出版学术专著才能获得终身教职"的要求没有完全消失，但是已经成了一种边缘化的现象。如今，"必须出版学术专著才能获得终身教职"似乎没有那么紧急了，因为它影响的人数越来越少了。

然而，学位论文没有与这个已改变的现象一起调整。比起他们的研究生导师，研究生是在不同的经济条件下撰写学位论文的。我们应该更重视这个事实。本书的开始部分提出了一个人口统计学案例的假设——刚入学的 8 名博士生。相关数据告诉我们，在这 8 名博士生当中，大约有 4 名会获得学位，也许有两名博士会获得全职教学工作。根据 2019 年新冠疫情暴发之前的数据，这两名获得全职教学工作的博士，最多有一人会在研究型大学或选择性学院任职。然而，大多数研究生项目的课程体系还是为那一位未来会在研究型大学或选择性学院任职的博士生设计的。

博士学位论文的要求尤其反映了那位幸运的博士生的各种需求。显而易见，学位论文是文科和理科的所有博士生项目的课程体系的核心部分。广泛说来，那个课程体系需要满足学生们的教育所带来的需求：它需要教育学生们在他们自己所在领域里的研究，帮助他们面对作为培训中的专业人士所要面对的现实。然而，正如我们现在设想的，学位论文是为这 8 位假设入学的博士生中的那一位博士生（事实上少于一人）提供最好的训练，这位博士生将在研究型机构里获得一份助理教授的工作。

博士学位论文的相关要求是否应该改变？要说不应该改变学位论文的相关要求是很容易的。就像我们观察到的，学术界仍然是保守的，但是按照各种学术标准来看，研究生院也是保守的。研究生院已经存在好几个世纪，比较而言，学位论文存在的时间要短得多。在 18 世纪晚期、19 世纪早期，欧洲引入了学位论文，很快就进入课程体系的中心，随后遍布全世界。历史学家罗杰·L. 盖革（Roger L. Geiger）认为约翰斯·霍普金斯大学在把美国的博士"标准化"的工作中厥功甚伟。19 世纪七八十年代是形成博士项目的阶段，在此期间，约翰斯·霍普金斯大学授予的博士学位的数量比任何大学授予的博士学位数量都要多。这些博士也成了美国的公立大学和私立大学里的博士项目的基础。历史学家劳伦斯·R. 维赛说，"在 19 世纪之交"，要想获得"几乎每一所知名机构"的雇用，"博士学位通常是必备条件"。[8]

当然，研究生院的实践就是从那时开始发展起来的。为了满足不断增长的研究生人数，它采取了各种措施，例如按严格程序进行招生录取工作和综合考试。然而，自研究生院被引入美国，直到 20 世纪的那些岁月里，研究生学习并没有改变多少。如今，研究生院更多地类似于 19 世纪 90 年代的研究生院，就像本科生院类似于从那时开始发展的最初的本科生院。

像研究生院的很多其他特色一样，学位论文已经很长时间没有受到审视了。就像我们所建议的，是否改革学位论文这个问题由每个学科领域里的教师、院系或项目决定。我们不想事先规定答案，然而，我们的确强烈呼吁教师们直面这个问题，而不是忽视这个问题。在本章中，我们将讨论这些利益攸关的各项议题。

以历史学为例

历史学系尤其生动地展示了关于学位论文的争论。大多数历史学家都同意一篇历史学学位论文应该是研究生能深入开展研究并不断拓展的学术活动。历史学是能出版书籍的领域，很多历史学家同意一篇历史学学位论文应该是经过修改后就能以书籍的形式出版。[9]

与这个保守的立场形成鲜明的对比的是，历史学系为文科博士开设的职业多样性的运动处于前列。美国历史学会执行主任格罗斯曼和时任主席安东尼·格拉夫敦，在 2011 年发表的论文《不需要 B 计划》仍然是那个争论的试金石，该学会后续的很多项目也补充了这篇文章，包括"历史学家供职何方"的数据库，我们在第一章里就讨论过这些内容。[10]

然而，有些历史学家开始努力反对这个主流的范式。2015 年，美国历史学会的期刊《历史学视野》刊出了一期论坛——"历史学是一种出版书籍的领域"，一些知名历史学家表示，在这个图书馆预算不断缩减、数字领域猛增的时期，历史学更应该重新思考其优先事项，才能变得更加灵活。[11] 拉拉·普特南（Lara Putnam）是那个论坛的一名与会人员，将对出版书籍的强调比喻为"一个拥有一百万美元巨额财富的富豪想灵活地购买自己想要的东西，然而，底线是他无法将这一百万美元破开了找零……如果这个不能简化的学术项目是一个为期 7 年的研究项目，且需要出版 10 万字的学术专著，那它就没有留出多少灵活的空间"。这个实践伤害了研究生和年轻的教职工。拉拉·普特南说："简而言之，坚持要求历史学家以出版书籍的方式来展示学术研究生成果，从而获得晋升，这大幅降低了那些刚开始进入学术生涯的学者投入学术研究的灵活性，不论是同行评议文章，或公众扩展活动，还是数字类型的学术活动，或未来出现新形式的学术活动，这些青年学者都在灵活度上受到限制。"她问道："为什么我们如此限制年轻学者的创造力？事实上，我们根本没有必要这么做。"[12] 事实确实如此。

历史学博士学位论文，或事实上，任何博士学位论文，应该是一本具有深度内涵书籍的雏形，能让人一眼能看出花费了大量时间和心血从而可以用来申请获得博士学位。历史学学位论文通常涉及较多的档案工作：研究生在导师的帮助下，先确定一些档案，随后深入地开展研究。研究生的论文就是在这些档案研究中形成的。历史学专业的研究生通常待在档案馆里，学习他们项目的知识。在此过程中，他们会开始看到自己的学位论文成为能出版的书籍的轮廓。

然而，学位论文是否应该是整本书的早期版本，或是那本书的代表性部分？显而易见，需要更多的时间才能顺利撰写一篇博士学位论文。博士学位论文的代表性部分需要展示出博士候选人已经掌握了职业历史学家所拥有的各项技能。在研究生所做的其他事务中，已隐含了研究生有能力在以后的日子里完全可以出版的整本书。

通过历史学学位论文这个案例，我们勾画出一个道德层面的问题：研究生应该在哪里完成他们的书籍？要回答这个问题，我们先看看各种各样的语境。

首先，"如果"是在"哪里"之前。大多数历史学专业的研究生不会将他们的学位论文转化为书籍出版。他们中的很多人根本就不在学术界工作。

其次，如果研究生在读研阶段就做了大部分的（甚至是所有的）工作来为学位论文的最终出版做准备，那么这位作者就是靠着实习的工资——研究生补贴来完成这项工作。如果他在被雇用为助理教授的时候修改学位论文，并将之升级为一本出版的专著，那么他是以获得薪水的、有资质的职业人士的身份来做同样的工作。

这些关于历史学学位论文的问题激发了我们开始时提出的原则——学位论文的定义和目标。意识到这个短暂的维度，我们现在应该增加第三个维度：应该花多长的时间来撰写学位论文？所有这些问题是都相互依赖、不可分割的。我们得时刻牢记对博士学位论文写作过程的任何改革应该首先从这三个维度的交集之处开始，所以我们暂且不讨论历史学科中的这三个维度，而应先回到文科和理科的具体场景。

博士学位论文、获得博士学位的用时以及其他事情

目前，困扰美国研究生教育的一系列问题的核心是博士学位论文。关于多长时间获得博士学位的辩论已经体现了一些根深蒂固的立场。一位学术界人士说："博

士生攻读学位需要一次又一次延期，这导致他们对学术研究的兴趣不断被消磨。"
另一位学术界人士说："博士学位论文的篇幅类似于一篇文章的篇幅，这是常识，
却长期被延期了。"然而，还有一位学术界人士警告说："如果通过减少时间来获得
博士学位，那么这将是贬低博士学位的价值的一个致命的错误。"我们都很熟悉这
种来来回回的争论，然而，难就难在这里：这些引语都来自 1960 年出版的一本书。
[13] 60 多年来，人们一直在讨论获得博士学位的用时。一代又一代人无所事事，而研
究生们不断遭遇延期，导致在学校花费了多年时间。

这本 1960 年出版的图书的作者是伯纳德·贝雷尔森（Bernard Berelson），
他首次收集了一些获得学位的用的数据，包括我们第一次看到的衡量准博士（ABD）
阶段的数据。在 1960 年，人们抱怨的获得学位的用时比我们今天看到的时间要短。
各学科"直接用于博士学位论文"里的时间的平均数如下：物理学，1.7 年；生物学，1.6
年；社会学，1.1 年；人文学科，1.3 年；工程学，1.2 年；教育学，0.9 年。[14]

那么，发生了哪些事情？我们可以做一些推断：

（1）由于学术就业市场不景气，很多研究生待在学校里的时间更长，以撰写
可能更好的学位论文。在适合出版书籍的领域，这通常涉及撰写一篇更长、更多细
节、更像书籍的学位论文，可以用已发表人的论文作为佐证，表明其有能力找到工
作岗位之后出版论文书籍。这个逻辑同样适用于所有领域。

（2）对值得赞扬的学位论文的各项要求也同时增加了，由于类似的原因，这与
不断减少的教授岗位相关。也就是说，由于学术就业市场紧缩，需要通过竞争才能
获得这些工作，所以对博士学位的各项要求也就越来越严格了。

（3）由于其他种种原因，学生读研的时间更长了。他们承担了越来越多的教学
任务，参加越来越多的服务活动，最重要的是，他们通过发表论文来使自己脱颖而
出（不景气的研究生就业市场自然而然地影响他们的决定：除非迫不得已，为什么
还要这么快速地完成研究生学业？）

很难讨论研究生出版博士学位论文的价值，这与博士学位论文的市场价值紧密联
系。这个逻辑是非常清楚的：如果研究生的博士学位论文有一部分成功发表，这就表
明这篇学位论文的剩余部分也能发表。发表博士学位论文允许研究生在获得学术工作
的拥挤的竞争领域里找到一个切入点。乔治敦大学（Georgetown University）商学
院教师杰森·布瑞南（Jason Brennan）说，由于缺少时间，他"没有选择，不得不
采用一些探索性的方法，而不是彻底地审核每一位候选人的申请材料"，很多雇用委
员会的教师也像他这么做。面对一大堆申请书，布瑞南将"淘汰那些没有发表过优
秀论文的候选人"。通过这么做，布瑞南承认他可能会忽视那些还没有发表过论文的
优秀的候选人，然而，他认为节省下来的时间使他值得冒这个风险。[15]

我们可能会不同意布瑞南所提到的方法，但是我们必须考虑他已经在操作这个

方法的事实，而且并不是只有他一个人这么做。当纽约大学哲学教授 J. 戴维·魏勒曼（J. David Velleman）在 2017 年建议禁止研究生发表论文时，他就已经萌发出这些想法。戴维·魏勒曼在一位网红哲学家的博客——《每日情况》（*The Daily Nous*）上发了一篇题为"发表学术文章的紧急情况"的文章，他提出了一个简单却激进的建议，这个建议包含以下两部分内容：首先，各哲学期刊"应该出台政策，禁止发表研究生的论文"。其次，给禁令装上牙齿，他建议哲学系对新任教授"在评审终身教职和升职时，采取不考虑研究生的工作的政策"。[16]

戴维·魏勒曼写道，这些政策将"停止研究生发表论文的竞赛"。很多人抨击他的这个建议，在他的博客文章下留下了成百上千的评论。有些研究生认为他的这个建议攻击了他们的自由。这些批评者没有意识到戴维·魏勒曼事实上是在竭力为那些受困于非常残酷的系统之中的研究生们表达出摆脱困境的呼声。如果他们想竞争获得那些少之又少的教授岗位，那么他们必须在撰写学位论文的同时发表学术文章。然而，这么做不仅会给正处于在开展训练的压力之下的研究生带来额外的压力，而且会使他们缺少时间对博士学位论文进行精雕细琢。

首先，我们应该看到以下的情况：在缺少广泛的、完全统一的支持的情况下，戴维·魏勒曼的建议不会成为政策；甚至在这样的支持是有证据的情况下（在大多数情况下不是这样），他的建议将要求所有的哲学期刊和院系人事委员会协调开展合作。难道还有人认为那是可行的吗？本书的两位作者在此明确表示不支持为消除研究生的发表文章而立法（我们绝不会这样做），也不会鼓励这样的立场。

事实上，我们应该认真对待戴维·魏勒曼的博客文章：它们能启发我们思考。从这个角度来看，他的思想告知我们：我们需要对研究生所面对的研究生教育以及博士学位论文在研究生教育中所扮演的角色开展更大范围的讨论，不仅是在哲学学科开展讨论，而且也在其他学科开展讨论。

即使是这样，我们想象一下戴维·魏勒曼所呼吁的禁止研究生发表论文的世界。博士生的顶峰任务是撰写博士学位论文。戴维·魏勒曼所假设的禁止研究生发表论文暗含了一个假设——博士学位论文本身并不重要；或者说，在研究生在学术就业市场找到工作之前，如果研究生能在有较大影响的期刊上发表学位论文的一部分，那么博士学位论文才是重要的。但那是对博士学位论文的价值非常暗淡的评估，隐含着年轻学者只有在发表足够多的论文之后再去申请学术工作，这时他或她才会引起注意。

戴维·魏勒曼的这种立场激发了一个相关的、熟悉的学术抱怨：候选人想要申请终身教职就必须出版一本专著，这就将晋升决定外包给了各大学出版社。事实上，各大学出版社决定要（或拒绝）出版助理教师撰写的书籍，这就事先决定了大多数终身教职的结果。如果研究生所发表的论文是雇用决定中最重要的因素，那么同样的争论也适用在一个稍微低一点的层面：雇用委员会基本上将他们的学术评价转交给了期刊编辑们来做。通过接受（或拒绝）研究生提交的论文，编辑们有效地接手了对研究生的博士学位论文的评价，而雇用委员会在没有亲自审阅各篇博士学位论文的情况下就接受了编辑们对它们的判断。

这样的事情是否真的发生？毋庸置疑，有时会发生这样的事情。很多教授抗议戴维·魏勒曼的文章，认为其他属性，例如研究生展示出来的教学能力，应该在工作录用决定中起作用。然而，在关于戴维·魏勒曼这篇文章的几百个评论中，很少有关于博士学位论文的评论。

现实并不是总是这样。在一个阶段里，雇用委员会很看重博士学位论文，戴维·魏勒曼所想象的不需要研究生发表论文的世界在现实世界里是存在的，在这个世界里没有任何规定或禁令。有一位人文学科的荣休教授，曾在排名靠前的美国公立大学里工作多年，他经历过 20 世纪八九十年代，在此阶段，学术就业市场开始紧缩，他描述了他所在的院系在 20 世纪八九十年代的雇用操作情况。他说："我们阅读博士学位论文的一些章节，这些博士学位论文通常还没有出版。"他所在的院系通常要求雇用委员会成员阅读博士学位论文中的两个章节。这位教授回顾说，雇用委员会的每一位成员都会阅读这些章节。"我们会问：这篇博士学位论文是否书写规范，立意新颖，内容有趣，是否有重大的意义，体现渊博的学识？我们关心的是候选人的博士学位论文是否有可能出版，但我们不会自动地拒绝那些博士学位论文只呈现出能被当作学术著作来出版的初始状态的候选人。那样有时会保证有理解力和智力上的野心。"

在 20 世纪 90 年代，大多数申请工作岗位的候选人是未发表文章的准博士。这位教授说，这些候选人中"有少数研究生会发表一篇文章，当然，我们也会阅读这篇已发表的文章。当然，如果这篇文章发表在一份影响力大的期刊上，那么我们会将其看作候选人的一个加分点，然而，要是我们发现它不具有吸引力，那么我们也不会将其看作候选人的一个加分点"。最后，他说："相比于发表的文章，我们更关注的是博士学位论文。"

当研究生撰写博士学位论文时，大多数研究生在读研阶段无法发表文章，在这种大背景下，他们的博士学位论文就更加重要。那就是戴维·魏勒曼鼓励我们去想象的世界，我们的研究生已经身处这样的世界了。这是回归到未来的过去？戴维·魏勒曼将目前的形势称为"研究生发表文章的紧急情况"，但这真的更多的是"获得博士学位时间的紧急情况"。研究生需要一定的时间才能发表文章。要求研究生在简历里增加发表的文章，会增加研究生在博士项目里的时间，要知道他们挣的可是学徒工资，通常负债累累。

这位荣休教授说："我 26 岁就参加工作了。我们的候选人的平均年龄大约为

28 岁至 30 岁。"如今，在人文学科，仍然普遍需要 9 年时间才能获得博士学位，新任教授只有在 35 岁之后才开始获得真正的薪水。通常，他们要等到 36 岁才能获得真正的薪水。当研究生应对在读研阶段发表论文的压力时，他们就推迟了他们的职业发展，不得不靠借贷来发表论文。甚至连哲学家都认为那种做法是不道德的。

然而，正如一些戴维·魏勒曼的评论者所指出的，禁止研究生发表论文将提升很有影响力的机构声望在雇用教职工程序中的权重。一位评论员写道："雇用委员会通过发表文章的数量和发表途径来判断候选人是否优秀。如果不看研究生所发表的文章，那么雇用委员会会更加依赖候选人所毕业的院系的声望。"现在，"要想比来自高声望高校的研究生更加有优势，来自低声望高校的研究生只有比他们发表更多的文章"。

另一个网民在博客里留言："我是一名研究生，不打算去纽约大学（戴维·魏勒曼所任职的大学，其哲学系享有很高的声誉）工作，我还未发表过一篇文章，那么我如何使自己突出呢？"除了发表文章之外，"几乎其他所有的指标都指向研究生所就读学校的声望"。

所以，研究生发表论文的紧急情况也是获得博士学位的用时的紧急情况，这也是一个声望问题。因为在研究生院出现的各种问题总是相互关联的，所以我们可能不应该对这个情况感到惊奇。那么，我们能做什么呢？

学位上的学校名称的品牌效应应该有多大呢？如果我们太过关注博士项目排名，以致直到筛选阶段才去查看研究生的真实工作，那么我们想问的是我们的雇用决定会有哪些智力完整性？就像戴维·魏勒曼所确定的所有问题，这个问题并没有提供简单的解决方案。大多数对戴维·魏勒曼的各种观点的辩论并没有指向禁止研究生发表论文，而是需要我们内部统一考虑这个问题。教授们应该如实考察我们要求研究生做的工作，尊重研究生，而不是一味地要求他们发表越来越多的论文，更不要要求他们在学校声望的压力之下发表越来越多的论文。

那种必要性要求我们必须重新关注博士学位论文。如果我们需要博士学位论文，那么我们需要确定它的轮廓符合阅读那些博士学位论文的教授的需求，特别是符合撰写这些博士学位论文的研究生的需求。

现在该干些什么？

一、扩大博士学位论文的可能性

博士的学术失业率越高，就越不会要求所有研究生撰写最适合研究驱使的学术工作的学位论文。崇拜出版书籍不会自行消失，在不适合出版书籍的领域里崇拜发表论文也不会自行消失，特别是教授们仍然坚持这样的观点——博士学位论文应该是为追求这些工作而设计的。不论教授们的要求是直接明确的还是隐含的，这些要求都塑造了研究生的博士学位论文，影响了研究生的职业生涯。研究生需要有机会去准备谋求他们想事实上获得的工作，不仅仅是准备谋求传统的研究生文化所认为的理想的工作。

教师们应该为研究生提供力所能及的帮助。我们就是那些能决定博士学位论文是否可行的人，这样就能够决定我们将看重的内容。然而，我们并没有在这方面完全尽职尽责。教育学者珍妮·布朗·莱纳德（Jeannie Brown Leonard）记录了研究生们对博士学位论文的各种预期之间相互矛盾的感受，他们觉得要么是导师不太重视博士学位论文，要么是博士学位论文委员会里的不同成员对他们的博士学位论文提出了各种各样相互矛盾的建议。[17] 我们不能在任何时刻对博士学位论文提供这种不一致的建议，尤其在当前的时代，更不应该这么做。

对博士的要求已经随着学术就业市场环境的改变而改变，而不是仅仅在近几年时间里才得到改变。当每个人都能找到工作的时候，研究生们提交的都是篇幅更短的学位论文。当学术就业岗位变得更少时，快速获得学位的学术领域就变得更少了。换言之，能否顺利毕业取决于工作岗位的数量（在这个案例里，能否顺利毕业取决于教授岗位的数量），而不取决于博士学位论文的长度。我们应该牢记在心的是对博士学位论文的各项要求总是在不断建设发展中。

几年前，路易斯·梅南德建议用一份同行评议论文来替代学位论文。梅南德这个激进的功能性观点，就像威尔曼那个假想的禁止研究生发表文章的提议可能被看作启发，而不可能被看作政策建议。在目前延长获得学位的用时的情况下，作为一种启发，它暴露了潦草的伦理。路易斯·梅南德认为，"如果每一位研究生只被要求提交一篇同行评议的论文，而不是撰写一篇学位论文，那么这对学术而言是好事"，当然，他们将更快地完成任务。[18]

以这种精神，我们可以考虑人文学科的博士学位论文可以包含少数的文章。（科学领域已经对博士学位论文采用这样的方式。）这个建议将博士学位论文带回19世纪的根源上，当它被展望为正在制作的篇幅短小的出版物（但不是书籍）。由少数几篇文章组成的博士学位论文将承认研究生面对的现实，并将对他们的学位要求与之匹配。这样的改变将满足我们的学生，我们很少建议这样的行动。

1995 年，文学教授大卫·达姆罗什提出了一个建议，近期有些改革者重新关注这个建议，那就是将传统的专著转变为一系列论文。《2014 年美国现代语言协会行动小组报告》提供这样的版本以及其他具体的建议：对学位论文的可能性的"扩展曲目"将不仅包括一些论文，而且还包括"以网络为基础的项目"、（带有工具的）翻译、"公共人文学科项目"、以教学法为内容的学位论文。[19] 在美国国研究生院理事会 2016 年召开的工作坊——"博士学位论文的未来"上，有些委员呼吁对社会科学学位论文进行类似的改革。他们提出了很多建议，包括社区项目、集合学位论文、公共学术、视觉图像等方面的建议。

在人文学科和人文性质的社会科学的教师也考虑鼓励三个章节的博士学位论文。这些领域里的大多数博士学位论文有四五章，然而，美国福德汉姆大学英语系研究生部主任约翰·博格表示，"在很长的一段时间里"看到的都是篇幅更短的博士学位论文。约翰·博格认为研究生没有经常考虑可能的博士学位论文所考虑的范围（在文学领域，可以包括学术版、翻译版，以及各种各样大小的传统样式）。约翰·博格说，这种预期"并不是一件坏事"，但在某些情况下，导师应该给予研究生撰写三个篇章的选择权。[20]

案例： 分割的学位论文

波士顿大学公共卫生学院生物统计学系要求学生完成一篇由三个部分组成的学位论文。学位论文中的每一个部分就是系主任杰西·德普斯（Josee Dupuis）称为的"可出版的单元"，也就是说，它是一篇文章的初稿。论文委员会决定这些单元是否达到"可出版"的标准——意思是当学位论文被接受时，这些单元不需要被出版或接收——尽管至少有一个单元必须在学位论文答辩之前提交给出版机构。

这三个部分不需要形成一个整体。在实践中，它们将相互协调或联系，但它们可以是"松散地联系在一起"。如果学生开始写特定的主题，在完成一个单元之后，决定对这个主题不再感兴趣，那么他就能转向另一个相关的分领域，他仍然能够带着那个单元——也就是说，这能成为他完成的学位论文的一部分。

这个分割的学位论文部分的模式质量也给予学生在学生与导师的关系上更多的自主权。他可以与他的导师合作，完成一两个部分，随后转换，在另一位委员会成员的指导下完成另一个部分。在实践中，研究生甚至可以在没有改变或放弃已完成的工作的情况下，申请更换导师。所以，研究生并没有失去基础。

这种分割的学位论文形式并不是一个样式就能满足所有的解决方案，但对于有些院系，这是一个值得考虑的创新实践。

美国研究生院理事会工作坊上的一份有价值的报告表明，"学位论文的生态系统正在改变"。[21] 在科学领域，实验室里经常开展合作，工作坊的成员们呼吁"接受真正的科学专业的学位论文，使研究生能学习使用他人的专业技术"。[22] 其他有益的选项开始展示出来。例如，爱达荷州立大学英语系"整合了文献中的研究和英语教学中的实践与理论培训"。其学位项目将整合"研究导向的课堂工作和教学法中的课程"，以及"在每篇学位论文中加入经导师指导过的教学实习和教学法实习"。在实践中，研究生通常在学位论文中用一个章节描述他们的研究对教学的意义。进入学术界工作的研究生通常在以教学为中心的学院找到工作岗位。[23]（以同样的精神，作为他们的项目，院系也为"教学文献的理论和实践"赠送书籍作为奖励。）[24]

当然，数字环境展示了一系列新的可能性。阿曼达·维斯康提（Amanda Visconti）在 2015 年马里兰大学的博士学位论文中，根据詹姆斯·乔伊斯（James Joyce）①的《尤利西斯》以网络为基础的注解版的形式面向公众发表。A.D. 卡尔森（A.D. Carson）以嘻哈音乐专辑的形式向克莱姆森大学（Clemson University）提交了 2017 年博士学位论文，此后，他成了一个特殊的学术明星。[25]尼克·苏泽尼斯（Nich Sousanis）以插画小说的形式撰写了他 2014 年提交给哥伦比亚大学的博士学位论文。安娜·威廉姆斯（Anna Williams）向爱荷华大学提交了一份以播客形式撰写的博士学位论文。[26]

有人反对这些采用新形式制作的博士学位论文，理由是它们不符合学术就业市场中现存的博士学位论文的规范。这个论断继续说，撰写一份奇怪的学位论文，会导致研究生成为在任何地方都不适合的毕业生。[27]也许这个论点在一个时期是有用的（尽管我们无法对此做出保证）。但我们目前无法接受这一点。不断萎缩的学术就业市场对学术就业市场的种类产生了巨大的压力。当院系雇用越来越少的人，他们关注更多的是跨越界限的知识分子，而不是关注在院系安稳地工作的人。当然，博士学位论文必须是好的，然而，难道以往的博士学位论文通常不是总是好的吗？

在科学中，考虑到克利斯平·泰勒和耶胡达·艾尔卡纳都坚持认为发现问题和形成问题是任何有价值的博士生教育的中心，然而，当前的实践并不鼓励这种创造性，于是，安吉莉卡·史黛西建议将研究基金直接分配给研究生。研究生能自行决定将自己的基金——也就是决定自己的时间和劳动力——投入到自己认为合适的教授那里。那是一种权力反转。更少激进的是，她指出最好能在研究生开始读研时就为他们配备双导师，并更进一步表示"有些大学采取积极措施，为研究生提供一年的轮转经历，使研究生能用三个月时间在三四个不同的实验室里轮转，最后才与合适的研究生导师确定指导关系"。[28]

这种创新实践，包括那些没有考虑到的创新实践，并没有稀释博士项目，反而扩大了博士项目的视野。有人可能会反对具体细节，但博士生教育需要一种通用的实验精神，因为因循守旧，固执己见已经无法适应现实需要了。这种保守主义也会阻止多样性。很多研究表明，那些攻读博士学位的少数群体学生希望能学业有成，

① 詹姆斯·乔伊斯（James Joyce，1882—1941）：爱尔兰小说家，其作品揭露西方现代社会的腐朽一面，多用"意识流"手法，语言隐晦，代表作《尤利西斯》。——译者注

回到家乡后能有所贡献，得到认可。更大的灵活性促进从招生到就业的各个环节的多样性。

一个重要的结果是学生可能无法完成博士学位论文，最终选择以硕士的身份退出博士项目。现在的"硕士项目是新型学士项目"，有些学生可能从一开始就选择硕士学位项目。[29] 有些专业硕士学位项目，特别是科学专业硕士学位项目，不断繁荣发展起来。然而，人文学科领域各专业的硕士学位项目却没有迎来大发展。在下一个部分，我们将深入了解这个问题，为专业文学硕士学位阐述一个提议。

二、重新塑造硕士学位

博士学位论文的功效似乎是显而易见的。撰写博士学位论文要求持续的推理、一系列研究能力、想象力、原创性和分析能力。这些技能与每一种职业都是息息相关的。有些学科里的相关主题要求研究生投入大量的时间和精力开展研究，有些研究生也会期望早点进入职场，不想在学位论文上花费大量的时间和精力。这也是科学专业硕士学位之所以在现存的成百上千个项目中流行的一个原因。科学专业硕士学位是由业界和学术界协商后开发出来的，是一个为期两年的学位项目，具有清晰的设计理念，能使那些原本只获得本科学位的学生通过取得硕士学位来申请获得更高层面的雇用机会。[30]

事实证明，在人文学科或社会科学，如果研究生在毕业后能顺利获得类似文学硕士的学位，那么这些学位也具有同样的价值。首先，我们不建议回归到这种很多知名研究型大学在过去几十年里就早已废除的文学硕士学位。那种文学硕士通常是作为折磨考验学生的测试，这些研究生几乎都期望获得博士学位，但没有被博士项目直接录取。在那些已录取的博士生和那些期望进入博士项目深造的文学硕士生共享的课程中，形成了一种糟糕的等级体系，大量的文学硕士生需要通过竞争才能获得博士生课堂里剩余的少之又少的座位。

新型文学专业硕士并不是博士学位低端市场的替代品，而是立足于自己的权利进行全面考虑的学位，能为那些选择放弃自己所喜爱的学科的高阶学习或孤注一掷地想获得博士学位的学生提供有用的替代学位。对于那些发现博士项目并不适合自己后而选择放弃的研究生，新型专业文学硕士也能有所帮助。对于教师们来说，它将在新的语境里提供有研究生层面的意义的教学。

但更重要的是，当一种被严重限制的职业选择不再鼓励本科生参加各种人文学科的项目，文学专业硕士（也许还提供文学学士/文学硕士联合项目）可以向研究生展示出如何将他们的学习和技能运用到一系列职业当中。那种意识不仅能提高本科层面的录取量，还能提高硕士层面的录取量。

我们集中关注缩减的各个专业，主要是在人文学科和人文性质的社会科学学科，这是很重要的事务。当我们在本书中主要关注学生多样化的职业结果时，我们并没有忽视关键议题，在这些学科里重新获得职业岗位，主要是人文学科，对"有用"的错误假设，或搜索无用的工作，不仅导致本科生录取人数大幅下降，也导致终身教职序列的教师岗位数量锐减。[31] 一种可行的硕士学位将鼓励感兴趣的学生在这些领域里进行专业研究。它将在这些领域和它们的大学和学院里的专业项目之间构建关系，可以促进创造出任何数量的跨学科（构建录取的）机会。

经过全面规划，在人文学科和人文性质的社会科学学科中出现的这种新型专业硕士学位不会降低传统的研究领域的价值。事实上，这个结果在智力上将是丰富的。换言之，增长的途径是为学生各种各样的目标提供更充分的服务。

为这样的项目进行规划就需要采用我们在第二章里所叙述的倒序制造过程。考虑到硕士项目所含有的相关环节比博士项目的环节要少，所以，在获得行政管理部门的同意后，我们就有可能加快规划的进程。然而，硕士项目并不是"精简"版的博士项目，它们需要比精简版的博士项目开展更多的规划。各院系和机构需要明确表示：为什以要新设立新型硕士或重组硕士生项目？需要达到什么目的？仅仅为了增加研究生项目这一个理由还是不充分。还需要有协调一致的课程体系和逻辑依据。

这种新型硕士还将要求用一种战略来开展宣传工作。要求对潜在观众有清晰的意识。你可以构建各类新型硕士项目，但这并不意味着你能实现它们。向所在大学里的本科生，向所在地区性和全国性的其他机构里的学生和本科学术顾问，甚至向高中指导顾问，解释硕士项目，对获得成功都是至关重要的。不久之后，其他院系的教师将会明确地理解这个新型硕士项目。

教师负责人将是这个行动的关键，所以他们必须真正想要这些，而不仅仅是愿意与之一起开展行动。各高校领导也将是保护和维持更高层面的行政管理的利益和支持的关键。

对于这个规划过程的一个鼓励在于建立专业科学硕士的成功，其标准和模式可以引导非科学的学科。迈克尔·特勒博姆（Michael Teitelbaum）是斯隆基金会的一位顾问，他支持实行这种新型硕士学位："我们看到越来越多科学专业的研究生和工程专业的研究生获得 MBA。"斯隆基金会看到了温和的经济形势：文学学士学位没有为就业提供必要的科学复杂性，而博士学位不仅需要花费过长的时间，而且也没有为非学术的科学事业提供相对应的更广泛的培训。特勒博姆将这个描述为"I 型教育"（狭窄专业化）和"T 型教育"（外向发展）之间的区别。[32]

一个艺术专业硕士学位的课程体系方案补充了科学的课堂，并指导了与商业和工业相关的领域——管理、通信、营销和金融。例如，药剂学专业的学生会选择一门关于美国食品药品监管局（FDA）这样的监管机构的课程，或计算机科学领域专业的学生会选择一门关于专利法和营销的课程。

在 21 世纪最初的 10 年里，美国研究生院理事会试图在人文学科里开展专业学位项目。艺术硕士专业学位项目得到了福特基金会的短期资助。这个行动在早期就在 18 所大学校园里获得了一定程度的成功，例如，北卡罗莱纳大学应用心理学专业硕士学位项目就获得一定程度的成功，然而，在该硕士学位项目获得长足的发展之前，这个资助就因资金短缺而不得不中止了。考虑到大部分教授不仅反对投入大量精力开展商业活动以及在相关学科领域里追求营利（与此形成对比的是，科学专业的教师经常进行技术转让），而且也反对大量研究生选择去实业界寻找工业岗位，因此，相比于科学硕士专业学位，要想在文学硕士专业学位上获得持续成功，就要求各基金会注入更多的投资。美国研究生院理事会项目主任卡罗尔·林奇（Carol Lynch）将这个项目定义为"证明了概念成功的故事"，使教师们认识到扩展的可能性。她说："当有人开始思考学生的时候，也许这个时机就会到来。"[33]

那么，现在就是那个时机吗？这里有近期有关公立大学英语系的一个真实的案例。该系提供文学硕士学位项目，而不提供博士学位项目，当公立学校停止为其教师利用空余时间在职攻读学位提供资助时，它就失去了很多文学硕士学生。近期，有人请我们帮忙设置一种新型硕士学位项目，我们建议开展一个与专业硕士学位截然不同的项目，它兼顾学科和学术界之外的培训之间的平衡，但它是被同样承诺研究生们将运用攻读硕士学位阶段所掌握的知识和技能应对工作岗位中出现的挑战。我们建议这种新型文学硕士将作为现存项目的替代分支，可以有很多特色：例如工作岗位信息库、单独的指导、现场访问工作场所，以及尽可能地开展实习。开发这样的资源和机会将要求院系、就业办和校友会办公室之间进行更多的沟通。它还要求大学校园里几个相关的专业学院协调教师讨论共同利益的事务。

要想这种文学硕士项目获得成功，院系需要关注这个项目的方方面面。硕士学位论文要求应该足够灵活，允许各种不同的可能性，例如，可以从实习经历中发展出一篇学位论文。学生起初的职业计划是什么？实习经历如何满足或改变职业计划？在此之后，院系需要询问：这个实习的哪个部分是最有价值的？是什么使它变得更有价值？其产生的外溢效应如何对学术界、其他学生和社会产生价值？

我们还向这个项目推荐了一个核心的新课程——"工作中的英语"，以及与职业兴趣的领域相关的两门原创课程。增加这些内容，势必会要求减少其他相应的部分，例如将学科中现存的课程数从 10 门降低至 8 门。在学科相关的各门课程中，教师需要开发以学生为中心的意识，对学生明确说明他们在读研期间所掌握的解释能力和分析能力可以在日后不同的职业语境中得到用武之地。就像我们在第三章中宣称的，这很重要，需要向学生展示他们获得的技能的重要性，这样他们才知道自己拥有这些技能。

在这个推荐的硕士项目，以及强调职业选择和公共学术的博士项目中，我们可以通过全面重新思考任务，节省学生的时间和教师的努力，密歇根大学博士后马修·伍德百利（Matthew Woodbury）在关于人文学科职业的一篇论文中重点强调了这一点。这些可能包括专栏版、书评、电子展示，以及与同学或与社区集体或组织的团队工作。[34]

这些承诺既有院系的承诺，也有机构的承诺，都将是合理适度的。最费力的因素涉及开设"工作中的英语"这门课程。我们在第三章介绍的波特和哈特曼所建议的密歇根大学课程模型，或在（第十章里）埃默里大学出现的模型，都能进行微调。更新的文学硕士也可以包括现场访问或实习，与其他院系建立合作。教师应该构建一种评估项目方式，并根据实际情况进行必要的调整。在我们撰写这本书的时候，已有相关部门准备将我们的提议付诸行动。

我们的报告中含有四个重要部分，也许能为其他机构和项目绘制路线图提供参考。

第一个重要部分，开展跨学校的合作。如果几个院系合作而不是一个院系开展新型专业硕士学位，我们在本书中的其他地方也描述了一系列活动，例如，在杜克大学、路易斯威尔大学、加州大学欧文分校等，也能拓展新型专业硕士学位。科学硕士专业学位是一个低成本的选择，甚至某些具体院系也能承担，如果几个院系能共同进行这个努力，那么就能以更低的成本，使学生获得事半功倍的效果。

第二个重要部分，我们想突出一个观点，虽然我们在其他地方已经提出了这个观点，但是这里有必要重申：我们只有构建项目、就业办公室和校友会办公室之间的新型关系，才能获得成功。我们不能突然通知各院系的教师去了解大学校园之外的职业。他们只需要了解成为一组由不同院系的专家组成的集体的一员。当教授们学习如何与职业服务专业人士一起工作时，这种努力就相互补充，就能使学生受益。我们想使教授们更容易接受，最好的办法是向他们展示更加公众化的研究生教育将减轻他们的责任，而不是给他们的工作增添麻烦。

第三个重要部分，我们就应该邀请那些学科的非学术支持者，他们不仅要参与创造实习和获得经济支持的这个阶段的工作的对话，而且也应该参与项目规划阶段工作的对话。他们将提供重要的建议，如果我们能邀请他们在教师餐厅共进午餐，那么这种对话会更有趣、更激奋人心。合作规划将确保不出现无意图的学术孤立。它将使创造实习岗位的前景更容易被职业人文学者所接受，使他们不再对此有畏难情绪，不再有危机感。

最后，第四个重要部分，新型硕士专业学位必须以能确保其声望的方式来实施。莱纳德·卡苏托在其他地方就记录了美国高等教育历史上出过的，形形色色的、通常名声不佳的硕士学位项目。教授们使出浑身解数去降低硕士学位的地位，这种持续的努力解释了要恢复其地位也许会遇到最大的障碍。例如，1959年，哈佛大学研究生院院长 J.P. 埃尔德勒（J. P. Elder）将硕士学位比喻为"站街女——（以各种不同的价格）向各式各样的男人兜售自己所能提供的服务"。[35] 新型文学硕士专业学位将积极地应对这种（并非完全没有正当理由的）中伤。它也许需要一个新名字，然而，我们将把命名工作留给那些比我们更懂得营销品牌的专业人士。

　　这个项目需要小心翼翼地设计，特别是那些处于初步阶段的环节，更需要小心翼翼地设计。在录取环节，我们应该更加小心谨慎，对申请人进行精挑细选，在提供课程方面，我们应充分考虑学生的需求；我们还应该为学生提供有意义的、具有挑战性的实习活动。（如果有可能，我们应该为学生开展实习支付津贴；如果机构不给他们提供助教补贴，也应该给他们提供相关资助。）院系应该为设置硕士专业学位提供清晰明确的职业导向。用我们采访的一位高等教育领域的负责人的话来说："开门见山地说出来。大胆自豪地说出这些项目强调研究生的各类职业发展机会。公开地表达出关于这个专业硕士学位新项目的信息：'虽然你热爱你的学科，但你还是担心未来的工作岗位。我们能为你提供帮助'。"

　　我们希望人文学科或社会学科的专业硕士学位能证明可以靠收费等实现收支平衡，学生的成果证明收费是合理的。然而，营利性并不是一个在文科和理科中开设新的研究生项目的坏理由。专业硕士学位的主要动机应该与开放博士项目是一样的：通过学术界和学术界以外的社会更有动力、更持续地互动，能使社会和学术学科共同受益。我们期望获得任何高等学位的学生都知道这些，也都能知道更多的事情。用罗伯特·弗罗斯特（Robert Frost）[①]的话来说，"知道如何处理事情才是最重要的"。[36]

尾声

　　在第二章里，我们建议研究生项目从利益相关者出发，以结果为导向来进行逆向规划和改革。以结果为导向来进行逆向规划和改革也应该能使研究和学位受益。在本章的开始部分，我们就提出了关于博士学位论文的根本性大问题：什么是博士学位论文？博士学位论文的目标是什么？凡是撰写和阅读过博士学位论文的博士都需要反思这些问题，当我们决定这些事情时，我们可以利用我们的答案来满足博士学位论文的各项要求。我们呼吁重新思考研究生院提供的各类奖学金。这应该包括一系列议题：学科幅度、目标观众、导学关系、课程与顶峰体验之间的联系、区别

---

① 罗伯特·弗罗斯特（Robert Frost，1874—1963）：美国诗人，善于用传统诗歌形式和口语表达新内容和现代感情，作品主要描写新英格兰的风土人情，4 次获普利策奖，名作有《白桦树》《修墙》和诗集《山间》等。——译者注

对待技能构建与可发表的研究成果。

　　我们没有建议用具体的方式来改变博士学位论文，这是由各学科的教授们决定的。由于博士学位是大学所能颁发的最高学位，所以，毋庸置疑，我们不建议降低其严格性或削弱其有效性。我们鼓励开展富有探险经历的学术活动，也就是克利斯平·泰勒宣称的"独立的、战略的和建设性的关键思想"。检查学位（包括硕士学位）的各项要求是我们应该更好地适应的一个实践。因为周围环境在改变，所以，课程体系中的相关环节也应该与时俱进。

10 PART
第十章

公共学术的本源和要求

何为公共学术？

大多数研究生开展研究如同隐士修行，远离社会大众，而我们推荐设置多种多样面向社会的博士学位，公共学术就是这两者之间的桥梁。顾名思义，公共学术表示的是吸引研究生和研究生导师的社会使命。非教授岗位的职业多样性也许会吸引某些博士生，但不会吸引博士生以外的其他人，而公共学术在所有工作中都会扮演必要的角色。那些来自少数群体的学生，持续不断地表达出这样的心声：回馈社会，并用所学的知识来改善社会，因此，他们尤其关注公共学术。

然而，"公共学术"这个专有名词要求一种它没有获得的明晰性。它描述了一种职业种类，如在美国公共电视网（PBS），或《纽约客》《大西洋》月刊等版面上的一些大人物，文学评论家和历史学家小亨利·路易斯·盖茨（Henry Louis Gates, Jr.），历史学家吉尔·乐珀尔（Jill Lepore），文学家和文化历史学家路易斯·梅南德，物理学家布赖恩·格林（Brian Greene），天文学家尼尔·德格拉塞·泰森（Neil de Grasse Tyson）；它还涉及高年级研究生和教授们一起参与市政项目。目前，在本科生教育层面，人们不断更新市政项目，提高学习和研究的体验。公共学术也可以在成人教育层面开展，例如，加拿大纽克大学（York University）荣休教授伊莲娜·牛顿（Elaine Newton），40多年来一直辗转于加拿大和美国各州，举办关于现当代小说的系列讲座，大批观众慕名而来，济济一堂。（近期，在美国佛罗里达州那不勒斯市，罗伯特·韦斯巴赫教授参加了伊莲娜·牛顿教授举办的一场关于菲利普·罗斯（Philip Roth）[①]的讲座，偌大的演讲厅里人山人海，座无虚席。）公共学术还可以包括在艺术博物馆、美术馆、科学博物馆和环境法中心等开展活动，于是，我们不禁要问：难道在博物馆、美术馆等地方长期开展的公共学术活动也属于职业多样性？

我们认为，在博物馆、美术馆等地方长期开展的公共学术活动"都属于职业多样性"。上面提到的这些公众人物并不特立独行，而是做了大量的工作为大众普

---

① 菲利普·罗斯（Philip Roth，1933—2018）：美国知名小说家、作家。代表作包含描述美国犹太人生活的小说《再见，哥伦布》。罗斯曾多次提名诺贝尔文学奖，并获得国家图书奖、福克纳小说奖、普利策文学奖等重要奖项。——译者注

及高深的知识。用历史学家托马斯·本德的话来说，所有博士研究生都拥有能与学者和门外汉观众交流的"双语能力"，这是更常见的现象，并不表明其价值会更低。目前，我们对公共学术的定义似乎有点太狭窄了。例如，密歇根大学"公共学术Rackham 项目"将其使命定义为支持"对各个社区开展合作的、创造性的努力，共同创造公共商品"。全国性组织"想象美国"表示："公共学术指的是各种各样为公众和社区创造知识和传播知识的模式。"[1]"想象美国"在其他地方提供了对公共学术更好的定义：把公共学术看作"与教授们的学术领域息息相关的各种学术活动或创造性活动……能提升公共利益、创造公共价值和智力价值的模式"；然而，这个定义"仍然很抽象"。[2] 在"维基百科"上搜索"公共人文学科"，就会发现这个专有名词的定义是："组织各种各样的观众反思遗传、传统、历史以及人文学科与市民生活和文化生活的当前条件的相关性。"[3]

　　这些定义表明：那些公共学术的支持者也能流畅地开展课程，但是我们在此处援引他们还有另一层的原因：他们齐心协力，努力使公共学术变得更有特色。然而，我们能否以更简洁的语言来更有趣地定义公共学术？我们认为：公共学术包括所有将学术界的专业技术清晰地传递给那些非业内专家的公众，从而激发他们的兴趣、提升他们的理解的行为。

　　有人可能会对这个定义提出异议，他们认为大学教学，特别是基础性课程的教学，也是公共学术的一种形式，事实也的确如此。并非所有教师都非常了解非教授系列的工作岗位的就业情况，然而，每一位教师都在实践那种形式的公共学术。所以，近期因翻译出版了《奥德赛》(the Odyssey)[①]而名声大噪的古典文学艺术研究学者艾米丽·沃森（Emily Watson）将她那网红明星般的推特账户当作"虚拟的课堂"。就像开展生动的课堂教学，"你绝对不要对学生居高临下，就像你必须避免通过假定他们知道太多的知识而失去他们"。艾米丽·沃森特别强调需要"清晰地表达观点，而不要居高临下地抛出观点"，作为"任何学术工作，不论是在学术界之内还是在学术界之外，进行交流或对话的目标"。[4] 以同样的精神，已故历史学家海顿·怀特（Hayden White）表示："我告诉我的学生：'各位同学好，我们这门课是讨论生命的意义。'生命的意义是我目前存在的原因。我正处于一个对我提出各种各样自相矛盾的需求的世界。那么，我能做些什么呢？"[5] 我们应该牢记对本科生进行教学的经历也适用于那些学术界之外任何职业的工作经历，如果不学会与那些学术界之外的人士沟通交流复杂的专业事务，那么这简直不可思议。

　　在改进研究生教育的过程中，我们需要有意识地培养向那些没有受到过专业训练的人士解释和探索复杂概念的能力，然而，这种能力的培养需要日积月累，绝不

---

①《奥德赛》(the Odyssey)：古希腊史诗，相传为荷马所作，描写奥德修斯于特洛伊城攻陷后回家途中 10 年流浪的种种经历。——译者注

能一蹴而就。艾米丽·沃森表示，公共学术是学术从业人员获得理解和广泛支持的一种关键方式。她发现这也提升了她"在学术写作和在教室里与学生们沟通交流的能力"。

那些参与社区组织和其他公共行动的研究生将他们所学的知识投入实践，在此过程中也受益匪浅。我们相信这些高年级研究生在学术界内外开展交流活动也是行家里手。在本章的稍后部分，我们将描述一些本科生的行动能轻易地被推广到研究生教育当中。纵观研究生教育史，博士生教育为所有的教育层面，特别是本科生层面，提供了宝贵的经验。现在，研究生教育能从本科生教育等层面的教育获益。这是一次重要的竞赛，也一次是有价值的竞赛。

公共学术的来源

就像我们在本书里讨论的很多主题一样，通过公共学术来普及推广高深的专业化研究，这并不是一个全新的观点，而是重新恢复美国高等教育的双重目标。大卫·F.拉拔瑞明确表示，在19世纪，美国各大院校被清晰地定位在"远离贸易中心和金融中心的农村"。避免将各大院校设立在市中心，导致的明显结果是：学术界是另一个世界，在这些象牙塔里，我们能听到小教堂定期发出的报时钟声，感觉时间在缓慢流逝，"用一堵堵围墙标志着远离世俗的环境"，替代了"先获得、后消费"的世界里那种车水马龙的节奏。[6] 然而，将学习作为社会改进的基础理念剧烈地冲击着这种纯粹的、与世隔绝的教育理念。我们看到，在美国，很多院校是由宗教派别建立的，这种行为背后的动机纯粹出于道德的目标（尽管也出于实用的目标）；我们也看到，很多美国大学是由州政府资助的，这种行为背后的动机主要是出于实用的目标（尽管也有出于道德的目标和伦理的目标）。

大众都在使用知识，这也使我们认识到主要的美国愿景，也许部分是由新英格兰清教徒期望将天堂和人世间结合起来的愿望来提供动力。1837年，拉尔夫·沃尔多·爱默生（Ralph Waldo Emerson）将他的《美国学者》（*American Scholar*）定义为公众的智力："他"（我们应该增加"她"）"应该不仅仅考虑个人利益，而是应该具有更高的境界，更多地考虑按照公众的著名的思想来生活"。[7] 伍德罗·威尔逊①，曾担任韦尔斯利学院（Wellesley College）院长，随后担任普林斯顿大学校长、新泽西州州长，后来又担任了美国总统。他在1902年写道："我

---

① 伍德罗·威尔逊（Thomas Woodrow Wilson, 1856—1924）：美国第28任总统（1913—1921），民主党人，领导美国参加第一次世界大战（1917），倡议建议国际联盟并提出"十四点"和平纲领（1918），获1919年诺贝尔和平奖。——译者注

们对这个世界的义务不是安静地坐着了解知识，而是有责任将知识付诸实践。"[8] 14
年之后，约翰·杜威在的《民主与教育》(*Democracy and Education*)中呼吁学
者与公众开展持续的互动，不仅要面对社会挑战，而且要去发现这些挑战是什么。
杜威认为，这种探索要求经验上的教学法——"给予学生们一些实干的事情，而不
是给予他们一些学习的事情"的方法。杜威说，当"我们需要思考这些做事的本性
时，就会自然而然地去学习新事物"。[9] 约翰·F.肯尼迪(John F. Kennedy)①，
正是从学术界和国家之间合作关系的民用方面考虑，1963年，他呼吁全美国人民
"有条不紊地为所有美国公民扩大文化交流的机会"。[10]

　　引用以上这些知名人士提出的对公共学术的建议，我们既不希望也不期望解决
美国高等教育中纯粹学术和实用学术事务之间存在的紧张局面，因为事实证明，公
共学术已经获得了丰硕的成果。不计其数的蛊惑人心的改革者呼吁改革博士生教
育，这些人将学术和研究看作只考虑个人利益的、邪恶的学术帝国，然而，作为学
者，我们永远不需要为传播知识而道歉。从长期展示出来的良好的理由来看，博士
应该以学术和研究为中心。

　　与此同时，我们意识到学习的运用对于学术事业的发展和对世界的进步而言是
至关重要的。毕竟，它不是一块商业磁铁，然而，约翰·弥尔顿(John Milton)②
写道："我无法赞美那个难以捉摸的、狭窄的优点。"[11] 因此，在高等教育领域，人
们越来越关注公共学术，其原因更多的是恢复精力，而不是反对崇拜偶像。追求知
识和教育学生之间的紧张局面是浓缩在美国高等教育的基因里的。公共学术意味着
重新铺设学术花园和处理社会紧急情况的城市之间的桥梁。

公共学术会在哪里发生？

　　我们给予了公共学术一些定义，并为之提供了一些历史性的语境。然而，尤
为重要的是，如今，公共学术会在哪里发生？在我们回答自己提出的这个问题之
前，值得注意的是，在不到20年（这在研究生院的发展历史上不过是一个短暂的
阶段）的时间里，博士项目中的公共学术能走多远？[12] 毋庸置疑，公共学术不会

① 约翰·菲茨杰尔德·肯尼迪(John Fitzgerald Kennedy，1917—1963)：美国第35任总统
　 （1961—1963），肯尼迪家族成员，任职后经历古巴危机和柏林危机，缔结美、苏、英禁
　 止核试验条约（1963），组织拉丁美洲"争取进步同盟"，派遣和平队，在达拉斯市遇刺身
　 亡。——译者注
② 约翰·弥尔顿(John Milton，1608—1674)：英国诗人，对18世纪诗人产生了深刻影响，
　 因劳累过度双目失明（1652），作品除短诗和大量散文外，主要是晚年写的长诗《失乐园》
　 《复乐园》及诗剧《力士参孙》。——译者注

在每一个地方发生，甚至不会成为一个新常态，然而，公共学术也许是研究生教育中增长最快的实践。近期，芝加哥大学出版社出版了一本面向有进取心的公共学者的指南——《走向公众：社会科学家指南》（*Going Public: A Guide for Social Scientists*）。[13] 如果它采用最野心勃勃的方式，那么它能确保研究生们创造精彩纷呈的职业生涯。据统计，"美国学术团体理事会公共学者项目"中所有近期毕业的博士参加了最近两年的实习活动，包括美国研究专业的博士生被委任为科学史研究院数字活动经理，文化研究专业的博士生被委任为洛杉矶县艺术委员会跨部门分析师，社会学专业的博士生被委任为斯德哥尔摩环境研究院美国中心气候政策合伙人，政治科学专业的博士生被委任为社会科学研究中心媒体和民主工程项目官员，传播学专业的博士生被任命为纽约市"纯真工程"内容战略家。

公共学术并不需要持续很长的时间，也不需要投入大量的精力。它能在各种各样的媒体环境中发生，像美国公共电视网（PBS）这样的电视频道，历史频道或《动物星球》频道，博客、播客，像美国国内公用无线电台（NPR）这样的广播电台，商业脱口秀广播，各种各样的新闻渠道（包括报纸和杂志）。所有这些媒体都有可能创造实习机会，就像它们能成为获得各种各样职业的地方。一系列机构，例如，各种各样的博物馆和图书馆，能全天候地开展公共学术活动，便捷地举办学者们的讨论会议和讲座，这些活动通常由博士生主持。正规成人教育项目也能在大学校园里或社区中心进行。

当大学加强研究生导师和研究生与中小学师生之间的联系时，在中小学里就能开展公共学术。由于大学能提供相关场地和设备，例如实验室、图书馆、研讨会教室，或提供整个大学校园（正如暑期项目部分是为那些经济上困难的潜在的大学生所提供的），那么这些会议就能在大学校园里举行。或者，正如在很多社区参与工程那样，这些群体可以联系小学或中学，或联系邻居街坊。在过去的 15 年里，人们不断扩展各类教育项目，甚至连监狱里也有越来越多的公共学术活动。[14] 公共学术也能在讲座和研讨会上进行，包括学院附近的退休社区和隶属于学院的退休社区。1996 年，厄尔·肖瑞斯（Earl Shorris）开创了"克雷芒特人文学科项目"（Clemente Program），该项目为期 9 个月，开设相关课程，每周会见 4 个小时，"鼓励有动机的、低收入的成年人为他们的生活负责"，此后，累计有 10 000 名学生从此项目中受益。学生们阅读经典著作，在社会服务中心开展由教授们主导的研讨会，"培养批判性思维及书面交流和口头交流、时间管理、团队合作、自我宣传等方面的能力"。[15]

有些资深教师郑重提醒研究生和那些刚入职不久的年轻教师：在准备申请终身教职时，不能在个人简历上出现与公共学术相关的内容。2019 年，《高等教育纪事报》上的一个栏目也提醒初级教师：在申请终身教职获批的决定下来之前，应该对自己的时间"精打细算"，避免发表社论或博客文章，或避免公开发表其他种类的、未经同行评议的文章。作为对这个提醒的回应，萨拉·E.邦德（Sarah E. Bond）和凯文·港农（Kevin Gannon）称此建议是"一个完全错误的建议"。他们指出："低等级的文科学院和以教学为中心的大学、社区学院，一直都支持其教职工追求学术服务公共事业。"有些精英鄙视通俗的"普遍化"，然而，这完全不符合现实发展的需要。[16]

我们需要深入讨论公共学术。毋庸置疑，如果公共学术是重要的、优秀的，那么它也应该能为职业发展加分。此外，如果我们按外在的要求约束和审查自己，那么我们就注定无法获得成功。在所有类型的学术机构里工作的知识分子和在其他种类的机构里工作的知识分子（包括研究生）都面临的挑战是需要同时开展这两项工作——如果一定要在这两种有价值的观众之间选择一种观众，那么这必定是错误的做法。这个断言也提醒我们，大多数博士生所从事的工作与学术终身教职无关。然而，更重要的是，一个人应该如何生活？是作为自己职业的主人去生活，还是作为胆怯的仆人去生活？

公共学术（学科学术）与私人学术（传统学术）之间的分界线是波澜起伏的，并不是一条垂直的曲线。不论它在哪里发生，公共学术将以两种形式进行，要么是单独进行，要么是以混合的形式进行。第一种形式涉及通用语言。1999年，斯坦福大学启动了"I-RITE项目"来"帮助年轻学者向更多观众展示他们研究的重要性，这些观众包括本科生、资助者、政策制定者和门外汉"。该项目"要求学生们结合研究与公众关注，尝试撰写学位论文，写出能被选修该领域的基础课程的那些本科生所理解的简要介绍研究的文章。随后，通过同行评议，为这篇文章提供修改建议"。[17]自该项目启动以来，共有400多所美国高校和国际高校采用了这个项目。

案例： **三分钟视频和三分钟谈话**

大卫·威特洛克（David Wittrock）曾担任北达科他州立大学研究生院院长，他曾提出三分钟学位论文视频的观点。他建议，录制这些短视频将教会学生各项有价值的技能。他们将以不同的媒介与非专业的观众沟通。

此后不久，大卫·威特洛克离任研究生院院长。继任研究生院院长克劳迪娅·托马妮（Claudia Tomany）和副院长勃兰地·兰德尔（Brandy Randall）继续推进了大卫·威特洛克的这个项目。每年，北达科他州立大学大约有100名博士毕业。2014年，经全体教职工投票表决，明确要求每位即将毕业的博士生录制一段时长三分钟的有关博士学位论文的视频。克劳迪娅·托马妮院长和勃兰地·兰德尔副院长认为博士需要知道如何"以人们能理解和使用的方式来沟通信息"。然而，勃兰地·兰德尔说："我们还没有深入地思考该如何将此传授给研究生。""博士学位论文的短视频相关要求就明确了这一点。"

虽然录制有关博士学位论文的短视频的各项要求在推出之后并没有立即得到研究生们的欢迎，却逐渐获得了认可。勃兰地·兰德尔说，研究生"非常擅长以他们领域的专业术语来开展讨论，以至于他们甚至没有意识到他们正在这么做"。"一两年之后，人们开始看到与门外汉沟通的价值"。

在北达科他州立大学推出录制有关博士学位论文的短视频的同一年，研究生院开展了"三分钟论文竞赛"（Three Minute Thesis，简称 TMT）。众所周知，"三分钟论文竞赛"是研究生们将学位论文研究情况在现场展示给观众的公共演讲比赛。举办"三分钟论文竞赛"的提议最初是在 STEM 领域首创的（并不是在北达科他州立大学首创的），然而，如今，它传遍了美国各大学校园和各学科领域。

对"三分钟论文竞赛"展示的时间要求严格限制为三分钟以内，由一个委员会评定并颁发奖项。在 STEM 领域获得奖项的论文享有论文宣传权，可以获邀参加在美国举办的地区性竞赛和全国性竞赛。

在北达科他州立大学，"三分钟论文竞赛"如火如荼，这种友好的竞赛制造了一种与崛起的学位论文视频制作的实践之间的协调关系。考虑到这些视频其实是三分钟有关论文的电影短片，也许就不会令人吃惊。

这种结合在北达科他州取得了很好的效果。北达科他州立大学积极热情地对他们学科内外的观众讲述他们的研究。这促进了院系之间良好的竞争，进一步激发了这项事业。该项目正在不断发展，并获得了媒体的宣传。它是北达科他州立大学博士生获得博士学位之前必须完成的环节。现在，该校公共卫生硕士项目也计划要求硕士生在获得学位之前必须完成此环节。勃兰地·兰德尔说："文化正在改变。""这很有价值，研究生们能够与普通观众沟通，这种意识正在流行。"

这对拓展项目也很有价值。勃兰地·兰德尔说，"我对邀请参加'三分钟论文竞赛'"的评委非常有倾向性"。"我经常邀请大学之外的专家担任该竞赛的评委"，例如潜在的雇主、报纸编辑、中小学教师或当地经济发展公司的工作人员。她说："我想这些外部的评委能看到研究型大学里的发展情况。我想他们去了解研究生教育能做什么，我们的研究生能做什么。"

高等教育比以往更需要这样的展示。勃兰地·兰德尔说："很多人不了解研究生教育，尤其不了解博士生教育。"甚至连一些立法者也不了解研究生教育。从 2008 年到 2016 年，在美国，有 45 个州降低了对高等教育的人均资助。（这些立法者代表了像勃兰地·兰德尔的家庭成员的利益取向。勃兰地·兰德尔回忆说，当她攻读研究生学位时，家人们都会问她：""你整天都在做些什么研究？'对他们而言，研究就是个谜。"

勃兰地·兰德尔说："我们不太愿意分享我们所做的研究的故事。"那些我们没有做好宣传工作的环节，现在则被"接受良好教育的人浪费金钱"的愤世嫉俗的描述所占领，这是"在媒体里运行良好"的焦虑的故事。她说，我们必须"构建对研究生教育的价值"。

友好的拓展项目帮助构建那种价值。勃兰地·兰德尔邀请北达科他州医学基金会负责人担任北达科他州第一届"三分钟论文竞赛"的外部评委。该负责人被获胜者的展示所震惊，此后，就资助获胜者开展针对本地居民的预防 HPV 研究。这个例子也许应该鼓励我们所有人。

作为一个新媒体变体，北达科他州立大学要求所有博士生录制一段三分钟的视频来描述他们的博士学位论文，博士生只有顺利完成此环节，才能获得博士学位。这些视频的潜在观众是普通观众。如今，很多项目要求研究生制作描述他们的研究情况或学位论文的精简版"电梯背景演讲"短视频。

当学者们在公众辩论的舞台上投入时间和精力时，他们就可以影响这些议题。也可以举例说明我们在学院和大学里所开展的工作的价值。美国罗格斯大学社会学教授阿琳·斯泰因（Arlene Stein）与纽约市立大学亨特学院社会学教授杰西·丹尼尔斯（Jessie Daniels）提醒我们："社会各界人士都需要倾听我们学术界从业人员的声音。"我们的首要任务是学会如何邀请公众来倾听我们学术界从业人员的声音。[18]

第二种公共学术将所学的知识付诸实践。公共学术作为一种经验型学习，不仅是关于如何做好工作，它还强有力地丰富了研究生们的学术经历。卡内基教学促进基金会荣休主席李·舒尔曼说，运用所学的知识可以解决学生们普遍抱怨的三种情况："第一种情况是：我知道这个知识点，但我忘记它了（如果你将这个知识点投入实践，那么你就不会忘记它）"；"第二种情况是：我想我知道这个知识点，但我实际上并不知道它（只有将知识投入实践才能证明真正地掌握了它）"；"第三种情况是：我知道这个知识点，但我不知道它能带来什么好处"（你将通过实践获得具体的好处）。[19] 此外，就像我们调研的那些成百上千"有工作经历的"的博士生，我们从他们的切身经历中明白并非所有的学习都是在课堂或实验室里完成的。

公共学术是如何发生的？

此前，我们讲述了很多适合开展公共学术活动的渠道，教授们不仅有责任以身作则而且还有责任指导研究生在这些场合里开展公共学术活动。尽管所有的公共学术课程或大学牵头的行动都鼓励个人开展公共学术活动，但是很多研究生和教授都需要帮助，特别是在与可能提供就业机会的当地组织或全国组织的构建关系方面，更需要我们帮助他们形成新观点。就像扩大博士生的职业机会一样，行政管理人员不仅要鼓励他们，而且还要为他们配置一定的资源，例如，当前，社区服务办公室只对本科生开放，那么我们也可以考虑设立对研究生开放的社区服务办公室。

更重要的是，各研究生项目应该为此提供全方位的指导。教授需要指导研究生如何在我们描述的各种各样的环境下开展工作。这意味着鼓励知识分子从"I 形人才"转变为"T 形人才"：也就是说，在掌握具体的专业技术的基础上，构建跨越领域的广泛的知识基础和沟通能力。学会与多种多样的观众沟通，这不仅是一项技能，而且是一种观看世界的方式，确保你能看到与专业化互补的选项，需要同专家所处的那个狭小世界之外的世界构建联系。[20]

然而，教授们并不是天生就知道如何开展这样的工作。在华盛顿大学，教授们相互交流如何才能做到这一点。在另一项由梅隆基金会提供资助的行动中，华盛顿大学辛普森人文学科中心设立了"重新想象人文学科博士和面向新公众：催化合作项目"，这是一个示范性项目，目标是使教授们能与公众通力合作，"创造最新的包含显著的公共学术成分的研究生研讨会"。 这项工作是在一个学期的每周工作会议上进行，每位教授开发一份教学大纲。这个示范性项目产生了非常有吸引力的结果。例如，西班牙语和葡萄牙语副教授利格·梅塞（Leigh Mercer）讲授一门课程，在该课程中，充分发挥研究生的积极性，他们在西雅图市最具多样化的高中里举办了电影节。[21]法语教授理查德·瓦茨（Richard Watts）要求他的研究生参加"翻译研究的公共维度"和为大学内外的"翻译和翻译学者设计合作网络"。[22]

因为各项社会挑战和议题都没有按照各特定的学科分门别类地设置，所以公共学术就有必要鼓励跨学科合作。这种跨学科工作既扩大了个人的智力兴趣，又拓展了大学的知识基础。学者们通常会惊奇地发现他们在大学象牙塔之外是多么不受欢迎，但前提是他们千万不要把自己当成高高在上的圣人，也千万不要把社会观众看作需要赎罪的罪犯。特别是在与社区组织一起工作的情况下，在说话和参与工作之前，需要先倾听群众的心声，学习他们的长处和优势。

一旦明确了定位，我们就能确定具体的任务。格里高利·杰（Gregory Jay）说，首要的工作是"对社区和参与者进行资产盘点"，也就是说，判断工作的具体性质和取得实际目标需要开展的工作。[23]这个行动也会包括调研大学社区的潜在导师和合伙人。师生们也许需要一些机构的帮助。当学术界人士与非学术界人士一起工作时，大家都应该求真务实，妥善承担各自的责任。如果需要继续推进项目，那么就需要大学和合作组织之间开展足够深入的工作，因为只有这样，即使有一些工作人员（就像毕业的研究生那样）离职，也能继续开展工作。

最后，我们想突出强调创造评估方法的重要性。就像我们在第二章里建议的，在开始评估前，我们需要各方面对最终目标和实现目标所需要的各中间环节达成共识，并在开展评估的过程中酌情进行调整。该评估机制也为师生们提供途径，使他们获得对他们付出的努力的赞扬和批评，此项事宜对教授们尤为重要，因为如果无法评价其质量，那么就很难考虑公共学术能作为真实的（能被当作申请终身教职的相关证明）工作。

格里高利·杰提出的这个建议与参与社区的工作紧密相关。关于公共学术的通用语言方面，阿琳·斯泰因与杰西·丹尼尔斯在《走向公众：社会科学家指南》一书里，为学者们如何走出象牙塔去接触公众提供了相关建议。他们展示了如何设计"宣传口号"（为编辑和其他把关人设计的口号）、"锚定"（将你的宣传口号与当前的事务联系起来，在合适的时机跳入新闻环中）以及"抓手"（能真正获得编辑注意力的东西）。它们还包括一个关于如何以普通观众欣赏的"权威的、有争议的声音"来写作的有用的入门导航。

古典文学艺术研究者（和博客作家）萨拉·邦德（Sarah Bond）说："为什么不尝试以你教授本科生的方式来描述你的研究？"像阿琳·斯泰因和杰西·丹尼尔斯一样，她要求关注"我们每天生活的世界"。"你在昨天晚上发布的总统《国情咨文》[①]的修辞里，看到与西塞罗[②]类似的东西了吗？不妨就此写点文章"。她要求大力宣传那些正在开展的社会意义重大的其他学者的著作。[24] 如果我们仅仅这么对待它们，那么学术界的发现就能成为新闻。首先，正如格里高利·杰指出的，大学领导者必须理解公共学术会给大学带来长期的实用利益：它帮助各大院校结交朋友；也许会在预算时间或在政治争议的事件中，帮助你获得当地和地区的至关重要的支持；在它们自己的范围里提高生活质量。此外，对于那些第一代移民的、少数群体的、经济上困难的学生，公共学术已被证明是非常有吸引力的。得克萨斯大学设立了"智力创新项目"，匹配学生学习和社会挑战，在该项目中，这些群体所占学生人数的比例为72%。[25] 有机会将所学的知识投入实践，或有机会学到专业技术，这吸引了多种多样的群体，这些都是博士生教育需要，却仍然需要我们努力补足的环节。

行政管理人员也许会被吸引过来，而将公共学术转给具体的教师和院系来考虑。然而，他们不应该这样操作，因为大学管理人员扮演着很多关键的角色。在实

---

① 《国情咨文》State of the Union Address，美国总统向国会提出的《国情咨文》。——译者注
② 马尔库斯·图利乌斯·西塞罗（Marcus Tullius Cicero，前106—前43）：古罗马政治家、演说家和哲学家，任执政官时挫败喀提林阴谋（前63）。因力图恢复共和政体，发表反安东尼演说，被杀，著有《论善与恶之定义》《论法律》《论国家》等。——译者注

际的层面，将公共学术带入研究生项目，意味着为其设立预算，特别是将其与课程联系起来。联合课程活动是好的，然而，学生和教师都认为，它们不可避免地（和恰当地）排在完成课程之后。从职业的角度来看，学生和教师都需要为公共学术工作获得职业的认可，只有这样，他们才不会将其看作空余时间的兴趣。就像《想象美国终身教职的团队行动报告》里明确指出的，这种认可是非常有必要的，因为这些努力通常会消耗原本可以用来进行传统课程授课或撰写学术文章的时间和精力。[26]

各种公共学术模式的汇合

在本书中，我们通常强调跨越学科领域的博士生教育中的各项议题。如果我们仔细比较各份官方报告，例如 2018 年美国国家科学委员会的报告——《面向 21 世纪的研究生 STEM 教育报告》，以及《2014 年美国现代语言协会关于现代语言学和文学专业的博士生研究行动小组报告》和《2020 年美国现代语言协会关于研究生教育中的伦理行为报告》，我们就能发现它们之间具有令人吃惊的类似之处。然而，当涉及公共学术，我们应该区别人文学科、社会学科和医学学科，甚至提醒它们从实践中相互学习。（例如，有些人文主义者近期在试点做壁报，要知道壁报是科学中一种长期的交流方式。）

人文学科里的公共学术通常的特点是聪明的防务，展示给那些怀疑这些学科中的研究的实用价值的公众。历史学家本·施密特（Ben Schmidt）统计了所有数据，展示了在过去的 20 年里，人文学科失去了各个专业的市场份额，尤其是在 2008 年全球经济下行之后，更经历了大幅缩减。[27] 曾在梅隆基金会工作的玛丽特·魏斯特曼（Mariet Westermann）将其该降幅描述为"几乎是自由落体"，其中英语、历史学、语言学和文学专业的降幅最大。[28]

人文学科

这些发现表明人文学科在展示它们对市民的健康的实际效用中也有健康的自我利益。显而易见的危险在于屈服于无创造性的"效用"的概念。魏斯特曼引用了汉娜·阿伦特（Hannah Arendt）①的断言——"通过形成机构和学科创造一个世界的人类工作，只会得到它在行动上充分的回音和辐射。"[29]

---

① 汉娜·阿伦特（Hannah Arendt，1906—1975）：犹太裔美国思想家，原籍德国，法兰克福学派的重要代表人物之一。——译者注

那就是第二种形式的公共学术所提供的。有好几个机构让研究生们参与社区行动。在这样的项目中，科罗拉多大学丹佛分校（University of Colorado Denver）的科罗拉多公共人文学科中心试图"鼓励学者和更大范围的公众之间的互动，通过将学者与特定的社区进行匹配，为合适的研究活动提供资助，支持制作书籍、电影及通过网络开展的对话，其目标是学术界之外的群体"。[30]

公共人文学科的学生也能直接以人文学科为主题开展课程教学。乔治敦大学就向硕士生提供这样的一门课程：为期一个月的暑期课程——"运转中的人文学科"。这门课程类似于波特和哈特曼在密歇根大学开展的关于职业多样性的课程（例如，要求研究生们分析工作广告），乔治敦大学的这门课程比职业选择更强调知识分子的公共角色。研究生们阅读来自现在文献中关于公共学术的选择篇目，通过故事来描述研究，采访公共人文学者，最后设计出他们自己的项目。

乔治敦大学为这门有关公众人文学科的课程提供一份证书，从而证明学生的参与情况。（乔治敦大学即将启动一个充分发展的公众人文学科的硕士学位项目。）[31]范德比尔特大学在这方面的步子迈得更大，提供传统学科（英语、人类学专业）和比较媒体分析和实践的双博士学位项目。类似地，特拉华大学设立非裔美国公共人文学科行动，为英语、历史学和艺术史专业提供为期 5 年的津贴补助，启动资助资金来自美国国家人文基金会"培养下一代分基金项目"。这个联合项目中的学生，接受有关公共学术、社区拓展、数据人文学科以及档案研究等方面的训练，公共学术通常不包括档案研究这个非常有启发性的环节。[32]位于得克萨斯州休斯敦市的赖斯大学提供模块课程，由教师和来自社区的馆长和临床医师联合讲授，将艺术、文化、医学或其他公共行动连接起来。近期，第一个单元关注休斯敦音乐的作用，以不同的方式反映音乐在写作上；第二个单元讨论中东地区的文化传承中的政治；第三个单元则讲述了"疯狂简史"。[33]

本书作者之一罗伯特·韦斯巴赫教授曾担任美国德鲁大学（Drew University）校长，该校整个历史学系都从强调公共学术和职业多样性的角度来重新思考未来的发展。

案例： 埃默里大学的公共人文学科

在埃默里大学，人文主义者为 2020 年春季学期开发了一门公共人文学科的研讨会课程。该课程面向人文学科的所有专业学生开放，使学生将书面阅读、讨论和不同的实习经历结合起来，通过学校和社会的文化机构合作，预先提供选择的机会。我们在向师生们咨询后得知，在两周的暑期工作坊中，他们一起合作规划课程。英语系主任本杰明·雷斯（Benjamin Reiss）和历史学系研究生部主任托马斯·罗杰斯（Thomas Rogers）一起组织，该群里有 18 人，有市政机构的负责人，有河流保护的水务政策主任，有《新佐治亚百科全书》编辑，还有负责组织书籍节的项目主任，等等。他们倾听各种各样的报告。他们还倾听大学校园的负责人，例如，埃默里大学罗斯图书馆非裔美国人展览分部的负责人、埃默里大学数据学术中心的共同主任，对这项行动的看法。这些参与的教师和学术团队，学习了解其他大学正在尝试进行的努力，调查亚特兰大地区可能的合作机构，并以未来项目的观点，考虑大学校园里面的各种机会和伙伴关系。

我们在这一章里讨论的很多议题，都在埃默里大学师生中间引起了辩论，他们还专门撰写报告反馈给我们。有人反馈道："先开始这个问题，随后将各个学科带到一起。"有人反馈道："我们不仅创造知识，也传播知识，而且还在实践中明白这些知识是否能应用到现实中。"还有人反馈道："每一件事情都是一个故事，我们应该能够讲好这些故事。"我们最喜欢的反馈意见是："如果这是'公共人文学科'，那么截至目前，我们所做的一切都不过是'私人人文学科'。"

这个群体不仅为该课程开发硕士课程大纲，而且还设置了一系列未来的目标，包括为公共人文学科而设立的持续进行活动的机构。2019 年新冠疫情暴发，这个研讨会也不得不暂停，但它从来没有失去平衡，以良好的风格成功地完成了设置。

在第 5 年的评估中，乔娜松·罗斯（Jonathan Rose）教授认为，面向公众的历史写作课获得了成功，但面向公众的人文学科的研讨会却令人失望："如果你不走出教室，那么你就无法了解学术界之外的世界的情况。"于是，该院系用为期一个学期的、含有学分的实习替代了这门课程，最后设立了这样的项目：研究纽约市爱尔兰领事馆，狂热分子 1918 年在帕特森县领导的丝绸工人罢工；另一个项目是设立由联合（基督教）循道宗信徒教堂的全球公正办公室分发的食品公平工具包。这个项目的第一批毕业生获聘担任纽约城市大学美国社会史项目助理主任，设计举办教师的研讨班和公共历史活动。[34]

在美国，人文学科公共学术做得最好的大学可能是华盛顿大学，尤其是其公共人文学科研究院，其负责人为凯瑟琳·伍德瓦德（Kathleen Woodward）。[35] 华盛顿大学开展的连接社区项目"不仅满足大学和社区之间的联系需要"，也满足职业多样性的需要。该项目鼓励学生们通过公共学术开发项目组合，从而连接各社区。这个公共的人文学科组合"将成为学术界内外面面俱到的职业的一部分"。这些组织者将这个组合项目描述为对传统的研究、教学、服务的补充，我们曾用研究、教学、服务这个"三位一体"来描述学术工作。（像这样，我们可能将其看作尝试的扩展服务，这个"三位一体"中的第三个元素"服务"一直被人们视而不见，意味着一些更加校园外的因素：对社会的服务不仅仅是各委员会的工作。我们在本书里描述了很多类似的情况，这种创新事实上代表了一种面向未来的实践，因为这个服务的观点在学术界是从早期的使命中发展出来的，特别是从美国州立大学发展出来的，执行公共服务作为他们使命的一部分。这是自从美国研究型大学建立初期以来的"威斯康星理念"（Wisconsin Idea）和其他令人尊敬的动机的原始基础。[36]

华盛顿大学人文学科辛普森中心也为学生们提供公共学术的证书，"被分配组合导师，追求自我引导的 15 个学分课程研究，包括实习科目项目"。该项目包含两个学分的基础课程，作为公共实践的学术活动，每周会见 3 个小时，持续 6 个星期。这个实习活动共有 5 个学分，包括社区参加的学术项目，开发社区为基础的学习课程，实习，或为更广泛的公众设立数据形式研究。这个组合形成了学分的顶峰，鼓励对成绩和职业的、个人目标的反思。（这个项目剩余的学分包括学生自己项目的选修课程，因此，15 个学分的要求比第一次看到的这个要求不那么令人生畏，但这个要求是很严格的、真实的。）此外，梅隆基金会还资助了华盛顿大学人文学科里的"公共工程暑期学者项目"——在学生们完成一门课程之后，这门课程起初的名称是"重新想象博士，接近新的公众"，现在被重新命名为"激发合作"；此后，这个项目将学生们的研究与整个暑假的公共工程联系起来。[37] 梅隆基金会还资助了另一项暑期学者项目——"人文学科中的新的公共项目"（New Public Projects in the Humanities），支持来自英语、历史学和哲学专业的两人小组。[38]

梅隆基金会为纽约城市大学研究生院提供为期 5 年、总计 226.5 万美元的资助，设立了"公共实验室项目"（PublicsLab），虽然该项目设定了宏大的目标，但截至目前，进展一般。该项目为研究生们准备在"学术界内外的"职业生涯，"以及分享为公共利益作出贡献的学术"。这个基金的措辞又一次表明，职业多样性和公共学术之间具有强有力的联系，因为两者都涉及通过实践掌握知识和通过经历掌握知识。某些有权势的捐赠机构（例如梅隆基金会）也为此提供资助，表明博士生层面的公共学术正获得社会主流的认可。[39]

好几个行动试图填补中小学教育和大学教育之间鸿沟，正如一位教育学者曾将这种鸿沟命名为"类似种族隔离的隔离"（特别是在人文学科），公共教育可能填补这个鸿沟。加州大学欧文分校有两个项目，能将人文学科带到各学院。"触手可及的人文学科"项目让博士生去开创创新性的中小学教育课程体系，特别关注英语语言学习者。研究生与中小学教育教师和大学教师紧密合作，理解学科研究和中小学教育课堂教学实践。随后，他们重新构建了他们对新设立的公共学院应用学科的理解，学会在同一时间里运用社会科学的研究方法。

这些博士生在负责开展大量的学生讨论的本科生们的协助下，通过在真实的课堂引导研讨班，设计新创造出来的与年龄相符合的课程体系，并在这些实践中进行测试。一旦他们在课堂教学中多次测试成功，那么他们就升华这个课程体系，并将此成果发表。另一个欧文分校开展的行动——思考！（TH!NK）将哲学带到中小学教育当中。

案例： 向外思考！

　　哲学教授玛赛雷欧·菲欧克（Marcello Fiocco）设计了加州大学欧文分校"思考！（TH!NK）"项目，其设计机制非常简单：玛赛雷欧·菲欧克教授连续四周，每周拜访同一所小学，每次与小学生们交流一个小时。玛赛雷欧·菲欧克教授大声朗读一篇短文，这篇短文通常是一个故事，随后根据这个故事引导小学生们开展哲学讨论。菲欧克教授说，他也许会问一个典型的问题："我们能否找到没有颜色的形状？"或者，根据《小王子》这本书的节选，讨论负责人也许会问"你能拥有月亮吗？"小学生们热切地回答了这些充满挑战性的问题。哲学专业的一名研究生 Kourosh Alizadeh，在该项目里开展教学活动，他说："我们很高兴看到这些小学生非常兴奋地回答问题，或开展热烈的讨论。"

　　为了满足加利福尼亚小学的课程体系，菲欧克设计了"思考！（TH!NK）"项目，具体要求是达到加利福尼亚州演讲和听力的通用核心标准，这个特色使各小学校长更愿意参加此项目。这个项目也使参加相关教学授课活动的研究生受益。该项目由欧文分校的一个校内基金资助，由一个在当地家喻户晓的小额资金支持。参加此项目的研究生能收到象征性的小额补贴，这些小学生的课堂教师也得到小额报酬，成为参与的观察者。[欧文分校人文学科共同体项目的执行主任阿曼达·斯旺（Amanda Swain）说："因此，他们再也不会坐在教室角落里一边听课，一边给论文打分。"]

　　菲欧克在项目描述中写道，哲学是一项"自然技能"，具有"最大的实用价值"，能被每一个人学习和掌握。他反对认为哲学"只能被天才和圣人学习和掌握"的观点。简而言之，这就是"批判性思维"，这也是那些支持文科的人经常提到的词语。菲欧克说："我正在接近那些未来将成为我们的公民的孩子。"

社会科学

　　与人文学科的公共学术相比，就像"社会科学"这个名字所隐含的，社会科学的公共学术更多地整合了当前的学术研究。例如，新学院（The New School）[①]

---

① 新学院（The New School）：1919 年建校，是一所位于美国纽约市的高等教育机构，其校舍大部分位于格林威治村（Greenwich Village）一带。该校网址为 https://www.newschool.edu/。
　　——译者注

定期提供有关"我们时代的关键的和有争议的议题，其目的是影响公共政策"的各种项目。在这些领域，日常学术业务的主要部分就有很多涉及政府机构和项目之间的联系。

在研究生层面的一个尤其积极的、成功的案例是社会心理学家米歇尔·法因（Michelle Fine）领导下的纽约城市大学研究生院。纽约城市大学的公共科学项目创造了关键的学术议题，即集中教育公平和人权，其目标是政策辩论和组织运动的使用。该项目由参与行动研究集体活动发展而来，原本是在学校或社区团体中组织起来的。现在，它邀请"激进主义分子、研究人员、青少年、老年人、律师、监狱犯人和教育工作者"参与，他们不仅在研究中合作，也在公共申请中合作。网站上所列的公共科学的样本工程包括一个研究"种族融合的公立学校的'优点'"的意义的项目，另一个项目是为公立学校学生创造实习机会去"研究金融不平等和申请攻读本科学院"项目。[40]

米歇尔·法因强调参与研究，其特点是在各社会科学领域里开展公共学术活动。她的项目采取明确的措施推动大众学习，而将学术界工作人员和非学术界工作人员的不同贡献排在优先位置就是其举措的一部分。

这个项目的进展性倾向提出了一个重要的问题：参与社区的各种活动如何明确展示其社会假设和目标？中性是一种优点，还是一种不真诚的行为的展示？每一个项目，每一位公共学者，都需要在项目发展过程中自行回答这个问题。

读者们也许会认为在社会科学里有很多公共项目，事实上，在本科生层面确实有很多的公共项目，然而，在这些领域的博士生教育并没有按照这样的潮流来发展。其实，它能这么做，也应该这么做。有好几个本科生层面的案例表明，博士生教育也能轻松调整以适应这种模式。事实上，随着高年级学生越来越多，这样的项目会有越来越大的影响力。我们在本书第一章和本章前面部分提到的得克萨斯大学"智力创新项目"，最初就是为研究生开设的，然而，由于该项目没有获得新任研究生院院长的认可，随后就转换到本科生层面。该项目的负责人是传播学教授里克·切维兹（Rick Cherwitz），他很有创意，工作投入，他说，在该项目转换到本科生层面之前，研究生们参与社区项目，"他们发现能将知识投入工作中，以及要求他们确定对他们的研究有重要影响的观众，以适应这些观众"，这吸引了两倍的百分比（20%）的有色人种的学生。[41] 在它后来作为本科生项目的特殊阶段（鼓励学生们读研深造），72% 的参与者是"第一代移民的、少数群体的学生或经济上有困难的学生"；截至 2017 年，28% 的学生是非裔美国人，然而，这些学生只是得克萨斯大学所有本科生的 1/4。

"智力创新项目"原本在每年暑假举行，是一门为跨学科的研究生提供的为期5 周、授予学分的课程。该课程设计为对创新的催化剂，帮助学生展望以创造性的方式来将他们的智力训练和专业技术运用到学术、社区、企业界或其他领域。有时，里克·切维兹会征求来自当地和地区性组织的各种挑战，在多数情况下，学生团队形成他们自己的想法和战略，并被这些组织采用。学生们通过市场研究、团队工作、事业规划和汇报展示，集中培养他们自己的视野，进入可行的事业。这个项目对本科生起到了非常好的作用，他们总结相关经历，发表了好几篇文章，这些发表的文章就是强有力的证据。为什么不让这样的项目回归博士生层面的实践呢？

一个同样有可能在本科生层面开展的模式是由已故慈善家尤金·朗（Eugene Lang）设立的"Pericles 项目"。当前，大约有 20 家本科院校开展这个项目，该项目鼓励教师们将参与市政活动和社会责任融入课程体系。学生们参加"为民主而辩论"活动，这是一个教授他们如何支持连接大学校园和社区的一系列项目，这项活动将他们的议题推动到当选的官员、同行学生、社区组织和媒体那里。

当前，很多主要的大学院校支持公共学术项目，然而，他们几乎都毫无例外地忽略了博士生，参与活动的人员（大多数是在社会科学领域）主要是教师和本科生。事实上，我们早就应该提醒他们了。

科学

与人文学科类似，自然学科学也在积极寻求在公共学术上的新落脚点。科学家们拥有技术转让的优势，学术科学和营利技术之间有强劲的互动。人文学科不太受外界干扰，然而，科学工作在公共利益方面是能被屈服的，它们往往无法摆脱商业利益的诱惑。众所周知，科学发现能带来经济收益，然而，尽管越来越多的人开始强调科学的（借用大卫·格兰特的专有名词）"社会利润"，但是它仍然处于萌芽早期。

超过一半的科学博士是在学术界之外工作，没有自动地转向开展公共学术活动。这并不是证明他们的有用性（人文主义者参加校外公共活动的主要动机），科学家们倾向于支持公共学术，来展示他们对社会结果的关注，他们的工作既会带来危险的结果，也会带来健康的结果。通常，他们的目标是展示科学不仅能带来金钱收益，也能促进大众利益。事实上，因为科学和定量文献严重落后于表达和历史性文献，所以科学家们对于接触公众的兴趣包括应对各个教育层面——从幼儿园到老年中心，以及中间的每一个环节的挑战。

开展公众科学的最重要的形式是讲好"故事"，使那些不了解科学的公众深入了解科学家的工作及其重要性。（人文学者和社会科学家应该用同样的精力来追求这些目标。）从这个角度来看，科学博物馆是科学的公共学术中的实体化身。其他传统的公共科学的渠道是新媒体、公共电视、有线电视。

在科学中的传统拓展活动也包括在中小学校园开展科普活动。普林斯顿大学的研究生分子生物学拓展项目为儿童设立了像科学会展这样的活动，还组织师生参与像"荒野的新泽西州"这样的关于自然资源的年度展示活动。该项目向成年人提供"杯子中的科学"（以科学为导向去参观啤酒厂和酿酒厂）、"科学测验之夜"等。该项目也发出在监狱开展教学活动的倡议。麻省理工学院生物学系为来自很多机构的本科生提供了一个为期一周关于定量方法的工作坊；哈佛大学的"生命科学拓展项目"帮助高中教师开发新型课程资料。它也为当地 30 所高中的教师提供春季实验室研讨会。我们在美国东北地区就能提供很多其他的例子。

1980 年，卡尔·萨根（Carl Sagan）[①]登上了《时代》杂志封面，此后，科学家对更大范围的公众开展的拓展项目稳定地获得了兴趣和关注。就像在人文学科，在科学领域，很多职业人士理解进入公众的利益。在全国学术界发布的《面向 21 世纪的研究生 STEM 教育报告》中，为"理想的研究生 STEM 教育"所罗列的 11 项必需项目中，其中超过一半的项目包括公共学术。例如，学生们将"学会考虑与他们的工作相联系的伦理的议题，以及他们的工作对社会的更大的影响"。在通用语言方面，他们将"有机会来汇报交流他们工作的结果，理解他们研究的更大的影响"，包括"能够将他们的工作展示给他们所在的院系之外的观众，包括其他院系的同行、科学社区里的更广泛的观众以及非专业的观众"，诸如此类。[42]

1998 年，人们杜撰了一个专有名词——"公开科学"（open science），这是一个有争议的绰号，它进一步展示了这种强有力的趋势；按照我们的目标，"公开科学"可以被归纳为试图使"所有层面的研究协会，不论是业余的研究协会还是专业的研究协会"，都能开展科学探索研究活动。[43]这个专有名词通常指的是为在他们中间分享信息的科学家构建网络，其中一个重要的组成部分是向非专家的观众解释研究过程和结果。[44]"公民科学"（citizen science）是近期新创造的词语，与社会科学的参与努力有一些关系，因为它涉及在研究中让非科学家参与。

这是一个全球性运动，然而，这并不是说每个科学项目都即将参与进来。就像我们之前指出的，来自学术界的半个世纪的支持，例如，为训练基金提供更多的金钱，而不是单独为教师的研究提供资助，已经被极大地忽略了。最近的一份报告提出了"理想的研究生 STEM 教育"，并载明"该系统中的每一位利益相关者都需要实现那个目标"，这为我们带来了一些希望。这份报告还详细地叙述了如何实施各种策略，从而吸引那些不情愿的利益相关者参与改革进程。非科学的学科也要求类似的激励。

事实上，科学沟通成了该运动的一部分。2018 年开展的全国"向科学进军"，

———————
① 卡尔·萨根（Carl Edward Sagan，1934—1996）：美国天文学家、科普作家，研究地球生命起源、行星大气、行星表面等，著有《宇宙间的智能生物》《伊甸园之龙》等。——译者注

试图促进"公众生活和政策充分理解科学的未来"，部分是为了消除对启蒙运动的威胁。哈佛大学科学史教授内奥米·俄瑞斯可斯（Naomi Oreskes）说："关于科学本身的真假问题，很多人喊出了疯狂的、野性的口号。"科学家们需要站出来，改正错误。[45] 在美国之外，英国剑桥大学为中学生启动了"工作中的物理学"，为物理学启动了教育拓展项目办公室。

在这些科学沟通努力中，总是有过多的妇女和非白人男性，而白人男性太少。俄瑞斯可斯教授把这看作既是提升女性对社会的关注带来的结果，也是妇女在学术科学里的艰难命运的结果。[46] 数据显示，科学专业中的女研究生更愿意尝试在非教授岗位谋求职位，这能帮助我们更好地理解那些拥有更好的科学沟通技能的女研究生更有兴趣在学术界之外的广阔天地里谋得一席之地。

在各科学领域中开展的公共学术活动也会受到政府部门的授权以及物质奖励。例如，美国航空航天管理局（NASA）要求所有获得其资助的项目面向公众和大学组织开展拓展活动。政府部门为开展公共学术活动提供了各种各样覆盖面广泛、资金充沛的活动，并提供了一系列奖励，例如，美国科学发展协会设立了"公众理解科学和技术奖"，这让人文主义者和社会科学家们羡慕不已，他们也许能从这些成功的案例中获得启发。

更多的公共工作是在虚拟空间进行的，这不令人感到惊奇。圣母大学收到一笔为期 5 年合计 610 万美元的基金捐助，来推广由美国国家科学院和美国能源部设立的教师发展项目——"夸克网"。

"科学和娱乐交流"项目整合了所有的学科，是一个特别有趣的项目，我们就以它"结束这一部分。"科学和娱乐交流"项目是由美国国家科学院开发的，其目标是创造"在电影和电视编程上精准科学和有趣的故事之间的协同"。[47] 它是一家总部位于洛杉矶的机构，不仅能为作家和导演提供各种资源，使他们能通过拨打电话获得信息咨询，而且还定期举办论坛，与会者济济一堂。例如《最不可知的人物》，这是一部关于科学家们寻找大问题的答案的纪录片。他们定期举行"约会"，讨论各类话题，例如人口过剩或（关于安全投票的）"网络市政"。

案例：　科学谈话和公共交流的重要性

哈佛大学科学史教授内奥米·俄瑞斯可斯表示："科学家们需要走出象牙塔，向包括校园里的儿童在内的每一个人解释他们的研究工作，这是非常重要的。"

信息正在扩散。在最近的几年里，科学传播课程已经在学院和大学里遍地开花。罗格斯大学神经科学和细胞生物学副教授、研究生院助理院长珍妮特·奥尔德，与罗格斯大学新泽西医学院病理学和实验医学教授尼古拉斯·M. 庞兹奥，合作开展一门课程的教学。他们在教学大纲里写道："这门课程是关于沟通的重要性。"他们的研究生也参与这门课程的教学活动，既清晰地解释他们的研究工作，又"强调其重要性"。

这样的拓展正在教室之外成倍扩展。"科学谈话"是一个传播科学的机构，通过举行年度会议来实现这个目标。2016 年，华盛顿州立大学（Washington State University）温哥华分校整合生理学和神经科学教授艾利森·克芬与美国渔业和野生服务中心科学家珍妮·卡斯特罗一起创立了"科学谈话"。这两位专家都在科学传播研讨会发表过演讲，艾利森·克芬表示："我（们）想为科学沟通者创造一个使他们能聚会、分享观点和网络沟通的论坛"。

为了实现这个目标，这个群体的年度会议包含在科学传播领域里工作人员的相互交流。他们在各大公共场所分享他们如何谈论有争议的议题，例如，疫苗安全或枪支控制等议题就颇有争议。当大家为某个议题争论得不可开交时，你如何掌控全局？你如何缓和他们之间的争论？同样重要的是，参与者在研讨会上锻炼他们的各项技能，这些技能包括如何使用社会媒体、如何制作有效的 PPT、如何开发精彩的适合在电梯里播放的音乐短片。

"科学谈话"获得了迅猛的发展，它主要在年轻人中间流行。它也许最受研究生和博士后欢迎。华盛顿州立大学药学博士生（Panshak Dakup）说："在我读研期间，科学沟通是至关重要的。在我与专业人士和门外汉的互动过程中，当我需要解释我在读研期间开展的工作，我总能找到合适的论坛。"

美国波特兰州立大学（Portland State University）生物学专业博士生杰西卡·F.赫伯特（Jessica F. Hebert）正在研究生殖健康，特别是怀孕期间的生殖健康。她说："我的目标就是使人们更容易接触科学。"除了在实验室里做好本职工作，赫伯特还在科学博物馆里举办讲座和实习研讨会等。她还通过网络空间扩展影响力，在《本周科学进展》(*This Week in Science*)和《城市里的极客》(*Geek in the City*)等播客中发表文章。赫伯特把自己看作一个公共教育工作者："我想在力所能及的范围内帮助消除误解。"

如今，公共科学的运动不仅对科学家是重要的，对每一个人也是重要的。就像天文学家菲尔·普莱特（Phil Plait）在他的《科学谈话》的主旨演讲中提到的："科学不会自行发出声音。它需要你和我这样的拥护者为它发出声音。"

蓬勃发展的公共学术

随着公共学术不断发展，它与职业多样性的紧密关系变得越来越明晰了。有些研究生项目也许会将公共学术看作一个目标，而有些研究生项目将公共学术看作走向更多职业选择的一个环节。对于很多人来说，这两方面可能是同时存在的。通过将社会紧急情况引入学术殿堂，我们能改进博士生教育，而不会毁坏博士生教育中有价值的东西，并将其转变为有用的文化杠杆，最好是关键的文化杠杆。如今，有些以高等教育为主题的流行漫画大肆渲染其弊端，造成了很不好的影响，我们非常有必要利用公共学术来反对这种做法。

在人文学科，近期，魏斯特曼反对"转换行为"通常不提供"共享的、互惠的干预，采用人文学科的方法来解决社区定义的各类问题"。她说，他们也没有"在学术界产生新方法来应对各种巨大的挑战，人文学科应努力在这些领域获得相应的话语权"。[48] 简而言之，她担心公共学术会损害人文学科的内在价值，导致各高校削弱对人文学科的支持力度。

我们没有分享这种评价或焦虑。我们确实同意要医治正在困扰人文学科的各种问题，单独靠公共学术无法奏效，我们还需要更多地依靠提升灵魂才能获得特定的效果。[49] 然而，纵观美国高等教育史，我们发现它的各种理念一直秉持以效用为基础的原则，如果我们忽视它们，那么我们就会损失惨重。（我们意识到这本书讨论了这些立场。）我们深切体会到魏斯特曼的焦虑，这个细枝末节并没有排除人文学科中的人文主义，然而，我们不赞同机构支持依靠"非此即彼"的逻辑。机构是受公共观点影响的，每一位人文主义者（更不用说每一位社会科学家）都知道要解决公共关系的问题。我们所提到的每一种公共学术的形式，比任何数量的文凭或请求更能有效地推动人文学科的发展。

最后，我们突出关注人文学科，因为它们是学术界里最具有发展前景的学科。这是一个公众普遍质疑高等教育的时代。2019 年暴发的新冠疫情将导致损耗资源，也会不可避免地造成经济困境，我们也会参与对事实和不偏不倚的推理的不宣之战。在这些年代里，公共学术是未来学术界不可或缺的一个环节，而不是一个边缘化的环节。我们需要不断推进研究生教育事业，同时也需要教育我们的研究生去不断推进这项事业。

结论

真抓实干见成效

当务之急

美国历史学会执行主任詹姆斯·格罗斯曼是位乐观主义者。他对未来历史学发展的远景规划尤其全面，不仅实现了本书的远景规划，而且也适用于很多其他的领域。[1]

格罗斯曼认为，未来的研究生部主任也应赞成职业多样性。在向研究生新生介绍研究生部的情况时，他不再介绍"就业率"，因为那种语言暗示"获得终身教职序列的工作就是模范的就业路径"。他解释说，课程大纲不仅仅包含课程，还包含"实习、考试、学位论文，其中每一个部分都以某些清晰的意图相互联系"。他告诉研究生新生，研究生项目虽然强调研究生的专业技术多样化和职业多样性，但都没有为他们设立单一的轨道。他还强调研究生毕业后可能从事的各种工作，甚至连教授所从事的工作"在高等教育界也是各种各样的"。因为很多历史学的职业"要求额外的技能和知识"，他鼓励研究生"通过所在的大学"，包括校内各行政部门等，"学习掌握专业技能"。他补充说，研究生需要去拜访各研究生项目负责人，"不仅仅是为了交流所在学科的知识，而且是为了获得更清晰的学业目标和职业目标"。

对于研究生部以及其他院系，研究生部主任应该说："研究生需要熟悉高等教育的机构性情况，熟悉如何学习所在学科的历史，还要熟悉历史学在公众文化中所扮演的角色。"他建议，因为"有些来研究生院攻读学位的研究生不太愿意按照导师的模式去发展"，所以研究生需要有多位导师。然而，由于导师也无法为研究生如何谋求学术界之外的岗位提供相关职业建议，所以他推荐大学所在的研究生就业办主任，因为只有他才能独具慧眼，发现博士生们的领导潜力。此后，负责大学学习和教学论坛的主任与研究生交流教学的价值，因为即使博士决定在非大学教学岗位工作，教学技能也是一种必要的工作技能。

最后，研究生部主任讨论了工作、时间和金钱。他解释说，预计为研究生提供为期 5 年的支持会缩短获得学位的用时和实现获得那个目标的路径。它将包括为教学、研究和行政管理工作提供补贴，行政管理人员还会为研究生推荐在大学校园的"社区关系、国际事务、交流／出版、录取、培养、学生服务"等各方面开展实习活动。

如果格罗斯曼对博士生学习的假设似乎太集中关注历史学科，以至于该假设难以广泛适用，那么我们想强调的是《面向 21 世纪的研究生 STEM 教育报告》也提出了很多观点，这些观点洋溢着乐观的情绪。虽然在领域相关的细节中有所差异，但《面向 21 世纪的研究生 STEM 教育报告》与格罗斯曼所提出的那种人文学科为中心的观点在精神和意图上是一致的两者都呼吁拓宽博士生教育，招录多种多样的研究生，发布"关于涉及的费用、可行的职业路径和已经毕业的研究生所获得的成功"等透明的数据。[2] 撰写《面向 21 世纪的研究生 STEM 教育报告》的几位作者建议研究生除了要掌握"广泛的专业文献、研究兴趣领域的深入专业化"，还要"了解关于科学事业的性质、幅度和实质的一系列观点"。研究生将与各种各样的观众，包括其他院系的同行、社会公众，交流他们工作的结果，他们将"创造他们自己项目的学习机会，在理想的情况下是作为一个团队的成员，培养可迁移的职业技能，例如沟通能力、合作能力、管理能力和创业能力"。他们将"探索各种各样的职业选择，也许是通过课程、研讨会、实习机会和其他各种各样真实的生活经历"。导师"将鼓励研究生们去探索广泛的职业选择，不鄙视那些倾向在非学术领域就业的研究生"。

我们也是乐观主义者。两年前，当我们开始写本书时，新型博士的倡议才刚刚起步，仅仅零星地出现在我们之前引用的全国论坛和报告中，而且也仅仅局限于美国纽约市内。我们还在摸索如何将新型博士发展成全美国范围内的确定的倡议行动。就如我们在之前的章节里叙述的，虽然纽约市各高校的案例鼓励了我们，但是我们还是缺少信心。我们同意《面向 21 世纪的研究生 STEM 教育报告》里清晰的说明，即"除非能改变教授们的行为……否则就改变不了这个系统"。[3] 我们意识到，即使教授们认同改变博士生教育的必要性的观点，但这个含有多变量的、无比复杂的任务仍然会使他们感到泄气。毋庸置疑，虽然我们对过去的改革努力的调研结果使我们看到了很多鼓舞人心的案例，但还是存在大量需要警惕的案例。

那么，我们应该优先处理哪些事务呢？我们应该从哪个环节开始呢？

有读者也许会问："如果在所有这些事务中，你只能改变一项，那么你想改变哪一项？"是提供更广泛的职业机会还是招录更多具有美国特色的博士生？是要求博士生开展更少的教学活动还是研究生导师为研究生提供更多的指导以及更多以学生为中心的奉献？是鼓励学术中更大的创造性还是更严肃地考虑教师培训，并将其整合进以内容为基础的教学大纲？

每一项选择都是有道理的，也是有必要的；然而，如果我们只能选择一项，那么我们不会选择以上选择中的任何一项。回顾我们在本书中所探索的内容，坚信我们的替代选项会影响以上的所有选项。

当我们在第一章中调研美国所经历的各种各样的改革努力，我们看到一个毁灭

性的失衡状态：一方面，人们对改革投入了巨大的努力、财力和人力；另一方面，其结果却令人失望。许许多多足智多谋的人物，投入了不计其数的金钱，却只取得了微乎其微的改进效果。我们确定了这些改革努力的闪光点，赞扬好的想法，但更重要的是，展示我们能实现这些闪光点，而且还提供了如何实现这些闪光点的各种模式。然而，这些闪光点仍然是例外。"卡内基博士生教育创新计划项目"的领导人认为，博士生们的"激情"被"不必要地削弱了"，博士生的研究变成"人力资源和精力的浪费，其目标几乎不被人理解"。他们把这种浪费称为"紧急的事务"，然而，这种紧急性被错误地放置在谈论和行动之间的某个环节。[4]"卡内基博士生教育创新计划项目"的负责人把他们劲头十足的努力描述为中度的努力，通常是简单地加速正在进行的行动，就像资金充沛的梅隆基金会"研究生行动"发现独立于自己的行为，事实却证明收效甚微。当那些较早的改革家们回顾过去时，会发现他们中的大多数改革努力是比较任意的。

那些超前展望职业的研究生普遍感到沮丧，这也在他们的意料之中。在2000年的全国博士生调查中，这些组织者得出结论，"这些努力推进研究生教育的改革者，并没有对应该发生的事情进行头脑风暴，他们应该接受全面考虑的建议，并将这些观点转换为现实"。[5]20年之后，那些要求改变实际情况的人变得更加坚持了，考虑到不断萎缩的学术就业市场，他们的理由也更加充分了。2019年5月，哥伦比亚大学英语系研究生联合署名，向该校管理层提交了一份愤怒的抗议信，批评他们在没有一名研究生于2019年获得终身教授序列岗位的情况下还录取了35名研究生新生。这些研究生要求英语系为职业多样性做准备以及建构全面改革导师指导研究生的机制。[6]这是2019年新冠疫情暴发之前的案例。

这个案例说明了我们在本书里通篇细化的一个主题——大部分博士生研究的习惯和传统仍旧持续。在此，我们很有必要重复德里克·博克那句简单却一针见血的观察论断，即"研究生院是大学里所有学院中管理最差的机构，是所有高级学位项目中设计最差的机构"。德里克·博克进一步表示，博士生项目已"与适合研究生的职业机会严重脱节"[7]。考虑到研究生们的挫败、本书所强调的各项重点事宜、格罗斯曼想象的未来研究生新生入学仪式、《面向21世纪的研究生STEM教育报告》以及其他的警报，我们认为拓宽职业渠道也许是当务之急。然而，我们想集中关注德里克·博克关于糟糕的行政管理的声明，从而得到一个不同的观点。

我们引用了格罗斯曼那个颇具讽刺性的观察，即博士生教育的每一个利益相关的群体——教师、学生、行政管理人员和用人单位想要改变习惯性的做法，却表示其他人固执己见导致其无法开展任何工作。为什么会产生这样的矛盾？因为似乎没有人或集体对此负责。

格罗斯曼强调了一个重要的观点：许多人想要改变这个系统，却没有一个人或集体坚信其有责任去改变这个系统。换句话说，我们看到无人主动承担起责任或被安排去承担责任。而与此同时，研究生教育这座大厦岌岌可危。

现在，我们不妨考虑一下公共政策学者肯尼斯·普鲁维特提出的一个关键的断言。他仔细研究了"卡内基博士生教育创新计划项目"在开展关于各个学科的调研后出版的那本论文集。普鲁维特写道，这些论文"推荐进行大胆的改革。然而，如果需要在研究型大学里将改革从纸面方案落实到实践中，那么他们对由谁来协调机构习惯、预算、规则和激励等事务畏首畏尾，事实上，他们大多数缄默不语"。[8]就像格罗斯曼一样，普鲁维特认为，谈论应该做什么是一回事，而要确定谁来做工作以及如何以实际方式来鼓励开展工作却是另一回事。我们在本章前面部分援引了《面向21世纪研究生 STEM 教育报告》，我们删去了该报告表达的责任声明中的一个主要条款。现在，为了取得戏剧性的效果，我们重新引用该条款："除非改变教师行为——在这个方面，关键是改变激励机制——否则就无法改变这个系统"（粗体部分为原著作者添加）。

考虑到投入了大量激情、智力和数不胜数的金钱来鼓励对博士生教育进行创新，我们坚信，博士生教育仍然存在行动的结构性的障碍。（你有可能会说人们对待博士生教育改革创新的态度是就是一个障碍，然而，只有先改变博士生教育的结构，才能改变人们对待博士生教育改革创新的态度。）

这就导致我们以两个互相关联的部分来预定优先事项。第一个部分，是重新思考研究生院的本性、给予研究生院院长更多权力，以确保以学生为中心的组织性改变。第二个部分，是在每一个层面创造激励——从研究生到院系，再到院系负责人、教务长、校长、基金负责人、学科负责人，还有政府部门负责人——提供激励。如果研究生院和研究生院院长能成为所有这些激励的核心渠道，那么这两个部门就能合二为一。

肯尼斯·普鲁维特说："美国高等教育中的博士生培养的天才之处就在于无人在负责"，但这也正是问题所在：当无人负责时，那"无法表明教师层面之上的人有责任去负责"。换句话说，应该有人对此负责。当我们从这个角度来看，就不难理解为何在美国博士生教育中存在如此多的阻碍改变的惰性。普鲁维特表示，在高等教育领域，"各组织领导和全国领导顶层设计激励机制，鼓励师生们表达想法，改革就自然而然地产生了"。然而，他写道，在博士生教育方面，"目标和激励机制不一致"，造成了"领导力的失败"。[9]

事实上，这更多的是领导力的真空地带。我们可以看到普鲁维特呼吁大学校长、教务长和基金会负责人采取行动，却对研究生院院长只字不提。这是因为研究生院院长几乎没有权力改变他们自己的环境。在一些高等院校，研究生院院长从属于研究室，还有一些机构根本就没有设立研究生院院长这个职位，研究生院院长的相关职权归属在分管科研的副校长的职权范围之内，或分散归属于其他院长的工作职责之中。在大多数情况下，研究生院院长没有财务权，必须与院系负责人和其他院系合作才能实现工作目标。罗伯特·韦斯巴赫在 2005 年就写道："谁有钱，谁就说了算，这导致人们的注意力从研究生院转向其他院长的教师薪水预算上。"[10]

这种本地化的治理并不完全是坏事。各学部有权授予研究生学位，这能激发更多的超常规的参与。然而，卡内基基金会负责人指出"就像鱼把水当作天然存在的，这些系统内部的人发现很难清晰地看到……这些类似的传统和实践"。[11] 忽视问题根本就不能解决问题。正如大卫·达姆罗什所言，"我们这些在学术界工作的人更有利于解决世界的问题，而不是解决我们自己的问题"。[12] 教授致力于自己的学科，关注他们所指导的研究生，但就像每一个人一样，也只是考虑他自己的利益。因此，被忽视的（或根本不存在的）研究生院院长也只会考虑他自己的利益。甚至当研究生院院长拥有独立的行政管理和经济权力，这样的存在也许会遭到那些与研究生院院长沟通后获得资金的学院院长的反对。在很多大学里，研究生院院长也许只是做些表面文章，而没有为清晰的目标而存在。

因为最终各个学科并不存在于不同的星球，而是存在于一所大学校园里，最终从事的是一种共同的事业，所以权力被分散到各个项目层面就会危害学校的凝聚力，阻碍公民的潜力。这不仅仅事关成功地管理各个学科，而且事关确保知识分子提供高质量的研究和教学，研究生院院长应当带领一批饱学之士，跋山涉水，开拓创新，不断发展各个学科。在实现目标的过程中，研究生院院长汇总大家的智力资本来创造研究生社区，将一个项目的最佳实践推广到所有其他项目。

然而，几十年之前的卡内基基金会"博士生教育创新计划项目"就忽视了强势的研究生院院长的重要性。各学科学会，例如美国现代语言协会和美国历史学会，近期所开展的相关行动也忽视了这一点。与此相反的是，梅隆基金会"研究生教育项目"依赖于研究生院院长——其令人失望的结果证明了他们监管不力。伍德罗·威尔逊基金会"灵活多变的博士项目"试图有意识地增强研究生院院长的职权，但它的成功是受到限制的，因为研究生院院长们的权威也是有限制的。值得学习的是，来自几十年前那个行动的观点："我们需要增强研究生院的核心概念，以便它能成功破除项目之间的障碍，为博士生迈向国际化提供强有力的资助。"[13] 如今，我们想补充一条建议：研究生院院长领导下的研究生院需要打破的最大障碍，即打破已获得大多数人支持的改革的设想与各类项目的实践和政策之间的障碍。

毋庸置疑，一言九鼎的权力并非没有风险。一位教师在伍德罗·威尔逊基金会论坛上表示，"谁命令我，我就与谁抗争至死；但谁要是邀请我用专业技术提供服务，我将全力支持他的工作"。这种情感，要求更多的奖励而不是惩罚，要求更多的合作而不是命令，然而，在没有资源的情况下，研究生院院长无法选择其中任何一项。研究生院院长要求有独立的预算来鼓励创新，奖励进步，偶尔也会冻结来自项目的基金。除了研究生院院长，其他院长的工作都包含这个关键部分。这应该引起大学校长和教务长们的关注了！

案例： 获得授权的研究生院院长

在我们即将完成此书的撰写工作时，我们看到了积极的、已获得更多授权的研究生院院长的工作效果。几年以前，受安德鲁·W.梅隆基金会委托，我们顺利完成了关于博士生项目改革的历史的报告，此后，我们又依据该报告撰写了《新型博士》这本书。埃默里大学研究生院院长丽莎·特德斯科（Lisa Tedesco）采纳了这份报告的建议，并将其推荐给该院教职工，我们在本书中讨论了这些建议中的很多部分。

大学对此的反应是可以预测的：有些大学热情满满，有些大学强烈反对，有些大学缺少兴趣。如果没有获得更多授权的研究生院院长坚持不懈用创造性的方法推动此项工作，那么那个局面将无疾而终。丽莎·特德斯科组建了各个委员会来讨论可能开始的改变行动，英语系主任和历史学系分管研究生的主任也鼓励人文学科的其他院系主任帮助他们设立一个规划小组，从而准备在下一个春季学期提供关于公共人文学科的研究生课程。

我们简要地咨询了由教职工和人文学科的博士生组成的规划小组，然而，组织方已经邀请一些当地非营利性组织负责人和校园的非教授岗位的专家来与该小组讨论机会和可能的伙伴关系。这些结果不仅包括最有潜力的课程，而且还包括用一些额外的方法来促进公共学术，院长现在可以采取相关行动。

这个故事的要点是：如果没有研究生院院长的领导力，那么就永远不会有这个示范性过程。清晰的领导力能带来希望和行动。

评估和以研究生为中心的研究生院

即使研究生院院长获得权力，如果对评估的各个项目缺少清晰表明标准和预期，那么它也将是无意义的。毋庸置疑，并不是所有的教师都会参加这种评估，或者能从这种评估中为自己的项目获得有用的观点。教授们普遍不喜欢"评估"，因为大多数教授在参加评估的过程中被强制要求去衡量那些无法衡量的事务。试图真正搞清楚某位教授为什么能在课堂教学中获得成功，这其实是一项非常困难的评估工作。

然而，难道教授们平时不都是在评估事务当中吗？我们经常评估学生，评估其他人的研究、写作、教学和服务。当我们采取行动评估我们自己的工作和项目之后，我们就能使评估的观点焕然一新，此后就能根据我们的发现来采取措施。

那么，研究生院会采取什么样的标准来评估博士生项目呢？确定这些标准要求先开展关于研究生项目主任和研究生院院长及其研究生院的讨论，我们可以先讨论以下 9 个方面：

（1）教授们定期回顾全面的招生政策。

（2）发布辍学率和获得学位的用时的相关数据以及相关的标准——例如，75%的研究生能在五六年里顺利毕业。

（3）在项目的开始阶段和开展的过程中，向研究生们传递清晰的目标和指南。

（4）录取多种多样的研究生，采用学科的全国数据来评估。

（5）对研究生开展一系列活动以培养教学能力，在一系列机构里提升实践意识。

（6）为研究生们拓展带有课程和联合课程特色的职业机会。

（7）在项目的所有阶段为导师指导研究生提供清晰的指南。[14]

（8）提供跨学科机会和灵活的学位论文替代方案。

（9）提供近 10 年来有关研究生毕业情况的全部数据。

以上 9 个方面，以及任何开展评估的事项，都需要进行量化评估。要确保全面的、定性的评估，需要进一步采取两项措施：第一项措施，在理性的情况下，每个院系提交附有精简的书面讨论的自评报告；第二项措施，每三年一次，研究生院与每个项目的研究生开展小组讨论。

然而，每所大学的招生标准不同，主要的激励将是支持学生，帮助决定录取班级学生的人数。因为，你可以想象一个评估方案：提前一年进行规划，承诺不减少支持，每个项目提供以学生为中心的改进机会，以便平缓地推进工作。换句话说，研究生院应该鼓励讨论，但这样的讨论需要将学生放在首位，从而促使院系采取措施改进。

强势的研究生院还有其他的四项功能。第一项功能与上述所列的标准有关，即发布关于每一个项目的研究生经历和就业的数据。因为有些院系可能缺少相关资源和专家技术来取得这样的透明度（特别是之前几乎没有获得数据的惯例），研究生院应该准备好在初始阶段提供帮助。此后，要求每一个项目持续更新数据库，这也是合情合理的。

第二项功能是帮助各研究生项目与教学和学习中心建立联系，协助各项目将研究生培养成授课教师。相关的工作是连接项目与校友会和就业办，构建长效机制，为研究生们提供实习机会和非教学岗位的职业建议。就像格罗斯曼所设想的那位研究生部主任所提出的建议，这种联系将邀请大学里的各行政部门相互合作，通过雇用博士生来为他们提供多种多样的学生工作经历。

第三项功能是集中关注研究生院院长的全球观：研究生院院长能够和应该把

关于本机构和其他机构的项目中有价值的创新介绍给本校的各个研究生项目。院长和研究生院邀请各个项目有代表性的教师和学生参加晚餐和宣讲会，从而确保更容易地开展跨学科合作，促进跨学科行动。（罗伯特·韦斯巴赫曾担任密歇根大学研究生院过渡院长，他负责在每周一晚上开设辩论公共利益的晚餐会。为研究生每周提供一次简便晚餐，请研究生简要介绍所开展的研究工作，事实证明，这也能拓宽研究生的眼界。）如果博士生教育中的每一个环节都变得能意识到其他环节的存在，如果研究生院能成为有意义的大学校园里智力社区的智力中心，那么博士生教育将变得更卓有成效。

最终，各研究生院院长能为研究生们所关注的事宜发出声音。即使研究生从来都不需要他们这么做，这也能帮忙指导现有的工作。在 STEM 领域，经常会出现知识产权纠纷，那么这个渠道就更为重要了。

也许，我们所呼吁的强势的研究生院和研究生院院长似乎会拥有太多的权力。然而，当我们提到研究生院时，我们其实是表示由一群由同行所选举出来的由教师和研究生组成的集体，他们与院长一起工作，出台政策。在大多数大学，甚至还没有设立研究生院。要改进博士生教育，真的不应该这么困难重重，这就是能影响所有其他事宜的关键。

我们呼吁增强研究生院和研究生院院长的权力的主要的理由是，因为其他学院无法比研究生更好地开展跨越项目的重大改革行动。研究生院院长能支持和驱动跨学科的努力。2006 年，普鲁维特说，合作交流和准备开展跨学科交流，目前"受制于根据某个学科里的个人成就来决定奖励的系统"。时至今日，距离当年普鲁维特说出以上这些话语已经过去十多年了，它们仍然没有得到改善。

因此，大学校长或教务长为解决博士生教育所能采取的最重要的一项工作就是任命一位强势的研究生院院长，并为有动力的研究生院提供资助。

我们强调大学领导力，因为可能在这个层面最难激发出动力。当这涉及行政管理，我们经常听到的抱怨是："我们大学的教务长只关心有多少毕业生在学院和大学里获得终身教职，最好是在研究型大学里就业。"我们建议你从一个简单的事开始——与你的教务长一起讨论学生就业去向。鼓励教务长阅读本书，或阅读我们在本书中引用的一些论文。向他解释你为什么希望区别对待你的项目结果。很多教务长会欢迎这样的讨论。甚至时至今日，很多人还没有邀请过教务长参与这样的讨论。

随后，邀请学校领导们参与进来。罗伯特·韦斯巴赫曾担任某学院院长，他能发现研究生就业的重要性。如果你看到在教学岗位之外工作的博士有赚更多钱的好机会，更有能力去给机构捐款，那么你的案例就会被倾听。更理想化的情况是，大学校长们不仅能理解各种各样的学生就业去向，而且很愿意在情感上和实际行动上支持此项工作，从而扩充自己的职业履历。

那么，一项工作任务是：一次又一次地开展这样的对话，从而确保项目获得支持。在起初的对话中，向你的项目管理者解释你的雄心壮志，提出设立强势的研究生院院长。把"改变不应该这么难"这条信息传递给学校管理层。

6 个院系，6 条可能的路径

有读者可能会说：我们可以尝试各种路径，但我们无法做好每一件事。我们从来都不可能在每一件事情上达成共识，我们有自己的教学、研究和公共学术等方面的工作，那么你是否能为我们将路径缩短呢？

正如我们在第二章里描述的，在各种学生和校友中开展调查、寻求共识的讨论中，有 6 个假设的院系选择了了不同的路径，我们可以将其告诉给读者。在描述这 6 条可能的路径时，我们同意各个博士生项目之间存在巨大的差异，所以潜在的学生应该有真正的选择，而不仅仅是比较名声。一种模式不适合所有阶段的教育，一种模式也并不适合所有专业的博士生项目。

更深入高效地推进工作

为了改进博士生体验，社会学系设立了教授和研究生委员会，然而，社会学系却夹在两股难以调和的派系矛盾之中，左右为难：一部分人坚持要实现职业多样性，另一部分人则坚持要缩短获得博士学位的用时。有些委员会成员说，社会学是与政府部门、非营利组织和社区组织中的任何社会性职业都自然契合的，然而，社会学系却没有成功地训练研究生去获得这些职业机会。该委员会的其他成员指出，不像人文学科的研究生很难找到合适的工作，很多社会学系研究生通过各种途径，成功地在政府部门、非营利组织和社区组织中获得了工作岗位，所以如果我们还要再突出强调实现职业多样性，就会使原本就需要花费很长时间才能顺利毕业的研究生项目变得需要花更多的时间才能完成。他们补充说："要知道，研究生院仍然只为研究生提供为期 6 年有保障的资助，如果真要这么做，那么研究生将承担更多的债务。"

两位成员与研究生院院长沟通了。虽然研究生院院长无法为他们决定这些议题，但她很开心看到他们在认真地寻求改进项目的途径。她确实想出了舒缓压力的办法。"如果我们每年为研究生提供 25 000 美元的资助，并提供健康保险和学费豁免，一共持续 6 年，那么研究生就可以在 6 年内获得共计 15 万多美元的资助；我们也可以为研究生提供一个更加快速的项目，每年为研究生提供 25 000 美元的资助，一共持续 5 年，另外每年将 5000 美元用于资助包括非学术复习活动在内的暑假活动。"

强调职业多样性的教师说："这个想法很好。目前，我们的学生在第 4 至第 6 学年期间，通过开展一些教学活动来获得部分资助金。如果他们在 4 年内顺利毕业，那么可以用两年时间开展教学活动，随后用一年时间做博士后，一个学期里开展两门课程的教学活动，在公民接触中心为其他人提高兼职服务工作，但这份兼职工作不提供健康保险和免学费的现金支付。"院长与热情的公民接触中心的项目主任联系确认这是否可行。该主任回答说："只要您的同事们都同意这么做，我也同意这么做。"

所以，该委员会决定要求院系满足职业多样性和缩短获得学位的用时这两个目标，但他们强调职业多样性行动将在暑假和博士后阶段进行。一位关注获得学位的用时的教职工提醒同事，如果预期需要 4 年时间才能获得本科学位，那么预期研究生需要 4 年时间以及各暑期学期也是合理的，在这 4 年时间里，研究生获得有用的专业技术，并在毕业之后持续提高专业技术。也就是说，我们不需要把博士学位看作研究生智力发展的最终阶段。

该委员会负责人表示："虽然我们院系排名不那么名列前茅，却也有优势，我们需要用一些特色鲜明的项目来吸引研究生。在这之前，我们没有与很多更知名的项目看起来有所不同。然而，如果我们采用这个更快、更广泛的轨道，那么我们将独树一帜，维持我们的学术标准，给予我们的研究生额外的职业机会。这些想获得教学岗位的研究生可以利用他们自己的暑假和博士后的时间来提升他们的文凭和证书的含金量。"

教授们讨论如何设立暑假实习，如何对待目前的研究生（指导他们中的一些人进入项目，而允许另一些人采用"老生老办法、新生新办法"）。随后成立的一个委员会将确定一个新计划：新修改的项目在启动时就明确提出具体时间进度安排，并口头通知每一位参与者，从而确保各方的预期以及相应的资助也是明确无误的。指导和监督应在第一年头几个星期启动，并在整个研究生学习和研究过程中积极参与。

研究生参加课程，开展教学活动，在两年的时间开展 4 个学期的教学任务，培养教学能力。各项目将为研究生提供暑期补贴，在最初的两年里提供各类课程来加快进程。在博士后阶段，博士们可以在设在大学里的行政管理办公室（例如公民接触中心），或大学校园之外的非营利组织或营利组织，开展一个学期的实习活动，那些最想谋求学术工作岗位的博士也可以选择在社区学院或州立大学的分校里开展教学活动。这种可能性将扩大学术和非学术领域里的职业机会。这个项目不再需要完成像一本书那么厚的博士学位论文，而允许研究生提交两三篇可发表的专业的论文来替代。研究生们将有选择权决定写什么样的学位论文，但研究生导师将密切关注学位论文的内容，以保证能在 18 个月内完成学位论文。在此过程中，导师要每两周与研究生们见面。

显而易见，这个案例或其他案例表明，很有必要在项目规划过程中与大学行政管理人员（院务、教务长、还可以是大学校长）进行讨论。

全面目标的教学法

某政治学系尽管承认学术就业市场所存在的危机，却没有完全被职业多样性运动说服。研究生部主任说："并非所有的研究生都会成为一流的学者。有些研究生甚至没有想过要成为学者。然而，他们都期望进入附有教学活动的职业岗位工作。"

教授们决定开展为期5年的项目，其目标是将研究生培养成毕业后能在高等教育机构的所有领域取得成功的教育工作者。负责改进学术就业的委员会，开始扩展教学场所的定义，包括中学、私立学校、社区学院、大学分校、文理学院以及研究型大学的预备学校等。该委员会确定各种团队，与大学所在区域里的不同种类的机构沟通联系。在该政治学系决定去规划这个项目之后，该委员会再次集体开会，根据"培养未来师资项目"的模式来建设实习模式，然而，实际上，那些（在教授的指导下开展过一段实习活动的）研究生在这些不同的机构里开展教学活动。

在这个更加传统却有所扩展的项目里，研究生被要求完成12门课程，而他们可以选择到他们所在的院系之外完成其中的3门课程，以获得超越单一学科的学术深度，部分原因是大多数教学集中的学院要求课程广度。他们将两学期的部分时间用于在以上各个场所的一两个场所里完成教学任务。因为少数学术项目也许会考虑在私立中学或公立中学里开展教学活动，或帮助规划课程，院系提供一些机会，让一些研究生教师与那些有兴趣到大学里回炉学习的中学教师暂时互换工作岗位。（是负责教一年级本科生的大学老师好，还是负责还有4个月就毕业的高三学生教学任务的良好讲师更好？）为了最大限度地降低辍学率，避免自由散漫，更新的研究生项目的综合考试包括博士学位论文简章，该委员会与学生合作协调选择相应的课程来准备资格考试。这种量身定做的安排允许学生在一个额外的有资助的暑假能自行准备。最终的项目是一篇结合传统的学术并含有教学法成分的博士学位论文。

这个假设的院系同大学里的教学与学习中心、教育学院形成联系，承认教学带来的挑战有时是由具体的学科决定的。这个项目开发和提供新的研究生课程，在教学法和政治科学史等科目方面也对寻求中等学校层面的教学职业的本科生开放，并经常为研究生和导师们提供各种面对面谈论教学的机会。

这个项目不仅承诺重视教学法目标，而且承诺高度重视多样性。大多数教师是白人，而人数更多的研究生是各种各样的人，他们之间在各个层面存在差异，大量研究表明研究生被"看起来像他们一样的"教授指导会学习得更好。该院系创造了当地外派机构和暑期访问的新形式，也考虑了它的各项政策对少数群体的影响。最终，这个项目同意：先统筹考虑那些能获得充足的经济资助的研究生和那些能确保找到合适工作的研究生，再最终确定录取研究生的具体人数。

职业多样性

英语系不遗余力地推行职业多样性。教职工决定向学生们开放教学岗位和非教学岗位的所有职业范围供其选择，并平等地对待学生们的每一项选择。 这个项目将与一系列教育机构建立本土联系，这些本土联系类似于那些以教学法训练为中心的项目所构建的各种联系：与此同时，这个项目也承认那些提供教学任务的大学里的各行政管理部门也有可能提供学术岗位。它将充分利用这个事实：每所大学都是一个小社会，能为研究生在各个办公室（例如发展部、公共关系部、宣传部、招生办和学生事务部）提供实习机会。（有些教职工担心，他们将研究生项目转化为高等教育的试验田，大多数人提醒这些人，所有选择，包括教学岗位在内的选择都是公开透明的，后续出现的各种可能的选择不会对智力探索造成太多的影响。）

这个项目多措并举，走出大学校园，来建议在各个社会部门开展各种各样的智力工作。在走出大学围墙之后，这个项目开始联系两个主要的伙伴：第一个合作伙伴是扩大职能的就业办，包括集中关注研究生就业的顾问；第二个主要的合作伙伴是校友会，将学生和校友（包括那些乐意帮助各个层面的学生的本科生校友）联系起来，以便更好地服务于实习和研究生毕业之后的就业。

因为那些一辈子在学术界工作的人并不是寻找非学术工作方面的专家，所以，尤其有必要扩大就业办服务研究生的职能。这个项目很快就意识到一系列实习机会所能带来的价值，所以，它决定提供一个为期五年的、全职的工作岗位，负责构建各个办公室之间的联系，不仅与就业办、校友会（和研究生院）合作，还与教职工进行合作，这些教职工也开始考量他们是否能通过私人关系为研究生提供实习机会。

在该项目里，研究生进入项目之后就能获得导师的认真指导，却只能在毕业之后才能获得职业指导。每一名研究生将保持一个独立的职业规划；该研究生选定一个由两三位教职工和一两位学术界之外的委员组成的四人委员会，每一学期，经过该委员会的咨询同意之后，就更新该研究生的职业规划。

随同这个增强的指导是对录取标准的修改，来防止（有意的或无意的）歧视那些跨越大学的职业目标的研究生。（想象一下：如今，大多数研究生项目对那些展示出兴趣的申请者进行反馈，例如，学科的技术应用，或中小学教育课程规划，或历史频道或媒体的工作，而不是学院岗位。）

研究生在毕业之后，除了学位论文，还会被要求以大众化的语言解释他们的项目的重要性，也许是向一个由来自不同背景的专家们组成的委员会解释他们的项目的重要性。在这样的项目里，这样的要求尤其有意义，正如我们在本书里所强调的，职业多样性和公共学术就不谋而合了。

构建学以致用的多元化的研究项目

心理学研究生项目的主要目标是种族的、人种的和性别的公平，心理学项目的教师参加了一次有关职业多样性的卓有成果的辩论，有些教师认为职业多样性这个专有名词本身就存在问题。然而，这导致一种协调一致，以更加传统的方式寻求多样性，集中关注人种、种族、阶级和性别。教师们同意，这个项目将加大努力，招收更多的有色人种学生和更多来自低收入家庭的学生。

有些教师认为，培养更多的各大学院和大学有色人种的教师，必须保持重点，而不是为他们准备各种各样的职业。这些教师还认为，因为各学院和大学更积极地雇用有能力的有色人种研究生，所以，他们不太会面临严重的学术工作岗位的短缺。系主任回复道："我同意这个观点，但是为什么这两个目标是相互矛盾的？"她引用了研究调查，展示将学术集中在紧急的社会议题，尤其吸引那些和少数社区有联系的学生。这个项目应该对这个兴趣有所吸引。其他人认为，更加多样的教职工应该是更具有社会意识，更有能力的教职工，不仅谈论进步的政治，而且事实上能解决社区的实际问题。这个项目通过强调非营利机构和文化机构里的公共学术和社区实习机会，虽然解决了这个议题，却限制了对职业多样性的关注。

这种以多样性为中心的项目的各种特色包括：在主要少数机构至少开展一个学期的教学活动，此后是一系列研讨会，调研社区合作伙伴，为研究生们准备面向公众，帮助他们；另一个学期是在非营利机构的兼职实习。学位论文可能性也包括研究生们实习所在机构的利益所结合的研究，研究生们必须学习沟通技能来面向各种各样的观众，包括那些学科之外的人，有效地解释他们的研究。

该项目里的研究生导师和研究生友好地会见，以这种合作的精神讨论项目氛围，研究生们为这个院系的各个委员会的工作作贡献，包括这些本科生课程和录取的委员会。在毕业之后，新博士将被提供选择，作为新生导师并就此项工作收到补贴（可以通过面对面的方式进行，也通过电话、ZOOM 视频、电子邮件等方式进行）。总之，该项目寻求以其更大的社会目标——各种各样的社区为模型。

科学创造力

我们第五个假设的项目是在科学领域。物理学系，没有寻求替代教师指导的研究基金，而是有条不紊地采取好几个步骤。在本书中，我们讨论了关于跨越各个领域的博士生研究所面临的各种问题，但我们也指出了科学中的一些议题，尤其是在研究基金之外关注的义题。多年来，已经有不计其数的全国报告建议各家美国资助机构增加既能鼓励研究生开展教学活动又能使研究生在开展他们自己的研究项目中行使更大的自由和创造力的基金数量，从而替代日益增长的研究基金。然而，这个推荐提议却被一次又一次地忽略了。（原文注：在科学领域中，有些具体的项目现在为博士生提供更大的自主权。例如，加州大学伯克利分校化学系将其项目描述为："该项目是为培养每一位博士生开展创造性科学研究能力而设计的项目"，尽管该项目强调博士生们设计他们自己的项目的能力，而不是强调对项目准则进行全方位的思考。）

我们所设想的物理系选择面对这个挑战。它决定要求一个暑期课程的研究方法，预备考试将集中在开发一个研究课题，展示它的集合。为了这个学位论文，各院系决定建立指南，确保每位研究生有自由来开发特色鲜明和大部分自我启动的项目，与导师的基金项目相关又不完全包括在内的项目，前提是已经获得导师的指导和同意。与此同时，鼓励教师将他们的研究基金部分作为研究生们的与训练基金相关的体验，并由他们帮助来实现。

资助者欢迎这样的行动。为了帮助确保他们这么做，各院系代表和大学研究办公室主任将拜访相关的联邦机构（例如美国科学基金会、美国国立卫生研究院）的基金管理者，拜访私人基金会，例如，霍华德·休斯医学研究所、凯克（Keck）基金会。

很多实验室导向的研究生项目现在改善了学位论文、实验室导师方式，要求刚入学的研究生新生在三到五个实验室进行轮转，在每个实验室待上几周时间，或者至少与三位不同的教授面谈（斯坦福大学化学博士生需要与导师见面六次），再安排他们的选择，以此作为将研究生的倾向和教授的研究资助需求所匹配的过程。然而，那个操作不一定会自然而然地开发研究生们的科学创造力。各个研究生项目也没有在教授之间传统地开展关于如何能以最大化发展学生的方式指导研究生和引领实验室团队的讨论。在一两个学期之后，研究生们通常会确定选择去某个实验室，或被安排去某个实验室。

我们所假设的物理学系明白，若要转换到以研究生为中心的科学，则需要共同努力。教授们将与校友会和职业服务办公室合作，为他们的研究生寻求到当地的工业和技术部门实习的机会，他们将同意给予教学更高的优先权（目前，选择开展教学活动感觉是低人一等的选择，只有那些没有获得导师的研究基金支持的研究生才会选择去开展教学活动）。物理学系将与研究生院一起提高对教学活动的补贴，规划全面的项目来允许研究生们来经历教室和实验室的教学。也许最重要的是，院系将建立教学要求，开设它自己要求的关于物理学教学法的课程。

此外，这个修改的科学项目的额外方面包括关于 STEM 教育研究的社会结果的课程，修改增加了多样性的录取战略，定期评估项目文化来确保满足各种各样的学生团队的需求。所有这些建议都改编自《面向 21 世纪的研究生 STEM 教育报告》和其他近期呼吁改革的报告。

新型硕士

多年来，某所州立大学分校艺术史系的教授们一直在竭力保留博士项目，但他们面对的事实却是研究生入学人数不断下降，为研究生提供经济资助的资源不断减少。或者，我们可以想象某个硕士层面的历史学系失去了大部分的研究生新生，因为美国联邦政府和州政府的项目不断缩减了为在职教师攻读研究生学历提供补贴的项目。

学部决定采取我们在第九章所叙述的那种新型硕士。艺术博士项目负责人，在与教务长和研究生院院长进行了不愉快的沟通之后，提议用特色鲜明的硕士项目替代目前摇摇欲坠的项目，该项目将研究生安排在博物馆、其他文化机构、展览馆和拍卖馆，为那些更多有工作室导向的研究生设计朝向动画专业和电脑设计专业发展的培养方案。如果有少数学生希望继续进入博士项目，那么可以通过类似英国大学的辅导系统而寻找空缺的名额。然而，这样的强调将是强势的、清晰职业导向的硕士项目。

我们所假设的历史学系决定通过增加职业实习来改变它目前的硕士项目。要实现这个目标，它开放了与各种层面的校友、地区和当地商业部门、非营利性组织和政府部门之间新的沟通渠道。教授们开始看到研究生们也许需要额外的基础知识，所以放弃了所在院系的两门课程，要求研究生们选择所在院系之外的两门课程。于是，院系教师第一次与其他院系的同事一起工作，这些院系包括媒体、商学、教育学、图书馆研究、政治学、公共卫生、环境科学等专业。这些关系证明是互惠的：其他院系的教师决定开展历史学系所正在做的工作，选派他们的研究生来接受跨学科指导，包括选修研究生历史课程。

继续努力

我们可以继续想象一下这样的情况：有这样一个项目，它优先考虑多样性，重新思考课程；或另一个项目，它强调公共学术，而不是为多样性而多样性（因为教师也许从一开始就会重视多样性）。截至目前，我们所写的关于具体的假设项目，能适用于它们中的任何一个项目或所有项目。我们能留给读者们的最好的建议就是简单的八个字：同感、想象、计划、行动。

全美国的学科组织

我们之前已经讲过，新型博士应该从一开始就获得大学校长和教务长的积极鼓励。然而，大学校长和教务长们为什么需要关心新型博士呢？我们继续讨论在各个层面提供激励的原则。

声望是高等教育的"金钱"，它激励着机构的各位负责人。现在，围绕研究生研究的声望经济几乎完全是以研究为基础的。当前的排名系统的问题迭出，不胜枚举，几乎不需要我们在这里罗列了。例如，美国国家研究委员会（NRC）拥有狭窄的职权范围：衡量研究产出，并根据学者们的研究成果来给各项目排名。因为过于强调现存名声，导致出现了根据美国国家研究委员会的发现按照惯例将（并不存在的）普林斯顿大学法学院排在全美法学院前十名的闹剧，令人匪夷所思。[15]

然而，以研究为基础的评估最大的问题是它没有观察足够的变量。（假设事实上）完全根据研究生项目的研究产出来给它们排名，就类似完全根据汽车的发动机来给汽车排名。诚然，发动机是重要的，但任何驾驶过汽车的人都知道悬架、变速器、制动器等零部件也是很重要的。

需要采取更加以学生为中心的措施来评估研究生院。例如，那些潜在的学生需要知道一个项目如何为他们提供职业化的服务。导师如何指导研究生？如何开展（为教职工作和非教职工作开展的）职业指导？一个研究生项目能为研究生提供何种支持，以及资助时长是多少？获得学位一般需要多长时间？以上仅仅是那些潜在的研究生希望获得的一部分答案，而这些答案远比教授们为他们发表论文获得的引用更重要。

如果研究生通过去一个办公室就能获得所有这些以学生为中心的信息，那么一种新的评估系统将不需要根据一些绝对规模来与其他项目竞争排名。它可以收集信息，并以结算所的方式来展示这些信息。我们也能为研究生考虑一下 Yelp 模式①。

研究生需要他们自己的 Yelp 模式。现在，他们不能从单一的机构那里获得这些信息，只能逐一研究每一个项目。（各个项目并没有按照研究生的需求来展示。）更进一步，因为排名没有竞争，所以研究排名的影响力变得越来越大。如何才能妥善地从完全依赖排名来评估项目转为探索采用 Yelp 模式来评估项目？

我们推荐设立能给各个项目和研究生院定级（而不是排名）的全国性的网站。任何机构，不论是否获得基金支持，都能对这样的网站提供资助和支持。不妨考虑

---

① Yelp 是美国最大点评网站（https://www.yelp.com），2004 年在美国旧金山成立。Yelp 囊括各地餐馆、购物中心、酒店、旅游等领域的商户，用户可以在 Yelp 网站中给商户打分、提交评论、交流购物体验等。——译者注

由某个机构设立项目，发布自由广告，这样它就能使那些潜在的研究生对研究生院进行点评定级，形成口碑或商誉。为关于研究生项目的以学生为中心的信息结算提供公众服务。它不会替代研究排名，而将为它们提供平衡的力量。正如它们寻求获得优先数量的目标，例如我们上述所罗列的目标，我们就可以对各个项目进行排名，还可以发布学生资助和活动的信息。

更进一步，这些种类和其他种类为各家基金会提供了议程，它们可以以采取行动，在以下7个领域奖励或激励各研究生院和院系：

（1）开展包括研究生和校友在内的调查的自我评估。

（2）关注研究生就业去向的数据。

（3）通过学术机构的合作和提供以需求和种族／民族／性别为基础的额外的资助机会，创新性招聘战略来获得更加多种多样的研究生团队。

（4）探索各种各样的职业机会，举办职业发展研究班，在职业和校友办公室之间建立可行的联系。

（5）非教学岗位的实习机会，包括那些也许可以在大学校园里进行的实习活动，例如在研究生服务部、培养办、出版社和大学关系办公室或院长办公室。

（6）为学术提供教学活动机会，包括探索在一系列机构里提供教学活动的可能性。

（7）为提高毕业率、缩短获得学位所需的时间而采取的具体建议。

我们都需要一起学习问责教训。各个基金会和机构提供的全国资助应该集中关注具体的议题，设立预期。提议应该包括超越资助范围之外的可持续性计划。资助者必须坚持经常定期报告和持续的评估（正如我们在第二章中所罗列的）。更进一步，特别是在全美国范围内的在多样性的努力，资助者们应该通力合作，开创新的合作项目。

我们所提出的清单上的很多项目在我们更早之前的改革努力中就已经初见端倪了。可以公平地问，为什么它们现在应该可行？如果它们之前无法奏效，那为什么还要推广到其他机构？我们认为，它们之所以会失败，主要有两个原因。第一个失败的原因是没有强劲的说服力，甚至当早期的汇报展示这些项目没有按照预期在运行时，也没有多少说服力。第二个失败的原因是，也许没有给教授们提供充足的时间来接受这些项目，或没有充足的途径来复制在大多数学院里获得成功的实践。

我们因此建议两种资助。一种资助模式是先从少数的项目开始试点，随后评估哪些项目是有效的，哪些项目是无效的，再开展一系列调整。最后，为更大的一批项目提供资助。在全国改革的努力下，我们推荐将一部分预算用于新闻报道，帮助传播观点。美国历史学会就为我们提供了很好的示范。美国历史学会获得了梅隆基金会的经济资助，它起初资助四个历史学系在博士项目中整合各种各样的职业模式，随后对更多数量的院系给予较少的基金资助。美国历史学会设立了信息丰富的网站，召开各种各样的会议来发布它正在开展的项目信息。[16]

这种"四两拨千斤"的模式需要开展全方位的公共关系活动。我们也需要重点关注那些优秀的典型项目。资助者需要考虑入选的选择标准，尽力探索各种可能性，唯有如此，那些少数的做法才能成为多数的做法，那些多数的做法最终才能成为标准的做法。

很多之前的努力并没有相互协调各自的行动。甚至时至今日，虽然各项技术使各机构能容易地相互学习，开展工作，但是我们通常会重蹈覆辙。各家基金会要求大学和学院合作，但各种各样的基金会之间通常并没有开展合作。这在有代表性的多样性的努力方面最为显著。我们写作本书的一个原因就是呼吁关注之前犯下的错误，这样才会避免把宝贵的资源浪费在同样的错误上。

各家基金会、各个学科协会和其他伞式组织还需要扮演以下三个角色：

（1）试图影响公共政策。如果每一份关于博士生科学的主要报告都推荐给予更多的训练基金份额，缩减研究基金份额，那么像美国国家科学基金会、美国国立卫生研究院这样的主要资助者需要发挥好模范带头作用。不做这些工作将导致这只能是权宜之计，而不是治愈良方。

（2）提供经济建议。改革通常会有成本，有时是中度的成本，有时会是更高的成本。全国组织的战略性预算专家努力为公共商品服务，也许能提出更可行的、更少成本途径的建议。

（3）行使它们召集会议的权力。教师、行政管理者和博士生都需要知道领导层所认为的好政策和好实践。召开会议能传播信息。

我们建议利用金钱的力量来鼓励各院系和项目去反思它们的实践。那么，从哪个环节开始呢？获得更多授权的研究生院应该向研究生们寻求意见和建议，所以一种可能的做法是：哥伦比亚大学英语和比较文学系在卡内基基金会的资助下，开展了对校友（包括那些未获得学位的校友）和在校学生的调查。[17]另一种可能的做法是各资助机构和大学行政管理层要求回答三个简单的问题：是否有意进行改革？谁能顺利完成改革？通过何种途径实现改革？这也许需要一个预热环节：使教师们了解研究生教育目前面对的各种议题，特别是了解研究生教育具有令人吃惊的悠久历史。虽然教师们的理想主义能帮助创造改变，但这远远不够，还需要他们集体合作，有针对性地在博士生教育方面开展合作交流。

如果声望能与金钱相提并论，那么声望就是金钱。某家机构把钱花在哪里，就展示出机构对其教师的价值观念。研究生也许要求他们自己的具体激励来培养自我意识和创造性的决策，考虑他们的职业展望，以及研究生项目是否符合他们的才能和秉性。举办研讨会是好事，但开设有学分的课程是较好的事情，而颁发文凭（例如证书）则是最好的事情。

我们过去所开展的努力就是为了更好地发展研究生教育。在过去的几十年时间里，人们投入了大量的精力和财力来改进博士生教育，而对其结果却视而不见。在过去的几十年时间里所做的很多工作能对这个工作有所启发。我们将卡内基基金会行动提出的对项目自评的三个系列的基本问题当作典范。"培养未来师资"联盟为扩大研究生的教学经历提供了优秀典型案例。伍德罗·威尔逊基金会为学术界之外的实习工作提供暑期奖学金，将博士生与那些有意雇用博士生的营利性机构和非营利性机构匹配起来，这样的做法获得了一所又一所大学校园（它们有自己的商业机构、文化机构和感兴趣的校友）的认可。目前，博士生学习正处于困境之中，当我们试图解决问题时，却无法承受重蹈覆辙的代价。我们在开展未来的改革行动之前，必须先去了解过去所开展的改革努力的各项优势和弱势。我们必须分配任务，并承担相应的责任。在美国，各大学把学术自由的观点奉为圭臬，然而，事实证明，学术自由的另一面是学术责任，学术责任需要大量的付出。然而，如果没有责任，那么什么样的自由值得拥有呢？

文献学者大卫·达姆罗什提出了一个很恰当的问题："如果每个人都知道需要开展什么工作，那么为什么只有几个项目真正在落实工作？"[18] 他引用克拉克·克尔的话，高等教育普遍存在的不可思议的现象是"几乎没有得到改变，而不是改变了多少"。克拉克·克尔是从更宏大的视角来看待这个问题，他指出"教师们所掌控的领域"，旨在突出"学术自由的"行动"在大多数情况下，都受到教师们保守行为的掣肘，导致收效甚微。[19]

我们之前援引了研究生院的保守主义，然而，这种情况几乎没有得到改变，我们可以将其行为描述为固执己见，而不是因循守旧。甚至当我们想改变的时候，也经常无法顺利完成改变。这并不是因为我们学术界人士是独一无二的糟糕的改变代理人，而是因为有时候某些对立的观点可能是正确的。我们的失败开始于责任：我们不仅需要获得授权进行改变，也需要获得改变的责任。如果我们要顺利实施所需要的改革，那么我们就必须改变进行的过程。目前，研究生院这个机构犹如工业复合体，在高层的管理和领导方面陷入了真空地带，导致分散了学术责任。然而，我们必须承担起责任——承担起对大学的责任，承担起对我们研究领域的责任，特别是承担起对博士生的职业生涯和未来负责的责任。

新型博士是一项年轻的运动，虽然它已经出现好几年了，但还正处于发展期，就像青少年那样，需要迎接各种各样的经历和试验。虽然没有人会指责我们没有开诚布公地表达自己的观点，但是我们在本书中力求平衡，综合考虑了各种建议和选择。我们唯一不想看到的选择就是袖手旁观。

参考文献

导言

1. See Leonard Cassuto, "Ph.D. Attrition: How Much Is Too Much?," *Chronicle of Higher Education*, July 1, 2013, https://www.chronicle.com/article/PhD-Attrition-How-Much-Is/140045.

2. William Pannapacker, writing as Thomas H. Benton, "Graduate School in the Humanities: Just Don't Go," *Chronicle of Higher Education*, January 30, 2009, https://www.chronicle.com/article/Graduate-School-in-the/44846.

3. Derek Bok, *Higher Education in America* (Princeton, NJ: Princeton University Press, 2013), 240.

4. Katina L. Rogers, *Putting the Humanities PhD to Work: Thriving in and beyond the Classroom* (Durham, NC: Duke University Press, 2020). We are grateful to Rogers for sharing the manuscript with us in advance of its publication.

5. William James, "The PhD Octopus," in *Memories and Studies* (New York: Longmans, Green, 1917), 331.

6. Louis Menand, *The Marketplace of Ideas* (New York: W. W. Norton, 2010), 151–52.

7. William Rainey Harper, "First Annual Report" (1888), quoted in "From the History of the University," *University of Chicago Magazine* 8 (1915): 257.

8. This language occurs in title 7 of the United States Code. This is the context: "without excluding other scientific and classical studies and including military tactics, to teach such branches of learning as are related to agriculture and the mechanic arts, in such manner as the legislatures of the States may respectively prescribe, in order to promote the liberal and practical education of the industrial classes in the several pursuits and professions in life." US National Archives & Records Administration, "Transcript of the Morrill Act (1862)," November 25, 2019, http://www.ourdocuments.gov/doc.php? doc=33&page=transcript.

9. Nicholas Lemann, "The Soul of the Research University," *Chronicle of Higher Education*, April 28, 2014, https://www.chronicle.com/article/The-Soul-of-the-Research/146155.

10. Thomas Bender, "Expanding the Domain of History," in *Envisioning the Future of Doctoral Education: Preparing Stewards of the Disciplines*, ed. Chris M. Golde and George E. Walker (San Francisco: Jossey-Bass, 2006), 295.

11. See the National Science Foundation's *Survey of Earned Doctorates*, https://www.nsf.gov/statistics/srvydoctorates/. The survey is "an annual census conducted since 1957 of all individuals receiving a research doctorate from an

accredited U.S. institution in a given academic year." It is sponsored by the National Center for Science and Engineering Statistics within the National Science Foundation (with support from several other government agencies as well, including the National Endowment for the Humanities), but it includes numbers for doctoral graduates in all fields, including the humanities and social sciences as well as education and agriculture. It includes demographic characteristics of graduates as well as postgraduation plans.

12. William Bowen and Neil Rudenstine, *In Pursuit of the Ph.D.* (Princeton, NJ: Princeton University Press, 1992). The attrition rate has been high since the postwar era, as programs admitted scores of students with the social Darwinian expectation that most would drop out along the way, with only the fittest crossing the finish line.

13. The first graduate student union was organized in 1969 at Wisconsin; see R. G. Ehrenberg, Daniel B. Klaff, Adam T. Kezsbom, and Matthew P. Nagowski, "Collective Bargaining in American Higher Education," in *Governing Academia*, ed. Ronald G. Ehrenberg (Ithaca, NY: Cornell University Press, 2004), 222.

14. Of the sources that document the long-term withdrawal of public finding for higher education and its deleterious effects, see especially Christopher Newfield's *The Great Mistake: How We Wrecked Public Universities and How We Can Fix Them* (Baltimore: Johns Hopkins University Press, 2016).

15. Derek Bok and William G. Bowen, *The Shape of the River: Long-Term Consequences of Considering Race in College and University Admissions* (Princeton NJ: Princeton University Press, 1998).

16. Leonard Cassuto, "RIP William G. Bowen—and the Bowen Report, Too," *Chronicle of Higher Education*, November 22, 2016, https://www.chronicle.com/article/RIP-William-G-Bowen-and/238470.

17. See "Doctorate Recipients in the Humanities, 1970–2007," in *Humanities Indicators, 2008* (Cambridge, MA: American Academy of Arts and Sciences), http://www.humanitiesindicators.org.

18. Bowen is quoted in Jacqui Shine, "Blown Backward in to the Future." *Chronicle of Higher Education*, September 23, 2014, https://chroniclevitae.com/news /717-blown-backward-into-the-future. Herb Childress's recent *The Adjunct Underclass: How America's Colleges Betrayed Their Faculty, Their Students,and Their Mission* (Chicago: University of Chicago Press, 2019) indicts these gradual changes in the workplace in scathing terms. Childress's book comes at what may be the tail end of an extended debate about the causes of adjunctification. One argument for intentionality holds that those at the top of the higher education pyramid engineered the situation by promoting the shift to a part-time labor force. An opposing argument holds that adjunctification occurred in part because the faculty wanted to teach less, especially at lower levels, with those same top administrators granting them lower teaching loads but without knowing where the money would come from to make up for lost courses. In this scenario, it's the tenure-track faculty who brought the problem on. There is much more to say on this subject, but it's ultimately tangential to the purpose of this book.

19. Chris M. Golde and Timothy M. Dore, *At Cross Purposes: What the Experiences of Today's Doctoral Students Reveal about Doctoral Education* (Pew, 2001), 5.

20. George E. Walker, Chris M. Golde, Laura Jones, Andrea Conklin Bueschel, and Pat Hutchings, *The Formation of Scholars: Rethinking Doctoral Education for the Twenty-First Century* (San Francisco: Jossey-Bass, 2008), 19.

21. We see a similar pattern in English though with a tailing-off: from 957 graduates in 1986 to 1,204 five years later to 1,493 in 1996 and the same number in 2001, still a 15-year increase of over 50 percent.

22. Marc Bousquet, "The 'Job Market' That Is Not One," *Chronicle of Higher Education*, December 15, 2014, https://www.chronicle.com/article/The-Job-Market-That-Is/150841; see also Vimal Patel, "How a Famous Academic Job-Market Study Got It All Wrong—and Why It Still Matters," *Chronicle of Higher Education*, September 9, 2018, https://www.chronicle.com/article/How-a-Famous-Academic/244458.

23. In 2003, 6 percent of PhD graduates in the arts and sciences were African American, rising to just 6.4 percent 10 years later. In 2003, 4.5 percent of PhD graduates in A&S were Hispanic Americans compared to 6.3 percent in 2013, but that trails the overall population increase of Hispanic Americans during that 10 years; See the NSF's *Survey of Earned Doctorates*.

24. Tony Chan, "A Time for Change? The Mathematics Doctorate," in Golde and Walker, *Envisioning*, 121.

25. Laurence Veysey brilliantly traces the usefulness idea in conjunction with research and "liberal culture" in the still-essential *The Emergence of the American University* (Chicago: University of Chicago Press, 1965).

26. John Dewey, *The Political Writings*, Debra Morris and Ian Shapiro, eds. (Indianapolis, IN: Hackett, 1993), 8. Dewey was speaking of philosophy, but his ideas apply generally.

27. David F. Labaree discusses the influence of the Morrill Act on institutions other than land-grant universities in *A Perfect Mess: The Unlikely Ascendancy of American Higher Education* (Chicago: University of Chicago Press, 2017), 38-42. The unity of the intellectual and the practical was also in evidence at sectarian private colleges, whose missions arose from the belief that higher education encourages an active life of moral generosity.

28. Douglas C. Bennett, "Innovation in the Liberal Arts and Sciences," in *Education and Democracy: Re-imaging Liberal Learning in America*, ed. Robert Orrill (New York: College Entrance Examination Board, 1997), 141-42; Andrew Delbanco, *College: What It Was, Is, and Should Be* (Princeton, NJ: Princeton University Press, 2012), 175-76.

29. Jacques Berlinerblau, "Survival Strategy for Humanists: Engage, Engage," *Chronicle of Higher Education*, August 2, 2012, https://www.chronicle.com/article/Survival-Strategy-for/133309.

30. Erin Bartram, "The Sublimated Grief of the Left Behind," February 11, 2018, http://erinbartram.com/uncategorized/the-sublimated-grief-of-the-left-behind/; Rebecca Schuman, "Thesis Hatement," *Slate*, April 5, 2013, http://www.slate.com/articles/life/culturebox/2013/04/there are no academic jobs and getting a phd will make you into a horrible.html.

31. Bartram's first follow-up essay in the *Chronicle*, "What It's Like to Search for Jobs Outside of Academe," *Chronicle of Higher Education*, August 24, 2018, https://www.chronicle.com/article/What-It-s-Like-to-Search-for/243869,

is written in a more even tone and offers practical advice. But when she says, "Academia didn't prepare me well for the nonacademic job market, but I can't blame it for that," she's being rather too generous to her former workplace.

32. John Paul Christy, who administers the valuable ACLS Public Fellows program (which facilitates government and other nonprofit opportunities for PhD graduates), says of graduate students in the humanities, "We keep learning, and our intellectual humility is highly valuable. A heuristic attitude makes for a good citizen and valued employee." Christy's point holds as true for the social and physical sciences as for the humanities. David Porter, chair of English at the University of Michigan, similarly urges teaching students to see that their own abilities have broad utility: "What does their experience of having commented upon and graded papers and exams given them? Their experience of leading a discussion? Their ability to bring a major research project to term?" All of these skills, argues Porter, are transferable. Christy and Porter, interviews with Weisbuch, 2019.

33. Joseph Cerny and Merisi Nerad's was one of the first of a now-growing number of such studies. Their "Ten Years After" survey documented the career paths of 6,000 doctoral graduates in six selected disciplines, and it showed that job satisfaction was actually slightly higher among those who left academia, compared to those who stayed in it. And those who left academia by choice or necessity remained glad that they earned the degree. Nerad notes that "another common assumption—that academic faculty enjoy the highest job satisfaction—also proved to be false managers and executives in the BGN [i.e., business, government, and nonprofit] sectors" proved "most satisfied with their employment" —and not because of salary but "the intellectual challenges of work and autonomy at the workplace." See "Confronting Common Assumptions: Designing Future Oriented Doctoral Education," in *Doctoral Education and the Faculty of the Future*, ed. Ronald G. Ehrenberg and Charlotte V. Kuh (Ithaca, NY: Cornell University Press, 2009), 87. See also Merisi Nerad, Rebecca Aanerud, and Joseph Cerny, "So You Want to Become a Professor: Lessons from the PhDs—Ten Years Later Study," in *Paths to the Professoriate*, ed. Donald H. Wulff and Ann E. Austin (San Francisco: Jossey-Bass, 2004), 137–58.

34. Brian Croxall, "Graduate Humanities Education: What Should Be Done?," *Chronicle of Higher Education*, April 4, 2010, https://www.chronicle.com/article/ Forum-The-Need-for-Reform-in/64887. Croxall recommends that graduate students not only teach but also seek an internship with a "business, nonprofit organization, government, or cultural-heritage organization."

When graduates of the six disciplines included in Nerad and Cerny's *Ten Years After* study were asked how their graduate programs could have been improved, they pointed to "the need for greater educational relevance to the changing world inside and outside academia and better labor market preparation." That report included science disciplines as well, and year after year, the National Science Foundation's survey of earned doctorates shows that just a bit less than half of all newly minted PhD graduates throughout the arts and sciences take their first jobs in academia. The six disciplines Nerad and Cerny surveyed were biochemistry (representing the life sciences), computer science and chemical engineering (to represent engineering), English for the humanities, mathematics for the physical sciences, and political science for the social sciences. Sixty-one doctoral institutions were represented. For the rationale behind their selections, see Nerad, Aanerud, and Cerny, "So You Want to Become a Professor," esp. 158–59.

35. Sidonie Smith, *Manifesto for the Humanities: Transforming Doctoral Education in Good Enough Times* (Ann Arbor: University of Michigan Press, 2015), 139.

36. Julia Kent and Maureen Terese McCarthy, telephone interview with Weisbuch, summer 2018.

37. Cited by Marc Bousquet in "'Scientific American': Academic Labor Market 'Gone Seriously Awry,'" *Brainstorm* (blog), *Chronicle of Higher Education*, February 23, 2010, https://www.chronicle.com/blogs/brainstorm/scientific–american–academic–labor–market–gone seriously–awry/21425. See also Alan Leshner and Layne Scherer, eds., *Graduate STEM Education for the 21st Century* (Washington, DC: National Academies Press, 2018).

38. Leshner and Scherer, *Graduate STEM Education for the 21st Century*, 113.

39. Six recent reports from the 2010s on graduate science education deserve special consideration. These begin with *The Path Forward* from the Council of Graduate Schools (2010; www.fgereport.org); and two from specific disciplines, the American Chemical Association's *Advancing Graduate Education in Chemical Science* (2012, https://www.acs.org/content/dam/acsorg/about/governance/acs–commission–on–graduate–education–summary–report.pdf); and NIH's *The Biomedical Research Working Group Report* (2012, https://acd.od.nih.gov/documents/reports/Biomedical_research_wgreport.pdf); a consideration of data on graduate science education from the National Science Board titled *Revisiting the STEM Workforce* (2014, https://www.nsf.gov/news/news_summ.jsp?cntn_id=134866); and a later Council of Graduate Schools report on Professional Development, *Shaping Effective Practices for STEM Graduate Education* (2017; https://cgsnet.org/professional–development–shaping–effective–programs–stem–graduate–students–0); concluding with a landmark 2018 study from the National Academies of Science and Engineering, *Graduate STEM Education for the 21st Century*.

40. Jacques Berlinerblau, "This Guy Got Tenure. You Probably Won't," *Chronicle of Higher Education*, June 29, 2016, https://www.chronicle.com/article/You–Probably–Wont–Get–Tenure/236957.

41. Michael Bérubé, "The Humanities, Unraveled," *Chronicle of Higher Education*, February 18, 2013, https://www.chronicle.com/article/Humanities–Unraveled/137291.

42. Julie R. Posselt, *Inside Graduate Admissions: Merit, Diversity, and Faculty Gatekeeping* (Cambridge, MA: Harvard University Press, 2016).

43. Derek Bok, *Higher Education in America* (Princeton, NJ: Princeton University Press, 2013), 232, 240.

44. Maria LaMonaca Wisdom, "Holding Open a Space for the Millennial Humanities Doctoral Student," *MLA Profession*, November 2019, https://profession.mla.org/holding–open–a–space–for–the–millennial–humanities–doctoral–student/.

第一章 过去和现在：最近两个时代里的改革

1. National Institutes of Health, *Biomedical Research Workforce Working Group Report*, 2012, https://acd.od.nih.gov/documents/reports/Biomedical-research–wgreport.pdf.

2. Fellowships and teaching assistantships primarily accounted for the other forms of support in 2009. Fellowships increased moderately to 10,000 while support through teaching rose only slightly. See National Institutes of Health, *Biomedical Research Workforce Group: A Working Group of the Advisory Committee to the Director* (Bethesda, MD: NIH, 2012), http://acd.od.nih.gov/biomedical-research-wgreport.pdf, 7, 36. Angelica Stacy, "Training Future Leaders: Doctoral Education in Neuroscience," in *Envisioning the Future of Doctoral Education: Preparing Stewards of the Disciplines*, ed. Chris M. Golde and George E. Walker (San Francisco: Jossey-Bass, 2006), 201.

3. Harriet Zuckerman, Ronald Ehrenberg, Jeffrey Groen, and Sharon Brucker, *Educating Scholars: Doctoral Education in the Humanities* (Princeton, NJ: Princeton University Press, 2010), 248.

4. Kenneth Prewitt, "Who Should Do What? Implications for Institutional and National Leaders," in Golde and Walker, *Envisioning*, 23.

5. Zuckerman et al., *Educating Scholars*, 3.

6. See William G. Bowen and Neil L. Rudenstine, *In Pursuit of the Ph.D.* (Princeton, NJ: Princeton University Press, 1992).

7. Zuckerman et al., *Educating Scholars*, 5-7.

8. Zuckerman et al., *Educating Scholars*, 9.

9. Zuckerman et al., *Educating Scholars*, 258.

10. Zuckerman et al., *Educating Scholars*, 308, 101.

11. The median age of PhD recipients in the study was 31, and the mean 32.5. For those who attained tenure-track employment, the figures were 34 and 35.2. Those who graduated in five years or less, or in six years, got the highest percentage of tenure-track jobs, with the seven-year PhDs next, and the eight-year graduates after that. Publications helped these students secure such positions but so did finishing with alacrity. In all, "Having published increases a PhD's chance of getting a tenure-track position within three years of a degree. But taking as long as eight years to get the degree (or longer) has the opposite effect" (Zuckerman et al., *Educating Scholars*, 21). Here we must also consider that the programs in the study were among the best funded in the country, meaning that students who wanted to finish more quickly were often not required to teach to support themselves.

12. Zuckerman et al., *Educating Scholars*, 86.

13. "Of those employed after three years in a tenure-track position," write the authors, "50 to 60 percent of them are at doctoral institutions, about 15-25 percent at Masters-level institutions and another 15-22 percent at liberal arts colleges" (Zuckerman et al., *Educating Scholars*, 199). Here we note that this finding elides attrition, which was 43 percent of the sample surveyed—so the percentage of students placed at doctoral institutions by the 10 high-ranked universities in the study is really more like 12-15 percent of the entering class.

The success rate of graduates in attaining tenure-track positions at four-year institutions immediately upon graduation, and after up to three years, actually declined from the 1990 - 92 cohort (35 and 57 percent, respectively) to the 1998-2000 cohort (30 and 52). Those who left programs without graduating also had jobs, "a large majority of which are professional ones," which made clear "that the vast majority of them are not trapped in menial, low-level jobs and that they in fact received a payoff from their investment in doctoral education" (Zuckerman et al., *Educating Scholars*, 185).

14. Zuckerman et al. *Educating Scholars*, 86.

15. Zuckerman et al., *Educating Scholars*, 224.

16. Zuckerman et al., *Educating Scholars*, 248.

17. Jerry G. Gaff, Anne S. Pruitt-Logan, Leslie B. Sims, and Daniel D. Denecke, *Preparing Future Faculty in the Humanities and Social Sciences: A Guide for Change*, (Washington, DC: Council of Graduate Schools, Association of American Colleges and Universities, 2003), 179.

18. Gaff et al., *Preparing*, 181.

19. Gaff et al., *Preparing*, 183.

20. Zuckerman et al., *Educating Scholars*, 154.

21. Gaff et al., *Preparing*, 189.

22. Jody D. Nyquist, Bettina J. Woodford, and Diane L. Rogers, "Re-envisioning the Ph.D.: A Challenge for the Twenty-First Century," in *Paths to the Professoriate: Strategies for Enriching the Preparation of Future Faculty*, ed. Donald H. Wulff and Ann E. Austin (San Francisco: Jossey-Bass, 2004), 194.

23. Nyquist, Woodford, and Rogers, "Re-envisioning," 194.

24. Nyquist, Woodford, and Rogers, "Re-envisioning," 197.

25. Nyquist, Woodford, and Rogers, "Re-envisioning," 199-210.

26. Bob, who headed Woodrow Wilson at the time, confesses that he was at first skeptical of such a broad range of participants, with graduate deans and faculty much in the minority. Later, he would describe the Re-envisioning conference as the most dynamic and helpful meeting he ever experienced before or after, for precisely the varied extra-academic representation that had worried him at first.

27. Nyquist, Woodford, and Rogers, "Re-envisioning," 13.

28. Beverly Sanford and Hadass Sheffer, "Careers for Humanities Ph.D.'s in Museums," *Chronicle of Higher Education*, March 11, 2002, https://www.chronicle.com/article/Careers-for-Humanities-PhDs/45975.

29. The program attracted strong applicants, but Woodrow Wilson did not have a significant endowment, and no national funder was located. A few institutions continued the program on their own for another two years, but it gradually petered out.

30. Richard A. Cherwitz and Charlotte A. Sullivan, "Intellectual Entrepreneurship: A Vision for Graduate Education," *Change* 34, No. 6 (2002): 24.

31. Cherwitz and Sullivan, "Intellectual Entrepreneurship," 25-27.

32. In the original group, Yale, Howard, Penn, and Princeton represented the East; Indiana, Michigan, Wisconsin, and Washington University the Midwest; Duke, Texas, and Arizona State the South and Southwest; and Irvine, Colorado, and Washington the Far West. Later, both the University of Illinois at Urbana-Champaign and at Chicago joined, as did UCLA, Kentucky, Louisville, and Vanderbilt.

33. Robert Weisbuch, "Toward a Responsive Ph.D," in Austin and Wulff, *Paths to the Professoriate*, 217-35, 217-20.

34. Woodrow Wilson National Fellowship Foundation, *The Responsive Ph.D.: Innovations in U.S. Doctoral Education*, 2005, https://woodrow.org/news/publications/responsive-phd/, 3.

35. Woodrow Wilson National Fellowship Foundation, *Responsive*, 3.

36. Brown University Graduate School, "Graduate School to launch 'Open Graduate Programs' with $2M Mellon grant," press release, October 5, 2011, https://news.brown.edu/articles/2011/10/mellon just worked for me. See also

Vimal Patel, "Brown U. Tests Approach to Interdisciplinary Graduate Work," *Chronicle of Higher Education*, March 24, 2014, https://www.chronicle.com/article/Brown-U-Tests-Approach-to/145487.

37. Woodrow Wilson National Fellowship Foundation, *Responsive*, 3.

38. George E. Walker, Chris M. Golde, Laura Jones, Andrea Conklin Bueschel, and Pat Hutchings, *The Formation of Scholars: Rethinking Doctoral Education for the Twenty-First Century* (San Francisco: Jossey-Bass, 2008), 32-33.

39. Prewitt, "Who Should Do What?," *Envisioning*, 23.

40. Pat Hutchings and Susan Clarke, "The Scholarship of Teaching and Learning: Contributing to Reform in Graduate Education," in Austin and Wulff, *Paths to the Professoriate*, 161.

41. Austin and Wulff, *Paths to the Professoriate*, 240.

42. Walker et al., *The Formation of Scholars*, 12.

43. Walker et al., *The Formation of Scholars*, 45.

44. David Damrosch, "Vectors of Change," in Golde and Walker, *Envisioning*, 41.

45. Walker et al., *The Formation of Scholars*, 46-47.

46. George E. Walker, "The Questions in the Back of the Book," Golde and Walker, *Envisioning*, 426-27 (emphasis in the original).

47. NSF Graduate Teaching Fellows in K-12 Education (GK-12) program solicitation online (2007).

48. Cited by J. A. Ufnar, Susan Kuner, and V. L. Shepherd in "Moving beyond GK-12," *CBE—Life Sciences Education* 11, no. 3 (October 13, 2017), https://www.lifescied.org/doi/full/10.1187/cbe.11-12-0119.

49. See Ufnar, Kuner, and Shepherd, "Moving Beyond."

50. For more information on the Ford awards, see http://sites.nationalacademies.org/pga/fordfellowships/.

51. For more information on the Gates Millennium Scholars Program, see https://gmsp.org/a-gates-millennium-scholars-program/.

52. For more information on the Southern Education Regional Education Board Doctoral Scholars Program, see https://www.sreb.org/doctoral-scholars-program.

53. For more information on the Alfred P. Sloan Foundation Minority Ph.D. Program, see http://sloanphds.org/.

54. For more information on the Mellon Mays Undergraduate Fellows (MMUF) program, see https://www.mmuf.org. For the graduate initiatives program, see https://www.ssrc.org/programs/view/mellon-mays-graduate-initiatives-program/.

55. For more information on the Ronald E. McNair Post-Baccalaureate Achievement Program, see https://www2.ed.gov/programs/triomcnair/index.html.

56. For more information on the National Science Foundation (NSF) ADVANCE Program, see https://www.nsf.gov/funding/aboutfunding.jsp.

57. For more information on the NSF Alliance, see https://www.nsf.gov/funding/pgm_summ.jsp.pims id=5474.

58. For more information on the CGS Award for Innovation, see https://cgsnet.org/etscgs-award.

59. For more information on MOST, see https://www.asanet.org/sites/default/files/savvy/footnotes/julyaugust02/indexone.html.

60. For more information on IGERT, see http://www.igert.org/.

61. We should note that two totally distinct entities bear the Carnegie name. The Carnegie Foundation for the Advancement of Teaching, then led by Lee

Shulman, organized the initiative we have described elsewhere in the book. The Carnegie Corporation of New York did not engage with doctoral education reform.

62. Steven C. Wheatley of ACLS, quoted in Leonard Cassuto, "Teaching in the Postdoc Space," *Chronicle of Higher Education*, April 17, 2011, http://chronicle. com /article/Teaching−in−the−Postdoc−Space/127150/.

63. For more information on the Public Fellows Program, see https://www. acls .org/programs/publicfellows/.

64. See https://www.acls.org/research/publicfellows/.

65. Weisbuch, interview with John Paul Christy, October 2015.

66. L. Maren Wood and Robert B. Townsend, *The Many Careers of History PhDs: A Study of Job Outcomes, Spring 2013*, a report to the American Historical Association, 2013, https://www.historians.org/Documents/Many Careers of History PhDs Final.pdf.

67. See https://www.historians.org/jobs−and−professional−development/ career −resources/five−skills.

68. Weisbuch, interview with James Grossman, executive director, American Historical Association, November 2015.

69. See "Mellon Foundation Grant Expands Impact and Scope of Career Diversity for Historians," *Perspectives on History*, December 19, 2016, https:// www.historians.org/publications−and−directories/perspectives−on−history/ december−2016 /mellon−foundation−grant−expands−impact−and−scope−of− career−diversity−for−historians.

70. The AHA describes the responsibilities of fellows thus: The Fellow will work closely with a faculty team to coordinate programming and events with the department and to assist the faculty in the following activities:

• Create links to career and alumni offices, centers for teaching and learning, and other appropriate units such as humanities centers

• Create on−campus internships, following an assistantship model

• Develop programming to expose students to different teaching environments

• Assist faculty in organizing/redesigning a departmental pedagogy course

• Assist faculty in organizing/redesigning a departmental professionalization course that shifts from the current emphasis on the transition from graduate student to "academic professional" (in the mode of research scholar) to the kinds of values and skills outlined in this proposal

• Administer AHA survey on graduate career aspirations, in collaboration with AHA staff "About Career Diversity," American Historical Association, https:// www.historians .org/jobs−and−professional−development/career−diversity−for− historians/about−career −diversity.

71. https://connect.mla.hcommons.org/.

72. Colleen Flaherty, "5−Year Plan," *Inside Higher Ed*, May 28, 2014, https:// www.insidehighered.com/news/2014/05/28/mla−report−calls−phd− program−reform−including−cutting−time−degree.

73. For a detailed discussion of the Porter−Hartman course, see Leonard Cassuto, "Can You Train Your Students for Diverse Careers When You Don't Have One?," *Chronicle of Higher Education*, August 22, 2018, https://www.chronicle. com/article /Can−You−Train−Your−PhDs−for/244323.

74. The CGS discussion of this ongoing project may be found here: https:// cgsnet.org/ckfinder/userfiles/files/CGS_PhDCareerPath_report_finalHires.pdf. See

also Leonard Cassuto, "Documenting What Ph.D.s Do for a Living," *Chronicle of Higher Education*, October 15, 2017, https://www.chronicle.com/article/Documenting-What -PhDs-Do-for/241449.

75. The website for myIDP is https://myidp.sciencecareers.org/.

76. National Science Foundation, *Science and Engineering Indicators*, 2012 and 2018. The 2018 report reads, "In recent decades, growth in the number of U.S.-trained doctoral scientists and engineers in the academic sector has been slower than the rate of growth in the business and government sectors, resulting in a decline in the academic sector's share of all U.S.-trained S&E doctorates, from 55% in the early 1970s to just under 50% in the mid-1990s to about 45% in 2015." https:// www.nsf.gov/statistics/2018/nsb20181/report/sections/academic-research-and-development/doctoral-scientists-and-engineers-in-academia#trends-in-academic-employment-of-s-e-doctorate-holders.

77. Imagine PhD is located at https://www.imaginephd.com/about.

78. https://www.nsf.gov/pubs/2018/nsf18507/nsf18507.pdf.

79. https://www.nsf.gov/funding/pgm_summ.jsp?pims_id=505015.

第二章 开启对话的实用指南：目标和路径

1. Michael Fullan, *Change Leader: Learning to Do What Matters Most* (San Francisco: Jossey-Bass, 2013), 127.

2. Damrosch, "Vectors of Change," in *Envisioning the Future of Doctoral Education: Preparing Stewards of the Disciplines*, ed. Chris M. Golde and George E. Walker (San Francisco: Jossey-Bass, 2006), 35.

3. David Grant, *The Social Profit Handbook: The Essential Guide to Setting Goals, Assessing Outcomes, and Achieving Success for Mission-Driven Organizations* (White River Junction, VT: Chelsea Green, 2015).

4. Grant, *Social Profit Handbook*, 41.

5. A recent well-publicized example is the 2019 protest by graduate students in the Department of English and Comparative Literature at Columbia University. See Emma Pettit, "Columbia Had Little Success Placing English Ph.D.s on the Tenure Track: 'Alarm' Followed, and the University Responded," *Chronicle of Higher Education*, August 21, 2019, https://www.chronicle.com/article/Columbia-Had-Little-Success/246989.

6. Damrosch, "Vectors of Change," 41.

7. Damrosch, "Vectors of Change," 42-43.

8. Damrosch, "Vectors of Change," 43-44.

9. Steven Johnson, "How to Make a Big Decision," *New York Times*, September 1, 2018, https://www.nytimes.com/2018/09/01/opinion/sunday/how-make-big-decision.html.

10. Ronald S. Burt, *Neighbor Networks: Competitive Advantage Local and Personal* (Oxford: Oxford University Press, 2010), 257.

11. Damrosch, "Vectors of Change," 36.

12. Ronald S. Burt, "Structural Holes and Good Ideas," *American Journal of Sociology* 10 (2004): 355.

13. Leo Tolstoy, *The Kingdom of God Is within You*, trans. Constance Garnett (New York: Cassell, 1894), 46. The fake Twain quotation has an uncertain provenance. Both quotations—the misattributed Twain saying and the actual one

from Tolstoy—relate to *The Big Short*: the Tolstoy quotation appears in Michael Lewis's 2010 book, while the quotation misattributed to Twain appears in the 2015 film adaptation. See Alex Shephard's explanation in the *New Republic*: https:// newrepublic.com/minutes/126677/it-aint-dont-know-gets-trouble-must-big-short-opens-fake-mark-twain-quote.

14. Clark Kerr, *The Uses of the University*, 5th ed. (Cambridge, MA: Harvard University Press, 2001), 99. Kerr amended his great book several times on a decade-by-decade basis until his death.

15. Damrosch, "Vectors of Change," in Golde and Walker, *Envisioning*, 35–36.

16. Hence the nasty old joke told by frustrated university administrators: "How many faculty members does it take to change that light bulb?" Answer (grumpily): "That light bulb doesn't need changing."

17. David F. Labaree, *A Perfect Mess: The Unlikely Ascendency of American Education* (Chicago: University of Chicago Press, 2019).

18. Gary Klein, "Performing a Project Premortem," *Harvard Business Review*, September 2007, https://hbr.org/2007/09/performing-a-project-premortem. Johnson cites earlier psychologists on the importance of generating alternatives. In 1984, he reports, Paul Nutt studied 78 decisions made by high-level planners in corporations and nonprofits. Only 15 percent allowed for a stage for generating alternatives to a basic yes/no choice, and fewer than one in three contemplated more than one alternative—yet the rate of success in contemplating at least two alternatives was two-thirds while the yes/no had a success rate of less than half.

19. Grant's own formula for overcoming a resistance to sensible change is a modification of a formula known as the Beckhead model, after Richard Beckhead, a leading practitioner. It goes like this: Dissatisfaction times Vision times First steps overcomes Resistance to change. $D \times V \times F > R$.

In the case of the doctorate, an agreed-upon dissatisfaction results from our gaining a better sense of the actual experiences of our students in doctoral programs. V: The vision is our goal setting from which we plan backward to F: the first steps, which Grant defines as "concrete, manageable actions . . . knowing how to begin, and what to do next." Grant, *Social Profit Handbook*, 128–129.

20. Grant, *Social Profit Handbook*, 58.

21. Grant, *Social Profit Handbook*, 29–30.

22. Grant, *Social Profit Handbook*, 31.

23. To this model, Grant adds responsible leadership: "Only leadership can create and sanction mission time. It is up to leaders to create the spirit of ongoing learning that characterizes an assessment culture." And he cites the notion that dissatisfaction with the status quo coupled with a consensual vision and some successful first moves will overcome the fear of change (128–29). When that active leadership includes administrators (a university president, provost, and graduate dean, together with a department chair and director of graduate studies), we have an ideal situation. But even without the top administrative rungs, an energetic chair and the DGS will be sufficient—if the higher levels are at the least authentically interested and supportive.

24. No hyperbole here. That's the national average attrition rate for doctoral students in the arts and sciences.

25. A variation on Grant's process—or an addition to it—is suggested by Johnson. He urges all participants to write down the values most important to them—

in our case, perhaps the list of PhD challenges—assigning to each a value from 0 to 1. (If you find, say, encouraging public scholarship a good idea but not a seminal one, you might give it a 0.4, while you view recruiting a more diverse student cohort more important and assign it a 0.8.) Then each participant considers how well each of the three or more alternative plans tackles each value on a scale of 1 to 100. Then you multiply the two figures (that is, goal priority and value of plan to meet each goal), add everyone's scores together for each item, and discover your best plan. We would use this math not to be definitive but to serve the conversation. In disciplines whose members distrust quantification, use it only in the case of a stalemate.

26. George E. Walker, Chris M. Golde, Laura Jones, Andrea Conklin Bueschel, and Pat Hutchings, *The Formation of Scholars: Rethinking Doctoral Education for the Twenty-First Century* (San Francisco: Jossey-Bass, 2008), 45.

第三章　职业多样性：对博士生开展博雅教育

1. Suzanne Ortega, remarks at the 2016 annual meeting of the Conference of Southern Graduate Schools, Charlotte, NC, February 2016.

2. Bob remembers using the "beyond academia" phrase in the 1990s in reaction against phrases like "alternative careers" that subtly denigrate PhD graduates who don't become professors. The proliferation of listings under that heading, compared even to just five years ago, suggest it's an idea whose time has arrived.

3. Anthony T. Grafton and Jim Grossman, "'No More Plan B': A Very Modest Proposal for Graduate Programs in History," *Perspectives on History*, October 1, 2011. https://www.historians.org/publications-and-directories/perspectives-on-history/october-2011/no-more-plan-b.

4. Cathy Wendler, Brent Bridgeman, Fred Cline, Catherine Millett, JoAnn Rock, Nathan Bell, and Patricia McAllister, *The Path Forward: The Future of Graduate Education in the United States* (Princeton NJ: Council of Graduate Schools and ETS, 2010), http://fgereport.org/rsc/pdf/CFGE report.pdf.

5. "Graduate Humanities Education: What Should Be Done?," *Chronicle of Higher Education*, April 4, 2010. https://www.chronicle.com/article/Forum-The-Need-for-Reform-in/64887.

6. Crispin Taylor, "Heeding the Voices of Graduate Students and Postdocs," in Golde and Walker, *Envisioning*, 48.

7. Homer L. Aanerud, Merisi Nerad, and C. Cerny, "Paths and Perceptions: Assessing Doctoral Education Using Career Path Analysis," in *The Assessment of Doctoral Education: Emerging Criteria and New Models for Improving Outcomes*, ed. P. L. Maki and N. Borowski (Sterling, VA: Stylus, 2006), 134.

8. C. M. Golde and T. M. Dore, *At Cross Purposes: What the Experiences of Doctoral Students Reveal about Doctoral Education (www.phd-survey.org)* (Philadelphia, PA: Pew Charitable Trusts, 2001).

9. Merisi Nerad, Rebecca Aanerud, and Joseph Cerny, "So You Want to Become a Professor: Lessons from the PhDs—Ten Years Later Study," in *Paths to the Professoriate*, ed. Donald H. Wulff and Ann E. Austin (San Francisco: Jossey-Bass, 2004), 146.

10. Maresi Nerad and Joseph Cerni, "From Rumors to Facts: Career Outcomes of English Ph.D.s—Results from the Ph.D.'s Ten Years Later Study," *CGS Communicator* 32, No. 7 (Fall 1999): 4, 2, 8, https://depts.washington.edu/

envision/resources /TenYearsLater.pdf.

11. Katina L. Rogers, *Humanities Unbound: Supporting Careers and Scholarship Beyond the Tenure Track*, Scholarly Communication Institute, 2013, http://katinarogers.com/wp-content/uploads/2013/08/Rogers_SCI_Survey_Report_09AUG13.pdf.

12. Barbara E. Lovitts, "Research on the Structure and Process of Graduate Education: Retaining Students," in Austin and Wulff, *Paths to the Professoriate*, 133.

13. Ehm is quoted in Leonard Cassuto, "What Do You Mean, 'Job'?," *Chronicle of Higher Education*, August 21, 2017, https://www.chronicle.com/article/What-Do-You-Mean-Job-/240951.

14. Interview with Weisbuch, summer 2018.

15. Susan Basalla and Maggie Debelius, *"So What Are You Going to Do with That?" : Finding Careers Outside Academia*, 3rd ed. (Chicago: University of Chicago Press, 2015). Another promising new resource is Ashleigh H. Gallagher and M. Patrick Gallagher's *The Portable PhD: Taking Your Psychology Career Beyond Academia* (New York: American Psychological Association, 2020). This book is less discipline specific than it appears. We also recommend Christopher L. Caterine's *Leaving Academia: A Practical Guide* (Princeton, NJ: Princeton University Press, 2020).

16. Michael Bérubé, "The Humanities, Unraveled," *Chronicle of Higher Education*, February 18, 2013, https://www.chronicle.com/article/Humanities-Unraveled/137291.

17. Though they are discipline specific, two guides may prove helpful as models for most other disciplines as well: "Career Diversity Faculty Resources from the American Historical Association (historians.org/jobs-and-professional-development/career-diversity-for-historians/career-diversity-faculty-resources) and "Doctoral Student Career Planning: A Guide for PhD Programs and Faculty Members in English and Other Modern Languages" (https://connect.mla.hcommons.org/doctoral -student-career-planning-faculty-toolkit/), published by the Modern Language Association. Other examples in the humanities include the American Academy of Religion, Career Alternatives for Religion Scholars (https://www.aarweb.org/sites/default/files/pdfs/Career_Services/Articles/CareerAlternatives.pdf); "Beyond Academia: Professional Opportunities for Philosophers," from the American Philosophical Association (https://cdn.ymaws.com/www.apaonline.org/resource/resmgr/docs/Beyond_Academia_2016.pdf); and "Careers for Classicists," from the Society for Classical Studies (https://classicalstudies.org/education/careers-for-classicists); along with "Careers for Classicists,"from the Paideia Institute (https://www.paideiainstitute.org/careers for classicists).

18. Quoted in Leonard Cassuto, "Walking the Career Diversity Walk," *Chronicle of Higher Education*, July 23, 2017, https://www.chronicle.com/article/Walking-the-Career-Diversity/240693.

19. Kristina Markman, "Preparing Students for Career Diversity: What Role Can Departments Play?," *Perspectives*, June 26, 2017, https://www.historians.org/publications-and-directories/perspectives-on-history/summer-2017/preparing-students-for-career-diversity-what-role-should-history-departments-play.

20. Cassuto, "Walking the Career Diversity Walk."

21. Cassuto, "Walking the Career Diversity Walk."

22. Taylor, "Heeding the Voices," 49–50.

23. Taylor, Heeding the Voices," 49.

24. This argument is difficult but not impossible to make. During the Woodrow Wilson Humanities at Work effort, Elizabeth Duffy, then the vice

president at Woodrow Wilson, succeeded in doing just that with 30 different corporations—and she did not have the advantage of appealing to alumni. This is where the attitudinal challenge links to the institutional one, for faculty cannot take the primary responsibility for educating employers.

25. Edward Balleisen and Maria LaMonaca Wisdom, the two main architects of Duke's Versatile Humanists program, have coauthored an exceptionally useful 2019 pamphlet, *Reimagining the Humanities PhD: A Guide for PhD Programs and Faculty*. Their work has benefited our own, and we're grateful.

26. Bérubé, "The Humanities, Unraveled."

27. The two-track model is actually a very old notion that goes back to the early days of research universities, especially public ones, in the United States, with different manifestations during the generation of postwar plenty (which featured the founding of a less onerous doctor of arts degree for those who would teach rather than research), and into the present day. See Leonard Cassuto, *The Graduate School Mess: What Caused It and How We Can Fix It* (Cambridge, MA: Harvard University Press, 2015), 142–50. The two-track idea also provides one of the rationales for the master's degree. We will consider the history and prospects of master's degrees in chapter 9.

28. "The Career Diversity Five Skills," https://www.historians.org/jobs-and-professional-development/career-resources/five-skills. We also discuss these in chapter 1.

29. For more on Arizona State's Preparing Future Faculty and Scholars Program, see https://graduate.asu.edu/current-students/enrich-your-experience/professional-development/preparing-future-faculty-and. For more on the UCLA "Many Professions of History" course, see https:// www.historians.org/jobs-and-professional-development/career-diversity-for-historians/career-diversity-faculty-resources/the-many-professions-of-history-(ucla).

30. The syllabus for Professional Humanities Careers may be found at https:// sites.lsa.umich.edu/humanities-phd-proj/wp-content/uploads/sites/535/2018/02/Professional-Humanities-Careers-Syllabus.pdf.

31. For more information on Indiana University-Purdue University Indianapolis's American Studies PhD program, see https://americanstudies. iupui.edu/new/ph-d-program/.

32. Katina L. Rogers, *Putting the Humanities PhD to Work: Thriving in and beyond the Classroom* (Durham, NC: Duke University Press, 2020).

33. For more on the Louisville PLAN program, see https://louisville.edu/graduate /plan. See also Leonard Cassuto, "The Problem of Professionalization," *Chronicle of Higher Education*, March 23, 2015, https://www.chronicle.com/article/The-Problem-of/228633.

34. Robin Wagner, "How a Career Fair Can Help You, and How It Can't," *Chronicle of Higher Education*, March 16, 2001, https://www.chronicle.com/article /How-a-Career-Fair-Can-Help/45369.

35. The Paideia Institute's Legion Project is located at https://www.paideiainstitute.org/legion.

第四章　招生录取和分流退出

1. Leonard Cassuto, *The Graduate School Mess: What Caused It and How We*

Can Fix It (Cambridge, MA: Harvard University Press, 2015), which came out the same year as Posselt's book, has an extensive historical discussion of graduate admissions. The MLA panel on graduate admissions that Len organized for the 2020 convention is possibly the first on the subject in the history of the convention.

2. Julie R. Posselt, *Inside Graduate Admissions: Merit, Diversity, and Faculty Gatekeeping* (Cambridge, MA: Harvard University Press, 2016).

3. Louis Menand, *The Marketplace of Ideas: Reform and Resistance in the American University* (New York: W. W. Norton, 2010), 105.

4. At wealthier universities, it is someone else's job. For example, Princeton has a separate office devoted to it: https://gradschool.princeton.edu/diversity.

5. Katina L. Rogers, *Putting the Humanities PhD to Work: Thriving in and beyond the Classroom* (Durham, NC: Duke University Press, 2020).

6. James Soto Antony and Edward Taylor, "Theories and Strategies of Academic Career Socialization: Improving Paths to the Professoriate for Black Graduate Students," in *Paths to the Professoriate: Strategies for Enriching the Preparation of Future Faculty*, ed. Donald H. Wulff and Ann E. Austin (San Francisco: Jossey-Bass, 2004), 111.

7. See for example, Tony Chan, "A Time for Change? The Mathematics Doctorate," in *Envisioning the Future of Doctoral Education: Preparing Stewards of the Disciplines*, ed. Chris M. Golde and George E. Walker (San Francisco: Jossey-Bass, 2006), 129; and Joyce Appleby, "Historians and the Doctorate in History," in Gold and Walker, Envisioning, 321. See also Robert Weisbuch, "Six Proposals to Revive the Humanities," *Chronicle of Higher Education*, March 26, 1999, https://www.chronicle.com/article/Six-Proposals-to-Revive-the/34597, in which Bob (wrongly, he now allows) argues for "doctoral birth control." He suggests that departments "should accept only 1.3 times the number of incoming students as the number of graduates in the previous year who found truly significant jobs—positions that they chose, not jobs that they accepted out of economic necessity. The extra 0.3 allows conservatively for attrition."

8. See Robin Wilson, "Cutbacks in Enrollment Redefine Graduate Education and Faculty Jobs," *Chronicle of Higher Education*, March 11, 2012, https://www.chronicle.com/article/Graduate-Programs-in/131123; and Scott Jaschik, "The Third Rail," *Inside Higher Education*, January 13, 2014, https://www.insidehighered.com/news/2014/01/13/speakers-mla-generally-are-skeptical-idea-shrinking-phd-programs.

9. Jeff Allum and Hironoa Okahana, *Graduate Enrollment and Degrees: 2004 to 2014* (Washington, DC: Council of Graduate Schools, 2015), 3.

10. The practical requirement that doctoral aspirants pursue a master's at their own considerable expense is common in the study of religion, for example.

11. Though Jon Marcus compiles compelling data from the US Department of Education.

12. See for example Mark Taylor, "Reform the PhD System or Close It Down," *Nature* 472, No. 261 (2011), doi:10.1038/472261a https://www.nature.com/articles/472261a.

13. Cassuto provides the first historical context for doctoral admissions in *The Graduate School Mess*. He notes that historically, professors have sought students who will fit the profile of the faculty, a practice Posselt calls "homophily" (17–56).

14. As a historian, Bender focused his study on history departments. Viewed

across time, he says, "the range of professional careers in history has been muchmore various than contemporary graduate programs ordinarily recognize and grant. Let us start with demographics. Although it is often assumed that after World War II all Ph.D.'s obtained academic jobs, the assumption holds, at best, for only one decade—1961 to 1971." Thomas Bender, "Expanding the Domain of History," in Golde and Walker. *Envisioning*, 299.

15. Posselt, *Faculty Gatekeeping*, 156.

16. Posselt, *Faculty Gatekeeping*, 36, 40.

17. Posselt, *Faculty Gatekeeping*. The Council of Graduate Schools has also promoted holistic review; see CGS, "Innovation in Graduate Admissions through Holistic Review," 2014, http://cgsnet.org/innovation-graduate-admissions-through-holistic-review. And even the Educational Testing Service (ETS), the owners of the GRE, has lately endorsed holistic admissions. See the ETS pamphlet, *Promising Practices*, https://www.holisticadmissions.org/curated-approaches/.

18. At the undergraduate level, after decades of questions about the predictive ability of the SATs and suspicions about the cultural biases of "the big test" (cf.Nicholas Lemann, *The Big Test: The Secret History of the American Meritocracy* [New York: Farrar, Straus and Giroux, 2000]), the College Board proposed an "adversity score" that purports to measure a student's overall disadvantage level. It included a neighborhood measure (including median family income, percentage of crime victims, percentage of adults with less than a high school or college diploma, vacant housing units, and so on), along with a high school measure (based on local area income, family structure, housing, and education). One need not be a political scientist to see the motivation. Anticipating possible future Supreme Court decisions against applying racial preferences in admissions, the board offered what was in effect a blind: instead of preferencing racial background, one could give extra weight to where people live. The idea is to avoid welcoming to home plate only students who start at third base. The same concerns apply to GRE scores. After a storm of criticism, the College Board withdrew the adversity score proposal in 2019.

19. *Advancing Graduate Education in the Chemical Sciences*, Presidential Commission, American Chemical Society Report, 2012.

20. In scientific fields where more students seek nonacademic careers, problems of overpopulation nonetheless have developed. Demand for PhDs is down both in academia and also in industry—yet programs lack an incentive to shrink because high numbers of students often guarantee research funding. Rightsizing as an issue, in other words, cannot be eliminated by expanding career opportunities, even if the right size may become larger.

21. Len tells a longer version of this story in *The Graduate School Mess* (50–51).

22. National Center for Science and Engineering Statistics Directorate for Social, Behavioral and Economic Sciences, 2016 *Doctorate Recipients from U. S. Universities*, March 2018, https://www.nsf.gov/statistics/2018/nsf18304/static/report/nsf18304-report.pdf; also https://www.census.gov/quickfacts/fact/table/US /AGE775218.

23. We will add that graduate education underperforms in minority recruitment because structural racism, ethnocentrism, and sexism eliminate many potential candidates at every earlier degree level. You can't choose to get a PhD if you didn't graduate from college or high school.

24. For more on this initiative, see http://targethopechicago.net/college-support/.

25. Rafia Zafar, "Graduate Admissions and the other end of the diversity "pipeline," talk given at the MLA Convention, Seattle, WA, January 2020. We thank Professor Zafar for sharing her manuscript with us.

26. Though its partnership model deserves emulation, one concern is that Project Hope has been run for years by one person, Euclid Williamson, who has not identified any successor(s).

27. NBC News, "When Is Community College a Good Option for Latino Students?," June 15, 2015, https://www.nbcnews.com/news/latino/when-community-college-good-option-latino-students-n525116.

28. This kind of outreach in no way precludes the current efforts such as those associated with McNair and with National Science Foundation programs such as the Alliances for Minority Participation (AMP) and Alliances for Graduate Education and the Professoriate (AGEP). These valuable efforts help the undergraduates who have already made it to college by providing bachelor's students with early research opportunities and graduate students with the support that will encourage their success. For more on the AMP, see https://www.nsf.gov/funding/pgm_summ.jsp?pims_id=13646. For more on the AGEP, see https://www.nsf.gov/funding/pgm_summ.jsp?pims_id=5474.

29. For this and other examples in this section, we are happy to acknowledge *The Responsive PhD*, a 2005 pamphlet published by the Woodrow Wilson National Fellowship Foundation. https://woodrow.org/news/publications/responsive-phd/.

30. See the program's website: https://www.fisk-vanderbilt-bridge.org/.

31. http://fisk-vanderbilt-bridge.org/program/description. The description in this paragraph is drawn from Vimal Patel, "Building a Better Bridge to the Ph.D.," *Chronicle of Higher Education*, May 19, 2016, https://www.chronicle.com/article/Building-a-Better-Bridge-/236529.

32. "Welcome SMART 2020," Colorado Diversity Initiative, University of Colorado, Boulder, https://www.colorado.edu/smart/undergraduates/smart-program-information/welcome-smart-2019.

33. At law schools, for example, retention rates are measured after the first year, and roughly correspond to the median LSAT score of the incoming class. The LSAT is scored on a scale between 120 and 180. At schools with the median LSAT score between 155 and 159, attrition after the first year hovers around 2%. At schools with a median score of 145 or lower, attrition jumps to around 25%, a rate that understand-ably alarms those in legal education but is still a lot lower than in doctoral programs in the arts and sciences. See https://lawschooli.com/law-school-dropout-rates/.

According to Derek Bok and William G. Bowen, "At leading schools of law, business, and medicine approximately 90 percent of black students complete their studies successfully." "The Arrival of the Bowen-Bok Study on Racial Preferences in College Admissions," *Journal of Blacks in Higher Education* 20 (1998): 120-22.

34. See Derek Bok, *Higher Education in America* (Princeton, NJ: Princeton University Press, 2013), 234; and Barbara E. Lovitts, "Being a Good Course-Taker Is Not Enough: A Theoretical Perspective on the Transition to Independent Research," *Studies in Higher Education* 30, No. 2 (2005): 144.

35. Harriet Zuckerman, Ronald Ehrenberg, Jeffrey Groen, and Sharon Brucker, *Educating Scholars: Doctoral Education in the Humanities* (Princeton,

NJ: Princeton University Press, 2010), 7.

36. For further discussion of this human factor, see Leonard Cassuto, "Advising the Graduate Student Who Wont Finish," *Chronicle of Higher Education*, October 3, 2010, https://www.chronicle.com/article/Advising-the-Dissertation/124782.

37. Zuckerman et al., *Educating Scholars*, 99.

38. Council of Graduate Schools, *Ph.D. Completion and Attrition: Policies and Practices to Promote Student Success* (Washington DC, 2019), executive summary, 2. https://cgsnet.org/phd-completion-project

39. Zuckerman et al., *Educating Scholars*, 153. The Mellon researchers also found that 81 percent of those who did leave earned one or another higher degree—a sign that they were not intellectually incapable (265).

40. Barbara E. Lovitts, "Research on the Structure," in Wulff and Austin, *Paths to the Professoriate*, 116. Lovitts notes that non-completers had the same undergraduate GPA as those who completed the degree and had, if anything, more helpfulbackground experiences such as publishing an article or working with a team. In fact, non-completers "had close collegial relationships with faculty and other students as undergraduates, went to graduate school expecting more of the same, and became disappointed and disillusioned when their experiences did not meet their expectations." Lovitts, "Research on the Structure," 120.

41. Lovitts, "Research on the Structure," 132-133.

42. Bok, *Higher Education*, 247.

43. Angelica M. Stacy, "Training Future Leaders," in Golde and Walker, *Envisioning*, 204.

44. Colleen Flaherty, "Bold Move in Graduate Education," *Inside Higher Ed*, October 9, 2019, https://www.insidehighered.com/news/2019/10/09/university-chicago-will-guarantee-full-funding-all-humanities-and-social-sciences. As part of this initiative, Chicago also announced a suite of new programs to be implemented in tandem with the funding un-cap/ admissions cap, including UChicago Launch, a satellite of "the greater UChicagoGRAD program for placement and career diversity." The new program "will provide resources for students finishing their programs and recent graduates who want to work outside academe. Offerings will include one-on-one advising, funded internship placements and workshops on different sectors and the job hunt." See also Megan Zahneis, "Doctoral Education Is Flawed: What's One Solution from the U. of Chicago? Capping the Size of Ph.D. Programs," *Chronicle of Higher Education*, October 21, 2019, https://www.chronicle.com/article /Doctoral-Education-Is-Flawed/247384.

45. Lovitts, "Research on the Structure." See also, in Wulff and Austin *Paths to the Professoriate*, James Soto and Edward Taylor, "Theories and Strategies of Academic Career Socialization: Improving Paths to the Professoriate for Black Graduate Students," 92-114, especially their comment on "the traditional distance between service and research. Many faculty members model considerable separation between the two; the students in this study, however, operated in a value system that says research must be of service" (111). See also Andrea Abernathy Lunsford, "Rethinking the Ph.D. in English" on expanding the canon to include popular modes, in Golde and Walker, *Envisioning*, esp. 363-64.

46. For more information on Michigan's Summer Institute for New Merit Fellows, see https://rackham.umich.edu/rackham-life/diversity-equity-and-inclusion/srop/.

47. See Leonard Cassuto, "Time to Degree Revisited: Back to the Future," *Chronicle of Higher Education*, April 21, 2014, https://www.chronicle.com/article/Time-to-Degree-Revisited-Back/146075.

48. All quotations from Bennett are drawn from an interview with Cassuto, November 2018.

49. Interviews with Robinson, Agbasoba, and other current and former Pipeline students are taken from interviews conducted by Cassuto, December 2018.

50. The Mellon Mays website is located at https://www.mmuf.org/.

第五章　为研究生提供支持和获得学位所需的时间

1. Quotations from John McGreevy are drawn from an interview with Cassuto in February 2017.

2. Alvin Kwiram, "Time for Reform?," in *Envisioning the Future of Doctoral Education: Preparing Stewards of the Disciplines*, ed. Chris M. Golde and George E. Walker (San Francisco: Jossey-Bass, 2006), 146; Chris M. Golde and George E. Walker, eds., *Envisioning the Future of Doctoral Education: Preparing Stewards of the Disciplines* (San Francisco: Jossey-Bass, 2006), 209.

3. See "The Age of New Humanities Ph.D.'s," American Academy of Arts and Sciences, Humanities Indicators, https://www.amacad.org/humanities-indicators/higher-education/age-new-humanities-phds. The report states that humanities PhDs "are almost three years older than the median doctorate recipient." Minor good news: the number is down from 35.7 in 1994.

4. Louis Menand, *The Marketplace of Ideas: Reform and Resistance in the American University* (New York: W. W. Norton, 2010), 153.

5. Roger L. Geiger, *Research and Relevant Knowledge: American Research Universities since World War II* (Oxford: Oxford University Press, 1993), 227–228.

6. Harriet Zuckerman, Ronald Ehrenberg, Jeffrey Groen, and Sharon Brucker, *Educating Scholars: Doctoral Education in the Humanities* (Princeton, NJ: Princeton University Press, 2010), 215.

7. John Adams, email correspondence with Cassuto, 2014.

8. See Stacey Patton, "Brandeis Tries a New Tactic to Speed Students to the Ph.D.," *Chronicle of Higher Education*, July 8, 2013, https://www.chronicle.com/article/Brandeis-Tries-a-New-Tactic-to/140139.

9. For more on Irvine's 5+2 program, see https://www.humanities.uci.edu/graduate/current/fiveplustwo.php. A below-the-radar precursor to these programs was introduced by chair John Adams in the geography department at the University of Minnesota in the early 2000s. Adams told students "that if they defended their dissertation in residence during the academic year, I would guarantee them employ- ment on a part-time basis for the following academic year teaching one or more courses on their own while they looked for a job elsewhere and prepared their research for publication." Adams reported later that "it seems to have worked. These explicit rules motivated students to move through the program faster, and in their final year with us they developed teaching records (and student evaluations) and were able to present a completed dissertation during their job hunts." Adams, email correspondence with Cassuto, 2014.

10. George E. Walker, Chris M. Golde, Laura Jones, Andrea Conklin Bueschel, and Pat Hutchings, *The Formation of Scholars: Rethinking Doctoral Education for*

the Twenty-First Century (San Francisco: Jossey-Bass, 2008), 60.

11. Kwiram, "Time for Reform?," 146.

12. Kwiram, "Time for Reform?," 146-147. The UK figure also excludes previous time pursuing a master's degree.

13. Zuckerman et al., *Educating Scholars*, 261.

14. Zuckerman et al., *Educating Scholars*, 263.

15. Zuckerman et al., *Educating Scholars*, 155.

16. For an extensive discussion of the denigration of the master's degree and where that has left us, see Leonard Cassuto, *The Graduate School Mess: What Caused It and How We Can Fix It* (Cambridge, MA: Harvard University Press, 2015), 150-55.

17. One problem is that the Ford Foundation has already funded an initiative to develop a professional master of arts degree. The funding ended in 2012 after nine years, before the degree could lift off, and it foundered as a result. Few concrete conclusions may be drawn from an abortive effort; we believe that the idea retains potential, especially if it's implemented in light of the knowledge we've gained since. We will discuss this possibility further in chapter 9, on degrees. See Cassuto, *The Graduate School Mess*, 159.

18. Quotations from Patrick Griffin are drawn from an interview with Cassuto in February 2017.

19. David Damrosch, "Vectors of Change," in Golde and Walker, *Envisioning*, 42.

20. Colleen Flaherty, "Fixing Humanities Grad Programs," *Inside Higher Education*, December 7, 2012, https://www.insidehighered.com/news/2012/12/07/mla-president-says-reforming-graduate-education-humanities-requires-hard-decisions.

21. See Vimal Patel, "Health Care Is a New Flash Point for Graduate Students," *Chronicle of Higher Education*, October 18, 2015, http://chronicle.com/article/Health-Care-Is-a-New-Flash/233797.

22. See the NSF's data set for "Doctorate Recipients from U.S. Universities: 2017," especially table 12; https://ncses.nsf.gov/pubs/nsf19301/data.

23. See Robert Weisbuch and Leonard Cassuto, *Reforming Doctoral Education, 1990-2015*, report for the Mellon Foundation, 2016, https://mellon.org/news-blog/articles/reforming-doctoral-education-1990-2015-recent-initiatives-and-future-prospects/, 37. Our commentary on the sciences here and throughout has benefitted greatly by a contributing author to our Mellon report, Dr. Peter Bruns, professor emeritus of genetics at Cornell University, who for many years served as vice president and led the Higher Education program at the Howard Hughes Medical Institute.

24. Kenneth Prewitt, "Who Should Do What? Implications for Institutional and National Leaders," in Golde and Walker, *Envisioning*, 30.

25. Zuckerman et al., *Educating Scholars*, 267.

第六章 完善课程体系和评估考试

1. Here's one version of the story: https://www.beliefnet.com/love-family/parenting/2000/10/teaching-tales-the-way-you-like-it.aspx.

2. Alan Leshner and Layne Scherer, eds., *Graduate STEM Education for the 21st Century* (Washington, DC: National Academies Press, 2018), 95-97.

3. For examples, see HistoryLabs: Collaborative Research Seminar at the University of Michigan, https://lsa.umich.edu/history/history-at-work/programs/u-m-historylabs.html; the Price Lab for Digital Humanities at the University of Pennsylvania, https://pricelab.sas.upen.edu, Matrix: The Center for Digital Humani-ties and Social Sciences at Michigan State University, https://msustatewide.msu.edu/Programs/Details/1219; and Humanities Lab at Arizona State University, https://humanities.lab.asu.edu. In some of these cases, faculty, graduate students, and undergraduates work together, thus affording graduate students additional growth opportunities in professional development and in becoming a broadly based educator.

4. Eric Wertheimer and George Justice, "Connecting the Curriculum: A Collaborative Reinvention for Humanities PhDs." *MLA Profession* (May 2017), https://profession .mla.org/connecting-the-curriculum-a-collaborative-reinvention-for-humanities-phds/. Wertheimer and Justice argue for individual, digitally based curricula for graduate students, an experiment they have pioneered at Arizona State University, where they both work.

5. Leonard Cassuto, interview with Russell Berman, June 2012, quoted in Cassuto, *The Graduate School Mess: What Caused It and How We Can Fix It* (Cambridge, MA: Harvard University Press, 2015), 65.

6. Judith Shapiro, *Community of Scholars, Community of Teachers* (Chicago: Prickly Paradigm Press, 2016).

7. The application of cognitive science to the disciplines is in a beginning stage, but it holds some promise as a way to approach these problems. See Carnegie Mellon University, Eberly Center, The Simon Initiative, http://www.cmu.edu/teaching /simon/index.html; and http://www.cmu.edu/teaching/.

8. President's Council of Advisors on Science and Technology, *Report to the President—Transformation and Opportunity: The Future of the U.S. Research Enterprise*, 2012, https://obamawhitehouse.archives.gov/sites/default/files/microsites /ostp/pcast_future_research_enterprise_20121130.pdf.

9. Douglas C. Bennett, "Innovation in the Liberal Arts and Sciences," in *Education and Democracy: Re-imagining Liberal Learning in America*, ed. Robert Orrill (New York: College Entrance Examination Board, 1997), 141–142.

10. Chris M. Golde and Timothy M. Dore, *At Cross Purposes: What the Experiences of Today's Doctoral Students Reveal about Doctoral Education* (Pew, 2001), 13.

11. A department might consider an interdisciplinarity requirement of students during the coursework stage. The resulting intellectual cosmopolitanism would serve students well both inside and outside the academy.

12. See information for the Summer Dissertation Retreat at https://writingcenter.wustl.edu/2019/04/23/summer-dissertation-retreat-call-for-applications/.

13. See Brown University Graduate School, "Graduate School to Launch 'Open Graduate Programs' with $2M Mellon Grant," press release, October 5, 2011, http://www.news.brown.edu/pressreleases/ 2011/10/mellon; and Vimal Patel, "Brown U. Tests Approach to Interdisciplinary Graduate Work," *Chronicle of Higher Education*, March 24, 2014, https://www.chronicle.com/article/Brown-U-Tests-Approach-to/145487.

14. Woodrow Wilson National Fellowship Foundation, *The Responsive Ph.D.*, https://woodrow.org/news/publications/responsive-phd/, 17.

15. See Cassuto, *The Graduate School Mess*, 83.

16. Computer science, which does turn away business, is a notable exception to this austerity.

17. William James, "The PhD Octopus" (1903), in *Memories and Studies* (New York: Longmans, Green, 1917), 331.

18. George E. Walker, Chris M. Golde, Laura Jones, Andrea Conklin Bueschel, and Pat Hutchings, *The Formation of Scholars: Rethinking Doctoral Education for the Twenty-First Century* (San Francisco: Jossey-Bass, 2008), 41.

19. David Jaffee, "Stop Telling Students to Study for Exams," *Chronicle of Higher Education*, April 22, 2012, https://www.chronicle.com/article/Stop-Telling-Students-to-Study/131622.

20. For these and other examples, see Cassuto, The Graduate School Mess, 89-90; and the *Report of the MLA Task Force on Doctoral Study in Language and Literature*, 2014, https://apps.mla.org/pdf/taskforcedocstudy2014.pdf.

21. Walker et al., *The Formation of Scholars*, 54, 55.

22. Walker et al., *The Formation of Scholars*, 55.

23. See Balleisen and Wisdom, "Reimagining the Humanities PhD: A Guide for PhD Programs and Faculty" (2019), http://site.duke.edu/interdisciplinary/files/2020 /01/options-for-reimagining-humanities-phd-external.pdf.

第七章　导学关系

1. Zoe Greenberg, "What Happens to #MeToo When a Feminist Is the Accused?," *New York Times*, August 13, 2018, https://www.nytimes.com/2018/08/13/nyregion/sexual-harassment-nyu-female-professor.html.

2. William Clark, *Academic Charisma and the Origins of the Research University* (Chicago: University of Chicago Press, 2006).

3. Laurence Veysey, *The Emergence of the American University* (Chicago: University of Chicago Press, 1965), 157, 158.

4. James Grossman, "Hierarchy and Needs: How to Dislodge Outdated Notions of Advising," *Perspectives*, September 1, 2018, https://www.historians.org/publications-and-directories/perspectives-on-history/september-2018/hierarchy-and -needs-how-to-dislodge-outdated-notions-of-advising.

5. David Damrosch, "Vectors of Change," in *Envisioning the Future of Doctoral Education: Preparing Stewards of the Disciplines*, ed. Chris M. Golde and George E. Walker (San Francisco: Jossey-Bass, 2006), 38.

6. Thomas Bender, "Expanding the Domain of History," in Golde and Walker, *Envisioning*, 305.

7. See the Duke University Graduate School's website: https://gradschool.duke .edu/professional-development/cultivating-culture-mentoring.

8. Angelica M. Stacy, "Training Future Leaders," in Golde and Walker, *Envisioning*, 200.

9. See the NIH website: https://loop.nigms.nih.gov/2014/10/new-requirement-to-describe-idp-use-in-progress-reports/. For specific examples, see Iowa State's requirement at https://www.grad-college.iastate.edu; the University of Nebraska at https://www.unl.edu/gradstudies/professional-development; and for Brown, https://www.brown.edu/academics/biomed/graduate-postdoctoral-studies/resources-and-programs.

10. George E. Walker, Chris M. Golde, Laura Jones, Andrea Conklin Bueschel,

and Pat Hutchings, *The Formation of Scholars: Rethinking Doctoral Education for the Twenty-First Century* (San Francisco: Jossey-Bass, 2008), chapter 6.

11. See Leonard Cassuto, "Changing the Way We Socialize Graduate Students," *Chronicle of Higher Education*, January 10, 2011, https://www.chronicle.com/article/Changing-the-Way-We-Socialize/125892.

12. David Porter and Stacy Hartman, Professional Humanities Careers, syllabus, https://sites.lsa.umich.edu/humanities-phd-proj/wp-content/uploads/sites/535/2018/02/Professional Humanities-Careers-Syllabus.pdf.

13. On the master's level, the program in English at Villanova University offers students a Professional Research Option, an independent study in which they study "the history and future prospects" of one or two fields of interest and, in addition to a research paper, write a sample cover letter in which they detail how their graduate study helps to prepare them for entry into that field. https://www1.villanova.edu/villanova/artsci/english/gradenglish/academics/mainenglish/PRO.html.

14. Bender, "Expanding the Domain of History," 305.

15. This multiheaded advising practice was recommended by the 2020 MLA Task Force on Ethical Conduct, and Columbia's English department already practices it with its advising committees. However, this is one idea that would not work particularly well in the sciences, because of the economically based division of labor: the student works in the adviser's lab, on the adviser's nickel. Committee members usually do little more than "advise and consent."

16. John Adams, email correspondence with Cassuto, 2014.

17. Russell Berman et al., "The Future of the Humanities Ph.D. at Stanford" (unpublished manuscript). See Leonard Cassuto, "The Multi-track Ph.D.," *Chronicle of Higher Education*, September 30, 2012, https://www.chronicle.com/article/The-Multi-Track-PhD/134738.

18. Jim Grossman, "Imagining Ph.D. Orientation in 2022," *Chronicle of Higher Education*, August 28, 2017, https://www.chronicle.com/article/Imagining-PhD-Orientation-in/240995.

19. Professor David Porter developed and taught Professional Humanities Careers, the professional development course at the University of Michigan in collaboration with Stacy Hartman, project manager of the Modern Language Association's Connected Academics Program, which explores ways to prepare doctoral students in the humanities for a variety of careers. See Leonard Cassuto, "Can You Prepare Your Ph.D.s for Diverse Careers When You Don't Have One?," *Chronicle of Higher Education*, August 22, 2018, https://www.chronicle.com/article/Can-You-Train-Your-PhDs-for/244323.

20. See Graduate School, University of Tennessee, https://gradschool.utk.edu/training-and-mentorship/.

21. For a more detailed discussion of Louisville's PLAN, see Leonard Cassuto, "The Problem of Professionalization," *Chronicle of Higher Education*, March 23, 2015, https://www.chronicle.com/article/The-Problem-of/228633.

第八章　研究生参与教学活动

1. Chris M. Golde and Timothy M. Dore, "The Survey of Doctoral Education and Career Preparation" in *Paths to the Professoriate: Strategies for Enriching the Preparation of Future Faculty*, ed. Donald H. Wulff and Ann E. Austin (San

Francisco: Jossey-Bass, 2004), 25.

2. Austin and Wulff, *Paths to the Professoriate*, 89.

3. *Report of the MLA Task Force on Doctoral Study in Language and Literature*, 2014, https://apps.mla.org/pdf/taskforcedocstudy2014.pdf, 10.

4. See William H. Brackney, *Congregation and Campus: Baptists in Higher Education* (Macon, GA: Mercer University Press, 2008), 221.

5. See, for example, *Academically Adrift: Limited Learning on College Campuses*, the widely noticed study by Richard Arum and Josipa Roksa (Chicago: University of Chicago Press, 2010).

6. Gerald Graff, personal conversation with Cassuto, 2014.

7. One urban college dean at a Woodrow Wilson National Fellowship Foundation panel several years ago commented, "Our new faculty members do not understand students for whom school comes after family and job. Sometimes I don't think they even like this type of student, but they represent the future." Robert Weisbuch, "Toward a Responsive Ph.D.," in Wulff and Austin, *Paths to the Professo-riate*, 222. Nobel Prize - winning physicist Carl Wieman declared on NPR that too many programs fail to take teaching seriously: "Hey Higher Ed, Why Not Focus on Teaching?," June 7, 2017, https://www.npr.org/sections/ed/2017/06/07/530909736/hey-higher-ed-why-not-focus-on-teaching.

8. Smith, *Manifesto for the Humanities* (Ann Arbor: University of Michigan Press, 2016), 88. Smith's data comes from *The Condition of Education* (2010), published by the US Department of Education, Institute of Education Sciences, National Center for Education Statistics.

9. Smith, *Manifesto*, 89.

10. Woodrow Wilson National Fellowship Foundation, *The Responsive Ph.D.: Innovations in U.S. Doctoral Education*, 2005, https://woodrow.org/news/publications/responsive-phd/.

11. Golde and Dore, "Survey," 25–26. Their data derives from a 20-page survey sent to enrolled doctoral students at 27 universities in 11 arts and sciences disciplines, garnering 4,114 completed surveys—though Golde and Dore's essay focuses "only on those students who said that, at some point in their careers, they desired a faculty position." We would guess that the discrepancy between the widespread student interest in teaching (and teaching beyond the campus) and the low level of training available would appear still greater if students planning a nonprofessorial future were included.

12. See Leonard Cassuto, "Teach While You're at It," *Chronicle of Higher Education*, January 5, 2015, https://www.chronicle.com/article/Teach-While-Youre-at-It/150963.

13. Bob received full funding for a doctorate in literature in the late 1960s via the National Science Defense Act. Indeed, Bob's doctoral education—during those halcyon days when time to degree was more reasonable—was financed fully by a National Defense Education Act Fellowship, even though no one ever told him how Emily Dickinson was contributing to military preparedness. Perhaps there was more to national defense than the inscribers of the act understood.

14. R. C. Lewontin, "The Cold War and the Transformation of the Academy," in *The Cold War and the University: Toward an Intellectual History of the Postwar Years*, ed. Richard Simpson (New York: The New Press, 1998).

15. Smith, *Manifesto*, 86.

16. Quoted in Vanessa L. Ryan, "Redefining the Teaching–Research Nexus Today," *MLA Profession*, November 2016, https://profession.mla.org/redefining-the -teaching–research–nexus–today/.

17. Smith, *Manifesto*, 86–87.

18. More info and video examples of Kentucky's GradTeach Live can be found here: https://gradschool.uky.edu/gradteachlive.

19. *Groundhog Day*, dir. Harold Ramis (Columbia Pictures, 1993).

20. The contours of this suggested practicum are based on current practice in Fordham University's English department. Design credit to Professors Moshe Gold and Anne Fernald.

21. The Carnegie Fund for the Advancement of Teaching in 2004 skewered the privacy that paradoxically surrounds the quintessentially public act of teaching, noting that "habits and conversations that would allow faculty to share what they know and do as teachers, and to build on the work of other teachers, are almost nonexistent. In this respect, the contrast with research is striking." See Weisbuch and Cassuto, "Reforming Doctoral Education, 1990–2015," 73, https://mellon.org/news–blog/articles/reforming–doctoral–education–1990–2015–recent–initiatives–and–future–prospects/. See also Gerald Graff, "MLA 2008 Presidential Address," http://www.mla.org/pres_address_2008; Pat Hutchings and Susan E. Clarke, "The Scholarship of Teaching and Learning," in Wulff and Austin, *Paths to the Professoriate*, 163.

22. For more on this coteaching initiative, see "The Advantages of Coteaching for Graduate Students," Teagle Foundation, http://www.teaglefoundation.org/news–insights /news/articles/teagle–in–the–news/the–advantages–of–coteaching–for–graduate–students.

23. See University of Virginia's PhDPlus website, https://phdplus.virginia.edu/.

24. The English department at Idaho State University teaches literature and teaching together. We discuss their example in chapter 9, on degrees.

25. Zook is quoted in Leonard Cassuto, "A Modern Great Books Solution to the Humanities' Enrollment Woes," *Chronicle of Higher Education*, November 10, 2019, https://www.chronicle.com/article/A–Modern–Great–Books–Solution/247481. Purdue's Cornerstone program is a modern great–books core curriculum staffed by full–time instructors in an effort to revitalize enrollments in the way we're describing. Initial results are highly auspicious.

26. Harriet Zuckerman, Ronald Ehrenberg, Jeffrey Groen, and Sharon Brucker, *Educating Scholars: Doctoral Education in the Humanities* (Princeton, NJ: Princeton University Press, 2010), 260.

27. *Report of the MLA Task Force on Doctoral Study in Language and Literature*, 2014, https://apps.mla.org/pdf/taskforcedocstudy2014.pdf, 10.

28. Sarah Iovan, interview with Cassuto, October 2019.

29. Chris M. Golde and Timothy M. Dore, *At Cross Purposes: What the Experiences of Today's Doctoral Students Reveal about Doctoral Education* (Pew, 2001), 5.

30. Jerry G. Gaff, Anne S. Pruitt–Logan, Leslie B. Sims, and Daniel D. Denecke, *Preparing Future Faculty in the Humanities and Social Sciences: A Guide for Change* (Washington, DC: Council of Graduate Schools, Association of American Colleges and Universities, 2003), 179, 181.

31. Gaff, Pruitt–Logan, Sims, and Denecke, *Preparing Future Faculty in the Humanities and Social Sciences*, 189.

32. Audrey Williams June, "Navigating Culture Shock," *Chronicle of Higher Education*, May 5, 2014, https://www.chronicle.com/article/Navigating−Culture−Shock/146365.

33. CUNY's account of this grant initiative may be found at https://www.gc.cuny .edu/News/All−News/Detail?id=53784.

34. Mellon's record of this grant may be found at https://mellon.org/grants /grants−database/grants/university−of−michigan/20100636/.

35. Kentucky's PFF and PFP info is here: https://gradschool.uky.edu/sites /gradschool.uky.edu/files/PFF%20Brochure_SCREEN%20VIEW.pdf.

36. See "UVa Student Launches Education Nonprofit," *Charlottesville Tomorrow*, September 5, 2015, https://www.cvilletomorrow.org/articles/uva−student−launches−education−nonprofit.

37. Humanities Out There curricula may be found at https://historyproject.uci .edu/hot/.

38. For more on Illinois State's scholar−educator option, see https:// illinoisstate .edu/academics/biological−sciences−doctorate/.

39. For more information on Howard's program, see https://gs.howard. edu /graduate−programs/college−and−university−faculty−preparation.

40. For Missour's teaching minor, see http://catalog.missouri.edu/ undergraduategraduate/interdisciplinaryacademicprograms/additionalminorsandcertificates/ collegeteaching/. The University of Illinois at Chicago offers a teaching practicum open to students from all departments and programs: https://grad.uic.edu/ programs/foundations−college−instruction/gc−594/.

41. For more on Duke's certificate in college teaching, see https://gradschool. duke .edu/professional−development/programs/certificate−college−teaching.

42. For more information on Project Next, see https://www.maa.org/programs−and−communities/professional−development/project−next.

43. See https://www.cirtl.net/, especially the pages on "About," "Courses," and "Resources."

44. For a discussion of the pitfalls of special teaching tracks (or worse, special teaching degrees, which have their own history), see Leonard Cassuto, *The Graduate School Mess: What Caused It and How We Can Fix It* (Cambridge, MA: Harvard University Press, 2015), chapter 5.

45. Smith, *Manifesto*, 95, 97.

46. Smith, *Manifesto*, 96, 97.

47. Cathy Davidson, *The New Education: How to Revolutionize the University to Prepare Students for a World in Flux* (New York: Perseus, 2017).

48. Ryan, "Redefining the Teaching−Research Nexus Today."

49. Ryan, "Redefining the Teaching−Research Nexus Today."

第九章　学位的本质和目标

1. Yehuda Elkana, "Unmasking Uncertainties and Embracing Contradictions: Graduate Education in the Sciences," in *Envisioning the Future of Doctoral Education: Preparing Stewards of the Disciplines,* ed. Chris M. Golde and George E. Walker (San Francisco: Jossey−Bass, 2006), 90. He excoriates the practice of "simply distributing research topics among the incoming batch of new doctoral students" as "one of the most anti−intellectual, and even morally least acceptable,

aspects of otherwise very efficiently organized departments" (89 - 90).

2. Crispin Taylor, "Heeding the Voices of Graduate Students and Postdocs," in Golde and Walker, Envisioning, 53; Elkana, "Unmasking," 66, 90.

3. Angelica Stacy, "Training Future Leaders," in Golde and Walker, *Envisioning*, 197.

4. Taylor, "Heeding," 53.

5. Dian Squire, a graduate student, wrote in 2014, "A dissertation is a singular, extended Medieval hazing ritual whereby graduate students spend countless hours engrossed in a singular topic that itself 'encourages "hasty specialization" and a loss of "a period of exploration, risk-taking, and learning from mistakes."'" "A Response to 'An Open Letter to Journal Editors,'" *Chronicle of Higher Education*, October 15, 2014, https://www.chronicle.com/article/A-Response-to-An-Open-Letter/149365.

6. "A Special Letter from Stephen Greenblatt," May 28, 2002, https://www.mla.org/Resources/Research/Surveys-Reports-and-Other-Documents/Publishing-and Scholarship/Call-for-Action-on-Problems-in-Scholarly-Book-Publishing/A-Special-Letter-from-Stephen-Greenblatt.

7. *Report of the MLA Task Force on Evaluating Scholarship for Tenure and Promotion*, December 2006, https://www.mla.org/content/download/3362/81802/taskforcereport0608.pdf.

8. Roger L. Geiger, *To Advance Knowledge: The Growth of American Research Universities, 1900–1940* (Oxford: Oxford University Press, 1986), 8; Veysey, *The Emergence of the American University* (Chicago: University of Chicago Press, 1965), 175–176.

9. A 1989 study found that about 35 percent of history dissertations eventually became books. It's true that 1989 is a while ago, but the high number makes the point well. Cited in Timothy Gilfoyle, "The Changing Forms of History," *Perspectives on History*, April 1, 2015, https://www.historians.org/publications-and-directories/perspectives-on-history/april-2015/the-changing-forms-of-history.

10. Anthony T. Grafton and James Grossman, "No More Plan B," *Perspectives on History*, October 1, 2011, https://www.historians.org/publications-and-directories/perspectives-on-history/october-2011/no-more-plan-b. Where Historians Work: An Interactive Database of History PhD Career Outcomes, https://www.historians.org /wherehistorianswork.

11. "History as a Book Discipline," *Perspectives on History*, April 1, 2015, https://www.historians.org/publications-and-directories/perspectives-on-history/april-2015/history-as-a-book-discipline-an-introduction.

12. Lara Putnam, "The Opportunity Costs of Remaining a Book Discipline," *Perspectives on History*, April 1, 2015, https://www.historians.org/publications-and -directories/perspectives-on-history/april-2015/the-opportunity-costs-of-remaining-a-book-discipline.

13. See Leonard Cassuto, *The Graduate School Mess: What Caused It and How We Can Fix It* (Cambridge, MA: Harvard University Press, 2015), 11; and Bernard Berelson, *Graduate Education in the United States* (New York: McGraw-Hill, 1960), 181.

14. Berelson, *Graduate Education in the United States*. In the late 1960s, Bob's dissertating period lasted 1.6 years, not only typical but almost uniform in his department. A generation later, Len took almost twice as long to get through that stage: about 3 years. In his entering cohort of 14 students, only 3 finished faster.

15. Jason Brennan, "Meritocracy Is All We Have Time For," *Chronicle of Higher Education*, September 20, 2019, https://www.chronicle.com/interactives/20190911-meritocracy-forum, B14.

16. J. David Velleman, "The Publication Emergency," *Daily Nous*, July 31, 2017, http://dailynous.com/2017/07/31/publication-emergency-guest-post-j-david-velleman/.

17. Jeannie Brown Leonard, "Doctoral Students' Perspectives on the Dissertation," in *The Assessment of Doctoral Education: Emerging Criteria and New Models for Improving Outcomes*, ed. P. Maki and N. Borkowski (Sterling, VA: Stylus, 2006), n.p.

18. Louis Menand, *Marketplace of Ideas: Reform and Reaction in the American University* (New York: W. W. Norton, 2010), 152.

19. *Report of the MLA Task Force on Doctoral Study in Language and Literature*, 2014, https://apps.mla.org/pdf/taskforcedocstudy2014.pdf, 14.

20. John Bugg, email to Cassuto, September 2019.

21. The CGS report is "Imagining the Dissertation's Many Futures," *GradEdge* 5, no. 3 (March 2016): 3, https://cgsnet.org/sites/default/files/March%20FINAL2.pdf. The Canadian Association of Graduate Schools has also produced a valuable resource, the *Report of the CAGS Task Force on the Dissertation—Purpose, Content, Structure, Assessment* (September 2018), https://secureservercdn.net/45.40.148.221/bba.0c2.myftpupload.com/wp-content/uploads/2018/09/Dissertation-task-force-report-FINAL-Sept-EN-1.pdf.

22. "Imagining the Dissertation's Many Futures," 2, 3.

23. "The PhD in English and the Teaching of English," Idaho State University, https://www.isu.edu/English/graduate-programs/phd-in-English-and-the-teaching-of-English/.

24. "Teaching Literature Book Award," https://www.isu.edu/English/scholarships—awards/teaching-literature-book-award/teaching-literature-book-award-information-/.

25. Ashley Young and Michel Martin, "After Rapping His Dissertation, A. D. Carson is UVa's New Hip-Hop Professor," NPR, July 15, 2017, https://www.npr.org/2017/07/15/537274235/after-rapping-his-dissertation-a-d-carson-is-uvas-new-hip-hop-professor.

26. MLA Executive Director Paula Krebs interviews Williams about her dissertation in Anna Williams, "Dissertation Innovations: A Podcast Dissertation," *MLA Profession* (2019), https://profession.mla.org/dissertation-innovations-a-podcast-dissertation/.

27. Vimal Patel, "Ph.D.s Embrace Alternative Dissertations: The Job Market May Not," *Chronicle of Higher Education*, February 28, 2016, https://www.chronicle.com /article/PhDs-Embrace-Alternative/235511/.

28. Stacy, "Training Future Leaders," 201.

29. Laura Pappano, "The Master's as the New Bachelor's," *New York Times*, July 22, 2011, https://www.nytimes.com/2011/07/24/education/edlife/edl-24masters-t.html.

30. In planning for the PSM, the Sloan Foundation, its main backer, insisted on collaboration between academic scientists and industry from the outset, along with an ongoing board of industry advisers once the program got going. Begun in the mid-1990s with a three-year grant to just three universities—Michigan State, Georgia Tech, and the University of Southern California—PSM programs at dozens

of universities have now graduated well over 5,000 students.

For a brief history of the master's degree, including the PSM, and the subsequent failed attempt to create a humanities and social science version of a professional degree initiated by the Council of Graduate Studies, see Cassuto, *The Graduate School Mess*, 151–161.

31. See Matt Reed, "The Decline of Humanities Enrollments and the Decline of Pre-Law," *Inside Higher Ed*, September 16, 2018, https://www.insidehighered. com /blogs/confessions-community-college-dean/decline-humanities-enrollments-and-decline-pre-law.

32. Cassuto, interview with Michael Teitelbaum, April 2015. See "A Degree of Uncommon Success," *Chronicle of Higher Education*, June 29, 2015, https:// www .chronicle.com/article/A-Degree-of-Uncommon-Success/231199.

33. Cassuto, interview with Lynch, April 2015. See "The Sad Story of the P.M.A.," *Chronicle of Higher Education*, August 4, 2015, https://www.chronicle. com /article/The-Sad-Story-of-the-PMA/232113.

34. Matthew Woodbury, "Preparing for Humanities Careers: Suggestions for Doctoral Students and Departments," The Humanities PhD Project, April 28, 2016, https://sites.lsa.umich.edu/humanities-phd-proj/2018/04/16/preparing-for-humanities -careers-suggestions-for-doctoral-students-and-departments/.

35. J. P. Elder, "The Master's Degree for the Prospective College Teacher," *Journal of Higher Education* 30, No. 3 (1959): 133.

36. Robert Frost, "At Woodward's Gardens" (1936).

第十章　公共学术的本源和要求

1. For more on Michigan's Rackham Program in Public Scholarship, see https:// rackham.umich.edu/professional-development/program-in-public-scholarship/. The quotation from Imagining America is taken from the Rackham Program site.

2. Julie Ellison and Timothy K. Eatman, *Scholarship in Public: Knowledge Creation and Tenure Policy in the Engaged University* (Syracuse, NY: Imagining America, 2008), https://surface.syr.edu/ia/16, 16.

3. https://en.wikipedia.org/wiki/Public humanities, accessed February 20, 2020.

4. Paula M. Krebs, "From the Executive Director: Translating Scholarship," *MLA Summer Newsletter*, 2019, https://execdirector.mla.hcommons.org/2019/ 06/18/translating-scholarship/.

5. Hayden White and Robert Pogue Harrison, "'We're Here to Discuss the Meaning of Life,'" *Chronicle of Higher Education*, April 3, 2019, https://www .chronicle.com/article/We-re-Here-to-Discuss-the/246047.

6. David F. Labaree, *A Perfect Mess: The Unlikely Ascendancy of American Higher Education* (Chicago: University of Chicago Press, 2017), 31.

7. Ralph Waldo Emerson, "The American Scholar," in *Selected Writings*, edited by Stephen E. Whicher (Boston: Houghton Mifflin, 1957), 73.

8. Woodrow Wilson, "Princeton for the Nation's Service" (1902), http://infoshare1. princeton.edu/libraries/firestone/rbsc/mudd/online_ex/wilsonline/4dn8nsvc.html.

9. John Dewey, *Democracy and Education: Introduction to the Philosophy of Education* (New York: Macmillan, 1916), 181. For a more detailed account of Dewey's influence, see Amy L. Chapman and Christine Greenhow, "Citizen-Scholars: Social Media and the Changing Nature of Scholarship," *Publications* 7,

no. 1 (2019): 11; and Robert Weisbuch, "Imagining Community Engagement in American Higher Education," *Diversity and Democracy: Civic Learning for Shared Futures* 18, No. 1 (Winter 2015), 8–11.

10. John F. Kennedy, "Remarks at Amherst College, 26 October 1963" (transcript), https://www.arts.gov/about/kennedy-transcript.

11. John Milton, "Areopagitica" (1644).

12. A graduate student at the Re-envisioning conference at the University of Washington in 2000 noted, "The academic environment is still very insular. And our society is not insular, and people who are well prepared should have a multitude of experiences and interactions with people in different sectors. And that's still not happening, it's still not there. And it's desperately needed." Quoted in Woodrow Wilson National Fellowship Foundation, *The Responsive Ph.D.: Innovations in U.S. Doctoral Education,* 2005, https://woodrow.org/news/publications/responsive-phd/.

13. Arlene Stein and Jessie Daniels, *Going Public: A Guide for Social Scientists* (Chicago: University of Chicago Press, 2017).

14. See for example Gregory Jay, "The Engaged Humanities: Principles and Practices for Public Scholarship and Teaching," *Journal of Community Engagement and Humanities,* June 19, 2012, http://jces.ua.edu/the-engaged-humanities-principles-and-practices-for-public-scholarship-and-teaching/. Jay reviews recent critiques of biases of race, class, gender, and nationality in the study of humanities disciplines, and he urges "expanding what we mean when we say 'the public' and to whom our work is accountable."

15. See https://clementecourse.org/; Earl Shorris, *Riches for the Poor: The Clemente Course in the Humanities* (New York: W. W. Norton, 2000); and a subsequent book by Shorris, *The Art of Freedom* (New York: W. W. Norton, 2013).

16. Sarah E. Bond and Kevin Gannon, "Public Writing and the Junior Scholar," *Chronicle of Higher Education*, October 16, 2019, https://www.chronicle.com/article/Public-Writingthe-Junior/247342. In response to Manya Whitaker, "Which Publications Matter at Which Stages of Your Career?," *Chronicle of Higher Education*, September 23, 2019, https://www.chronicle.com/article/Which-Publications-Matter-at/247192. It should also be said that Whitaker doesn't speak for everyone. Julie Ellison and Timothy K. Eatman question tenure standards—including at the most prestigious research universities—that don't encompass public scholarship. *Scholarship in Public: Knowledge Creation and Tenure Policy in the Engaged University* (2008), http://imaginingamerica.org/wp-content/uploads/2015/07/ScholarshipinPublicKnowledge.pdf.

17. George E. Walker, Chris M. Golde, Laura Jones, Andrea Conklin Bueschel, and Pat Hutchings, *The Formation of Scholars: Rethinking Doctoral Education for the Twenty-First Century* (San Francisco: Jossey-Bass, 2008), 79.

18. Stein and Daniels, *Going Public*, 5.

19. Lee S. Schulman, "Taking Learning Seriously," *Change* 31, No. 4 (1999): 10–17.

20. Leonard Cassuto, *The Graduate School Mess: What Caused It and How We Can Fix It* (Cambridge, MA: Harvard University Press, 2015), 234.

21. See Nancy Joseph, "A Spanish Language Film Festival, Curated for Teens," *Perspectives Newsletter*, April 2018, https://artsci.washington.edu/news/2018-04/spanish-language-film-festival-curated-teens.

22. Richard Watts, syllabus for French 590 (spring 2019).

23. Gregory Jay, "The Engaged Humanities: Principles and Practices for Public Scholarship and Teaching," *Journal of Community Engagement and Scholarship* 3, No. 1, June 19, 2012, http://jces.ua.edu/the-engaged-humanities-principles-and-practices-for-public-scholarship-and-teaching/.

24. Sarah Bond, "Vox Populi: Tips for Academics Transitioning to Public Scholarship," *Forbes*, January 31, 2018, https://www.forbes.com/sites/drsarahbond/2018/01/31/vox-populi-tips-for-academics-transitioning-to-public-scholarship/#45fc44d31a60.

25. See our previous discussion; and Richard A. Cherwitz and Charlotte A. Sullivan, "Intellectual Entrepreneurship: A Vision for Graduate Education," *Change* 34, No. 6 (2002): 22–27, esp. 24.

26. See the Imagining America website, https://imaginingamerica.org/initiatives/tenure-promotion/.

27. Benjamin Schmidt, "The Humanities are in Crisis," *Atlantic Monthly*, August 23, 2018, https://www.theatlantic.com/ideas/archive/2018/08/the-humanities-face-a-crisisof-confidence/567565/.

28. Mariet Westerman, "Promise and Perils of the Public Humanities Pivot" (talk at Mahindra Center for the Humanities, Harvard University, February 2019). We are grateful to Dr. Westerman for sharing her manuscript with us.

29. Westerman, "Promise and Perils of the Public Humanities Pivot," 9.

30. Jay, "The Engaged Humanities."

31. For more details on the Georgetown program, see https://publichumanities.georgetown.edu/. Its start, originally scheduled for fall 2020, has been delayed by the COVID-19 pandemic.

32. For more information on Delaware's program, see http://www.afampublichumanities.udel.edu/.

33. Rice's offerings are described here: hrc.rice.edu/publichumanities/modular-courses.

34. Jonathan Rose, "Rethinking Graduate Education in History," *Perspectives on History* (February 1, 2009), https://www.historians.org/publications-and-directories/perspectives-on-history/february-2009/rethinking-graduate-education-in-history; and Rose, "Rethinking Graduate Education in History: A Five-Year Assessment," *Perspectives in History* (December 1, 2014), https://www.historians.org/publications-and-directories/perspectives-on-history/december-2014/rethinking-graduate-education-in-history.

35. For more details on Washington's public humanities program, see https://simpsoncenter.org/programs/initiatives/public-scholarship/archive/institute.

36. For a fuller historical explication of academic service, see Leonard Cassuto, "University Service: The History of an Idea," *MLA Profession*, November 2016, https://profession.mla.org/university-service-the-history-of-an-idea/.

37. For more information on this summer program, see https://simpsoncenter.org/programs/mellon-summer-fellows-public-projects-humanities.

38. For a description of this program, and of the projects that the fellows devised, see https://simpsoncenter.org/programs/mellon-summer-fellows-public-projects-humanities.

39. Mellon also funded a substantial public humanities initiative at NYU in 2019. It is in development at the time of this writing.

40. For more on the Public Science Project, see http://publicscienceproject.

org /about

41. Richard Cherwitz, "Increasing Diversity through Intellectual Entrepreneurship, *Huffington Post*, April 29, 2012, https://www.huffpost.com/entry/increasing-diversity-thro-b-1305588.

42. Alan Leshner and Layne Scherer, eds., *Graduate STEM Education for the 21st Century* (Washington, DC: National Academies Press, 2018), 3, 5. Students also "would be encouraged to create their own project-based learning opportunities—ideally as a member of a team—as a means of developing transferable professional skills such as communication, collaboration, management, and entrepreneurship." The other desiderata include two on giving students "time, resources, and space to explore diverse career options," while two others concern improving faculty mentoring and another requires recruiting a more diverse population of scientists in terms of race and gender.

43. M. Woelfle, P. Olliaro, and M. H. Todd, "Open Science Is a Research Accelerator," *Nature Chemistry* 3, No. 10 (2011):745–748, https://www.nature.com/articles/nchem.1149. Some of the controversy arises from anxieties among some scientists over losing academic and financial recompense for their discoveries. For others, open science offers the promise of accelerating knowledge and encouraging interdisciplinary collaborations.

44. Benedikt Fecher and Sascha Friesike list five distinct forms of open science, but only two (public and democratic) have to do with outreach and nonexpert participation, while the other three (infrastructure, measurement, and collaboration among scientists) do not. See Fecher and Friesike, "Open Science: One Term, Five Schools of Thought," in *Opening Science*, ed. Bartling and Friesike (New York: Springer, 2014), 17–47, https://www.hiig.de/publication/open-science-one-term-five-schools-of-thought/. For an emphasis on accelerating knowledge and encouraging interdisciplinary collaboration, see Chapman and Greenhow, "Citizen-Scholars."

45. Quoted statements on science communication from Cassuto, "As Scientists Speak Out about Science, Women and Young Scholars Lead the Way," *Chronicle of Higher Education*, April 19, 2018, https://www.chronicle.com/article/As-Scientists-Speak-Out-About/243155.

46. See Leonard Cassuto, "As Scientists Speak Out about Science, Women and Younger Scholars Lead the Way," *Chronicle of Higher Education*, April 29, 2018, https://www.chronicle.com/article/As-Scientists-Speak-Out-About/243155.

47. For more on the Science and Entertainment Exchange, see http://scienceandentertainmentexchange.org/.

48. Westerman, "Promise and Perils of the Public Humanities Pivot."

49. Another counterargument, Stanley Fish's odd "Stop Selling the Humanities," based on a faulty logic that a single weakness in an argument invalidates it entirely, simply suggests giving up. *Chronicle of Higher Education*, June 17, 2018, https://www.chronicle.com/article/Stop-Trying-to-Sell-the/243643.

结论　真抓实干见成效

1. Jim Grossman, "Imagining Ph.D. Orientation in 2022," *Chronicle of Higher Education*, August 28, 2017, https://www.chronicle.com/article/Imagining-PhD-Orientation-in/240995.

2. Alan Leshner and Layne Scherer, eds., *Graduate STEM Education for the 21st Century* (Washington, DC: National Academies Press, 2018), 114ff.

3. Leshner and Scherer, *Graduate STEM Education for the 21st Century*, 114.

4. George E. Walker, Chris M. Golde, Laura Jones, Andrea Conklin Bueschel, and Pat Hutchings, *The Formation of Scholars: Rethinking Doctoral Education for the Twenty-First Century* (San Francisco: Jossey-Bass, 2008), 5.

5. Adam P. Fagen and Kimberly M. Suedkamp Wells, "The 2000 National Doctoral Program Survey: An On-line Study of Students' Voices," in *Paths to the Professoriate*, ed. Donald H. Wulff and Ann E. Austin (San Francisco: Jossey-Bass, 2004), 88.

6. Of the 35 students admitted, 19 eventually enrolled. One student got a tenure-track professorship in the months following the students' letter. See Leonard Cassuto, "Anatomy of a Polite Revolt in Columbia's English Department," *Chronicle of Higher Education*, October 3, 2019, https://www.chronicle.com/article/Anatomy-of-a-Polite-Revolt-in/247247. See also Emma Pettit, "Columbia Had Little Success Placing English Ph.D.s on the Tenure Track: 'Alarm' Followed, and the University Responded," *Chronicle of Higher Education*, August 21, 2019, https://www.chronicle.com/article/Columbia-Had-Little-Success/246989.

7. Derek Bok, *Higher Education in America* (Princeton, NJ: Princeton University Press, 2013), 232, 240.

8. Kenneth Prewitt, "Who Should Do What? Implications for Institutional and National Leaders," in *Envisioning the Future of Doctoral Education: Preparing Stewards of the Disciplines*, ed. Chris M. Golde and George E. Walker (San Francisco: Jossey-Bass, 2006), 23.

9. Prewitt, "Who Should Do What?," 23–24.

10. Robert Weisbuch, "Toward a Responsive Ph.D.," in Wulff and Austin, *Paths to the Professoriate*, 218.

11. Walker et al., *Formation*, 3.

12. Damrosch, "Vectors of Change," in Golde and Walker, *Envisioning*, 35.

13. Woodrow Wilson National Fellowship Foundation, *The Responsive Ph.D.: Innovations in U.S. Doctoral Education*, 2005, https://woodrow.org/news /publications/responsive-phd/, 233.

14. The MLA's *Task Force Report on Ethical Conduct* had not been released in its final version as this book went to press, but it was approved by the MLA delegate assembly in January 2020 and covered by the press at that time. The version approved by the delegate assembly may be found at https://www.mla.org/content/download/115847/2439024/J20-Item-8e-Report-from-the-Task-Force-on-Ethical-Conduct-in-Graduate-Education.pdf.

15. See "Mistaken and Fictional References," in https://en.wikipedia.org/wiki/Princeton_Law_School. See also Jan Hoffman, "Judge Not, Law Schools Demand of a Magazine That Ranks Them," *New York Times*, February 19, 1998, https://www.nytimes.com/1998/02/19/nyregion/judge-not-law-schools-demand-of-a-magazine -that-ranks-them.html.

16. See the AHA's website, https://www.historians.org/jobs-and-professional-development/career-diversity-for-historians/about-career-diversity.

17. David Damrosch, "Vectors of Change," in Golde and Walker, *Envisioning*, 34–45, 41.

18. Damrosch, "Vectors of Change," 34.

19. Quoted in Damrosch, "Vectors of Change," 37–38.

—— 跋：新冠疫情之后的研究生院 ——

就在本书付印之际，2019 年新冠疫情在美国暴发。此时此刻，新冠疫情给高等教育在经济上带来的灾难还没有完全显现出来，但主要问题是糟糕的情况会坏到何种程度？各种人才雇用的机会开始被冻结了，甚至最乐观的评估也预测会出现降低预算、精简机构，甚至连那些最富有的学院和大学也无法幸免。

我们此前已经指出教授岗位的数量不可能会立即增加。诚然，我们是应该建议提供更多的教授岗位，但我们必须为摆在我们面前的现实做好规划。然而，此次新冠疫情将给我们的现实带来无比糟糕的局面。我们不妨回想一下 2008 年经济大衰退吧！如果过去能提供指引，那么现在看来，此次新冠疫情将会大幅缩减教授岗位的数量。

在这些背景下，我们坚信职业多样性对研究生院来说更有意义。学术就业市场会遭受突如其来的外在事件的影响，例如，始料未及的 2019 年新冠疫情就是带来毁灭性打击的突出事件之一，它也提醒我们其他事件也有可能发生。在同一段时间里，与职业就业等没有直接关联的领域一例如，招生或教师培训仍然值得大胆创新。虽然研究生们的经历很重要，但我们需要重新思考它们，并把它们与具有广泛目标的博士项目结合起来。

我们应该加强改进各种研究生的就业去向，而不是削弱研究生追求学历学位的动机。有研究生说"我喜欢阅读，解读知识"；有研究生说"我喜欢在实验室里做实验"；还有研究生说"我想更好地理解这个世界"；研究生所表达出来的这些期望持续激励他们攻读博士学位。不必非得成为教授才能满足他们的追求。当前，封闭而又固化的教授就业岗位削弱了研究生追求这些生活目标，他们只能充分做好面对多种可能性的准备，这样才能获益。

我们不期望在这次新冠疫情中能找到万能良药。然而，我们不应该让新冠疫情阻止我们构建新型博士。通过改变博士项目来满足当前的现实，这并不是本末倒置。我们需要让新型博士发挥更大的作用，获得更好的效果。

致 谢

我们都知道撰写一本书需要多人协助才能顺利完成，幸运的是，我们在撰写本书的过程中，得到了很多亲朋好友的协助。最近几年，人们对研究生教育形成了更加广泛的共识——研究生教育存在各种根本性的问题，却缺少各种显而易见的解决方案。在本书中，我们回顾了诸多过去的改革和当前的改革，也借鉴了很多来自不同机构的同仁所进行的努力，以便更好地找到解决这些问题的方案。如果没有他们的工作，那么我们也无法做好自己的工作。

2015 年，安德鲁·W.梅隆基金会委托我们起草一份有关近期研究生改革报告的精简历史的报告，这也促成我们撰写本书。我们研究了当时的工作和当前的工作，当我们最终展望未来时，作为顾问，我们满怀希望地写下上述文字，我们很高兴地看到各家最大的美国学科组织开展了主要的研究生教育改革。然而，在美国纽约市的各高校，以学生为中心的研究生教育的案例还是凤毛麟角。现在，随着我们将本书呈现给读者，我们很高兴地发现创新已经在大学校园里方兴未艾，我们所提出的相关建议获得了某些高校管理层的关注，他们也采纳了这些建议。

因此，首先，我们要感谢成百上千的学术界人士和他们的支持者，勇敢地面对以研究生为中心的博士学位的内涵发展的历史。虽然我们在本书里描写了很多他们亲身经历的案例，但是我们没有像百科全书那样囊括所有的案例和情形，难免会挂一漏万。我们向他们表示敬意，因为他们也是本书的共同作者。

其次，我们感谢梅隆基金会前会长厄尔·刘易斯（Earl Lewis）和他的同事们，特别是尤金·托宾（Eugene Tobin）和玛丽特·魏斯特曼（Mariet Westermann），他们洞若观火，提供的各种高见帮助形成了我们的观点。梅隆基金会从未要求我们改变在本书中那些批评它开展的各项行动的内容，这也是该基金会一个稀缺的正直品质。此时此刻，不论人文学科和社会学科所面临的挑战是多么艰巨，如果没有梅隆基金会为本科生教育和研究生教育提供独一无二的、至关重要的支持，那么结果就会更加黯淡无光。

我们为梅隆基金会撰写的报告需要一些超出我们能力范围的专业知识和技术。康奈尔大学（Cornell University）遗传学荣誉教授彼得·布伦斯（Peter

Bruns），曾担任霍华德·休斯医学研究所分管基金和特别项目的副所长，他高屋建瓴，详细地向我们提供了他对各科学领域里开展的改革行动的洞见；斯贝尔曼学院（Spelman College）女性研究教授、前任副校长兼教务长乔奈拉·巴特勒（Johnnella Butler）向我们提供了她关于近期改革历史的相关知识，这些改革行动反映了美国人口中不断增长的多样性和美国博士生群体中的集体智力。他们的真知灼见不仅使我们顺利完成了梅隆基金会委托撰写的报告，而且使我们撰写本书时如虎添翼。

在美国，各国家级组织开展的讨论博士生教育的相关议题的工作令我们受益匪浅，使我们能顺利撰写本书。我们特别感谢以下同仁：美国学术团体理事会的余宝琳（Pauline Yu）、乔伊·康诺利（Joy Connolly）和他的同事们；蒂格尔基金会的朱迪思·夏皮罗（Judith Shapiro）、Donna Heiland 和安德鲁·戴尔班科（Andrew Delbanco）；美国历史学会的詹姆斯·格罗斯曼、艾米莉·史瓦福、狄伦·鲁迪格；美国现代语言协会的宝拉·克雷布斯和史黛西·哈特曼。很多同事的文章令我们受益匪浅，这些同事包括：爱德华·巴莱森（Edward Balleisen）、克里斯·M.戈尔德、米歇尔·马赛（Michelle Masse）、梅里西·内拉德（Merisi Nerad）、朱莉·R.波塞尔特、玛丽亚·拉摩纳卡·维斯登和我们在本书里多次提及的曾富有成效地负责"卡内基博士生教育创新计划项目"的乔治·沃克尔。我们还特别感谢卡迪娜·罗杰斯与我们分享她那本正在付印的专著的手稿。

在撰写本书的过程中，我们还得到学生们的帮助。2017—2020 年，莱纳德·卡苏托在普林斯顿大学讲授关于美国高等教育的联合课程。我们感谢安东尼·格拉夫敦、Stan Katz、Bill Gleason 和 Amy Pszczolkowski，他们协助安排了此次讲习班；感谢 Amy 和 James Van Wyck，他们为此提供了支持；感谢三年各期讲习班的学员们，他们也教了我们很多东西。罗伯特·韦斯巴赫才华横溢，他在伍德罗·威尔逊基金会工作期间，结识了一批从事研究生行动的优秀同事，特别是伊丽莎白·达菲（Elizabeth Duffy）、贝弗利·桑福德（Beverly Sanford）和贝蒂娜·伍德福特（Bettina Woodford）。Robert Ready、理查德·沃尔德（Richard Greenwald）和乔娜松·罗斯（Jonathan Rose）非常敬业，他们对美国德鲁大学的研究生教育展开了创新性的思考，并对公共学术提出了一系列洞见。我们还非常感谢在福德汉姆大学和密歇根大学指导过的研究生，他们信任我们，与我们一起分享了自己的洞见。

我们还从以下人士那里学到了很多，他们是：约翰·杰洛瑞、莫里斯·格拉布斯（虽然我们临时请他拨冗审阅指导本书草稿，他还是及时提供了很多有用的反馈）、George Justice、John Kucich、Kerry Larson、Michael Schoenfeldt、James Van Wyck、Kathleen Wood ward 和拉菲亚·萨法尔。莱纳德·卡苏托教授发表了多篇有关高等教育的文章，特别是他2015年出版的那本专著《研究生院的混乱：问题根源及其解决之道》，此后，他访问了多家美国高校，拓宽了视野。我们还感谢那些为莱纳德·卡苏托教授提供地主之谊的同行：Rachel Adams、Nicholas Allen、Rebecca Alpert、Jonathan Arac、Herman Bennett、Russell Berman、Beth Boehm、Kathleen Canning、Jennifer Cason、Kinchel Doerner、David Downing、David Galef、Loren Glass、Josh Goode、Andrew Graybill、Morris Grubbs、Jaco Hamman、Phillip Brian Harper、Josh Hevert、Andrew Hoberek、Dorothy Hodgson、Sarah Hokanson、LeeAnn Horinko、Amy Hungerford、Coleman Hutchison、George Justice、Kate Hausbeck Korgan、Stephen Krason、Dan Kubis、Kerry Kukor、Michael Latham、Jenna Lay、Rodrigo Lazo、Julia Lupton、Michelle Massé、Keli Masten、Caroline Maun、Jeff Mayersohn、John McGreevy、Alene Moyer、Brian Norman、Dan Olson-Bang、Brandy Randall、Jordan Reed、Skip Rutherford、Vanessa Ryan、Susan Scheckel、Pamela Schirmeister、Jack Selzer、Lisa Sewell、David Shumway、John Stevenson、Amanda Swain、Jen Teitle、Kathryn Temple、Paul Thifault、Claudia Tomany、David Toomey、Johannes Voelz、Rob Watson、Eric Wertheimer、Glenn Wright、Jessica Yood。

本书表达出的一些观点已由莱纳德·卡苏托首次发表于《高等教育纪事报》"研究生"专栏。我们感谢Denise Magner多年来一直协助莱纳德·卡苏托编辑修改发表多篇文章。感谢埃默里大学本杰明·赖斯（Benjamin Reiss）教授和托马斯·罗杰斯（Thomas Rogers）教授邀请我们作为顾问参与开发该校的公共学术行动，在此期间，我们能将本书中的一些观点投入实践。正是在埃默里大学负责学术事务的副教务长、兰利研究生院（Laney Graduate School）院长丽莎·特德斯科（Lisa Tedesco）和兰利研究生院副院长罗兹玛丽·海内斯（Rosemary Hynes）的大力鼓励和卓有成效的支持下，此项行动才得以顺利进展，我们感谢她们。也感谢其他多家院校的研究生教育工作者，他们不仅为创造新型博士加油鼓劲，还为此慷慨解囊。

我们也想向那些为改革加油鼓劲的商界、政府和金融等部门的负责人表示感谢。在此，我们感谢伍德罗·威尔逊国家学者基金会的几位前任理事：已故的埃莉诺·埃利奥特（Eleanor Elliott）、Frederick Grauer、Nancy Malkiel、Louis Simpson、Marvin Suomi和Steven Weiswasser。我们想对所有那些理解在各行各业追求理想的博士的价值、并以此理念开展工作的各个社会领域的人士表示致敬。在此，莱纳德·卡苏托想特别感谢美国福德汉姆大学Eva Badowska、约翰·博格，以及已故的斯蒂芬·弗里德曼（Stephen Freedman）对他研究工作的支持。莱纳德·卡苏托还想感谢他的两名助理研究生瑞安娜·马克斯－沃顿（Rhianna Marks-Watton）和约瑟夫·戴利（Joseph Daley）。

此前，我们两人并没有合作撰写一本专著，我们现在才知道随着作者数量的增加，合作撰写一本专著所涉及的文秘工作是成几何数增长的。我们感 A.W. 施特劳斯（A. W. Strouse）组织了这本书，并全程提供了有益的指导。我们还要感谢各自的生活伴侣黛博拉·欧索夫斯基（Debra Osofsky）和坎迪·库珀（Candy Cooper）。她们各自忙于自己的工作，还没有读过此书。她们致力于自己的本职工作，每天也激励我们不断努力。

我们感谢杰出的编辑格雷格·布里顿（Greg Britton），以及他在约翰斯·霍普金斯大学出版社的同事们，特别是凯来·吉普森（Kyle Gipson），他在出版本书的过程中认真负责，一丝不苟。我们也想感谢卡丽·华托森（Carrie Watterson），她认真修改了本书。最后，我们想感谢各位读者，你们不仅耐心阅读了本书的很多章节，而且还决定从事高等教育事业，这值得我们提前表示感谢。创造可行的博士学位是对教授、研究生和整个美国文化的考验。本书能否获得成功，不是由它所销售的码洋或发表的书评所决定的，而是由我们是否都决定记录这个重要变革的时刻并投身于新型博士教育决定的。

―― 译者后记 ――

在本译作即将付梓之际，作为译者，我终于松了一口气。看着近 30 万字的译稿，回顾翻译此书的点点滴滴，我感慨不已。

首先，非常感谢清华大学出版社邀请我翻译这本《新型博士：如何构建更好的研究生教育》（以下简称《新型博士》）。清华大学出版社副编审刘洋先生和编辑宋亚敏女士为此书的版权引进、合同签署、编辑校对等做了大量有益的工作。

其次，我要感谢原作者莱纳德·卡苏托教授和罗伯特·韦斯巴赫教授。为了将此著作翻译得更贴切到位，我多次就翻译此书与他们进行了电子邮件沟通，请他们解答一些具体问题。他们耐心地解答了我提出的每一个问题。莱纳德·卡苏托教授和罗伯特·韦斯巴赫教授还在百忙之中拨冗用英语为中文版写了推荐序。

非常感谢中国学位与研究生教育学会副会长、北京理工大学研究生教育研究中心主任、清华大学教授王战军先生和复旦大学高等教育研究所前所长、复旦教育论坛杂志原执行副主编熊庆年教授拨冗作推荐序，他们学识渊博，学术严谨，提携后学，激励着我深入思考研究生教育的相关议题并不断精进自己的译作。

非常感谢四川美术学院教授、重庆市书法家协会副主席、中国书法家协会篆刻委员会委员、中国美术家协会会员、西泠印社社员傅舟教授拨冗题写书名。

非常感谢复旦大学研究生院的领导和同事们对我工作的关心和支持。自 2007 年进入复旦大学研究生院工作以来，我有幸先后在专业学位办、培养办、质量监督办工作，学习和掌握了有关研究生教育国际交流、培养、专业学位和质量监督等相关环节的流程和知识。我还要感谢国务院学位委员会办公室、教育部学位管理与研究生教育司的相关领导们，通过 2008—2009 年的借调工作，我深入学习了有关研究生教育的宏观政策，拓宽了视角。我还要感谢复旦大学党委组织部，通过 2021 年 9 月至 2023 年 6 月的借调工作和学习，我对干部人事档案、组织工作等方面有了更深入的理解。在翻译《新型博士》的过程中，本人结合十多年的研究生教育本职工作经验，通过深入了解美国研究生教育的改革和发展历程，更加熟练掌握了国际研究生教育的相关发展改革议题。

我还要感谢翻译工作者陈冬宁女士。2019 年 10 月，她在中译出版社翻译出版了英国作家和诗人罗伯特·路易斯·史蒂文森（Robert Louis Stevenson，1850—1894）的诗歌作品集《一个孩子的诗园》（*A Child's Garden of Verses*）。此后，我们在翻译上有很多合作。最初，2021 年在获得《新型博士》的中文版引进翻译版权之前，原定由我和她合作翻译《新型博士》整本书，陈冬宁女士也先翻译了原著第二、第三和第四章的初稿，后因她忙于出国进修等事宜，没有时间和精力对部分译文精雕细琢。最后，经与清华大学出版社沟通，确定由我一人单独翻译整本书，以便体现此书翻译的整体性和连贯性。本译著也部分参考了陈冬宁女士所翻译的相关内容，在此特表感谢。

我还要感谢几位热心的研究生，一位是复旦大学信息科学与工程学院硕士毕业生陈张雄，他协助处理相关文稿，另一位是芝加哥大学法学院博士徐泽来，他协助提供美国教育法相关内容，使我更好地理解了本书中出现的美国法律案例。他们阅读了本译著的部分内容，也提出了一些宝贵的意见和建议。

最后，我还要对一直关心和支持自己的家人表示由衷的感谢。父亲樊初你、母亲童文花、岳父张维新、岳母王亚光、妻子张诗珈、儿子樊博文等在精神及物质方面给予了我极大的帮助，没有他们的后援和支持，我很难翻译好此书。没有他们的加油鼓劲，也许我无法坚持一边做好本职工作，一边在无数个夜晚和节假日守在家里的书桌前，将翻译好的内容一个字一个字地输入电脑。我的姐姐樊秋丽也阅读了本译著的相关内容，并从人力资源管理工作的角度提出了一些建设性的意见和建议。我的姐夫张静宇和外甥张恩浩也经常提供及时的帮助，例如，当我暑假在浙江常山老家修改译文尤其需要安静的环境时，帮我陪伴儿子樊博文，在家乡的田间打闹嬉戏。

做好英汉翻译，其实面临着很多的挑战和困难，译者需要不断地字斟句酌，不断地用一种语言展示另一种语言所想表达的内容和意境。"一名之立，旬月踟蹰"。囿于时间，翻译中定有一些不足之处，恳请读者批评指正，以便再版时更新，谢谢！

2023 年 8 月 22 日（暑假）定稿于浙江省常山县